基金从业人员资格考试辅导用书 2022

21天陪你过基金从业
证券投资基金基础知识

高顿财经研究院 编著

SPM
南方出版传媒
广东经济出版社
·广州·

图书在版编目（CIP）数据

21 天陪你过基金从业 . 证券投资基金基础知识 / 高顿财经研究院编著 . —广州：广东经济出版社，2022.1

ISBN 978-7-5454-7981-2

Ⅰ. ① 2… Ⅱ. ①高… Ⅲ. ①证券投资—投资基金—资格考试—自学参考资料 Ⅳ. ① F830.91

中国版本图书馆 CIP 数据核字（2021）第 207690 号

策 划 人：王春蕊
责任编辑：冯　颖　王春蕊
封面设计：汤惟惟

21 天陪你过基金从业 · 证券投资基金基础知识
21 TIAN PEINI GUO JIJIN CONGYE · ZHENGQUAN TOUZI JIJIN JICHU ZHISHI

出版人	李　鹏
出　版 发　行	广东经济出版社（广州市环市东路水荫路 11 号 11 ~ 12 楼）
经　销	全国新华书店
印　刷	上海颛辉印刷厂有限公司 （上海市宝山区长发路 185 号）
开　本	787 毫米 × 1092 毫米　1/16
印　张	18.75　　　插页 1
字　数	516 千字
版　次	2022 年 1 月第 1 版
印　次	2022 年 1 月第 1 次
书　号	ISBN 978-7-5454-7981-2
定　价	59.00 元

图书营销中心地址：广州市环市东路水荫路 11 号 11 楼
电话：（020）87393830　邮政编码：510075
如发现印装质量问题，影响阅读，请与本社联系
广东经济出版社常年法律顾问：胡志海律师

编委会主要成员

前　言

在中国资本市场三十余年的发展进程中，基金行业茁壮成长。在服务多层次资本市场建设、满足实体经济融资需求和大众投资者财富管理需求等方面，基金行业发挥了至关重要的作用。随着中国经济持续发展，家庭财富水平继续提高，基金行业也将进一步蓬勃发展。

基金行业是资本密集型、知识密集型行业，受到监管机构的严格监管。从业人员必须完成必要的知识学习，并通过由中国证券投资基金业协会负责组织的全国统一考试，即基金从业人员资格考试。为了帮助有志于从事基金行业的朋友快速完成学习、通过考试，高顿教育推出了“21 天陪你过基金从业”系列教材。

本书基于诸多老师多年的教学经验积累，将“体系性”与“靶向教学”有机结合，以通俗易懂为行文标准，以备考实用为全书目标，力求帮助读者快速掌握知识、精准把握考点，从而高效通过考试。

本书根据最新的考试大纲要求进行编写，采用独特的“任务制”学习体系，将各章节内容进行了学习任务的划分，每个任务都注明了考试分值占比与重要考点，方便读者精准进行学习规划，把握学习进度。具体知识点的讲解，都力求结构清晰、要点明确，同时辅以例题、“名师说”“记忆小窍门”等栏目，构建沉浸式学习场景，让读者轻松、高效掌握知识要点、考点。

严冬自有香梅，金榜不负寒窗！

在此祝愿各位读者，顺利通过考试，进而加入基金行业一展身手，为我国资本市场的进一步蓬勃发展贡献力量。

本书得以付梓出版，要特别感谢众多在撰写和校审中倾心付出的老师，正是他们对工作精益求精的态度，顽强不懈的努力，才有了本书的顺利完成。

书中仍有不足之处，恳请广大读者提出宝贵意见，我们将持续改进！

冯伟章

CFA 持证人、FRM 持证人

高顿教育 CFA/FRM 研究院 院长

目　录

Day 11

任务1

财务报表和财务报表分析

任务2

货币的时间价值、利率和描述性统计量

Day 12

任务3

资本结构和权益类证券

任务4

股票分析方法和估值方法

Day 13

任务5

债券市场与债券

任务6

债券价值分析

任务7

货币市场工具

任务1 财务报表和财务报表分析

考情分析

本任务内容在考试中的分值占比约为4%，整体难度较高，考试中定性与定量题目分布相对均衡。

通过本任务的学习，考生将对三大财务报表和财务比率分析的相关概念有所了解。其中，考生需要重点掌握资产负债表、利润表和现金流量表提供的信息和作用，资产、负债和所有者权益的概念与应用，利润、现金流的概念与应用，流动性比率，财务杠杆比率，营运效率比率，盈利能力比率和杜邦分析法。

任务框架图

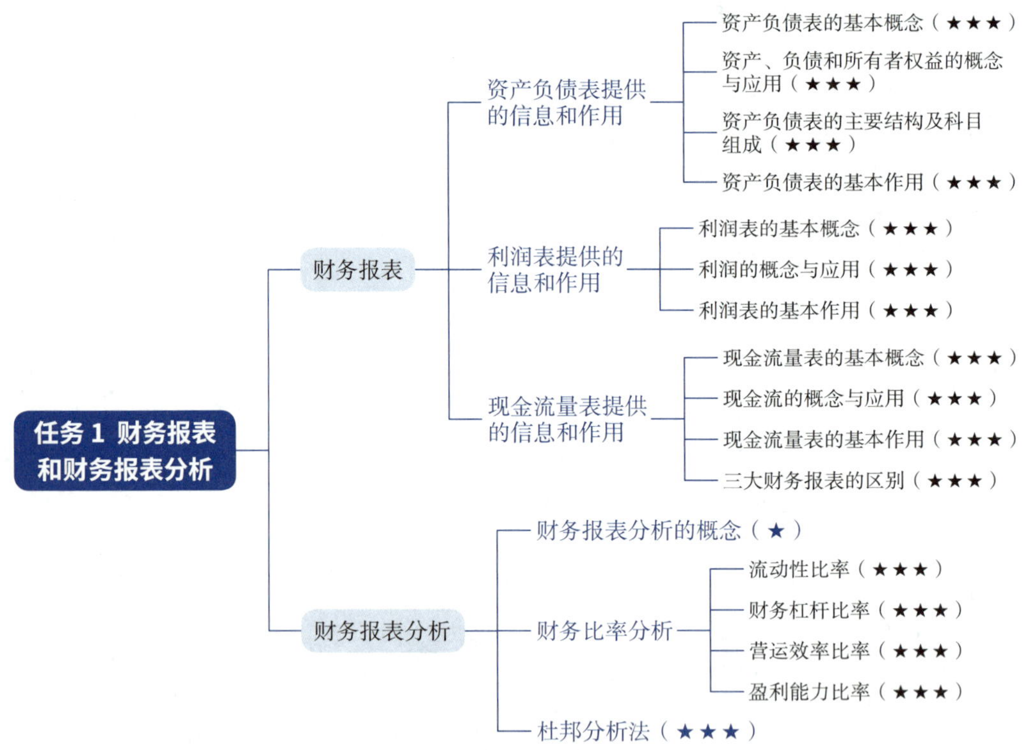

考点精讲

一、财务报表

财务报表是指在日常会计核算资料的基础上，按照财务会计准则定期编制的，综合反映企业某一特定日期财务状况和某一特定时期**经营成果、现金流量状况**的书面文件。

财务报表主要包括资产负债表、利润表、现金流量表和所有者权益（股东权益）变动表。其中，**资产负债表**、**利润表**和**现金流量表**是我们常说的三大财务报表，其基本内容见表1-1。

表1-1 三大财务报表的基本内容

财务报表	基本内容
资产负债表	反映企业在**某一时点**的**财务状况**
利润表	反映企业在**某一时间段内**的**经营成果**
现金流量表	反映企业在**某一时间段内现金的增减变动**情况

（一）资产负债表提供的信息和作用

1. 资产负债表的基本概念（★★★）

资产负债表用以反映企业在**某一时点**的财务状况，包括资产、负债和所有者权益的状况。它是了解企业财务状况的“**第一会计报表**”，报告时点通常为**会计季末、半年末或年末**。

例题1.1（选择题）

以下关于资产负债表的说法错误的是（　　）。

A. 资产负债表用以反映企业在某一时点的财务状况

B. 资产负债表中只包含资产和负债

C. 资产负债表被称为了解企业财务状况的“第一会计报表”

D. 资产负债表的报告时点通常为会计季末、半年末或年末

【答案】B

【解析】选项B错误，资产负债表包括资产、负债和所有者权益，其他3个选项描述都正确。故答案是选项B。

例题1.2（组合型选择题）

分析师小刘就资产负债表的基本概念发表了以下观点，其中错误的是（　　）。

Ⅰ. 资产负债表中只包含资产、负债和所有者权益

Ⅱ. 资产负债表用以反映企业在某一时点的现金流状况

Ⅲ. 资产负债表被称为了解企业财务状况的“第二会计报表”

Ⅳ. 资产负债表的报告时点通常为会计季末、半年末或年末

A. Ⅰ、Ⅱ　　B. Ⅱ、Ⅲ　　C. Ⅲ、Ⅳ　　D. Ⅱ、Ⅳ

【答案】B

【解析】Ⅱ描述错误，资产负债表用以反映企业在某一时点的财务状况。Ⅲ描述错误，资产负债表被称为了解企业财务状况的“第一会计报表”。其他描述都正确。故答案是选项B。

2. 资产、负债和所有者权益的概念与应用（★★★）

根据**会计恒等式**，资产负债表可以表示为：

$$资产（A）= 负债（L）+ 所有者权益（E） \quad (1.1)$$

其中，资产、负债和所有者权益的关系的比较，见表1－2。

表1－2 资产、负债和所有者权益的关系的比较

科目	基本内容
资产（asset，A）	①由企业**过去的交易或事项形成**的、由企业拥有或者控制的、预期会给企业**带来经济利益的资源**； ②体现资金的**占用**
负债（liability，L）	①由企业**过去的交易或者事项形成**的，预期会导致经济利益流出企业的**现时义务**； ②体现资金的**来源**
所有者权益（equity，E）	①又称**股东权益或净资产**，是指企业总资产扣除负债后，由所有者享有的**剩余权益**； ②体现资金的**来源**

名师说

简单来看，企业的资金有两个主要来源：一是自己的钱，即所有者权益（股东权益）；二是别人的钱，也就是借来的钱，即负债。有了钱之后，企业就要建设发展，于是购置各种设备，这就构成了企业的资产，它们自然就是企业资金的占用了。

另外，建议考生记住表中3个会计科目的英文缩写，便于后续任务的学习与理解。

例题1.3（选择题）

2020年度，某企业的资产为180亿元，负债为100亿元，则该企业的所有者权益为（ ）亿元。

A. 280　　B. 80　　C. 100　　D. 200

【答案】B

【解析】根据会计恒等式，资产＝负债＋所有者权益，所有者权益＝资产－负债＝180－100＝80（亿元）。故答案是选项B。

例题1.4（选择题）

关于资产、负债和所有者权益的描述，以下选项中说法错误的是（ ）。

A. 资产体现资金的占用　　B. 负债体现资金的来源

C. 所有者权益体现资金的来源　　D. 资产又称股东权益

【答案】D

【解析】选项D说法错误，所有者权益又称股东权益，资产等于股东权益加上负债。其他3个选项的说法均正确。故答案是选项D。

3. 资产负债表的主要结构及科目组成（★★★）

资产负债表类似一个T字，左边是资产，右边是负债和所有者权益。资产负债表主要结构及科目组成见表1－3。

表 1－3　资产负债表主要结构及科目组成

资产	负债和所有者权益
流动资产： 货币资金 应收账款 预付账款 存货 **非流动资产：** ……	**流动负债：** 短期借款 应付账款 预收账款 **非流动负债：** ……
	所有者权益： 股本（按照面值计算的股本金，也称实收资本） 资本公积（股票发行溢价、法定财产重估增值、接受捐赠资产等） 盈余公积（法定盈余公积和任意盈余公积） 未分配利润（企业留待以后年度分配或待分配利润）

资产负债表对应的 T 型图，见图 1－1。

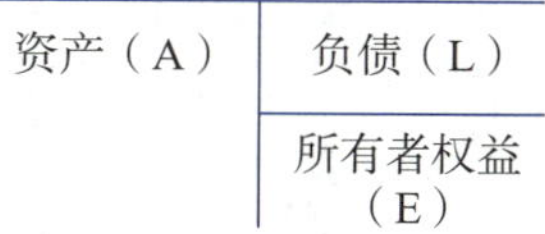

图 1－1　资产负债表对应的 T 型图

例题 1.5（选择题）

以下资产负债表的项目中，应计在负债项下的是（　　）。

A. 预付账款　　B. 货币资金　　C. 预收账款　　D. 资本公积

【答案】C

【解析】选项 A 错误，预付账款属于资产项；选项 B 错误，货币资金属于资产项；选项 D 错误，资本公积属于所有者权益项。常见的流动负债项有应付账款和预收账款。故答案是选项 C。

例题 1.6（选择题）

以下资产负债表的项目中，不应计在所有者权益项下的是（　　）。

A. 预收账款　　B. 股本　　C. 盈余公积　　D. 资本公积

【答案】A

【解析】预收账款属于负债，其他 3 个选项都属于所有者权益。故答案是选项 A。

4. 资产负债表的基本作用（★★★）

资产负债表在投资者分析企业财务状况时至关重要，其基本作用包括：

（1）**资产项**体现企业**占有资源的数量与性质**。

（2）表上的资源为收入来源的性质和其稳定性分析提供了基础。

（3）负债项体现企业资金的来源和财务状况，为企业长短期偿债能力分析提供便利。

（4）为企业的收益把关。与利润表相比，资产负债表更加**规范和准确**，可以更有效地限制资产与负债的操纵程度。

例题 1.7（选择题）

关于资产负债表的作用，以下说法错误的是（　　）。

A. 体现企业占有资源的数量与性质

B. 为企业的收益把关

C. 为企业长短期偿债能力分析提供便利

D. 分析企业盈利能力，用于评价企业的经营业绩

【答案】D

【解析】分析企业盈利能力，用于评价企业的经营业绩是利润表的作用，其他3个选项都是资产负债表的作用。故答案是选项D。

例题1.8（选择题）

关于资产负债表的作用，以下说法正确的是（　　）。

A. 为企业长短期偿债能力分析提供便利

B. 为企业的现金流把关

C. 解析企业获利能力高低的原因，评价企业是否具有可持续发展能力

D. 反映企业的现金流量，评价企业创造现金净流量的能力

【答案】A

【解析】选项B错误，资产负债表为企业的收益把关；选项C错误，利润表解析企业获利能力高低的原因，评价企业是否具有可持续发展能力；选项D错误，现金流量表反映企业的现金流量，评价企业创造现金净流量的能力。故答案是选项A。

（二）利润表提供的信息和作用

1. 利润表的基本概念（★★★）

利润表是反映企业在**一定会计期间内经营成果**的财务报表，可以用来揭示企业财务状况发生变动的直接原因。由于它反映的是某一期间的情况，因此它是动态报表。利润表也称**损益表或收益表**。

例题1.9（选择题）

关于利润表的描述，以下说法错误的是（　　）。

A. 利润表用以反映企业在某一时点的财务状况

B. 利润表用来揭示企业财务状况发生变动的直接原因

C. 利润表是动态报表

D. 利润表也称损益表或收益表

【答案】A

【解析】利润表是反映企业在一定会计期间内经营成果的财务报表。其他3个选项描述都正确。故答案是选项A。

例题1.10（选择题）

关于利润表的描述，以下说法正确的是（　　）。

A. 利润表被称为了解企业财务状况的“第一会计报表”

B. 利润表是静态报表

C. 利润表是反映企业在一定会计期间内现金流流入和流出的报表

D. 利润表用来揭示企业财务状况发生变动的直接原因

【答案】D

【解析】选项A错误，资产负债表被称为了解企业财务状况的“第一会计报表”；选项B错误，利润表是动态报表；选项C错误，现金流量表是反映企业在一定会计期间内现金流流入和流出的报

表。故答案是选项 D。

2. 利润的概念与应用（★★★）

企业在特定会计期间内的利润等于该期间内的收入减去与收入相关的成本费用。利润计算公式为：

$$利润=收入-成本和费用 \tag{1.2}$$

评价企业的整体业绩时，应重点关注企业的净利润。净利润的计算从息税前利润出发：

$$净利润=息税前利润-利息费用-税费 \tag{1.3}$$

式（1.3）中，息税前利润（EBIT）是扣除利息费用和税费之前的利润；利息费用是负担债务产生的利息成本；税费等于税前利润乘以税率；税前利润等于息税前利润减去利息费用。

名师说

利润表与资产负债表的基本结构很重要，它们是财务报表分析的基础，考生需要牢牢掌握。记忆核心关键词：收入、费用和利润。

例题 1.11（选择题）

利润表的构成部分不包括（　　）。

A. 利润　　B. 资产　　C. 收入　　D. 费用

【答案】B

【解析】资产属于资产负债表的科目，其他选项都属于利润表的构成部分。故答案是选项 B。

例题 1.12（选择题）

下列关于利润表的描述，说法错误的是（　　）。

A. 税前利润=息税前利润-利息费用

B. 增加利息费用可降低所得税费用

C. 净利润=税前利润-所得税费用

D. 利润表为收入来源的性质和稳定性分析提供了基础

【答案】D

【解析】选项 D 描述的是资产负债表的作用，其他选项可以通过利润表推出。故答案是选项 D。

3. 利润表的基本作用（★★★）

利润表在投资者分析企业财务状况时至关重要，其基本作用包括：

（1）分析企业**盈利能力**，用于评价企业的**经营业绩**。

（2）通过分析业务结构和收支结构评价企业**各部门**业绩成长对企业总盈余的**贡献度**。

（3）解析企业**获利能力高低**的原因，评价企业是否具有可持续发展能力。

例题 1.13（选择题）

以下属于利润表的作用的是（　　）。

A. 分析企业盈利能力，用于评价企业的经营业绩

B. 反映企业的现金流量，评价企业创造现金净流量的能力

C. 评估企业偿还债务和支付投资利润的能力

D. 为企业长短期偿债能力分析提供便利

【答案】A

【解析】选项B、C描述的是现金流量表的作用，选项D描述的是资产负债表的作用。故答案是选项A。

例题1.14（选择题）

以下不属于利润表的作用的是（　　）。

A. 解析企业获利能力高低的原因，评价企业是否具有可持续发展能力

B. 通过分析业务结构和收支结构评价企业各部门业绩成长对企业总盈余的贡献度

C. 分析企业盈利能力，用于评价企业的经营业绩

D. 体现企业占有资源的数量与性质

【答案】D

【解析】选项D描述的是资产负债表的作用，其他3个选项都是利润表的作用。故答案是选项D。

（三）现金流量表提供的信息和作用

1. 现金流量表的基本概念（★★★）

现金流量表也叫**财务状况变动表**，是反映企业在一定会计期间内现金流流入和流出的报表。它是基于**收付实现制**编制而成的。

例题1.15（选择题）

下列关于现金流量表的描述，说法正确的是（　　）。

A. 现金流量表也叫财务状况变动表

B. 现金流量表用来揭示企业财务状况发生变动的直接原因

C. 现金流量表被称为了解企业财务状况的“第一会计报表”

D. 现金流量表用以反映企业在某一时点的现金流状况

【答案】A

【解析】选项B错误，利润表用来揭示企业财务状况发生变动的直接原因；选项C错误，资产负债表被称为了解企业财务状况的“第一会计报表”；选项D错误，现金流量表用以反映企业在某一会计期间内的现金流状况。故答案是选项A。

例题1.16（选择题）

关于现金流量表的描述，以下说法错误的是（　　）。

A. 现金流量表基于收付实现制编制而成

B. 现金流量表是反映企业在一定会计期间内现金流流入和流出的报表

C. 现金流量表也叫财务状况变动表

D. 现金流量表是静态报表

【答案】D

【解析】现金流量表是动态报表，其他3个选项说法都正确。故答案是选项D。

2. 现金流的概念与应用（★★★）

企业的现金流又称现金流量，是由经营活动现金流量（cash flow from operations，CFO）、投资活动现金流量（cash flow from investment，CFI）和筹资活动现金流量（cash flow from financing，CFF）3部分构成。

企业的净现金流（net cash flow，NCF）计算公式为：

$$NCF = CFO + CFI + CFF \tag{1.4}$$

在计算过程中现金流流入企业取正值，流出企业取负值。现金流量业务范围见表 1－4。

表 1－4 现金流量业务范围

项目	业务范围
经营活动现金流（CFO）	**生产**商品、提供劳务、缴纳税金等
投资活动现金流（CFI）	正常生产经营活动投资的长期资产（固定资产投资）、对外股权或债权**投资**
筹资活动现金流（CFF）	长期资本（股票和债券、贷款）**筹资**

名师说

对外股权或债权投资与长期资本（股票和债券、贷款）筹资都涉及股票和债券，要加以区分。企业有钱，买股权和债权，将来投资到期再卖掉，产生的现金流属于投资活动现金流（CFI）。企业缺钱，发行股票和债券融资，将来债券到期再还钱，产生的现金流属于筹资活动现金流（CFF）。

例题 1.17（选择题）

以下选项中，不属于投资活动现金流的是（ ）。

A. 购建固定资产支付的现金
B. 取得债券利息收入收到的现金
C. 对外进行股权投资支付的现金
D. 支付给职工的现金

【答案】D

【解析】支付给职工的现金属于经营活动现金流，其他 3 个选项都属于投资活动现金流。故答案是选项 D。

例题 1.18（选择题）

以下选项中，属于经营活动现金流的是（ ）。

A. 长期资本筹资
B. 对外股权或债权投资
C. 固定资产投资
D. 生产商品产生的现金流

【答案】D

【解析】选项 A 错误，长期资本筹资属于筹资活动现金流；选项 B 错误，对外股权或债权投资属于投资活动现金流；选项 C 错误，固定资产投资属于投资活动现金流。故答案是选项 D。

3. 现金流量表的基本作用（★★★）

投资者在进行企业财务分析时现金流量表是不可或缺的，其基本作用包括：

（1）反映企业的**现金流量**，评价企业**创造现金净流量的能力**。

（2）评估企业**偿还债务和支付投资利润的能力**。

（3）分析净利润与现金流量间的差异，并分析差异产生的原因。

（4）分析现金和非现金的投融资情况，全面了解企业财务状况。

对现金流量表进行分析，有助于投资者评估企业未来的偿债能力、现金获取能力、现金流创造能力和股利支付能力。

例题1.19（选择题）

以下选项中不属于现金流量表的作用的是（　　）。

A. 分析现金和非现金的投融资情况，全面了解企业财务状况

B. 反映企业的现金流量，评价企业创造现金净流量的能力

C. 分析净利润与现金流量间的差异，并分析差异产生的原因

D. 为企业长短期偿债能力分析提供便利

【答案】D

【解析】选项D描述的是资产负债表的作用，其他3个选项都是现金流量表的作用。故答案是选项D。

例题1.20（选择题）

以下选项中属于现金流量表的作用的是（　　）。

A. 评估企业偿还债务和支付投资利润的能力

B. 通过分析业务结构和收支结构评价企业各部门业绩成长对企业总盈余的贡献度

C. 体现企业占有资源的数量与性质

D. 分析企业盈利能力，用于评价企业的经营业绩

【答案】A

【解析】选项B错误，分析业务结构和收支结构评价企业各部门业绩成长对企业总盈余的贡献度是利润表的作用；选项C错误，体现企业占有资源的数量与性质是资产负债表的作用；选项D错误，分析企业盈利能力，用于评价企业的经营业绩是利润表的作用。故答案是选项A。

4. 三大财务报表的区别（★★★）

三大财务报表在时间维度和制表规则方面存在一定的区别，具体见表1－5。

表1－5　三大财务报表的区别

财务报表	静态/动态	制表规则
资产负债表	时点报表，**静态**	权责发生制
利润表	时段报表，**动态**	权责发生制
现金流量表	时段报表，**动态**	收付实现制

名师说

权责发生制与收付实现制本身不是考试内容，所以考生对于三大报表分别采用的指标规则熟知即可。

在**权责发生制**规则下，凡在**本期发生**应从本期收入中获得补偿的**费用**，不论是否在本期已实际支付或未付的货币资金，均应**作为本期的费用处理**；凡在**本期发生**应**归属于本期的收入**，不论是否在本期已实际收到或未收到的货币资金，均应**作为本期的收入处理**。对资产和负债按相同方式处理。

收付实现制以款项是否已经收到或付出作为计算标准。凡**在本期内实际收到或付出**的一切款项，无论其发生时间早晚或是否应该由本期承担，均**作为本期的项目来处理**。

例题 1.21（选择题）

以下选项中，关于三大财务报表描述正确的是（ ）。

A. 利润表是动态报表 B. 资产负债表是动态报表

C. 现金流量表是静态报表 D. 资产负债表根据收付实现制编制

【答案】A

【解析】选项B错误，资产负债表是静态报表；选项C错误，现金流量表是动态报表；选项D错误，资产负债表根据权责发生制编制。故答案是选项A。

例题 1.22（选择题）

以下选项中，关于三大财务报表描述不正确的是（ ）。

A. 资产负债表用以反映企业在某一时点的财务状况

B. 利润表是反映企业在一定会计期间内经营成果的财务报表

C. 现金流量表是反映企业在一定会计期间内现金流入和流出的报表

D. 资产负债表基于收付实现制编制而成，而现金流量表基于权责发生制编制而成

【答案】D

【解析】资产负债表基于权责发生制编制而成，而现金流量表基于收付实现制编制而成。其他3个选项描述都正确。故答案是选项D。

二、财务报表分析

（一）财务报表分析的概念（★）

财务报表分析是对企业财务报表所提供的数据进行分析，**挖掘**企业经营和发展的相关信息，从而帮助投资者评估企业的**经营成果和财务状况**。基金经理可以通过财务分析挖掘企业存在的问题，发现潜在**投资机会**。

（二）财务比率分析

财务比率分析是指用财务比率来描述企业**财务状况、盈利能力以及流动性**情况。

财务比率通过计算**会计数据的比值来表现**。比值的形式**消除了企业规模的影响**，既可以用来比较不同行业、不同规模企业之间的财务状况，也可以用来比较同一企业的各期变动情况。

财务比率分析涉及多种指标，其中常见的财务比率分析指标见表1-6。

表1-6 常见的财务比率分析指标

常见指标	具体内容
流动性比率	①流动比率；②速动比率
财务杠杆比率	①资产负债率；②权益乘数；③负债权益比；④利率倍数
营运效率比率	①存货周转率；②应收账款周转率；③总资产周转率
盈利能力比率	①销售利润率；②资产收益率；③净资产收益率

1. 流动性比率（★★★）

流动性比率是反映企业**短期偿债能力**的比率，其重点关注的是企业的流动资产与流动负债。流

动性比率主要包括**流动比率**和**速动比率**。流动比率和速动比率的具体构成见表1-7。

表1-7 流动比率和速动比率的具体构成

项目	具体内容
流动比率 = $\frac{流动资产}{流动负债}$	(1) 基本内容 ①**流动资产**主要包括**现金及现金等价物、应收票据、应收账款、存货**等; ②**流动负债**主要包括**短期借款、应付票据、应付账款**等; ③流动比率可以看成是流动资产对于流动负债的覆盖率; (2) 经济学含义 ①当流动比率大于2时,短期内即使流动资产只有一半能变现,企业也可以足额偿付其短期债务; ②对于**短期债权人**来说,**流动比率越高越好**。该比率越高意味着债权人收回贷出资金的**风险越低**; ③对于**企业来说,流动比率并非越高越好**。当流动资产的**收益率较低**时,持有过高的流动资产会影响企业的经营获利或者投资盈利状况
速动比率 = $\frac{流动资产-存货}{流动负债}$	①相对于其他流动资产,存货的流动性相对较差。因此,从流动资产中扣除存货之后再除以流动负债计算出的速动比率可以更加直观地衡量短期偿债能力; ②**速动比率**总是**小于等于流动比率**; ③当速动比率大于1时,企业才能维持良好的短期偿债能力和财务稳定状况; ④**流动资产的内部划转不影响流动比率,但是会影响速动比率**。例如,用现金购买存货,流动资产总额不变,从而流动比率不变。但是,存货增加会导致速动比率下降

例题1.23(选择题)

清禾同人公司原定将一笔银行存款偿付应付账款,现决定延缓偿付,而将这笔存款支付了新购入的存货,它对速动比率的影响是( )。

A. 下降　　B. 提高　　C. 无影响　　D. 无法判断

【答案】A

【解析】用现金购买存货不影响流动资产,但会增加存货的持有量。根据速动比率的计算公式:速动比率=(流动资产-存货)÷流动负债,流动资产不变,存货上升,流动负债不变,则速动比率下降。故答案是选项A。

例题1.24(选择题)

网飞公司的流动资产为2 000万元,其中存货有400万元,流动负债为500万元。该公司的速动比率为( )。

A. 4　　B. 3.2　　C. 4.2　　D. 5

【答案】B

【解析】根据速动比率的计算公式:速动比率=(流动资产-存货)÷流动负债=(2 000-400)÷500=3.2。故答案是选项B。

2. 财务杠杆比率(★★★)

财务杠杆比率与企业的长期负债和资本结构有关,是分析企业偿债能力的风险指标,用于衡量企业长期偿债能力。其主要包括资产负债率、负债权益比、权益乘数和利息倍数。

财务杠杆比率的具体内容见表1-8。

表 1－8　财务杠杆比率的具体内容

财务杠杆比率	具体内容
$资产负债率=\frac{总负债}{总资产}=\frac{L}{A}$	①总负债包括短期负债和长期负债； ②由于债务具有税盾作用，大量企业使用财务杠杆，举债经营，但最合适的资产负债率**难以准确计量**； ③最优资产负债率的选择可**参考同行业企业**或基于资本结构与价值关系，遵循**适中原则**进行设定； ④3 个指标本质相同，用于衡量企业对**长期债务**的**本金**保障程度； ⑤数值**越大**，财务杠杆比率**越大**，负债**越重**； ⑥权益乘数又叫作**杠杆比率**
$负债权益比=\frac{总负债}{所有者权益}=\frac{L}{E}=\frac{1}{1-资产负债率}$	
$权益乘数=\frac{总资产}{所有者权益}=\frac{A}{E}=\frac{资产负债率}{1-资产负债率}$	
$利息倍数=\frac{EBIT}{利息}$	①衡量企业对**长期债务**的**利息**保障程度； ②EBIT 是息税前利润； ③数值**越大**对**债权人越安全**； ④对于举债经营的企业，利息倍数**最少为** 1，越高越好

记忆小窍门

通过画资产负债表的 T 型图，使用资产、负债和所有者权益的英文简称便于判断比率指标的变动方向和具体数值的计算。

例题 1.25（选择题）

某企业 2020 年税后净利润为 150 万元，所得税率为 25%，利息费用为 50 万元，则该企业利息倍数为（　　）。

A. 3　　B. 4　　C. 5　　D. 6

【答案】C

【解析】利息倍数＝EBIT÷利息，其中息税前利润 EBIT＝税后净利润÷(1－所得税率)＋利息＝150÷(1－25%)＋50＝250（万元），则利息倍数＝250÷50＝5。故答案是选项 C。

例题 1.26（选择题）

某企业的资产负债率为 0.5，所有者权益为 3 000 万元，则该企业的权益乘数为（　　）。

A. 1　　B. 2　　C. 3　　D. 4

【答案】B

【解析】资产负债率＝总负债÷总资产＝0.5＝1/2，资产＝负债+所有者权益，则所有者权益÷资产＝1/2，所以权益乘数＝资产÷负债＝2÷1＝2。故答案是选项 B。

3. 营运效率比率（★★★）

营运效率是指企业运用其资产的有效程度，具体体现为企业经营期间的资产从投入到产出的流转速度，也反映了企业**资金的周转状况**。营运效率的高低取决于企业营运状况的好坏及管理水平的高低。

营运效率比率分为**短期比率和长期比率**两种。短期比率包括存货周转率和应收账款周转率，用于考查存货和应收账款的使用效率。长期比率主要是指总资产周转率，用于考查所有资产的使用效率。常见的营运效率指标及其计算方法见表 1－9。

表1-9 常见的营运效率指标及其计算方法

种类	营运效率指标	内涵
短期比率	$存货周转率=\frac{年销售成本}{年均存货}$	①衡量企业在1年或1个经营周期内**存货的周转次数**； ②衡量存货**销售、变现的效率**； ③取值**越大**，说明存货销售变现**耗时越少**，存货管理**效率越高**
	$应收账款周转率=\frac{年销售收入}{年均应收账款}$	①衡量企业在1年或1个经营周期内**应收账款的周转次数**； ②衡量应收账款的**变现效率**，即销售收入收回的速度； ③取值**越大**，说明应收账款变现和销售收入收回所需**时间越短**
长期比率	$总资产周转率=\frac{年销售收入}{年均总资产}$	①衡量企业所有资产的**使用效率**； ②取值**越大**，说明企业的销售能力越强，资产使用**效率越高**
周转天数	$存货周转天数=\frac{365}{存货周转率}$ $应收账款周转天数=\frac{365}{应收账款周转率}$	衡量存货、应收账款周转1次消耗的**时间，时间越短，效率越高**

名师说

周转率的分子来源于利润表，对应的是流量值，所以直接使用某年利润表中的数据计算即可。而周转率的分母来源于资产负债表，对应的是存量值，需要先计算年初值和年末值的算术平均值，再代入公式计算对应的周转率。

例题1.27（选择题）

某企业期初存货250万元，期末存货300万元，本期产品销售收入为1 600万元，本期产品销售成本为1 100万元，则该公司存货（　　）天周转1次。

A. 70.67　　B. 80.12　　C. 91.25　　D. 10.35

【答案】C

【解析】年均存货=(250+300)÷2=275（万元），存货周转率=年销售成本÷年均存货=1 100÷275=4，存货周转天数=365÷存货周转率=365÷4=91.25（天）。故答案是选项C。

例题1.28（选择题）

某企业期初总资产为1 200万元，期末总资产为1 300万元，本期产品销售收入为5 600万元，本期产品销售成本为4 100万元，则该公司总资产周转率为（　　）。

A. 3.28　　B. 4.48　　C. 4.31　　D. 4.66

【答案】B

【解析】年均总资产=(1 200+1 300)÷2=1 250（万元），总资产周转率=年销售收入÷年均总资产=5 600÷1 250=4.48。故答案是选项B。

4. 盈利能力比率（★★★）

盈利能力指企业正常经营**赚取利润的能力**，是企业生存发展的基础。

反映企业盈利能力的指标有很多，通常使用的有销售利润率、资产收益率和净资产收益率。盈利能力比率具体见表 1－10。

表 1－10　盈利能力比率

项目	定义式	具体内容	备注
销售利润率（ROS）	$ROS=\frac{净利润总额}{销售收入总额}$	表示每单位销售收入能产生的净利润	①由于资产和所有者权益来自资产负债表，所以 ROA 和 ROE 的**分母取年初和年末的算术平均值**； ②3 个指标的分子都是净利润
资产收益率（ROA）	$ROA=\frac{净利润总额}{总资产总额}$	①表示每单位资产能带来的净利润； ②ROA **越大**，表明企业**利用资产创造利润的能力越强**	
净资产收益率（ROE）	$ROE=\frac{净利润总额}{所有者权益总额}$	①表示每单位所有者权益能够带来的净利润； ②也称权益报酬率； ③衡量企业最大化股东财富的能力； ③ROE **越大**，说明企业利用其**自有资金**的**获利能力越强**	

例题 1.29（选择题）

某公司的销售收入为 3 000 万元，资产总额为 1 800 万元，债务总额为 1 000 万元，如果销售利润率为 10%，则该公司的净利润为（　　）万元。

A. 232　　B. 300　　C. 370　　D. 378

【答案】B

【解析】销售利润率＝净利润总额÷销售收入总额，则净利润总额＝销售利润率×销售收入总额＝10%×3 000＝300（万元）。故答案是选项 B。

例题 1.30（选择题）

某公司的年均资产总额为 2 800 万元，年均负债总额为 1 500 万元，如果资产收益率为 15%，则该公司的净资产收益率为（　　）。

A. 0. 223　　B. 0. 323　　C. 0. 423　　D. 0. 532

【答案】B

【解析】总资产＝总负债+所有者权益，所有者权益＝总资产－总负债＝2 800－1 500＝1 300（万元），资产收益率＝净利润总额÷总资产总额，净利润总额＝资产收益率×年均总资产＝15%×2 800＝420（万元），净资产收益率＝净利润总额÷所有者权益总额＝420÷1 300≈0. 323。故答案是选项 B。

（三）杜邦分析法（★★★）

1. 杜邦恒等式

杜邦分析法是一种从财务角度评价企业绩效，评价公司盈利能力和股东权益回报水平的经典方法。它将**净资产收益率**拆分为多项财务指标的乘积，用以深入研究企业经营业绩。

根据杜邦分析法，净资产收益率可以表示为：

$$\begin{aligned}净资产收益率&=\frac{净利润}{所有者权益总额}=\frac{净利润}{总资产总额}\times\frac{总资产总额}{所有者权益总额}=资产收益率\times权益乘数\\&=\frac{净利润}{销售收入总额}\times\frac{销售收入}{总资产总额}\times\frac{总资产总额}{所有者权益总额}\end{aligned}\tag{1.5}$$

于是得到**杜邦恒等式**：

$$净资产收益率=销售利润率\times总资产周转率\times权益乘数\tag{1.6}$$

杜邦恒等式的求解过程见图1－2。

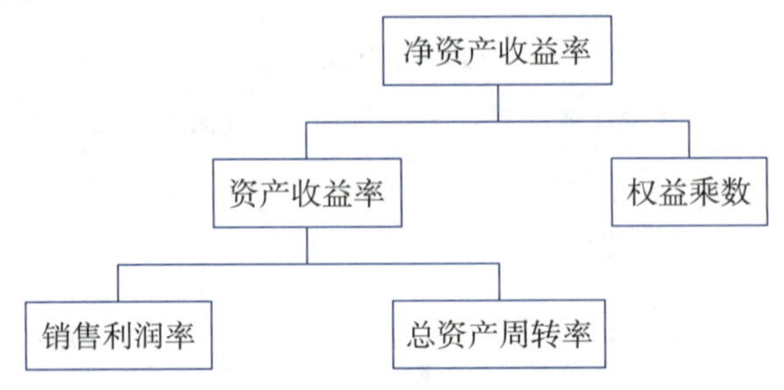

图1－2　杜邦恒等式解析图

2. 杜邦恒等式的应用

在分析不同企业之间以及某个企业在不同发展阶段的盈利差异时，可以通过杜邦恒等式进行分析。杜邦恒等式将一家企业的综合盈利能力拆分为3个维度：**销售利润率、资产的使用效率和企业的财务杠杆**。通过这3个维度的分析，公司的管理层既能够方便地找出公司的优点，进而保持竞争优势，也能够找出公司的弱点与制约公司盈利能力增长的问题。

3. 杜邦分析法的评价

通过杜邦分析法，公司的管理层和投资者可以对净资产收益率各个决定因素有更加深入、清晰的分析，从而为其**经营管理和投资决策寻求理论依据**。

杜邦分析法的研究核心是净资产收益率，使用的是**历史财务数据**，所以分析结果**无法反映企业的真实市场价值和未来发展前景**。

例题1.31（选择题）

甲公司的销售利润率为6%，总资产周转率为3，资产负债率为70%，则该公司的净资产收益率为（　　）。

A. 6%　　B. 10%　　C. 12%　　D. 23%

【答案】A

【解析】权益乘数＝总资产÷所有者权益＝1÷(1－70%)＝1/3，根据杜邦恒等式可知，净资产收益率＝销售利润率×总资产周转率×权益乘数＝6%×3×(1/3)＝6%。故答案是选项A。

例题1.32（选择题）

乙公司的净资产收益率为20%，销售利润率为8%，总资产周转率为2，则该公司的杠杆比率为（　　）。

A. 2.23　　B. 1.25　　C. 3.67　　D. 2.16

【答案】B

【解析】根据杜邦恒等式可知，净资产收益率＝销售利润率×总资产周转率×杠杆比率，20%＝8%×2×杠杆比率，则杠杆比率为1.25。故答案是选项B。

你已完成本任务的学习，快去小程序上做题吧！

任务 2　货币的时间价值、利率和描述性统计量

任务导学

考情分析

本任务内容在考试中的分值占比约为 4%，整体难度适中，考试以定量题目为主。

通过本任务的学习，考生将对货币的时间价值、利率和描述性统计量的相关概念有所了解。其中，考生需要重点掌握货币的时间价值，时间和贴现率对价值的影响，名义利率和实际利率的概念和应用，单利和复利的概念和应用，即期利率和远期利率的概念和应用以及平均值、分位数、中位数的概念、计算和应用。

任务框架图

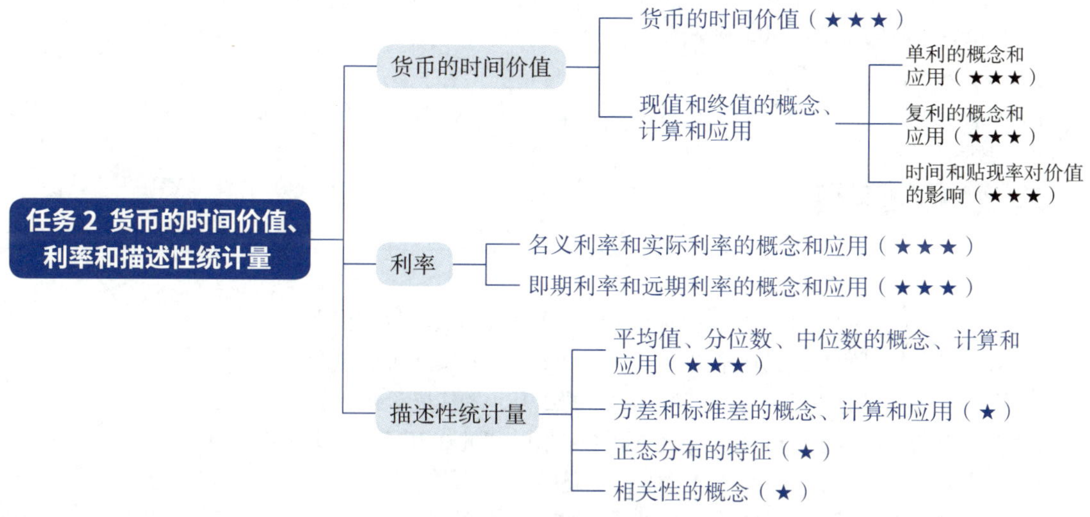

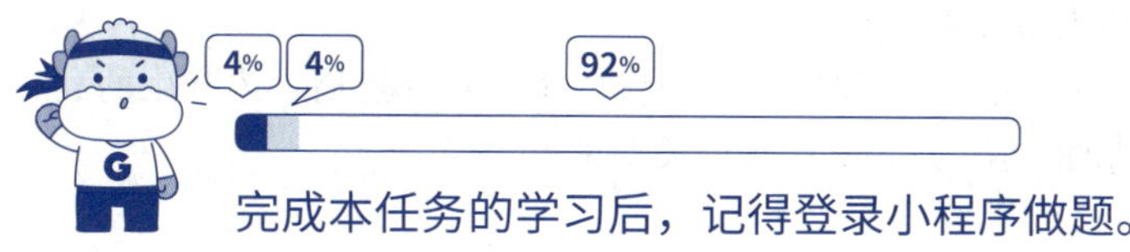

考点精讲

一、货币的时间价值

（一）货币的时间价值（★★★）

货币的时间价值是指货币随着时间的推移**能够增值，能够产生利息**。当前所持有的一定量货币比未来获得的等量货币具有更高的价值，也就是我们常说的现在的一百块要比未来的一百块更值钱。换句话说，由于货币具有时间价值，**两笔金额相等的货币，如果发生在不同的时期，其实际价值不相等**。因此，要想准确表达一定金额货币的价值就需要标明其发生的时间点。**相同的资金，收到的时间越早，其价值越高**。

投资活动中存在资金的支出和收入，我们把资金的支出称为现金流出，资金的收入称为现金流入。根据投资过程中现金的流入和流出，可以计算出该段时间内发生的**净现金流量**：

$$净现金流量=现金流入-现金流出 \tag{2.1}$$

例题 2.1（选择题）

两笔金额相等的资金，由于发生在不同的时间点，其代表的实际价值不同，这是因为（　　）。

A. 货币具有时间价值　B. 利率上升　C. 汇率下降　D. 市场环境发生变化

【答案】A

【解析】选项 B、C、D 错误。由于货币具有时间价值，发生在不同时间点的等额资金具有不同的价值。故答案是选项 A。

例题 2.2（选择题）

一项投资在第一年末和第二年末分别向投资者支付 2 万元的分红，以下选项中说法正确的是（　　）。

A. 第二年末收到的 2 万元比第一年末收到的 2 万元的实际价值更大

B. 第一年末收到的 2 万元比第二年末收到的 2 万元的实际价值更大

C. 第一年末收到的 2 万元与第二年末收到的 2 万元的实际价值相等

D. 无法判断第一年末收到的 2 万元与第二年末收到的 2 万元哪个实际价值更大

【答案】B

【解析】由于货币具有时间价值，发生在不同时间点的等额资金具有不同的价值。越早收到的资金价值越大，因为货币随着时间的推移能够增值，能够产生利息。故答案是选项 B。

（二）现值和终值的概念、计算和应用

终值（FV）是货币的未来价值，也就是一项投资未来的价值。将终值折现到现在得到**现值**（PV），也就是将来的货币金额现在的价值。该折现过程称为贴现。计算终值和现值时需要考虑单利和复利。

1. 单利的概念和应用（★★★）

单利是计息方式的一种，在该方法下，投资的本金在计息周期内产生的**利息不再加入本金重复计算利息**。基于单利的终值、现值和贴现的关系见表 2－1。

表 2-1 基于单利的终值、现值和贴现的关系

计息方式	现值（PV）/终值（FV）	说明
单利	$FV=PV\times(1+i\times n)$	①i 为利率、折现率或贴现率，n 为期数； ②利息**不加入**本金重复计算利息
	$PV=\dfrac{FV}{(1+i\times n)}$	

例题 2.3（选择题）

小张在银行存款 10 000 元，存款期限为 3 年，年利率为 4%，单利计息，则 3 年后小张可以提取的本息和为（ ）元。

A. 16 000　　B. 17 000　　C. 18 000　　D. 11 200

【答案】D

【解析】$FV=PV\times(1+i\times n)=10\ 000\times(1+4\%\times3)=11\ 200$（元）。故答案是选项 D。

例题 2.4（选择题）

小刘在银行购买了一个 5 年期的金融产品，到期之后能收到 20 000 元。假设折现率为 5%，单利计息的情况下，该产品现在的价值为（ ）元。

A. 16 000　　B. 17 000　　C. 18 000　　D. 19 000

【答案】A

【解析】$PV=FV\div(1+i\times n)=20\ 000\div(1+5\%\times5)=16\ 000$（元）。故答案是选项 A。

2. 复利的概念和应用（★★★）

在**复利**计息方式下，投资的本金在计息周期内产生的**利息需要加入本金重复计算利息**，即所谓的“利滚利”。基于复利的终值、现值和贴现的关系见表 2-2。

表 2-2 基于复利的终值、现值和贴现的关系

计息方式	现值（PV）/终值（FV）	说明
复利	$FV=PV\times(1+i)^n$	①i 为利率、折现率或贴现率，n 为期数； ②$(1+i)^n$ 称为复利终值系数，用符号（FV，i，n）表示，它表示 1 元在利率 i 下复利 n 期的终值为 FV； ③将利息**加入**本金再计算利息
	$PV=\dfrac{FV}{(1+i)^n}$	

例题 2.5（选择题）

小李向小杜借入 100 000 元，约定年利率为 12%，复利计息，到期一次性还本付息，则 5 年后小李应向小杜支付的本息和为（ ）元。

A. 160 000　　B. 176 234.17　　C. 186 234.17　　D. 200 231.89

【答案】B

【解析】$FV=PV\times(1+i)^n=100\ 000\times(1+12\%)^5\approx176\ 234.17$（元）。故答案是选项 B。

例题 2.6（选择题）

小明购买了 1 个剩余期限为 2 年的金融产品，产品到期后能收回 2 000 元，投资期间没有分红。若折现率等于 10%，复利计息，该金融产品现在值（ ）元。

A. 1 652.89　　B. 1 778.76　　C. 1 845.87　　D. 2 234.78

【答案】A

【解析】$PV=FV\div(1+i)^n=2\ 000\div(1+10\%)^2\approx1\ 652.89$（元）。故答案是选项 A。

3. 时间和贴现率对价值的影响（★★★）

资产的价值会受到投资期限和利率（贴现率、折现率）的影响。观察表2-1和表2-2中的公式可以发现，在**给定本金和利率的情况下，投资期限越长，终值越大；给定终值和投资期限的情况下，折现率越大，现值越小**。

例题2.7（选择题）

某投资产品的终值为10 000元，在本金和收益率不变的情况下，若该产品的投资期限延长，其终值会（　　）。

A. 变大　　B. 变小　　C. 不变　　D. 不确定

【答案】A

【解析】根据终值的计算公式：$FV=PV\times(1+i)^n$ 和 $FV=PV\times(1+i\times n)$，在给定本金和利率的情况下，投资期限越长，终值越大。故答案是选项A。

例题2.8（选择题）

某投资产品的现值为2 000元，在终值和投资期限不变的情况下，若该产品的折现率变大，其现值会（　　）。

A. 大于2 000　　B. 小于2 000　　C. 等于2 000　　D. 无法不确定

【答案】B

【解析】根据现值的计算公式：$PV=FV\div(1+i)^n$ 和 $PV=FV\div(1+i\times n)$，给定终值和投资期限的情况下，折现率越大，现值越小。故答案是选项B。

二、利率

（一）名义利率和实际利率的概念和应用（★★★）

按债权人取得报酬的情况，可将利率分为**名义利率**和**实际利率**，具体内容见表2-3。

表2-3　名义利率和实际利率的具体内容

利率	定义	关系
名义利率	**包含对通货膨胀补偿的利率**	①费雪方程式： **实际利率=名义利率-通货膨胀率**； ②通货膨胀率上升，名义利率上升； ③**通货膨胀率为负值时，实际利率大于通货膨胀率**
实际利率	名义利率**扣除通货膨胀补偿**之后的利率或物价不变且购买力不变情况下的利率	

例题2.9（选择题）

某债券的名义利率为10%，若1年中通货膨胀率为2%，则投资者的实际收益率为（　　）。

A. -12%　　B. 12%　　C. 8%　　D. 20%

【答案】C

【解析】根据费雪方程式，实际利率=名义利率-通货膨胀率=10%-2%=8%。故答案是选项C。

例题2.10（选择题）

以下选项中关于名义利率和实际利率说法错误的是（　　）。

A. 实际利率是名义利率扣除通货膨胀补偿之后的利率

B. 名义利率是实际利率加上通货膨胀补偿之后的利率

C. 市场中常说的年利率是指实际利率

D. 当通货膨胀率为负值时，实际利率大于名义利率

【答案】C

【解析】市场中常说的年利率是指名义利率。其他选项描述都正确。故答案是选项 C。

（二）即期利率和远期利率的概念和应用（★★★）

1. 即期利率和远期利率

根据计息起始时间的不同，将利率分为**即期利率和远期利率**，具体内容见表 2－4。

表 2－4　即期利率和远期利率

利率	定义	作用
即期利率	**从现在开始到未来某个时点**的年化收益率，也可以看成是既定期限零息债券的到期收益率，常用 S_t 表示	①计算贴现因子，求现金流现值； ②将不同期限的即期利率绘制成即期利率曲线，作为**金融市场的基准利率**
远期利率	从**未来的某一时点到更远未来的某个时点**的年化收益率，也可以表示投资者在未来某个日期买入的零息债券的到期收益率，它是资金的远期价格，常用 f 表示	①**预示未来利率走势**； ②为央行制定并**实施货币政策提供参考**； ③定价利率衍生品

远期利率隐含在即期利率当中，给定即期利率可求出对应的远期利率，即期利率和远期利率的关系见图 2－1。

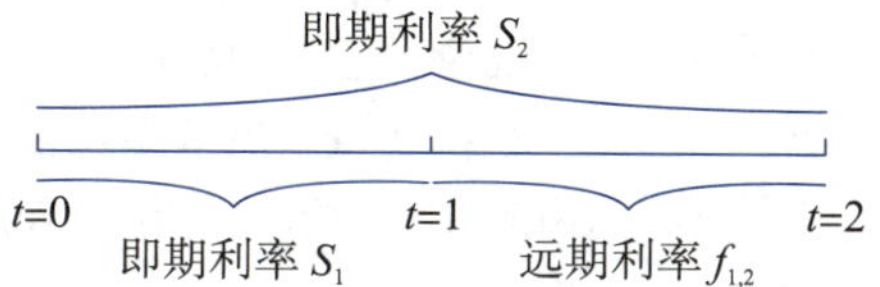

图 2－1　即期利率和远期利率的关系

根据图 2－1，在不存在套利机会的情况下可得：

$$(1+S_2)^2=(1+S_1)(1+f_{1,2}) \tag{2.2}$$

$$f_{1,2}=\frac{(1+S_2)^2}{(1+S_1)}-1 \tag{2.3}$$

记忆小窍门

即期利率与远期利率的关系可以通过以下方式记忆：我有两种投资方法。一种是一笔现金流直接投资长期，另一种是一笔现金流一期一期投短期，两种投资方法得到的终值相同。

2. 贴现因子

未来现金流可以通过与贴现因子相乘进行折现，得到相应的**现值**。贴现因子（d_t）可**由即期利率 S_t 计算得到**：

$$d_t=\frac{1}{(1+S_t)^t} \tag{2.4}$$

已知任意现金流（x_0，x_1，x_2，…，x_k）和对应的市场即期利率可求现值（PV）：

$$PV = x_0 + d_1 x_1 + d_2 x_2 + \cdots + d_k x_k \quad (2.5)$$

例题 2.11（选择题）

1年和2年期的即期利率分别为 $S_1 = 2\%$ 和 $S_2 = 3\%$，根据无套利原则及复利计息的方法，第1年末至第2年末的远期利率为（　　）。

A. 4%　　B. 5%　　C. 6%　　D. 8%

【答案】A

【解析】$f_{1,2} = \frac{(1+S_2)^2}{(1+S_1)} - 1 = \frac{(1+3\%)^2}{(1+2\%)} - 1 \approx 4\%$。故答案是选项A。

例题 2.12（选择题）

一个3年期项目，未来3年末的现金流收入分别是20万元、15万元和30万元。若该项目对应的未来3年的折现因子分别为 $d_1 = 0.89$，$d_2 = 0.76$，$d_3 = 0.68$，则该项目现在的价值为（　　）万元。

A. 50.8　　B. 49.6　　C. 29.8　　D. 21.8

【答案】B

【解析】根据现值计算公式：$PV = x_0 + d_1 x_1 + d_2 x_2 + \cdots + d_k x_k$，该项目的现值为 $0.89 \times 20 + 0.76 \times 15 + 0.68 \times 30 = 49.6$（万元）。故答案是选项B。

三、描述性统计量

随机变量是一个能取得多种可能值的数值变量，它是随机事件的数量表现，一般用 X、Y、Z 表示。随机变量常分为**离散型随机变量**和**连续型随机变量**。**离散型随机变量**只取**有限多个或可列无限多个值**。**连续型随机变量可以取某一个区间内的任意数值**，**其取值无法一一列出**。

对于离散型随机变量 X，其可能取 n 个值 x_1，x_2，…，x_n，记 $P_i = P\{X = x_i\}$ 为 X 取 x_i 的概率。所有取值的概率之和 $\sum_{i=1}^{n} P_i = 1$。

如果随机变量 X 是连续型随机变量，我们可以使用概率密度函数来研究其分布特征。通过概率密度函数可以求出随机变量 X 在特定区间取值的概率。概率密度函数曲线见图2-2。

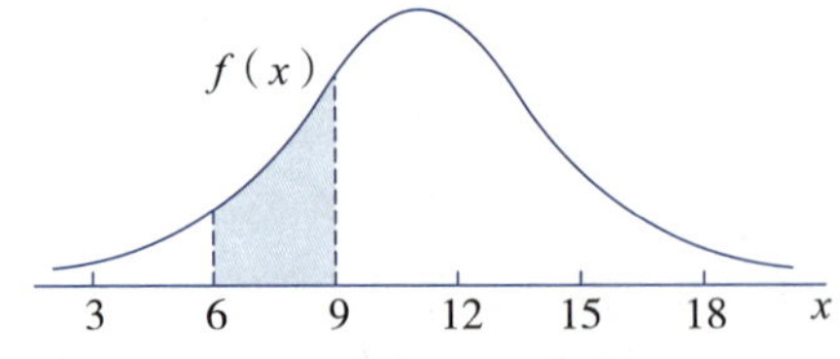

图2-2　概率密度函数曲线

图2-2中阴影部分的面积就是随机变量 X 取值在［6，9］之间的概率 $P\{6 \leq X \leq 9\}$。

（一）平均值、分位数、中位数的概念、计算和应用（★★★）

1. 期望（均值）

随机变量 X 的**期望（或称均值）**用于衡量 X 取值的**平均水平**。它是随机变量 X 所有可能取值按照其发生概率大小进行加权后的平均值，用以衡量数据的**中心趋势**，用 $E(X)$ 表示。

$$E(X)=p_1x_1+p_2x_2+\cdots+p_nx_n \tag{2.6}$$

式（2.6）中，x_n 代表变量 X 的第 n 种可能取值；p_n 代表第 n 种取值可能发生的概率。

当随机变量 X 的分布未知时，可以用样本 X_1，X_2，…，X_n 的算术平均值（或样本均值）$\overline{X}=\frac{1}{n}\sum_{i=1}^{n}X_i$ 作为 $E(X)$ 的估计值。

根据随机变量期望的线性性质，可以求出包含多个资产的投资组合的期望收益率。例如，一个组合包含 n 个资产的投资组合的期望收益率为：

$$r=w_1r_1+w_2r_2+\cdots+w_nr_n \tag{2.7}$$

式（2.7）中，w_1 代表资产 1 在组合中的**市值占比**；r_1 代表资产 1 的**期望收益率**。

2. 分位数和中位数

分位数是常见的数据集绝对离散程度衡量指标，中位数是分位数的一种，具体内容见表 2－5。

表 2－5　分位数和中位数

指标	定义	具体内容	作用
分位数	分位数也叫**分位点**，是指将一个随机变量的概率分布范围分为**几个等份**的数值点。通常被用来研究随机变量 X 以特定概率取得大于等于或小于等于某个值的情况；常用的有中位数（即二分位数）、四分位数和百分位数等	①设 $0<\alpha<1$：**当** $P\{X\geqslant x_\alpha\}=\alpha$ 时，x_α 称为随机变量 X 的**上 α 分位数**；当 $P\{X\leqslant x_\alpha^*\}=\alpha$ 时，x_α^* 称为随机变量 X 的**下 α 分位数**； ②当随机变量 X 的分布未知时，使用样本 X_1，X_2，…，X_n 来估计分位数。先对样本取值进行升序排列，然后将样本中第 $n\alpha$ 大的数记为上 α 分位数 x_α，将样本中第 $n\alpha$ 小的数记为下 α 分位数 x_α^*。若 $n\alpha$ 不是整数，则取 $n\alpha$ 相邻两个整数位置的样本值的平均数作为分位数	用以评估投资或资产收益限度及风险容忍度
中位数	中位数是分位数的一种，用来衡量数据取值的**中等水平**或一般水平的统计量	①中位数就是上 50% 的分位数，就是大小处于正中间位置的那个数值； ②样本容量为奇数时，升序排列的最中间的那个数值； ③样本容量为偶数时，升序排列的最中间两个数的均值	**可作为业绩衡量基准**，相比均值，中位数的评价结果更为**合理和贴近实际**

例题 2.13（选择题）

股票 A 的价格在接下来的一个交易日里可能上涨也可能下跌，上涨概率为 40%，下跌概率为 60%。假设上涨和下跌后股价为 60 元和 55 元，那么该股票下一个交易日收盘后价格的期望值为（　　）元。

A. 57　　B. 57.5　　C. 80　　D. 80.5

【答案】A

【解析】根据期望计算公式：$E(X)=p_1x_1+p_2x_2=40\%\times60+60\%\times55=57$（元）。故答案是选项 A。

例题 2.14（选择题）

对于 6，8，28，32，10，38，90 这样一组数据，其中位数是（　　）。

A. 6　　B. 10　　C. 38　　D. 28

【答案】D

【解析】对数据进行升序排列，6，8，10，28，32，38，90。一共 7 个数，所以最中间的数为

28，即这组数据的中位数为 28。故答案是选项 D。

（二）方差和标准差的概念、计算和应用（★）

投资者不仅关心某项投资的期望收益率，也关心实际收益率偏离其期望收益率的程度大小，即投资回报的风险水平。一般情况下，我们用方差 σ^2 或标准差 σ 来度量**收益率波动的风险**。具体的计算公式为：

$$\sigma^2 = \sum_{i=1}^{n} p_i(r_i - \bar{r})^2 \tag{2.8}$$

$$\sigma = \sqrt{\sigma^2} \tag{2.9}$$

式（2.8）中，r_i 代表资产的实际收益率；$\bar{r}$ 代表资产的期望收益率；p_i 代表资产收益率取 r_i 的概率。

（三）正态分布的特征（★）

正态分布是一种常见的**连续型随机变量分布**。随机变量 X 服从正态分布，记为 $X \sim N(\mu, \sigma^2)$，其中**μ 和 σ 为 X 的期望和标准差**。若 $\mu=0$ 和 $\sigma=1$，则 $X \sim N(0, 1)$，称 X 服从标准正态分布。连续型随机变量的概率密度函数曲线呈左右对称的钟型，正态分布示意图具体见图 2－3。

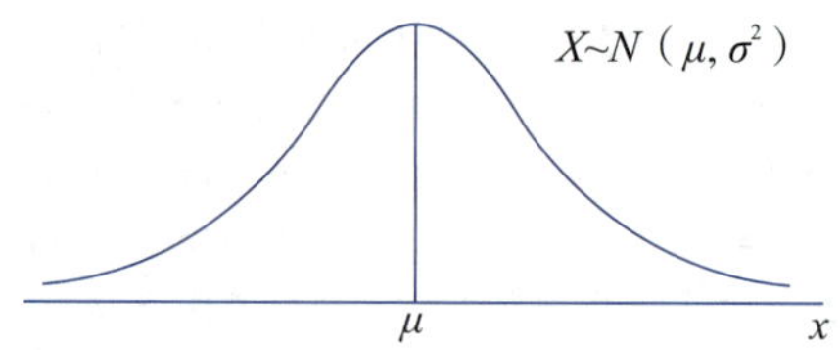

图 2－3 正态分布示意图

正态分布的特征和作用包括：

（1）正态分布可**由 μ 和 σ 完整描述**；

（2）图形**关于均值 μ 左右对称**，呈“钟形曲线”特征；

（3）图形尾巴向横坐标无限逼近，但不相交；

（4）可用以**描述资产收益率的分布特征**。

（四）相关性的概念（★）

相关系数是从资产回报相关性的角度来分析两个不同证券表现的联动性。通常情况下我们用 ρ_{ij} 来表示证券 i 和证券 j 的回报率之间的相关系数，即线性关系。$-1 \leq \rho_{ij} \leq 1$，具体内容见表 2－6。

表2-6 相关系数

<table>
<tr><th>取值</th><th>含义</th><th>特点</th></tr>
<tr><td>$\rho_{ij}=-1$</td><td>完全负相关</td><td rowspan="5">①$\rho_{ij}>0$时，证券i和证券j的回报率同向变动，同时增加或同时减小；
②$\rho_{ij}<0$时，证券i和证券j的回报率反向变动，一个增加，另一个减小；
③ρ_{ij}的绝对值越大，表示证券i和证券j的回报率之间的线性关系越强</td></tr>
<tr><td>$\rho_{ij}=0$</td><td>不存在线性关系</td></tr>
<tr><td>$\rho_{ij}=1$</td><td>完全正相关</td></tr>
<tr><td>$\rho_{ij}>0$</td><td>正相关</td></tr>
<tr><td>$\rho_{ij}<0$</td><td>负相关</td></tr>
</table>

你已完成本任务的学习，快去小程序上做题吧！

• Day 11

▶ 任务1

财务报表和财务报表分析

任务2

货币的时间价值、利率和描述性统计量

• Day 12

▶ 任务3

资本结构和权益类证券

任务4

股票分析方法和估值方法

• Day 13

▶ 任务5

债券市场与债券

任务6

债券价值分析

任务7

货币市场工具

任务 3　资本结构和权益类证券

考情分析

本任务内容在考试中的分值占比约为 3%，整体难度较低，考试以定性题为主。

通过本任务的学习，考生将对资本结构和权益类证券的相关概念有所了解。其中，考生需要重点掌握债权资本和权益资本的概念、区别；莫迪利亚尼－米勒定理（MM 定理），可转债的定义和特征、基本要素、价值；以及不同种类权益资产的风险收益特征。

任务框架图

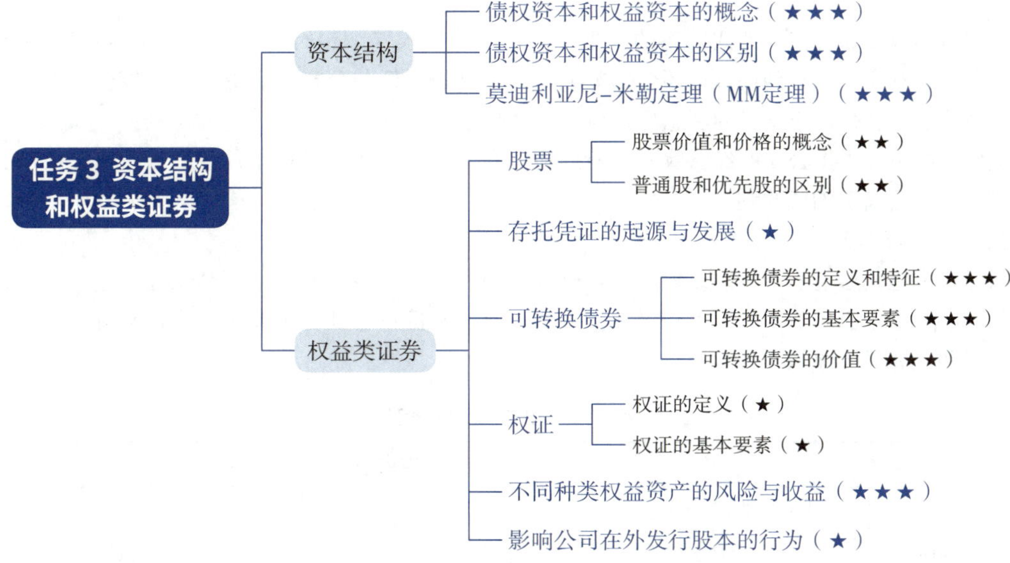

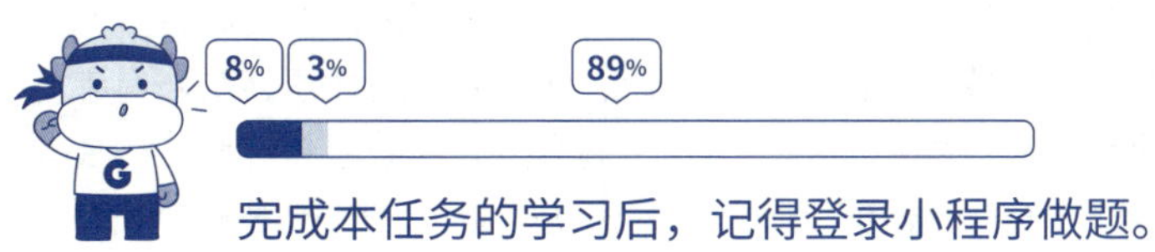

考点精讲

一、资本结构

（一）债权资本和权益资本的概念（★★★）

1. 资本结构

公司的融资来源主要是两个方面，一个是**债权资本**，另一个是**权益资本**。

公司的资本结构是指企业各种资本在资本总额中所占的比例，通常用债务股权比率或资产负债率表示。例如，一家公司的总资本为1亿元，其中有4 000万元是债权资本，6 000万元是权益资本，那么该公司的资本结构为40%的债务和60%的权益，该公司的资产负债率是40%。其中有负债的公司称为杠杆公司（leveraged company），无负债的公司称为无杠杆公司（unleveraged company）。

2. 资本的类型

（1）债权资本。

债权资本是指通过借债方式筹集的资本。公司向债权人（如银行、债券持有人等）借入资金，定期向其支付利息，并在到期日偿还全部本金。其利息的高低与公司自身的风险、经营状况等因素相关。风险越高，公司应支付的利息也越高，反之亦然。

通常情况下，由于公司的经营收入与经济环境有关，公司违约的概率往往高于政府，所以**公司债的利率一般会高于国债的利率**。

（2）权益资本。

权益资本是指通过发行股票或置换所有权筹集的资本。权益资本一般不会偿还本金，而是根据公司盈利能力给予股东长期的资本回报。公司主要通过发行权益证券来筹集资本。常见的权益证券为**普通股和优先股**（见表3－1）。

表3－1 权益证券的类型

类型	具体内容
普通股	①股份有限公司发行； ②代表公司股份中的所有权份额； ③普通股持有者享有股东的基本权利和义务。其中，普通股股东的权利包括**分红权**、**投票权**等
优先股	（1）代表公司股份中的所有权份额； （2）优先股持有人有2个优先权： ①优先于普通股分得**固定股利**，它不随公司经营业绩的变化而变化； ②在公司解散或破产清算时，优先股股东会优先于普通股股东得到**剩余财产清偿**

名师说

根据权益的含义，权益具有以下特征：

①除非发生减资、清算或分派现金股利，企业无需偿还所有者权益。

②企业清算时，只有在清偿所有的负债后，所有者权益才返还给所有者。

③所有者凭借所有者权益能够参与企业利润分配，获取股息红利。

例题 3.1（选择题）

下列关于权益资本的描述，说法正确的是（　　）。

A. 在公司破产清算时，普通股股东可以优先于优先股股东分得公司利润

B. 优先股的股息会随公司经营状况的改变而改变

C. 普通股股东享有股东的基本权利和义务

D. 普通股是主要的权益证券之一，而优先股不是

【答案】C

【解析】选项 A 错误，在公司破产清算时，优先股股东会优先分得公司利润，普通股股东会在优先股股东之后；选项 B 错误，优先股股息是事先约定好的，不随公司经营状况的改变而改变；选项 D 错误，普通股和优先股都是主要的权益证券。权益资本是公司通过发行股票或置换所有权筹集的资本，两种最主要的权益证券是普通股和优先股。故答案是选项 C。

例题 3.2（选择题）

一家公司的总股本为 5 000 万，其中有 2 000 万的债权资本和 3 000 万的权益资本，则该公司的资产负债率是（　　）。

A. 20%　　B. 40%　　C. 60%　　D. 66.7%

【答案】B

【解析】选项 A、C、D 错误，资产负债率 = 负债÷资本 = 2 000÷5 000 = 40%。故答案是选项 B。

（二）债权资本和权益资本的区别（★★★）

债权资本与权益资本可以从以下 3 个方面进行比较：现金流量权与投票权、清偿顺序以及风险和收益特征。

1. 现金流量权与投票权

不同证券类型的现金流量权和投票权不同，普通股、优先股和债券的**现金流量权**和**投票权**见表 3-2。

表 3-2　不同证券类型的现金流量权和投票权

证券类型	现金流量权	投票权
普通股	普通股股东可以根据公司经营成果、再投资需求和董事会决议分配公司的盈余和剩余财产	普通股股东主要在一些**重大事务**如公司合并、分立、解散等决策中需要投票表决
优先股	优先股股东享有每年固定股息，且股息率一般高于债券利息	一般情况下**不享有投票权**
债券	债权人有权要求公司按期还本付息	无投票权

公司一般由普通股股东选出董事组成董事会，再由董事会选择公司的经理，由其负责公司日常的经营管理。对于公司大部分业务的决策权，无须董事会同意，经理可自行决定。因此表 3-2 的投票权主要指的是重大事项的决策投票。

2. 清偿顺序

在公司解散或破产清算的时候，公司一般会以**债权人>优先股股东>普通股股东**（“>”表示“优先于”）这个顺序进行清偿。其原因是债权人不管公司盈利与否，都有权要求公司按期还本付息，因此债权人拥有公司资产的**最高索取权**。

权益证券投资者以其出资额对公司承担有限责任。当公司资不抵债时，债权人不得将公司的债务转移到股东身上。公司应以其全部资产承担偿还债务的责任。**股东的最大损失不超过股东在公司的投资金额**。

当股份公司因解散或破产进行清算时，优先股股东可优先于普通股股东分配公司剩余资产，但一般是按优先股股票的**面值清偿**。

3. 风险和收益特征

从现金流量权的角度，无论公司是否盈利，债权人都有期间应获得的利息，和到期收回本金的权利；而股东仅在公司盈利时才有获得股息的权利；从清偿顺序的角度，债权人优先于股东获得清偿，并且当剩余财产不足以偿还股东权益资本时，股东有可能损失部分或者全部资本。因此，**股权投资的风险和收益均大于债券投资的风险和收益**。

例题 3.3（选择题）

关于不同类型证券的投票权，以下表述不正确的是（　　）。

A. 优先股股东没有投票权　　B. 普通股股东没有投票权

C. 债权人没有投票权　　D. 普通股股东按其持股比例投票

【答案】B

【解析】选项B错误，普通股股东是拥有公司重大决策的投票权的。选项A、C、D正确，优先股股东和债权人均没有投票权，而普通股股东可以按其持股比例进行投票表决。故答案是选项B。

例题 3.4（选择题）

当公司破产清算时，应该以（　　）顺序进行清偿。

A. 优先股股东>债权人>普通股股东　　B. 债权人>优先股股东>普通股股东

C. 优先股股东>普通股股东>债权人　　D. 普通股股东>优先股股东>债权人

【答案】B

【解析】选项A、C、D错误，在公司破产清算时，债权人拥有最高索取权，因此债权人会先获得补偿。其次是股东，而优先股股东相比普通股股东而言，优先股股东有获得固定收益的权利而不受公司经营的影响，因此优先股股东的清偿顺序会优先于普通股股东。故答案是选项B。

（三）莫迪利亚尼—米勒定理（MM定理）（★★★）

公司资本结构政策中，公司可以通过发债回购股票来提高公司的杠杆率，也可以通过发行股票偿还债务来降低公司的杠杆率。通常情况下，适度的财务杠杆对一家公司的经营往往是有正面影响的。一般情况下，公司通过债权融资的成本较低，而通过股权融资的成本较高。出于不同角度的考虑，公司会选择增大或者减小杠杆率来优化资本结构。在优化公司资本结构方面有3种理论，分别为MM（Modigliani & Miller）**定理、修正MM定理和权衡理论**（Tradeoff Theory）。这3种理论的内容见表3-3。

表3-3　资本结构相关理论

理论	假设与结论	具体内容
MM定理（1958年）	前提假设	①没有税费、破产成本、交易成本； ②市场信息是对称的； ③市场是有效的
	结论	**企业价值不随企业融资方式或红利分配政策的变化而变化**
修正MM定理	前提假设	在MM理论的前提基础上**考虑企业所得税**
	结论	①企业可以运用避税政策，通过改变资本结构来改变企业价值； ②**杠杆越高**，企业的市场价值越大
权衡理论（20世纪70年代）	结论	最佳的资本结构是负债和所有者权益之间的一个均衡点

名师说

①MM定理也叫**资本结构无关原理**。只要记住这个名字，就能很快记住MM定理的结论。

②修正MM定理就是考虑了企业借债可以有税盾的好处。

1958年，莫迪利亚尼和米勒共同提出MM定理，虽然该定理的前提要求过于理想化，但MM定理标志着企业资本结构理论的开端。

在权衡理论下，考虑企业债务的增加会提高企业经营风险，产生破产成本。因此企业的最佳资本结构应该是负债和所有者权益之间的一个均衡点，公司的最佳负债水平（权衡理论）见图3-1。

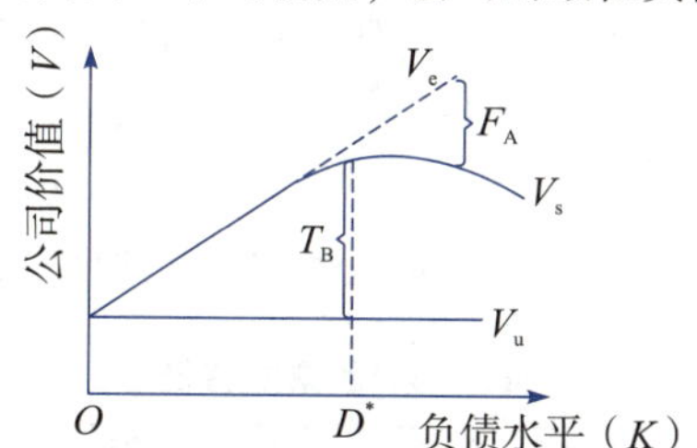

图3-1　公司的最佳负债水平（权衡理论）

图3-1中，K表示公司的负债水平，V表示公司价值，V_e表示在税盾效应下无破产成本的企业价值，V_u表示无负债时的公司价值，V_s表示存在税盾效应但同时存在破产成本的企业价值，F_A表示公司的破产成本，T_B表示税盾效应给企业带来的价值增值，D^*表示公司的最佳负债水平。

例题3.5（选择题）

在不考虑税、破产成本、信息不对称并且假设在有效市场里，不论公司选择发行股票还是债券，或是采用不同的红利政策，都不会影响企业价值。该描述属于（　　）。

A. MM定理　　B. 修正MM定理　　C. 权衡理论　　D. 啄序理论

【答案】A

【解析】选项B错误，修正MM定理考虑了企业所得税对公司资本的影响，而题干中没有提及企业所得税；选项C错误，权衡理论认为最佳的资本结构应当是负债和所有者权益之间的一个均衡点；选项D错误，啄序理论是如果需要筹资，公司倾向于首先采用内部筹资，因此不会传导任何可能对股价不利的信息，与题干信息不符。MM定理也叫资本结构无关原理，该定理认为在不考虑税、破产成本、信息不对称并且假设在有效市场里，企业价值不会因为企业融资方式或红利政策改变而改变。故答案是选项A。

例题3.6（选择题）

企业可以运用避税政策，通过改变企业的资本结构来改变企业的市场价值，企业发行债券或获取贷款越多，企业市场价值越大。该描述属于（　　）。

A. MM定理　　B. 修正MM定理　　C. 权衡理论　　D. 啄序理论

【答案】B

【解析】选项A错误，MM定理认为企业价值与资本结构无关；选项C错误，权衡理论认为最佳的资本结构应当是负债和所有者权益之间的一个均衡点；选项D错误，啄序理论是如果需要筹资，公司倾向于首先采用内部筹资，因此不会传导任何可能对股价不利的信息，与题干信息不符。为了使理论更能揭示现实经济，莫迪利亚尼和米勒在MM定理前提的基础上放松了没有企业所得税的假设，对MM定理进行了修正，认为企业可以运用避税政策，通过改变企业的资本结构来改变企业的市场价值。故答案是选项B。

二、权益类证券

（一）股票

1. 股票价值和价格的概念（★★）

（1）**股票的定义**。

股票代表股份公司的所有权，是公司发行的所有权凭证。股份公司发行股票来满足筹集资金的需求。各个股东持有股票可以取得股息和红利。

（2）**股票的特征**。

股票的特征有**收益性、风险性、流动性、永久性和参与性**见表3－4。

表3－4　股票的特征

特征	具体内容
收益性（最基本的特征）	（1）股票持有人可以通过持有股票获得收益； （2）收益包括： ①**股息和红利**：上市公司根据其实际经营情况，通过股息和红利的方式回馈给股东； ②**资本利得**：股票持有人通过在市场上交易买卖，当股票的市场价格高于买入价格时，卖出股票就可以**赚取价差**收益
风险性	（1）持有股票可能产生经济利益损失即预期收益的**不确定性**； （2）风险性的表现： ①**股息红利收益**是不确定的，其主要取决于公司经营状况以及公司政策； ②**股票市场价格**可能受到公司盈利水平、市场利率、宏观经济状况、政治局势等环境因素的影响
流动性	股票可以在二级市场中自由买卖，**具有很强的流动性**
永久性	①股票所载有权利的有效性始终不变，是一种无期限的法律凭证； ②股票持有人可以通过出售股票而转让其股东的身份，但对于股份公司而言，股东并不是将股份退回给公司，是**稳定的自有资本**

续表

特征	具体内容
参与性	①股票持有人有权参与**公司重大决策、出席股东大会**； ②如果某股东持有的股票数额达到决策所需的有效多数时，就能实质性地影响公司的经营方针

考生可以用口诀“**永久**参与**可流动**，**高风险**、**高收益**”来记忆股票的特征。

（3）股票的价值与价格。

①股票价值。

股票的价值有4种，分别是**票面价值**、**账面价值**、**清算价值和内在价值**。股票价值在不同的场合有不同的含义，其含义见表3－5。

表3－5 股票价值的含义

价值类别	含义
票面价值 (face value)	①票面上标明的金额； ②在初次发行时有一定的参考意义，可平价发行或溢价发行，但根据我国公司法规定，**股票不可以折价发行**； ③随着时间的推移，其与股票的投资价值之间没有必然的联系
账面价值 (book value)	①又称**股票净值**或**每股净资产**： 股票净值（不考虑优先股）$=\dfrac{\text{公司净资产}}{\text{普通股股数}}$； ②账面价值是**股票投资价值分析的重要指标**：盈利水平相同时，账面价值越高，股票收益越高，越有投资价值； ③账面价值也可用于计算净资产收益率
清算价值 (liquidation value)	①清算价值是指清算时每一股份所代表的实际价值； ②大多数公司在清算时，股票的**清算价值往往低于其账面价值**。因为在公司清算时，资产通常只能低价出售； ③当清算时的资产**以账面价值进行实际出售**时，**清算价值＝账面价值**
内在价值 (intrinsic value)	①内在价值是指股票**未来收益折现求和的总价值**； ②内在价值决定市场价格，市场价格总是围绕内在价值波动； ③内在价值会受到**经济形势的变化**、**宏观经济政策的调整**、**供求关系的变化**等因素的影响

名师说

考生们可以重点记忆以下关键字来区分每种价值。**票面价值**只在**发行初期**有用，与股票的投资价值无关；**账面价值**主要用于**投资分析**；**清算价值**往往**低于账面价值**；**内在价值**是证券分析师做**投资决策**时使用的，会随市场的改变而改变。

②股票价格。

股票本身没有价值，它只是一张资本凭证。股票之所以有价格，是因为上市公司未来会给其股东带来股息红利。因此，股票价格是对未来收益的评定。股票的价格有**理论价格**和**市场价格**2种，这2种价格的含义见表3－6。

表 3-6 股票价格的含义

价格	含义
理论价格	①股票的理论价格由其价值决定； ②股票的理论价格是其**未来现金流以一定的折现率折现得到的现值总和**
市场价格	①股票的市场价格是指其在二级市场上买卖交易的价格； ②股票的市场价格**由股票的内在价值决定**，但同时受**供求关系**等因素的影响； ③由于影响因素复杂多变，股票市场价格呈高低起伏的**波动性特征**

例题 3.7（选择题）

股票可能给股票持有人带来收益，但这种收益是不确定的，股东能否获得预期的股息红利收益，完全取决于公司的盈利情况。这说明股票具有（ ）的特征。

A. 收益性　　B. 风险性　　C. 参与性　　D. 永久性

【答案】B

【解析】选项 A 错误，收益性是指投资股票可以获得股息和红利以及资本利得，并没有强调不确定性；选项 C 错误，参与性是指股票持有人有权参与公司重大决策的特性；选项 D 错误，永久性是指股票所载有权利的有效性是始终不变的。股票具有风险性特征。风险性指持有股票可能产生经济利益损失的特性。故答案是选项 B。

2. 普通股和优先股的区别（★★）

股票按照股东权利可以分为**普通股**和**优先股**，其含义、特点以及风险收益特征的比较见表 3-7。

表 3-7 普通股和优先股的含义、特点及风险收益特征的比较

股票	含义、特点及风险收益特征	
普通股	含义	普通股是指公司发行的无特别权利的股票，是**最主要**的权益类证券
	特点	(1) 普通股股东享有**收益权**： ①普通股股东享有公司盈余和剩余财产的分配权； ②普通股的股利是不固定的，完全随公司盈利的变化而变化； ③普通股股东有权按照实缴的出资比例分配股利； (2) 普通股股东享有**表决权**： ①普通股股东享有决定公司一切重大事务的表决权； ②通常每一股份的股东享有一份表决权，即“一股一票”，但部分公司担心未来公司控制权的稀释，也会发行一些有收益权但没有表决权的股票，即“同股不同权”
	风险收益	**较高风险和较高收益**
优先股	含义	①优先股相比普通股而言，是有**优先分配股利和剩余资产**的特殊股票； ②优先股的股息率是固定的，无论公司的盈利水平如何变化，该股息率不变
	特点	(1) 优先股拥有**股权和债权**的双重属性。优先股持有人将获得的固定收入属于债权，但无表决权，属于一种股权投资； (2) 优先股可分为累积优先股和非累积优先股： ①**累积优先股**（cumulative preferred stock）：任何历年未支付的股息，可以累积在以后财年盈利情况下，优先于普通股股东一起付清； ②**非累积优先股**（non-cumulative preferred stock）：若公司经营不善而不能分取股息，未分的股息不能予以累积，且以后也不能补偿

续表

股票	含义、特点及风险收益特征	
优先股	风险收益	①**较低风险和较低收益**； ②在公司盈利多时，相比普通股而言，优先股获利更少

例题 3.8（选择题）

关于普通股和优先股的异同点，下列说法正确的是（　　）。

A. 优先股的风险比普通股低

B. 当公司盈利多时，优先股比普通股获利更多

C. 优先股股东享有对剩余利润的分配权

D. 普通股和优先股都是权益证券，都对公司经营具有表决权

【答案】A

【解析】选项B错误，优先股的股息是固定的，当公司盈利多时，相比普通股而言，优先股获利更少；选项C错误，普通股股东享有对剩余利润的分配权，优先股股东只能获得固定收益；选项D错误，普通股和优先股都是权益证券，但只有普通股股东对公司经营具有表决权，优先股股东没有表决权。优先股在分配股利和清算剩余财产时的索取权优先于普通股，因而风险较低。故答案是选项A。

（二）存托凭证的起源与发展（★）

1. 存托凭证的定义

存托凭证是指一国证券市场上流通的代表外国公司有价证券的可转让凭证。

存托凭证起源于**20世纪20年代**的美国证券市场，由J.P.摩根首创。继美国之后，各国及地区相继推出了适合本国的存托凭证，如全球存托凭证、欧洲存托凭证、中国香港存托凭证、中国台湾存托凭证。

2. 存托凭证的好处

对发行人而言，发行存托凭证可以扩大市场容量，增强筹资能力，是融资的一种方式。对投资者而言，投资存托凭证可以规避跨国投资的风险，如汇率风险。

3. 存托凭证的流程

一国的公司在国外发行流通自己的股票，其发行存托凭证的流程主要包括：

（1）公司将股票委托给中间机构（通常为银行，称为存券银行）。

（2）存券银行通知外国的托管银行在当地发行存托凭证，每张存托凭证一般代表多股股票。

4. 全球存托凭证

全球存托凭证（global depository receipts，GDRs）亦称“国际存托凭证”，是一种在全球公开发行，可在两个或更多金融市场上交易的股票或债券。它通常以美元计价，其优势在于不会受到部分国家对于资本流动的限制。

5. 美国存托凭证

美国存托凭证（American depository receipts，ADRs）是在美国商业银行为协助外国证券在美国交易而发行的一种可转让证书。其特点是流通量大。

美国存托凭证按照基础证券发行人是否参与存托凭证的发行，分为**无担保存托凭证和有担保存托凭证**，其含义见表3-8。

表3-8 无担保存托凭证和有担保存托凭证的含义

项目	含义
无担保存托凭证	①指存券银行不通过基础证券发行公司，直接根据市场需求和自有基础证券的数量自行向投资者发行的存托凭证； ②目前已经很少应用
有担保存托凭证	①发行公司**委托存券银行**发行的； ②发行公司、存券银行和托管银行三方就**存托凭证与基础证券的关系，存托凭证持有者的权利，存托凭证的发行规模、转让、红利的支付**及**协议三方**的权利和义务等签署存券协议

其中，有担保存托凭证根据交易能力和对基础证券公司要求的不同，可以分为**一级公募**ADRs、**二级公募**ADRs、**三级公募**ADRs**和**144A**私募**ADRs。存托凭证的级别越高，对证券公司的要求就越高，具体见表3-9。

表3-9 有担保存托凭证的类型

项目	一级公募ADRs	二级公募ADRs	三级公募ADRs	144A私募ADRs
美国证券交易委员会登记的要求	有	有	有	有
美国会计准则	无须符合	部分符合	完全符合	无须符合
交易地点	场外交易市场	纽约证券交易所、纳斯达克交易所和美国证券交易所	纽约证券交易所、纳斯达克交易所和美国证券交易所	私下
在美国募集资金的能力	没有	没有	有	有
公司上市的费用	低	高	高	低

（三）可转换债券

1. 可转换债券的定义和特征（★★★）

（1）可转换债券的定义。

可转换债券简称可转债，是指债券持有人可以按照约定的**转换价格**（conversion price）或**转换比例**（conversion ratio）将债券转换成普通股股票的公司债券。

可转债是一种**混合债券**，既包含了普通债券的特征，也包含了权益的特征，同时还包含了相当于标的股票的衍生特征。

（2）可转换债券的特征。

①含有**转股权**：转股前，可转换债券是一种公司债券，可以获得固定的票息和本金，与公司之间是一种债权债务的关系；**转股后**，可转换债券变成了公司的普通股股票，可转债持有人变成公司股东，体现了所有权关系。

②有**双重选择权**：可转债的投资者可自行选择是否转股。通常在普通股价格上涨的情况下，投资者会将其持有的可转债转为公司股票；可转债的发行人可拥有一个提前赎回的权利。可转债是一种较高债息成本和提前赎回权组合的证券。

例题3.9（选择题）

可转换债券含有转股权，在转换前与转换后的形式分别是（　　）。

A. 都属于债券　　B. 都属于股票　　C. 公司债券、股票　　D. 股票、公司债券

【答案】C

【解析】选项A错误，转换后是股票而非债券；选项B错误，转换前是债券；选项D错误，转换前是公司债券，转换后是股票。可转换债券又称可转债，是指在一段时间内，持有人有权按照约定的转换价格或转换比率将所持债券转换成普通股股票的债券种类。所以可转换债券转换之前为公司债券，转换之后为股票。故答案是选项C。

例题3.10（选择题）

关于可转换债券的定义和特征的描述，下列说法错误的是（　　）。

A. 可转换债券是一种混合债券，既包含了普通债券的特征，也包含了权益类债券的特征

B. 对于投资人来说，可转换债券是一种较低债息收益和转股权组合的证券

C. 对于发行人来说，可转换债券是一种较高债息成本和提前赎回权组合的证券

D. 可转换债券不具有相当于标的股票的衍生特征

【答案】D

【解析】选项D错误，正确的说法为可转换债券具有相当于标的股票的衍生特征。故答案是选项D。

2. 可转换债券的基本要素（★★★）

可转换债券的基本要素有**标的股票、票面利率、转换期限、转换价格、转换比例、赎回条款和回售条款**等，这些基本要素的含义见表3-10。

表3-10　可转换转债券基本要素的含义

要素	含义
标的股票	可转债的标的股票一般为发行公司的普通股股票
票面利率	①可转债的票面年利率，一般低于相同条件下的普通债券的票面利率； ②可转债通常是**半年或1年**付息一次，到期后**5个工作日**内应偿还未转股债券的本金以及最后一期利息
转换期限	①可转换成股票的起始日至结束日的期间； ②我国《上市公司证券发行管理办法》规定，可转债的期限**最短为1年，最长为6年**。自发行结束之日起6个月后才能转换成公司股票
转换价格	①$转换价格=\frac{可转换债券面值}{转换比例}$； ②可转债的转换价格一般高于其发行时的股票市价
转换比例	$转换比例=\frac{可转换债券面值}{转换价格}$
赎回条款	①发行企业有权在约定的条件触发时按照事先约定的价格赎回所发行的可转债的规定； ②一般在股票价格**上涨**超过转换价格一定倍数时生效
回售条款	①可转债持有人有权在约定的条件触发时按照事先约定的价格将可转债卖回给发行企业的规定； ②一般在股票价格**下跌**超过转换价格一定幅度时生效

例题3.11（选择题）

某企业准备发行可转换债券，下列属于企业发行可转换债券基本要素的是（　　）。

A. 赎回条款　　B. 转股价格向下修正条款

C. 强制转股条款　　D. 担保条款

【答案】A

【解析】选项B错误，转股价格向下修正条款不是可转换债券的基本要素；选项C错误，强制转股条款仅适用于部分特殊可转债，并不属于一般企业的可转债特征；选项D错误，担保条款不是可转换债券的基本要素。可转债的基本要素有标的股票、票面利率、转换期限、转换价格、转换比例、赎回条款和回售条款。故答案是选项A。

例题3.12（选择题）

关于可转换债券的基本要素，下列说法不正确的是（　　）。

A. 可转换债券的基本要素包括标的股票、票面利率、转换期限、转换价格、转换比例、赎回条款、回售条款等

B. 可转换债券的票面利率是指可转换债券的票面年利率，它一般高于相同条件下的普通债券的票面利率

C. 转换期限是指可转换债券可转换成股票的起始日至结束日的期间

D. 我国《上市公司证券发行管理办法》规定，可转换债券的期限最短为1年

【答案】B

【解析】选项B错误，可转换债券的票面利率是指可转换债券作为债券的票面年利率，它一般低于相同条件下的普通债券的票面利率，因为可转换债券持有人有特殊的选择权。故答案是选项B。

3. 可转换债券的价值（★★★）

$$可转换债券价值=纯粹债券价值+转换权利价值 \quad (3.1)$$

纯粹债券价值，简称纯债价值，是普通债券的价值，即债券的票息和本金收入折现之和。**转换价值**是指当下立即转换成股票的债券价值。**可转换债券价值**是指可转债当下的市场价格。当**正股价格低于转换价格** S_0 时，可转债会以债券形式存在，因此可转换债券价值与纯债价值之差被称为纯债溢价率。当**正股价格高于转换价格** S_0 时，可转债就会以股票的形式存在，因此转股溢价率就是可转换债券价值与转换价值之差。可转换债券价值与纯债价值之间的关系，具体见图3-2。

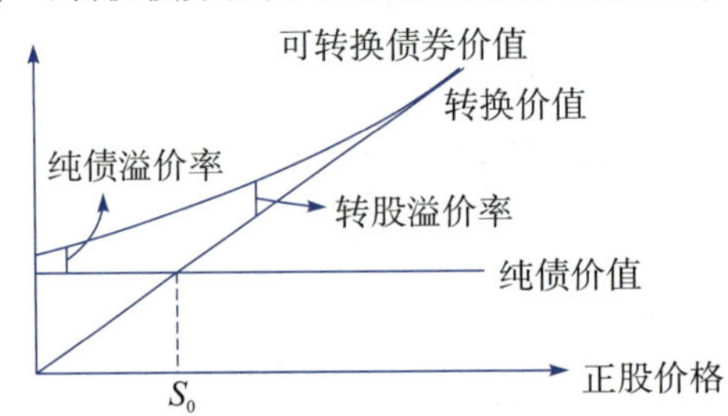

图3-2　可转债债券市场价值与纯债价值之间的关系

根据图3-2可以看出：

（1）可转债的转换价值的大小与正股股价呈**同向变化**，即股价越高，转换价值越高；反之亦然。

（2）可转换债券价值通常高于转换价值（转换价值=股价×转换比例）。

（3）当股价较低（股价低于转换价格 S_0）时，可转债一般不转换为股票，可转债的价值主要体现了**债券的属性**；当股价较高（股价高于转换价格 S_0）时，可转债的持有人将会行使其转换的权利，此时可转债的价值主要体现了**股票的属性**。

例题3.13（选择题）

关于可转换债券的价值的描述，下列说法不正确的是（　　）。

A. 可转换债券的价值包含两部分：纯粹债券价值和转换权利价值

B. 可转换债券转换价值的大小取决于普通股的价格高低

C. 股价上升时，可转换债券的转换价值下降

D. 当股价很低时，可转换债券的价值主要体现了固定收益类证券的属性

【答案】C

【解析】选项 C 错误，可转债的转换价值与股价呈同向变化，即股价上升时，可转换债券的转换价值上升而不是下降。故答案是选项 C。

例题 3.14（选择题）

债券利息收入属于可转换债券价值中（　　）的一部分。

A. 纯粹债券价值　　B. 转换权利价值　　C. 资本利得　　D. 分红收益

【答案】A

【解析】选项 B 错误，转换权利价值与股价有关，随股价的变化而变化；选项 C 错误，资本利得是权益投资收益的一种；选项 D 错误，分红收益是股票投资收益的主要来源，而不是可转债的价值体现。可转换债券的价值包含纯粹债券价值和转换权利价值。纯粹债券价值来自债券利息收入，定价方式与普通债券并无差异。故答案是选项 A。

（四）权证

1. 权证的定义（★）

（1）权证的定义。

权证是指标的证券发行人或其以外的第三人发行的，约定在规定期间内或特定到期日，持有人有权按约定价格向发行人购买或出售标的证券，或以现金结算方式收取结算差价的有价证券。

（2）权证的分类。

权证可按标的资产、基础资产的来源、持有人权利的性质和行权时间进行分类，具体见表 3－11。

表 3－11　权证的分类

分类标准	分类及特征
标的资产	①股权类权证；②债权类权证；③其他权证
基础资产的来源	①**认股权证**：由**股份公司**发行的，行权时上市公司**增发新股**售予认股权证的持有人； ②**备兑权证**：由**投资银行**发行的，行权时持有人认兑的是市场上**已流通**的股票而非增发的
持有人权利的性质	①**认购权证**（似看涨期权）：行权时其持有人可按照约定的价格购买约定数量的标的资产； ②**认沽权证**（似看跌期权）：行权时其持有人可按照约定的价格卖出约定数量的标的资产
行权时间	①**美式权证**：可在权证失效日之前任何交易日行权； ②**欧式权证**：仅可在失效日当日行权； ③**百慕大式权证**：可在失效日之前一段规定时间内行权

记忆小窍门

权证的特征基本和期权一致，且命名类似，建议考生在学习中可以将两部分的内容放在一起来记忆。

2. 权证的基本要素（★）

（1）权证的基本要素。

权证的基本要素包括**权证类别**、**标的资产**、**存续时间**、**行权价格**、**行权结算方式**、**行权比例**，这些基本要素的内容见表3－12。

表3－12 权证的基本要素

要素	内容
权证类别	认购权证或认沽权证
标的资产	①股票、债券、外汇、商品等； ②股票权证的标的资产通常是**单一股票或一篮子股票**
存续时间	权证的有效期，超过有效期仍未行权，权证自动失效
行权价格	发行权证时约定的权证持有人在行权时可以购买或出售标的资产的价格
行权结算方式	①证券给付结算方式； ②现金结算方式
行权比例	指单位权证可以购买或出售标的证券的数量

名师说

证券给付结算方式指权证持有人行权时，发行人有义务按照行权价格向权证持有人出售或购买标的证券；**现金结算方式**指权证持有人行权时，发行人按照约定向权证持有人支付行权价格与标的证券结算价格之间的差额。

目前上海证券交易所和深圳证券交易所规定，标的证券发生除权时，行权比例应作相应调整；除息则不作调整。

（2）权证的价值。

$$认股权证的价值=内在价值（intrinsic\ value）+时间价值（time\ value） \quad (3.2)$$

$$认股权证的内在价值=\max\{（普通股市价-行权价格）\times 行权比例, 0\} \quad (3.3)$$

认股权证的价值主要包含两个部分：一个是**内在价值**，是指权证持有人行权时可获得的收益，见式（3.3）；另一个是**时间价值**，指在权证有效期内，标的资产价格在未来可能波动的价值。

在权证可行权时，当标的资产的市场价格（即普通股市价）小于行权价格时，认股权证的持有人不会行权，此时权证的内在价值为0。当标的资产的市场价格大于行权价格时，认股权证的持有人会行使其权利。

当**市场价格高于行权价格**时，**认购权证**持有人行权，公司发行在外的股份**增加**；相反，当**市场价格低于行权价格**时，**认沽权证**持有人行权，公司发行在外的股份**减少**；公司其他股东的持股比例会因此而下降或上升。

（五）不同种类权益资产的风险与收益（★★★）

1. 权益类证券投资的风险

权益类证券投资的风险主要分为**系统性风险和非系统性风险**，它们会同时影响权益类证券的价值，这 2 个风险的产生原因及影响范围见表 3－13。

表 3－13 系统性风险和非系统性风险的产生原因及影响范围

风险	产生原因及影响范围
系统性风险（systematic risk）	（1）也称**市场风险**（market risk），一般与**宏观经济**有关（如经济增长、利率、汇率与物价波动以及政治因素的干扰等）； （2）系统性风险发生时，所有资产均受到影响，投资者**无法避免**（如 1929 年美国经济大恐慌所引起的经济危机、1998 年亚洲金融风暴、2001 年美国“9·11”恐怖袭击事件、2008 年次贷危机等）
非系统性风险（unsystematic risk）	（1）由公司特定经营环境或特定事件变化引起的不确定性的加强，只对**个别公司**的证券产生影响； （2）非系统性风险主要包括： ①**财务风险**（financial risk）：又称违约风险（default risk），主要是指企业无法按时按量还本付息的风险，严重时可能导致企业破产或倒闭； ②**经营风险**（business risk）：指公司在经营过程中由于产业景气状况、公司管理能力、投资项目等企业自身原因，使得企业的销售额或成本不稳定； ③**流动性风险**（liquidity risk）：指投资者在买入资产后，无法及时按其资产的公允价值进行快速变现的可能。通常流动性风险越低，投资者的意愿就越强烈，反之亦然

2. 权益类证券投资的收益

风险资产相比无风险资产而言，会有额外的风险溢价。这是因为投资者承担了风险所应给予投资者的补偿。

$$风险资产的期望收益率=无风险资产收益率+风险溢价 \tag{3.4}$$

其中，**无风险资产收益率**也被称为无风险利率（risk-free rate），是指把资金投资于一个没有任何风险的投资对象所能得到的收益率。一般会把这一收益率作为**基本收益**。

另一部分就是**风险溢价**，无论是系统性风险还是非系统性风险，都要求相应的风险溢价，如**市场风险溢价**（market risk premium）、**流动性风险溢价**（liquidity risk premium）等。通常风险较高的权益类证券或公司对应较高的风险溢价，因此其期望收益率一般也较高。

考生可以理解为股票的风险往往大于债券的风险，所以权益类证券的收益率一般**高于**固定收益类证券的收益率。

例题 3.15（选择题）

以下风险属于系统性风险的有（　　）。

A. 财务风险　　B. 经营风险　　C. 流动性风险　　D. 政治风险

【答案】D

【解析】选项 A、B、C 错误，财务风险、经营风险和流动性风险均属于非系统性风险。系统性风险一般与宏观经济有关（如经济增长，利率、汇率与物价波动以及政治因素的干扰等）。故答案是选项 D。

例题 3.16（选择题）

由经济环境因素的变化引起的整个金融市场的不确定性的加强，属于（　　）。

A. 经营风险　　B. 流动性风险　　C. 市场风险　　D. 财务风险

【答案】C

【解析】选项 A 错误，经营风险指公司在经营过程中由于产业景气状况、公司管理能力、投资项目等企业自身原因，使得企业的销售额或成本不稳定的风险；选项 B 错误，流动性风险是指投资者在买入资产后，无法及时按其资产的公允价值进行快速变现的可能；选项 D 错误，财务风险是指企业无法按时按量还本付息的风险。由经济环境因素的变化引起的整个金融市场的不确定性的加强称为市场风险。故答案是选项 C。

（六）影响公司在外发行股本的行为（★）

股本是指上市公司在外发行的普通股股数，而影响股本的因素包括**首次公开发行**、**再融资**、**股票回购**、**股票拆分和分配股票股利**、**权证的行权**、**兼并收购和剥离**等。

1. 首次公开发行

首次公开发行（initial public offering，IPO）是指拟上市公司首次面向不特定的社会公众投资者公开发行股票筹集资金并上市的行为。关于 IPO 的**流程**、**优点和缺点**等具体内容，详见表 3－14。

表 3－14　首次公开发行（IPO）的具体内容

IPO	内容
流程	①发行人需要满足必备的条件； ②经证券监管机构审核、核准或注册； ③通过证券承销机构面向公众发行股票； 【注】公司上市后，发行在外的股票数量会增加，如果原有股东在公司进行 IPO 时不再购买股票，持股比例会被稀释
优点	①筹集大量资金； ②提高企业知名度； ③增强股票的流动性等
缺点	①面临更加严格的监管和信息披露要求； ②上市的成本较高

2. 再融资

再融资是指上市公司为达到增加资本和募集资金的目的而再发行股票的行为。

公司进行再融资，可以**向原有股东配售股份，向不特定对象公开募集，发行可转换债券，非公开发行股票** 4 种方式，这 4 种方式再融资的含义见表 3－15。

表 3－15　再融资的方式的含义

方式	含义
向原有股东配售股份（配股）	①按照股东的持股比例向原有股东分配公司的新股认购权，允许原有股东优先购买新股； ②能够**保护老股东的权益**及其对公司的控制权
向不特定对象公开募集（增发）	①向不特定对象公开募集股份； ②是**常用的增资方式**

续表

方式	含义
发行可转换债券	①可转债持有者有权按约定的转换价格或转换比例将债券转换成普通股; ②可转债行权转股后，公司发行在外的股票**增多**
非公开发行股票（定向增发）	向特定对象（如公司控股股东、实际控制人及其控制的企业、战略投资者等）发行股票

定向增发有以下三点优势：

①有利于引入战略投资者和机构投资者；

②有利于利用上市公司的市场化估值溢价，将母公司通过资本市场放大，从而提升母公司的资产价值；

③定向增发是一种主要的并购手段，特别是资产并购型定向增发，有利于集团企业整体上市，并同时减轻并购的现金流压力。

名师说

再融资通常会使公司在外流通股票增加5%~20%。**再融资与IPO有一个相同的特征**，即如果原有股东在再融资时未增购股票，原有股东的持股比例将被稀释。

3. 股票回购

股票回购是指上市公司从股票市场上购回本公司发行在外股票的行为。股票回购会减少流通在外的股份，购回的股票会被**注销**或以**库存股**的形式存在。

股票回购的方式主要有**场内公开市场回购**、**场外协议回购**、**要约回购**3种，股票回购方式的含义及特点见表3-16。

表3-16 股票回购方式的含义及特点

方式	含义	特点
场内公开市场回购	按照当前市场价格回购企业股票	**透明度较高**
场外协议回购	股票发行方通过协议价格向一个或几个大股东回购股票	协议内容包括回购价格、数量及时间，**协议价格一般低于市价**
要约回购	以一个高于市价的价格回购一定数量的股票	**回购成本较高**

《中华人民共和国公司法》规定，公司除减少注册资本、与持有本公司股份的其他公司合并、将股份奖励给本公司职工外，不得回购本公司股票。在进行股票回购时，公司要按相关要求**披露其回购目的**，回购数量也会被限制在一定范围内。

4. 股票拆分和分配股票股利

股票拆分和分配股票股利的含义和影响，具体见表3-17。

表 3－17　股票拆分和分配股票股利的含义和影响

影响股本的行为	方面	内容
股票拆分	含义	又称**股票拆细**，指将面值较大的股票拆分成几股面值较小的股票
	影响	①对公司的资本结构和股东权益没有影响； ②发行在外的股票总数增加，每股面值降低； ③股东的持股比例和权益总额及其各项权益余额保持不变
分配股票股利	含义	①又称**送股**，是股票分红的一种方式； ②上市公司将留存收益以股票的形式支付给股东
	影响	①对上市公司的现金流没有影响； ②从会计角度看，是将留存收益或盈余公积转到股本； ③股东的持股比例和权益总额不变； ④公司还可以采用现金股利的方式进行分红

记忆小窍门

股票拆分和分配股票股利都**对股东的权益没有影响**，且两种方式都能**降低股价**。考生在记忆时可以以类似的结论进行记忆。

通常情况下，一家股价较高的公司选择股票拆分或分配股票股利的方式降低股价，对市场是一个**积极信号**。因为这两种方式可以提高股份在市场中的流动性、增加股东数量并提高收购难度。

5. 权证的行权

权证行权时，公司发行在外的股份总数会相应增加或减少。

（1）当**市场价格高于行权价格**时，认购权证持有人行权，公司发行在外的股份**增加**。

（2）当**市场价格低于行权价格**时，认沽权证持有人行权，公司发行在外的股份**减少**。

6. 兼并收购和剥离

公司还可以通过**兼并收购和剥离**的行为影响公司在外发行的股本，具体内容见表 3－18。

表 3－18　兼并收购和剥离

影响股本的行为	方面	内容
兼并收购	方式	公司可以采用股票支付、现金支付或两者混合的方式完成并购： ①**股票支付**：通过**换股**方式获得目标公司的控制权； ②**现金支付**：目标**公司规模较小**且收购方拥有足够现金时使用； ③**两者混合**：**大型收购**时，往往会采用股票支付与现金支付混合的方式
剥离	含义	上市公司将其部分资产或附属公司（子公司或分公司）分离出去，**成立新公司**
	影响	剥离的目的在于试图通过将公司分成两家分离的公司，为股东创造价值。 ①剥离后，母公司的总价值下降； ②剥离后的两家公司的总价值往往大于剥离前的公司估值

你已完成本任务的学习，快去小程序上做题吧！

任务 4 股票分析方法和估值方法

任务导学

考情分析

本任务内容在考试中的分值占比约为 3%，整体难度较低，考试以定性题为主。

通过本任务的学习，考生将对股票分析方法和股票估值方法有所了解。其中，考生需要重点理解基本面分析和技术分析的区别、内在价值法和相对价值法。

任务框架图

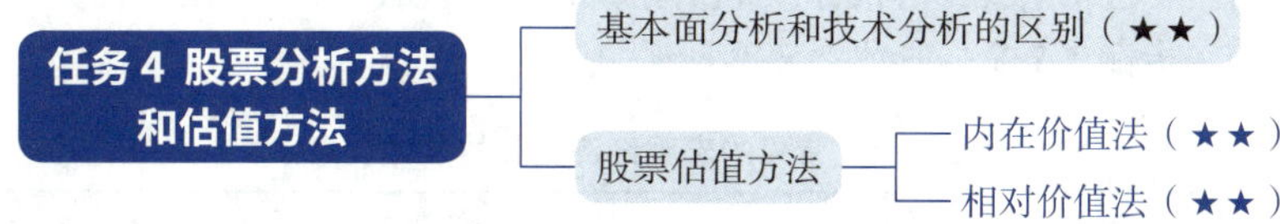

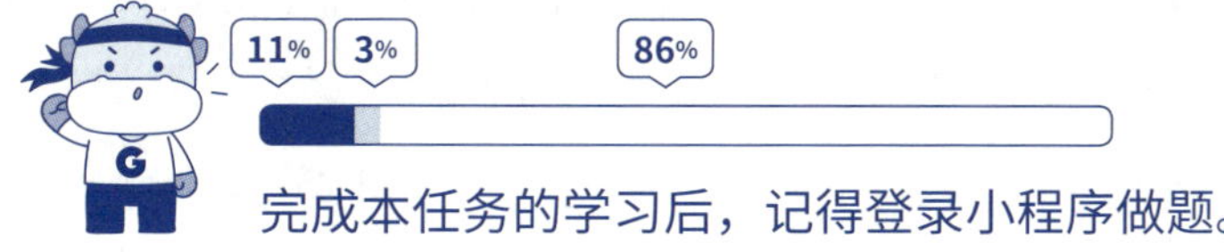

考点精讲

一、基本面分析和技术分析的区别（★★）

（一）基本面分析

基本面分析（fundamental analysis）是指分析预期收益等价值决定因素的方法，其核心是公司**未来的经营业绩和盈利水平**。

进行公司前景预测时，通常采用“**自上而下**”的层次分析法，即“宏观—行业—个股”分析法。

1. 宏观经济分析

（1）宏观经济指标。

宏观经济分析主要包括**宏观经济指标、经济周期和宏观经济政策的变化**。

常见的宏观经济指标有7个，具体含义见表4－1。

表4－1 常见的宏观经济指标的具体含义

指标	含义
国内生产总值	①是衡量一个国家或地区的**综合经济状况**的常用指标； ②某一**特定时期**内在**本国（本地区）**领土上所生产的产品和提供的劳务的价值总和； ③包括**消费**（C）、**投资**（I）、**政府支出**（G）和**净出口**（出口减进口的差额，X－M）四部分。其表达式为GDP＝C+I+G+（X－M）
通货膨胀	①主要采用物价指数测量； ②常见的物价指数包括**居民消费价格指数、生产者物价指数、商品价格指数**等。通常这些指数会使用加权平均，但不同指数所涉及的商品和权重有所不同。
利率	①是**资金成本**的主要**决定因素**； ②**高利率**会减少未来现金流量现值，**降低投资机会**的吸引力
汇率	直接影响本国产品的**国际竞争力**
预算赤字	①是**政府支出和政府收入之间**的差额； ②**赤字**意味着政府需要**借债**才能弥补差额； ③大量政府借债→对私人部门的借债产生挤出效应→抬高利率→阻碍企业投资
失业率	①失业率是衡量一个国家或地区**失业状况**的主要指标； ②测度经济运行中生产能力极限的运用程度
采购经理指数（Purchasing managers' index，PMI）	①是衡量制造业在**生产、新订单、商品价格、存货、雇员、订单交货、新出口订单和进口状况**的指数； ②是重要的**经济先行指标**； ③当PMI>50时，说明经济在**发展**，当PMI<50时，说明经济在**衰退**

（2）经济周期。

经济周期是根据实际国民市场总值将宏观经济运行划分为**扩张期**和**收缩期**。当经济周期达到最高点时，称为**波峰**（peak）。当经济周期达到最低点时，称为**波谷**（trough）。其中，扩张期和收缩期的含义及特点见表4－2。

表 4－2 扩张期和收缩期的含义及特点

经济周期	含义	特点
扩张期	从波谷到波峰	从长期来看，总体经济随时间推移而上升
收缩期	从波峰到波谷	当经济处于收缩期，实际国民生产总值低于长期正常增长率

投资者需要理解经济周期并且能够准确预测经济周期的原因是，当投资者的操作与经济周期相反时，投资者可能遭受巨大损失，尤其是在购买周期性股票（随经济周期变动的股票）时。

（3）宏观经济政策。

财政政策和货币政策是宏观调控的两大重要政策工具，这两种政策都是需求管理的方式，其目标是通过政策调控对经济周期起到一种“熨平”的效果，即促进国民生产总值稳定增长，实现充分就业和物价稳定的宏观经济目标。有关财政政策和货币政策的含义及调控方法见表 4－3。

表 4－3 财政政策和货币政策的含义及调控方法

工具	方面	具体内容
财政政策	含义	①通过调整政府的支出和税收的行为控制社会的投资和消费水平，从而实现宏观调控的目标； ②是刺激或减缓经济发展的直接方式
	调控方法	①政府支出上升→增加对商品和劳务的需求，反之亦然； ②税收减少→增加消费者的收入→提高消费水平，反之亦然
货币政策	含义	通过控制货币供应和影响利率水平管理社会总需求
	调控方法	货币政策的三项政策工具是： ①公开市场操作，即中央银行在货币市场上买卖短期国债； ②调节利率水平； ③调节存款准备金

政府对财政政策和货币政策通常是组合搭配使用。在经济极端萧条的情况下，政府会采用“双松”政策（即宽松的货币政策和宽松的财政政策）；同理在经济极端过热时也会使用“双紧”政策，但在更多的时候会采取“一宽一松”的政策组合来调节宏观经济变量。

2. 行业分析

行业分析是“自上而下”分析法的第二步，即重点对行业基本面及行业发展前景等行业因素进行分析。行业因素（industry factor）又称产业因素，可以影响特定行业中所有上市公司的股票价格。行业因素包括行业生命周期、行业景气度、行业法令措施以及其他影响行业价值面的因素。

（1）行业生命周期。

任何一个行业都会经历初创、成长、成熟和衰退四个阶段。投资者需要了解公司所处行业的周期，是因为在不同的周期所获得的回报是完全不同的。在公司处于行业的上升阶段时，无论公司在市场中的份额如何，都会获得或多或少的行业红利；若公司处于行业的衰退阶段时，即使公司能实现经营有方，但整体表现仍然会不容乐观。行业生命周期的具体内容见表 4－4，行业的生命周期见图 4－1。

表4-4 行业生命周期的具体内容

时期	方面	具体内容
初创期	特点	①大量采用新技术，新产品处于研发阶段并未批量生产； ②**销售收入和收益急剧增加**； ③公司的**垄断利润较高**，同时**风险较大**，**股价波动较大**
	影响	①需要关注**行业的动态分析**； ②需要关注**不同区域或不同国家**的分析
成长期	特点	①各项技术逐渐成熟； ②行业特征、竞争状况及用户群体明确； ③行业**进入壁垒提高，产品品种和竞争者增多**
	表现	①公司**利润上升**； ②公司**股价上涨**； ③**行业领导者**出现
成熟期	特点	产品进入**标准化**阶段
	表现	①市场趋于**饱和**； ②产品销售稳定，公司获得**稳定现金流**； ③行业竞争激烈，边际利润降低导致利润增长缓慢甚至停滞
衰退期	特点	行业的增长速度**低于经济增速**或**萎缩**
	原因	①产品**过时**； ②产品的**更新迭代**； ③供应商采用**低成本**竞争

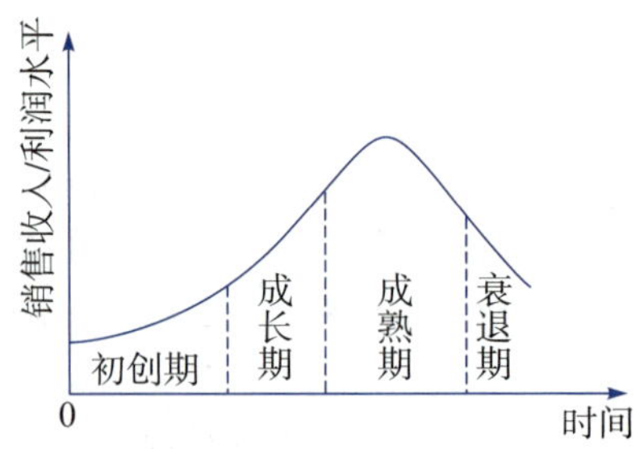

图4-1 行业的生命周期

（2）行业景气度。

不同行业对经济周期的敏感度是不同的，周期性板块（如地产）的股票对经济周期更敏感，而非周期性板块（如医药）的股票不随经济环境的变化而变化。因此行业景气度会直接影响股市对行业关注的热点，**景气度调查方法**是识别和预测行业动态变化的重要且有效的途径。关于**行业景气度**的描述，见表4-5。

表4-5 行业景气度

项目	具体内容
含义	①又称**景气指数**；②通过**定量**的方法加工汇总；③综合反映**某一特定调查群体或某行业的动态变动特性**

续表

项目	具体内容
特点	①信息超前性；②预测功能；③可靠性高
现象	①起源于**20世纪20年代**，由德国伊弗研究所（IFO）研究创立； ②如法国有16项景气调查制度，包括工业、投资、国外竞争力、批发零售贸易业和餐饮业、社会服务业、房地产业等； ③我国是由**国务院发展研究中心**和**国家统计局**对行业和企业的景气指数进行调查和定期发布
影响	①景气指数**与政策扶持高度相关**，直接影响行业的景气程度； ②政府颁布的一些针对特定行业的措施将对该行业的上市公司股价产生**重大影响**

3. 公司内在价值与市场价格

"自上而下"分析法的**第三步**就是利用估值模型研究公司的内在价值，进而确定股票的合理市场价格以判断股票市值的高估与低估。

（1）内在价值。

内在价值（理论价值）是指股票未来收益的现值求和。影响公司内在价值的因素包括**公司资产、收益、股息**等。同时外部经济形势的变化、宏观经济政策调整和供求关系的变化都有可能影响股票未来的收益，从而引起股票的内在价值发生变化。

（2）市场价格。

市场供求关系会**直接影响**股票的市场价格，资产内在价值与未来价值因素、市场情绪、技术和投机等因素都会间接影响股票市场价格。

市场价格与内在价值之间的关系，见图4－2。

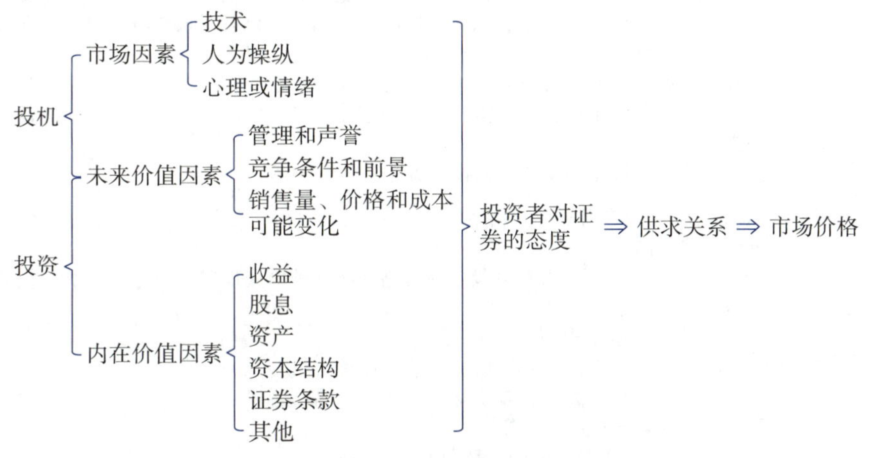

图4－2 市场价格与内在价值之间的关系

股票未来的收益受经济形势变化、宏观经济政策调整、供求变化影响，可以用口诀"**惊（经）鸿（宏）一瞥，引起宫（供求）变**"来记。

（二）技术分析

1. 技术分析的概述

技术分析是一种与基本面分析完全不同的证券分析方式。其主要是通过研究金融市场的**历史信息**（如股价、成交量、涨跌幅、图形走势等）来预测股票价格未来可能的趋势。技术分析往往只关心证券市场本身却不考虑行业、公司等基本信息。

由于技术分析不考虑公司本身，因此在使用时有**3个前提假设**：

（1）**市场行为涵盖一切信息**。股票价格反映公司盈利、股利和未来业绩变化，证券分析师和投资者的预期变化能在股票历史价格和成交量图表中有所体现。

（2）**股价具有趋势性运动规律**。股票价格沿趋势运动，直到某个事件影响了股票的供求平衡，原来的趋势才发生变化。因此，根据技术分析的原理认为投资者应该继续持有手中的强势股，而表现弱于大盘的股票应该卖出。

（3）**历史会重演**。技术分析有一个非常重要的前提就是价格运动遵循可预测的模式，因此技术分析认为趋势可以被复制且价格可以被预测。

2. 常用的技术分析方法

常用的技术分析方法有**道氏理论、过滤法则与止损指令、“相对强度”理论、“量价”理论体系**，这4种方法的具体内容见表4－6。

表4－6 常用的技术分析方法

理论	内容
道氏理论 （Dow theory）	（1）由查理斯·道（Charles Dow）提出，经典代表作有《股市晴雨表》《道氏理论》； （2）道氏理论认为：**股票会随着市场的趋势同向变化以反映市场趋势和状况**； （3）道氏理论将市场趋势分为长期趋势、中期趋势以及短期趋势： ①**长期趋势最重要且最容易**辨认，是**投资者**需要重点关注的； ②**中期趋势**是**次重点**，其可能与长期趋势的方向相同或相反，这是**投机者**的重点考虑因素； ③**短期趋势**是**最难预测**的，仅**投机者**才会重点考虑
过滤法则 （百分比穿越法） 与止损指令	（1）1961年由美国学者亚历山大（D. S. Alexander）在其发表的《投机市场的价格变动：趋势与随机游走》一文中首次提出； （2）过滤法则认为：**当某只股票的价格变化突破事先设置的百分比时，投资者就交易这只股票**； （3）过滤法则的**基本逻辑**： ①只要没有新消息，股票价格就处于“正常价格”范围内； ②股票价格大大偏离“正常价格”时，投资者就会买入或卖出； ③新的消息会形成新的均衡。 （4）止损指令**假设**：股票价格是序列正相关； （5）止损指令可以设定止损点（买入点或卖出点）
“相对强度”理论	相对强度理论认为投资者应**购买强势股，卖空或回避**走势弱于大盘的股票；
“量价”理论体系	（1）该理论最早见于美国股市分析家葛兰碧（Joseph E. Granville）所著的《股票市场指标》； （2）量价理论认为**成交量**是核心： ①当股票**放量上涨**时，代表买方意愿强烈，是**多头信号**； ②当股票**放量下跌**时，代表卖方意愿强烈，是**空头信号**

3. 技术分析的争议

市场对于技术分析的有效性一直存在争议，彼得·林奇曾表示，图表是预测过去的工具。技术分析更多的是投资决策的辅助工具，建议投资者可以采用技术分析和估值分析相结合的方法进行投资。

例题 4.1（选择题）

下列关于技术分析法和基本面分析法的区别，说法错误的是（　　）。

A. 基本面分析法侧重于对历史数据的分析，研究股票价格和交易量之间的关系

B. 技术分析法和基本面分析法都是股票分析的一种方法

C. 基本面分析和技术分析各有所长，在预测股票市场价格走势时，应将它们结合起来运用

D. 技术分析法侧重于对历史交易状况的分析，只关心证券市场本身而不考虑基本面因素

【答案】A

【解析】选项 A 错误，基本面分析法的核心在于研究公司未来的经营业绩和盈利水平。而选项 A 描述的特征是技术分析法的特征。选项 BCD 正确，故答案是选项 A。

例题 4.2（选择题）

最直接影响股票市场价格的因素是（　　）。

A. 公司经营状况　　B. 宏观经济因素

C. 政治因素　　D. 供求关系

【答案】D

【解析】选项 A 错误，公司经营状况更多会影响公司的内在价值，由于市场价值随内在价值的改变而改变，因此公司经营状况会间接影响股票市场价格而不是直接影响；选项 B 错误，“自上而下”分析的第一步是宏观经济分析，宏观经济因素会间接影响股票价格；选项 C 错误，政治因素同样也是行业景气度分析的核心，从而通过行业间接影响股票的内在价值。最直接影响股票市场价格的因素是标的资产的供求关系。故答案是选项 D。

例题 4.3（选择题）

1961 年首次提出过滤法则的是（　　）。

A. 亚历山大　　B. 威廉姆斯和戈登

C. 葛兰碧　　D. 莫迪利亚尼和米勒

【答案】A

【解析】选项 B 错误，若假定股利是投资者在正常条件下投资股票直接获得的唯一现金流，就可以建立估值模型对普通股进行估值，这个著名的股利贴现模型最早由威廉姆斯和戈登提出；选项 C 错误，量价理论最早见于美国股市分析家葛兰碧所著的《股票市场指标》，该理论认为成交量是股市的元气与动力；选项 D 错误，1958 年，美国经济学家莫迪利亚尼和米勒提出关于资本结构与企业价值之间关系的著名理论，即莫迪利亚尼-米勒定理。过滤法则是美国学者亚历山大于 1961 年在《工业管理评论》杂志发表《投机市场的价格变动：趋势与随机游走》一文中，首次提出的一种检验证券市场是否达到弱式有效的方法。故答案是选项 A。

二、股票估值方法

（一）内在价值法（★★）

内在价值法又称**绝对价值法**或**收益贴现模型**，其核心是对公司未来现金流贴现求和，即折现现金流模型。常见的证券估值模型包括**股利贴现模型**、**自由现金流贴现模型**、**经济附加值模型**等。

1. 内在价值法的现金流贴现原理

股票内在价值法是直接从公司股权价值的内在驱动因素出发对股票进行价值评估。由于不同资本提供者的**索取权顺序不同**，因此现金流的分配也有所差异。具体现金流分配流程见图4-3。

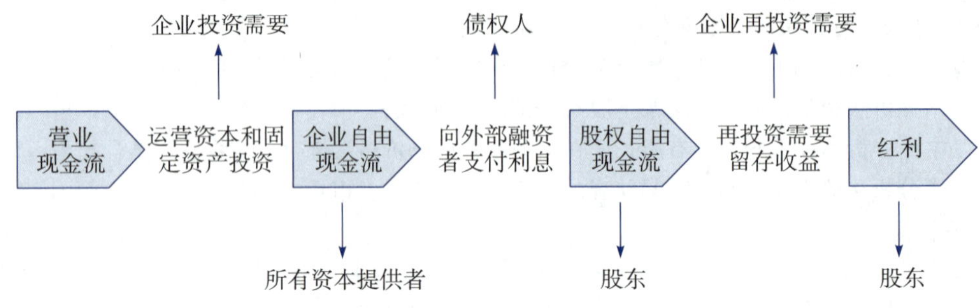

图4-3 现金流分配的过程

根据图4-3可知，企业自由现金流是优先分配给资本提供者的，因此可以使用企业自由现金流决定**企业贴现现金流**（free cash flow to firm，FCFF）模型。其次将收益优先偿还债权人，剩余的即为权益资本的自由现金流，因此对权益资本可以使用**权益现金流贴现**（free cash flow to equity，FCFE）模型。由于公司可能考虑留存收益和再投资的需求，股东不一定能获得全部自由现金流，因此可以重点研究红利，使用**股利贴现模型**（discounted dividend model，DDM）。

2. 股利贴现模型（DDM）

股利贴现模型（DDM）最早是由威廉姆斯（Williams）和戈登（Gordon）提出的。有关于DDM**模型的假设、公式、含义与延伸**的具体内容见表4-7。

表4-7 股利贴现模型（DDM）

项目	内容
假设	股利是投资者在正常条件下投资股票直接获得的**唯一现金流**
公式	$D=\frac{D_1}{1+r}+\frac{D_2}{(1+r)^2}+\cdots+\frac{D_t}{(1+r)^t}+\cdots=\sum_{t=1}^{\infty}\frac{D_t}{(1+r)^t}$ 式中，D代表普通股的内在价值；D_t代表普通股第t期支付的股息或红利；r代表贴现率（资本化率）
含义	风险越大，现金流的贴现率越大；风险越小，现金流的贴现率越小
延伸	对**股利增长率**的不同假设，还可分为①零增长模型；②不变增长模型；③三阶段增长模型；④多元增长模型

3. 企业自由现金流贴现（FCFF）模型

企业自由现金流体现了**所有投资者**（普通股股东、优先股股东、债权人）的现金流量，是公司支付了所有营运费用，进行了必需的固定资产与营运资产投资后，可以向所有投资者分派的税后现金流量，有关FCFF**模型的公式、公司价值和股票价值**的具体内容见表4-8。

表4-8 企业自由现金流贴现（FCFF）模型

项目	内容
公式	FCFF=EBIT×(1-税率)+折旧-资本性支出-追加营运资本 式中，EBIT代表税息前利润

续表

项目	内容
公司价值	公司价值是公司预期现金流量按**公司资本成本**，即加权平均资本成本（weighted average cost of capital，WACC）折现到当前的价值，其公式为： $V = \sum_{t=1}^{n} \frac{FCFF_t}{(1+WACC)^t}$ 式中，V 代表公司价值；$FCFF_t$ 代表公司 t 期的自现金流
股票价值	根据企业自由现金流能计算出公司价值，因此该公司**股票价值=公司价值-债券价值**

4. 股权自由现金流贴现（FCFE）模型

股权自由现金流是指可以被**股东利用的现金流**，是公司支付所有固定资产与营运资产投资，以及所得税和净债务（即利息、本金支付减发行新债务的净额）后的剩余现金流量，有关 **FCFE 模型**的**公式及公司股权价值计算**的具体内容见表 4－9。

表 4－9 股权自由现金流贴现（FCFE）模型

项目	内容
公式	FCFE=净收益+折旧-资本性支出-营运资本追加额-债务本金偿还+新发行债务
公司股权价值	公司股权价值是将预期的未来股权活动现金流用相应的**股权要求回报率**折现求和来计算公司股票价值，其公式为： $V = \sum_{t=1}^{n} \frac{FCFE_t}{(1+K_e)^t}$ 式中，V 代表公司股权价值；$FCFE_t$ 代表 t 期的股权自由现金流；K_e 代表根据 CAPM 模型计算的股权成本。

5. 经济附加值（EVA）模型

经济附加值（economic value added，EVA）模型最早是由斯特恩・斯图尔特（Stern Stewart）管理咨询公司出于**评价企业经营绩效考核**的目的，提出并推广的。有关 **EVA 模型的公式、含义和对比市盈率指标**的具体内容见表 4－10。

表 4－10 经济附加值（EVA）模型

项目	内容
公式一	EVA=NOPAT-资本成本 式中，NOPAT 代表税后经营利润（息前税后利润），即息税前利润 EBIT 扣除经营所得税；资本成本等于 WACC 乘以实际投入资本总额
公式二	EVA=(ROIC-WACC)×实际资本投入 式中，ROIC 代表资本收益率（投资资本回报率），即息前税后利润除以实际投入资本
含义	EVA 为正，代表企业在经营过程中创造了财富；EVA 为负，代表企业在经营过程中毁灭财富
对比市盈率指标	EVA 克服了传统业绩衡量指标的缺陷（股东价值与市场价值不一致的问题），能更准确地反映上市公司在一定时期内为股东创造的价值

市盈率（P/E）是计算某个标的资产在单位收益下的价格，常常作为一个相对价值评估指标衡量资产的市场价值是否被高估或低估。

例题 4.4（选择题）

关于股票估值方法，以下模型属于内在价值法的是（　　）。

A. 市盈率模型　　B. 经济附加值模型　　C. 市销率模型　　D. 企业价值倍数

【答案】B

【解析】选项 ACD 错误，市盈率模型、市销率模型和企业价值倍数都属于相对价值法。故答案是选项 B。

例题 4.5（选择题）

某分析师希望采用经济附加值（EVA）模型衡量 A、B、C 三家公司的经营绩效，计算之后得到以下数据：

公司	资本收益率（ROIC）	加权平均资本成本（WACC）	实际资本投入（亿元）	EVA
A	8%	7%	40	?
B	9%	16%	60	?
C	10%	6%	65	?

根据 EVA 模型比较三家公司的经营绩效，正确的选项是（　　）。

A. A>B>C　　B. B>C>A　　C. C>A>B　　D. B>A>C

【答案】C

【解析】根据题干信息，应该使用 EVA 公式二进行计算，EVA=(ROIC-WACC)×实际资本投入。因此 A 公司 EVA=(8%-7%)×40=0.4（亿元），B 公司 EVA=(9%-16%)×60=-4.2（亿元），C 公司 EVA=(10%-6%)×65=2.6（亿元）。因此三家公司经营绩效的顺序为 C>A>B。选项 ABD 描述错误，故答案是选项 C。

（二）相对价值法（★★）

相对价值法是选取一家上市公司的**市盈率、市净率、市现率和市销率**等指标与其竞争者比较是否被高估或低估的一种估值方式。

1. 市盈率（P/E）模型

市盈率（price to earnings ratio，P/E）是市场中最常见的指标之一，是股票价格和每股收益的比率，代表**投资者愿意为每一单位的预期收益所支付的金额**。具体有关 **P/E 的含义、公式及应用**的具体内容见表 4-11。

表 4-11　市盈率（P/E）模型

市盈率	内容
含义	P/E 市盈率也被称为收益乘数（earnings multiplier）
公式	市盈率（P/E）$=\frac{\text{每股价格}}{\text{每股收益（年化）}}$
应用	①投资者可以将某个股票的 P/E 与整体市场、该公司所处行业以及其他类似股票的 P/E 进行比较； ②若 P/E **偏高**意味着股票价格**被高估**，反之亦然； ③P/E 会随投资者的情绪变化而变化。当投资者保持**乐观**态度时，P/E **较高**，市场价格也**较高**，反之亦然

2. 市净率（P/B）模型

以美国经济学家法玛（Fama）和弗轮奇（French）为首的多位学者研究认为，市价/账面价值比率（price/book value，P/B）是衡量公司价值的重要指标，有关 **P/B 的含义及其优缺点**见表4－12。

表 4－12　市净率（P/B）模型

市净率	内容
含义	市净率（P/B）$=\frac{\text{每股市价}}{\text{每股净资产}}=\frac{P_t}{BV_t+1}$ 式中，BV_t+1 代表每股账面价值的年末估计值；P_t 代表每股市价
优点	①每股净资产通常是一个累积的正值，适用于**经营暂时陷入困难的以及有破产风险的公司**； ②**统计学**证明，每股净资产的数据比每股收益更**稳定**； ③适用于**资产包含大量现金的公司**，如银行、房地产公司
缺点	①**会计计量**的局限，如商誉、人力资源等未入账； ②当**资产负债表存在显著差异**时，P/B 会误导信息使用者； ③对**服务性公司**意义不大

3. 市现率（P/CF）模型

市现率也是一个常用指标，由于公司的盈利水平更容易操纵而现金流不易操纵，因此市现率越来越受到投资者的欢迎。有关市现率的**公式、现金流指标以及影响因素**的具体内容见表 4－13。

表 4－13　市现率（P/CF）模型

市现率	内容
公式	市现率 $P/CF=\frac{P_t}{CF_t+1}$ 式中，P_t 代表 t 期股票的价格；CF_t+1 代表公司在 $t+1$ 期的预期每股现金流
现金流指标	①通常使用 EBITDA，即扣除利息、税款、折旧和摊销之前的收益； ②根据公司性质不同，也可使用**营运现金流**或**自由现金流**
影响因素	影响市现率的因素：①公司资本结构；②现金流的预期增长率；③现金流的不确定性导致的股票风险

4. 市销率（P/S）模型

市销率（也称价格营收比）是股票市价与销售收入的比率。有关市销率的**公式、含义和优缺点**具体见表 4－14。

表 4－14　市销率（P/S）模型

市销率	内容
公式及含义	市销率是指单位销售收入反映的股价水平，其公式为：市销率（P/S）$=\frac{P_t}{S_{t+1}}$ 式中，P_t 代表 t 期股票的价格；S_{t+1} 代表公司在 $t+1$ 期的预期每股销售额
优点	有助于考察公司收益基础的**稳定性和可靠性**
特点	①通常情况，**价值导向型**的基金经理会选择 $P/S<1$ 的股票； ②不同行业可能不同，如软件行业，P/S 可高达 2 以上；食品零售商约 0.5 左右

5. 企业价值倍数

企业价值倍数（enterprise multiple，EV/EBITDA）是一种被广泛使用的公司估值指标，有关企业价值倍数的**含义、公式、特点以及和P/E对比**的具体内容见表4-15。

表4-15 企业价值倍数（EV/EBITDA）

企业价值倍数	内容
含义	反映投资资本的市场价值和未来一年企业收益间的比例关系
公式	企业价值（EV）= 市值+（总负债-总现金）= 市值+净负债； EBITDA = 净利润+所得税+利息+折旧+摊销；EBITDA = EBIT+折旧+摊销； EBIT = 净销售量-营业费用； $企业价值倍数=\frac{企业价值}{企业摊销前的收益}$
特点	企业价值倍数**高于**行业平均或历史水平，意味着股票**高估**；企业价值倍数**偏低**时意味着股票**低估**
和P/E对比	（1）企业价值倍数的**优点**：①不受**所得税税率**的影响；②不受**资本结构**的影响；③排除了折旧、摊销这些**非现金成本**的影响； （2）企业价值倍数的**缺点**：不适用于**业务或合并子公司数量众多**的公司

记忆小窍门

考生们可以统一记忆：相对价值法中的所有指标偏高就意味着该股票高估，偏低就意味着该股票低估。

关于**普通股估值的基本模型**，包括内在价值法与相对价值法的总结，见图4-4。

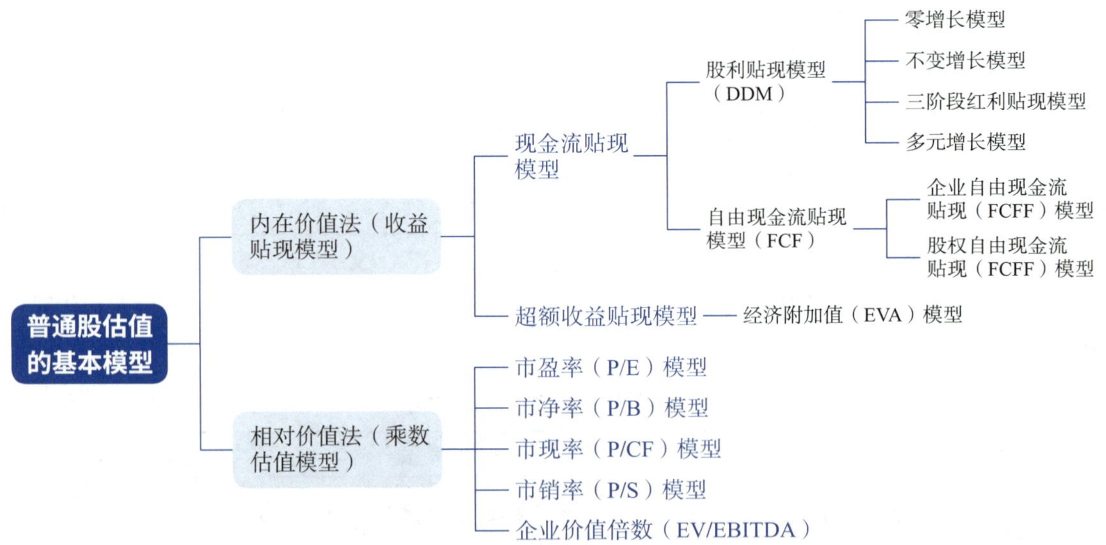

图4-4 普通股估值的基本模型

例题4.6（选择题）

下列关于市净率模型的使用，说法正确的是（　　）。

A. 房地产行业不适合使用市净率估值

B. 银行不适合使用市净率估值

C. 轻资产的服务性行业适合用市净率估值

D. 市净率模型适合用于传统的重资产行业

【答案】D

【解析】选项 A 错误，房地产行业可以使用市净率模型；选项 B 错误，银行业可以使用市净率模型；选项 C 错误，轻资产的服务性行业由于没有明显固定成本，账面价值的意义不大，不适合使用市净率进行估值。市净率模型主要适用于经营暂时陷入困难的以及有破产风险的公司，同时也适用于股票的市场价值完全取决于有形账面价值的行业，如银行、房地产公司。对于没有明显固定成本的服务性公司，市净率模型并不适用。故答案是选项 D。

例题 4.7（选择题）

（　　）的引入主要是为克服市盈率等指标的局限性，在评估股票价值时需要对公司的收入质量进行评价。

A. 市净率　　B. 市销率　　C. 市现率　　D. 企业价值倍数

【答案】B

【解析】选项 A 错误，市净率是市价与净资产之比；选项 C 错误，市现率是市价与现金之比；选项 D 错误，企业价值倍数是企业价值与企业摊销前的收益之比。根据题干信息“需要对公司的收入质量进行评价”，与收入质量相关的相对价值法是市销率（P/S），其为股票市价与销售收入的比率。故答案是选项 B。

例题 4.8（选择题）

以下关于市盈率和市净率的说法，表述不正确的是（　　）。

A. 统计学证明每股净资产数值普遍比每股收益稳定得多

B. 对于资产包含大量现金的公司，市盈率是更为理想的比较估值指标

C. 市盈率=每股价格/每股收益

D. 市净率=每股市价/每股净资产

【答案】B

【解析】选项 B 错误，对资产包含大量现金的公司，市净率是更为理想的比较估值指标。选项 ACD 正确，故答案是选项 B。

你已完成本任务的学习，快去小程序上做题吧！

Day 11

任务1

财务报表和财务报表分析

任务2

货币的时间价值、利率和描述性统计量

Day 12

任务3

资本结构和权益类证券

任务4

股票分析方法和估值方法

Day 13

任务5

债券市场与债券

任务6

债券价值分析

任务7

货币市场工具

任务 5 债券市场与债券

任务导学

考情分析

本任务内容在考试中的分值占比约为 5% ，整体难度较低，考试以定性题为主。

通过本任务的学习，考生将对债券市场与债券有一个概念和框架性的了解，其中，考生需要重点掌握不同债券违约时的受偿顺序和投资债券的风险。

任务框架图

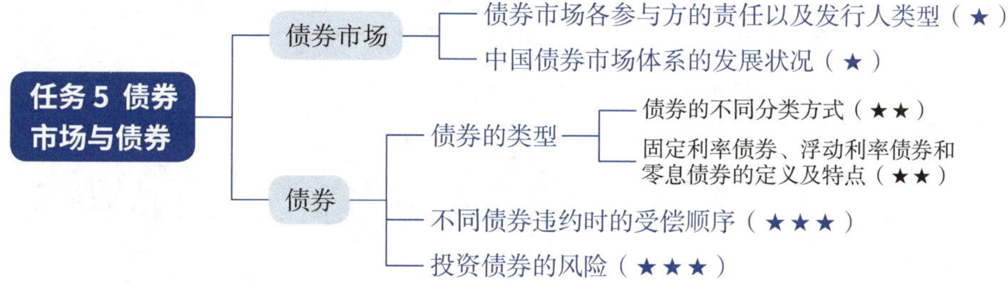

考点精讲

一、债券市场

（一）债券市场各参与方的责任以及发行人类型（★）

债券市场是发行债券和交易债券的场所。它的**参与主体**主要有**债券承销商**，**债券发行人**和**债券投资人**。

不同的参与主体在债券市场中扮演的角色不同，各自需要承担的责任也不同（见表5-1）。

表5-1 不同参与主体在债券市场中的角色与责任

参与主体	方面	具体内容
债券承销商	在债券市场中的角色	债券发行人和债券投资人之间的**金融中介**
	承担的责任	债券的**发行**与**承销**
债券发行人	在债券市场中的角色	资金的需求者
	承担的责任	**还本付息**。由于债券发行人通过发行债券筹集资金，同时债券是有固定的期限的，所以债券到期时，债券发行人（债务人）必须按时**归还本金**并**支付**约定的**利息**给债券的持有人（债券投资人）
	发行人类型	①中央政府；②地方政府；③金融机构；④企业
债券投资人	在债券市场中的角色	资金的盈余方。债券发行人发行债券向债券投资人筹集资金。债券投资人与债券发行人之间是**债权债务**的关系

（二）中国债券市场体系的发展状况（★）

中国债券市场是从20世纪80年代开始发展起来的，主要分为3个发展阶段（见图5-1）。

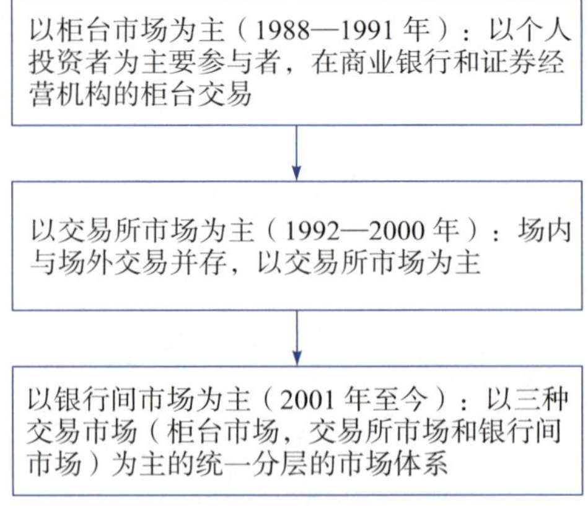

图5-1 中国债券市场发展阶段

二、债券

（一）债券的类型

1. 债券的不同分类方式（★★）

债券，又称固定收益证券。其中固定的含义为持有人可以在约定的时间获得固定的或者按照固定的公式计算出来的收益。债券按照其特点，有不同的分类，具体分类如下：

（1）按发行主体分类。

债券按发行主体分类，可以分为政府债券、金融债券和公司债券，具体内容见表 5－2。

表 5－2 按发行主体分类的债券

债券类型	方面	具体内容
政府债券	定义	政府为筹集资金而向投资者出具并承诺在一定时期支付利息和偿还本金的债务凭证
	发行人	政府
	分类	①国债：财政部代表**中央政府**发行； ②地方政府债：中央财政代理发行或**地方政府**自主发行
金融债券	定义	由银行和其他金融机构经特别批准而发行的债券
	发行人	银行或非银行金融机构
	分类	①政策性金融债：**政策性金融机构**发行，如国家开发银行、中国农业发展银行、中国进出口银行； ②特种金融债：经中国人民银行批准，由**部分金融机构**发行，筹集的资金专门用于偿还不规范证券回购债务； ③非银行金融机构债券：**非银行金融机构**发行； ④证券公司债和证券公司短期融资券：证券公司发行
公司债券	定义	公司依照法定程序发行、约定在一定期限内还本付息的有价证券
	发行人	公司
	分类	①公司债券：**股份公司**发行； ②企业债券：**非股份制企业**发行。 公司债券和企业债券可以**合称**为公司（企业）债券

（2）按偿还期限分类。

债券按偿还期限分类，可以分为长期债券、中期债券和短期债券，具体内容见表 5－3。

表 5－3 按偿还期限分类的债券

债券类型	具体内容
长期债券	偿还期**大于 10 年**的债券
中期债券	偿还期**大于等于 1 年，小于等于 10 年**的债券
短期债券	偿还期**小于 1 年**的债券

（3）按付息方式分类。

债券按付息方式分类，可以分为息票债券和附息债券，具体内容见表5-4。

表5-4 按付息方式分类的债券

债券类型	具体内容
息票债券	**约定**利率，**定期**支付利息的**中**、**长期**债券
附息债券	①无息票债券或零息债券 ②**不约定**利率，**不支付**利息，**折价**发行

（4）按嵌入条款分类。

债券按嵌入条款分类，可以分为可赎回债券、可回售债券、可转换债券、通货膨胀联结债券和结构化债券，具体内容见表5-5。

表5-5 按嵌入条款分类的债券

债券类型	方面	具体内容
可赎回债券	对发行人	①权利在**发行人**； ②发行人可以在到期前的特定时间内以事先约定的价格赎回债券。当市场利率下跌，发行人可以赎回债券重新以较低的利率发行新的债券融资
	对投资人（债权人）	①对**投资人**（债权人）**不利**； ②相比一个其他属性相同但没有赎回条款的债券，可赎回债券的利息更高，因为要补偿债券持有人面临的债券提早被赎回的风险（赎回风险）
	赎回价格	①可以是固定或者浮动的； ②约定的价格，是面值和赎回溢价之和
可回售债券	对发行人	①对**发行人不利**； ②相比其他属性相同但没有回售条款的债券，可回售债券的利息更低，因为可回售条款可降低投资者面临的债券价格下跌风险
	对投资人（债权人）	①权利在**债权人**； ②债权人可以在约定的时间内以约定的价格将债券回售给发行人。当市场利率上涨时，债券价格下降，可回售债券持有人有权利将债券以回售价格卖回给发行人，从而避免债券价格下跌带来的损失
	回售价格	回售价格即约定的价格：一般等于债券面值
可转换债券	含义	混合债券，债权人可以以约定的价格或者比率将债券转换为普通股股票
	价值构成	①保底收入，即债券利息支付与到期本金偿还所构成的普通附息债券的价值； ②看涨期权的价值，即在股票上涨到一定价格的条件下投资者可以将债券转换为发行人的普通股股票的权益所带来的价值
通货膨胀联结债券	特点	①面值与**消费价格指数**挂钩，在支付日随着消费价格指数的波动而调整； ②利息根据面值调整而调整

续表

债券类型	方面	具体内容
结构化债券	含义	以其他债券或贷款组成的资产池为基础，构建成新的债券
	种类	①住房抵押贷款支持证券（MBS）：以居民**住房抵押贷款**或商住房抵押贷款组成的资金池为支持发行的债券，资金流来自住房抵押贷款人的定期还款； ②资产支持证券（ABS）：以**其他债务**，如汽车消费贷款、学生贷款和信用卡应收款等组成的资金池为支持发行的债券
	特点	①购买结构化债券的投资者一般可以定期获得资金池里的一部分现金，包括本金和利息； ②在我国，ABS作为债务性新型金融创新工具刚刚开始兴起

（5）按有无担保分类。

债券按有无担保分类，可分为保证债券和无保证债券，具体内容见表5-6。

表5-6　按有无担保分类的债券

债券类型	方面	具体内容
保证债券	定义	投资者对相关资产及其产生的现金流有直接受偿权
	分类	按受偿等级**由高到低**分类 （1）**最高**等级：有限留置权债券或者第一抵押债券，其中： ①**有限留置权债券**：保证物可以是房屋也可以是专利、品牌等资产； ②**第一抵押债券**：保证物是实体资产； （2）第二抵押债券； （3）第三抵押债券等
		按受偿等级**由高到低**分类 （1）**抵押**债券：保证物是**房屋等不动产**； （2）**质押**债券：保证物是发行者拥有的**债权或者股权**； （3）**担保**债券：由**另外的实体**提供保证
	特点	相比无保证债券，有保证的债券融资成本较低
无保证债券（信用债券）	定义	投资者对发行人的资产有普遍受偿权，其**受偿顺序在保证债券之后**
	分类	优先无保证债券、优先次级债券、次级债券和劣后次级债券等
	特点	相比股票，无保证债券发行成本较低，且不会稀释股权，监管宽松

（6）按计息方式分类。

债券按计息方式可以分为固定利率债券、浮动利率债券以及零息债券。

2. 固定利率债券、浮动利率债券和零息债券的定义及特点（★★）

（1）固定利率债券。

固定利率债券是指有**固定**的到期日，并在偿还期内有**固定票面利率**和**固定面值**的债券。固定利率债券是由**政府**和**企业**发行的主要债券种类。

固定利率债券的**主要特点**：

①债券发行人需要偿付的**利息固定**的。债券发行人需要偿付的利息不会随着市场利率或者发行人的信用等级改变而改变。

②在偿还期内**定期支付利息**，在**到期日支付面值**。

（2）浮动利率债券。

浮动利率债券的**票面利率不固定**的。这是浮动利率债券与固定利率债券的主要不同点。

浮动利率通常与一个基准利率挂钩，在基准利率的基础上加上利差以反映不同债券发行人的信用。浮动利率的计算公式为：

$$浮动利率=基准利率+利差 \tag{5.1}$$

式（5.1）中：

基准利率一般是在金融市场中有普遍参照作用的利率。在**国际**上，经常采用的基准利率是**伦敦银行间同业拆借利率，即** Libor。在**我国**，经常采用的基准利率是**上海银行间同业拆借利率，即** Shibor 。浮动利率债券的利息会随着市场利率的波动而波动。

利差是在债券的偿还期内**固定**的百分点。如果债券发行人的信用在债券的偿还期内发生改变，利差也不会发生变化。按照国际惯例，利差通常用**基点**（basis point）表示，1个基点（1bps）等于 0.01% 。

由于利差是固定的，但是基准利率会随着市场利率变化，因此**浮动利率债券的利息会通过基准利率随着市场利率变化而发生变化**。

浮动利率债券的**主要特点**：

①浮动利率在每个**支付期期初**根据基准利率的变化而重新设置。在每期期末，债券的发行人会根据本支付期期初基准利率设定本期的利息偿付额。所以每个利息支付日利息的计算公式为：

$$每个利息支付日的利息=上一支付日的基准利率+利差 \tag{5.2}$$

②**有些**浮动利率债券的条款中利率存在浮动上限（浮动利率的顶，cap）或者浮动下限（浮动利率的底，floor）。

（3）零息债券。

零息债券（zero-coupon bond）是指有一定的偿还期限，但在**偿还期期间不支付利息**，而在**到期日一次性支付**利息和本金的债券。

零息债券的**主要特点**：

①零息债券的发行价格**低于**面值。

②零息债券的发行人在到期日一次性还本付息，一般支付的金额为**债券面值**。投资者的收益即为**债券的面值**和**债券发行价格**之间的**差额**。

③零息债券的偿还期通常是 **1 年或 1 年以下**，比如美国国库券。由于零息债券的利息和本金是在到期日一次性支付，如果零息债券的偿还期在 1 年以上，则风险较大，除非有较高的预期收益率，否则投资者一般不愿意购买。所以，如果债券是期限较长的零息债券，则发行人的借款成本会上升。

例题 5.1（选择题）

保证债券根据（　　）不同，可分为抵押债券、质押债券和担保债券。

A. 嵌入条款　　B. 保证物的形式

C. 计息方式　　D. 发行主体

【答案】B

【解析】选项 A 错误，按嵌入条款不同，债券可以分为：①可赎回债券；②可回售债券；③可转换债券；④通货膨胀联结债券；⑤结构化债券；选项 C 错误，按计息方式不同，债券可以分为：①固定利率债券；②浮动利率债券；③零息债券；选项 D 错误，按发行主体不同，债券可以分为：①政府债券；②金融债券；③公司债券。故答案是选项 B。

例题 5.2（选择题）

（　　）的利息在每个支付期期初会根据基准利率的变化而重新设置。

A. 固定利率债券　　B. 浮动利率债券　　C. 零息债券　　D. 息票债券

【答案】B

【解析】选项 A 错误，固定利率债券是指有固定的到期日，并在偿还期内有固定的票面利率和不变的面值的债券。因此，在债券的偿还期内，固定利率债券的票面利率不会发生改变；选项 C 错误，零息债券是指有一定的偿还期限，但在偿还期期间不支付利息，而在到期日一次性支付利息和本金的债券。因为零息债券偿还期内不支付利息，到期一次性支付利息和本金，所以也不存在偿还期内变更票面利率的情况；选项 D 错误，息票债券是指约定利率，定期支付利息的中、长期债券。息票债券的票面利率是否固定并没有强制要求。故答案是选项 B。

（二）不同债券违约时的受偿顺序（★★★）

在企业破产时，债务人优先于股东获得清偿。不同债券违约时的受偿顺序，详情见图 5-2。

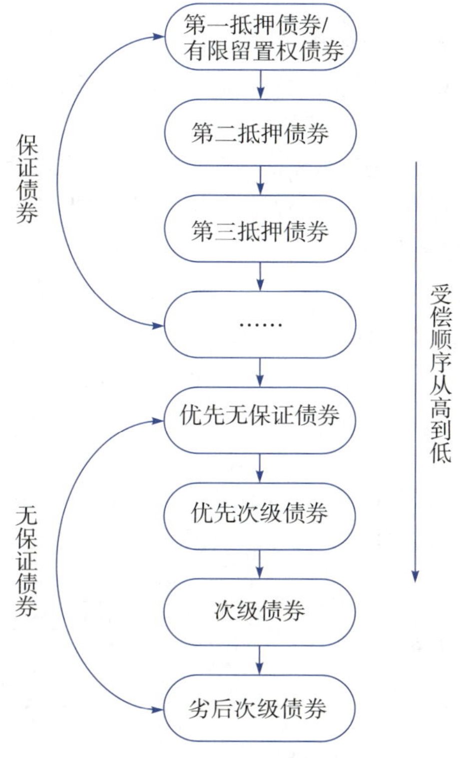

图 5-2　不同债券违约时的受偿顺序

发行者发行、投资者购买不同受偿等级债券的原因：

①对于债券发行人：相比无保证债券和股票，有保证的债券**融资成本较低**；相比股票，无保证债券**发行成本较低**，**不会稀释股权**，且**监管较松**。

②对于投资者：投资者是否愿意购买不同受偿等级的债券**主要取决于**投资债券获得的期望收益能否补偿其投资风险。

记忆小窍门

保证证券的清偿顺序在无保证证券之前。债券的受偿顺序：优先>优先次级>次级>劣后。

名师说

抵押债券可以分为限额抵押和可加抵押。限额抵押是指一项抵押品只能用于一次债券发行的抵押担保。可加抵押是指将一项抵押品评估价值后分为若干次抵押，通常出现在抵押品价值比较大的情况下。因此对于可加抵押，债券可以分为第一抵押债券和第二抵押债券等。持有第一抵押债券的投资者拥有优先处置抵押品的权利。

无保证债券又叫**信用**债券，本质上是以发行方信用为担保的债券，其包含国债、政府债券和一些信用等级较高的公司债。

例题 5.3（选择题）

在以下选项中，处于最高受偿等级的是（　　）。

A. 股票　　B. 质押债券　　C. 优先无保证债券　　D. 优先次级债券

【答案】B

【解析】选项A错误，企业破产时，股东的受偿顺序在债权人之后；选项CD错误，债券违约时的受偿顺序由高到低为有保证债券、优先无保证债券、优先次级债券、次级债券、劣后次级债券。质押债券属于保证债券。故答案是选项B。

例题 5.4（选择题）

在无保证债券中，受偿等级最高的是（　　）。

A. 第一抵押权债券　　B. 次级债券

C. 优先无保证债券　　D. 优先次级债券

【答案】C

【解析】选项A错误，第一抵押权债券属于保证债券；选项BD错误，债券违约时的无保证债券的受偿顺序由高到低为优先无保证债券、优先次级债券、次级债券、劣后次级债券。故答案是选项C。

（三）投资债券的风险（★★★）

债券面临的风险可分为6类。

1. 信用风险

信用风险，又称**违约风险**，是指债券发行人未按照约定还本付息而给投资者造成损失的可能性。

（1）影响信用风险的因素。

①**发行人的状况**：当发行人**经营恶化**或者发行人财务状况**变差**时，债券违约风险会**变大**；

②**宏观经济情况**：当宏观经济**恶化**时，市场普遍判断该发行人的债券**违约的可能加大**，债券价格**下跌**，债券投资者也会面临由于信用风险上升而带来的损失。

（2）我国的资信评级机构。

目前，我国大约有50家资信评级机构。它们的主要业务包含：①金融机构资信评级；②贷款项目评级；③企业资信评级；④企业债券及短期融资债券资信等级评级；⑤保险公司及证券公司等级评级等。

我国主要的资信评级机构有：①大公国际资信评估有限公司；②中诚信国际信用评级有限公司；③联合资信评估有限公司；④上海新世纪资信评估投资服务有限公司；⑤中债资信评估有限责任公司等。

（3）国际信用评级机构。

债券评级是反映债券违约风险的**重要指标**。目前，国际上知名的独立信用评级机构有 3 家：**穆迪投资者服务公司**（Moody's Investor Service）、**标准·普尔评级服务公司**（Standard & Poor's）和**惠誉国际信用评级有限公司**（Fitch Investor Service）。

债券根据其信用评级的不同可分为：

①**投资级**：标准·普尔和惠誉的 BBB-**级**及穆迪的 Baa3 **级以上**等级的债券。其中**最高**信用等级为标准·普尔和惠誉的 AAA **级**，穆迪的 Aaa **级**，表明债券**几乎没有**违约风险，比如发达国家国债；

②投机级（高收益债券/垃圾债券）：标准·普尔和惠誉的 BBB-**级**及穆迪的 Baa3 **级以下**等级的债券。其中，最低的信用等级为标准·普尔和惠誉的 D **级**，穆迪的 C **级**，表明债券违约的**可能性很大**，或债务人**已经产生违约**。

2. 利率风险

利率风险是指市场利率变动引起的债券价格变动而给投资者带来损失的可能。债券价格与利率变动**负相关**。利率**上升**，债券价格**下降**；利率**下降**，债券价格**上升**。

3. 通胀风险

通胀风险是指通货膨胀引起物价上升，使得债券的利息和本金遭受购买力下降而带来损失的可能。

所有的债券都会面临通胀的风险。但是，浮动利率债券可以在**一定程度上**降低通胀风险。虽然浮动利率债券的本金仍旧会遭受因通货膨胀而引起的购买力下降带来的损失，但是**浮动利率债券**的利息会随着市场利率变化，可以在一定程度上**降低**通胀风险。

4. 流动性风险

流动性风险是指债券持有人无法将未到期的债券以市值或者只能以低于市值的价格变现带来的投资风险。**因此，交易不活跃的债券通常面临较大的流动性风险**。

债券的**流动性**是指债券变现的能力。债券的流动性**高**表明债券变现的**速度很快**，并且债券持有人**没有**遭受变现可能带来的损失。相反，债券的流动性**低**表明债券变现的**速度很慢**，或者为了迅速变现，债券持有人**必须**承担额外损失。

债券的买卖价差可以映射债券的流动性：买卖价差**小**，债券流动性**高**；买卖价差**大**，债券流动性**低**。

这是因为绝大多数的债券交易发生在债券的经纪人市场，对于经纪人来说，买卖流动性高的债券的风险低于买卖流动性低的债券，故前者的买卖价差小于后者。

5. 再投资风险

再投资风险是指当市场利率**下降**，对于附息债券收回的利息或者提前于到期日收回的本金，投资者只能以**低于**原债券的到期收益率的利率水平再投资于**相同属性**的债券，而产生的风险。

6. 提前赎回风险

提前赎回风险是指债券发行人在债券**到期日前**赎回有提前赎回条款的债券所带来的风险。

面临提前赎回风险的债券一般是支持债券发行人在债券到期日之前操作赎回的债券。例如，**可赎回债券**和**大多数**的**住房贷款抵押支持证券**。

提前赎回风险往往会导致再投资风险。通常，债券发行人只有在市场利率下降时才会执行提前赎回条款。投资者收到债券发行人支付的收益和本金后，只好将收益和本金再投资于其他利率更低的债券。

当通货膨胀发生，国家可能会通过提高利率来调整物价。因此，市场利率上升。而浮动利率债券的利率会随着市场利率的上升而上升，因此浮动利率债券的利息会随着市场利率的上升而上升。所以，浮动利率债券的利息可以在一定程度上降低通胀风险。

例题 5.5（选择题）

偿债基金是指债券发行人为了保障各类债券未来的偿还而设立的专项基金。因此偿债基金的主要作用就是降低（　　）。

A. 提前赎回风险　　B. 流动性风险　　C. 再投资风险　　D. 信用风险

【答案】D

【解析】选项A错误，提前赎回风险是债券发行人提前赎回债券，而给投资者带来损失的风险；选项B错误，流动性风险是指债券持有人因为只能将未到期的债券以低于市值的价格卖出而遭受损失的可能；选项C错误，再投资风险是指当市场利率下降，如果债券持有人再投资相同属性的债券，只能将收回的本息以低于原债券的利率再投资的风险。选项D正确，信用风险是指债券发行人未按照约定还本付息而给投资者造成损失的可能性。偿债基金的存在降低了这种风险。故答案是选项D。

例题 5.6（组合型选择题）

以下关于债券流动性的说法中，正确的是（　　）。

Ⅰ. 如果变现的速度很快，并且没有遭受变现可能带来的损失，那么这种债券的流动性就比较高

Ⅱ. 债券的流动性或者流通性，是指债券投资者将手中的债券变现的能力

Ⅲ. 绝大多数的债券交易发生在债券的经纪人市场，对于经纪人来说，买卖流动性高的债券的风险低于买卖流动性低的债券，故前者的买卖价差大于后者

Ⅳ. 通常用债券的买卖价差的大小反映债券的流动性大小

A. Ⅱ、Ⅲ、Ⅳ　　B. Ⅰ、Ⅲ、Ⅳ　　C. Ⅰ、Ⅱ、Ⅲ　　D. Ⅰ、Ⅱ、Ⅳ

【答案】D

【解析】描述Ⅰ正确，债券的流动性高表明债券变现的速度很快，并且债券持有人没有遭受变现可能带来的损失；描述Ⅱ正确，债券的流动性是指债券变现的能力；描述Ⅲ错误，绝大多数的债券交易发生在债券的经纪人市场，对于经纪人来说，买卖流动性高的债券的风险低于买卖流动性低的债券，故前者的买卖价差小于后者；描述Ⅳ正确，债券的买卖价差可以反映债券的流动性。因此，正确的描述有Ⅰ、Ⅱ、Ⅳ。故答案是选项D。

你已完成本任务的学习，快去小程序上做题吧！

任务6 债券价值分析

任务导学

考情分析

本任务内容在考试中的分值占比约为5%，整体难度较大，考试以定量题和定性题结合。

通过本任务的学习，考生将对债券的估值和债券的久期和凸性的相关概念有所了解。其中，考生需要重点掌握债券当期收益率与债券价格的关系，债券到期收益率与债券价格的关系，债券当期收益率和到期收益率的区别与联系，利率的期限结构的概念和应用，信用利差的概念和应用，债券久期的概念、计算方法和应用。

任务框架图

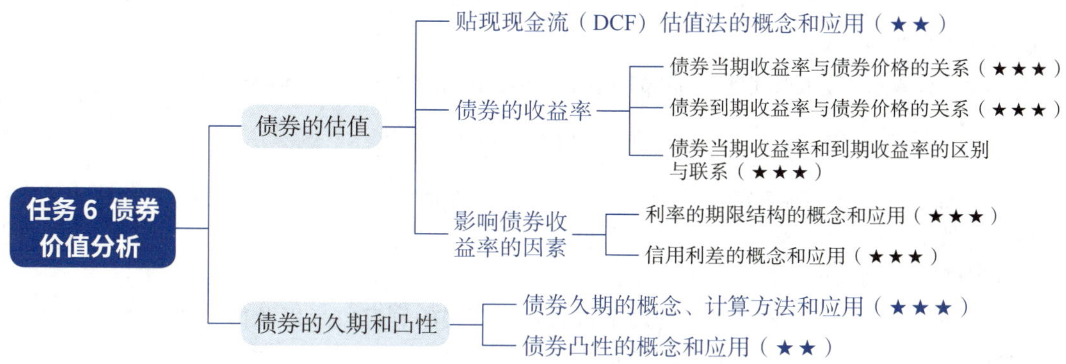

考点精讲

一、债券的估值

（一）贴现现金流（DCF）估值法的概念和应用（★★）

根据贴现现金流（DCF）估值法，所有资产内在价值都等于投资者预测的其所持有的资产的未来现金流的现值之和。

由于不同债券的计息方式不同，对贴现现金流估值法的应用可以分为以下3种情形：

1. 零息债券估值法

零息债券是以债券面值和债券发行价之间的差额作为投资者的收益。**债券的面值是债券持有者未来唯一收到的现金流**，因此零息债券内在价值的计算公式如式（6.1）所示：

$$V=M\frac{1}{(1+r)^{t}} \tag{6.1}$$

式（6.1）中，V代表债券的内在价值；M代表债券的面值；r代表市场年化利率；t代表债券到期的时间（以年为单位）。

由于**大部分零息债券期限很短，很多都小于一年**，因此式（6.1）可以调整为式（6.2）：

$$V=M\left(1-\frac{t}{360}r\right) \tag{6.2}$$

式（6.2）中，V代表债券的内在价值；M代表债券的面值；r代表市场年化利率；t代表债券到期的时间（以天为单位）。

2. 固定利率债券估值

固定利率债券的投资者未来收到的现金流有**定期获得的利息**收入以及债券到期时收回的**本金（债券的面值）**。所以，固定利率债券内在价值的计算公式如式（6.3）所示：

$$V=\frac{C}{1+r}+\frac{C}{(1+r)^{2}}+\cdots+\frac{C}{(1+r)^{n}}+\frac{M}{(1+r)^{n}} \tag{6.3}$$

式（6.3）中，V代表债券的内在价值；C代表债券每期的利息；M代表债券的面值；r代表市场利率；n代表债券到期的时间。

3. 统一公债估值法

统一公债是指**到期日不确定**的债券。比如，英格兰银行在18世纪发行的统一公债，直至今日仍在支付利息，投资者也可以在市场上买卖该债券。因此，投资者未来可以收到利息的期限不确定。所以，统一公债内在价值的计算公式如式（6.4）所示：

$$V=\frac{C}{(1+r)}+\frac{C}{(1+r)^{2}}+\cdots+\frac{C}{(1+r)^{n}}=\frac{C}{r} \tag{6.4}$$

式（6.4）中，V代表债券的内在价值；C代表债券每期的利息；r是市场利率；n是债券到期的时间，此处n趋近于无穷大。

例题6.1（选择题）

某种零息债券的面额为100元，贴现率为3.58%，到期时间为30天，则该国债的内在价值为（　　）元。

A. 99.7　　B. 98.7　　C. 99.31　　D. 98.48

【答案】A

【解析】选项 A 正确，期限小于 1 年的零息债券的内在价值 $V=M\left(1-\frac{t}{360}r\right)$，所以该国债的内在价值 $=100\times\left(1-\frac{30}{360}\times3.58\%\right)\approx99.7$。故答案是选项 A。

（二）债券的收益率

1. 债券当期收益率与债券价格的关系（★★★）

当期收益率（current yield）是债券年利息收入（即票息）与债券市场价格之间的比率。其计算公式如式（6.5）所示：

$$I=\frac{C}{P} \tag{6.5}$$

式（6.5）中，I 代表当期收益率；C 代表债券的年息票利息；P 代表债券的市场价格。

例题 6.2（选择题）

下列关于当期收益率的说法，不正确的是（　　）。

A. 当期收益率的计算公式为 $I=\frac{C}{P}$

B. 当期收益率又称当前收益率

C. 当期收益率考虑了债券投资所获得的资本利得或损失

D. 当期收益率是债券的年利息收入与当前的债券市场价格的比率

【答案】C

【解析】选项 C 错误，当期收益率并没有考虑债券投资所带来的利得或者损失，它只考虑了一段时间内，债券所带来的现金收入和债券市场价格之间的比率。故答案是选项 C。

例题 6.3（选择题）

债券年利息收入与当期债券市场价格之间的比率为（　　）。

A. 到期收益率　　B. 当期收益率　　C. 内部收益率　　D. 信用利差

【答案】B

【解析】选项 A 错误，到期收益率是使债券所带来的未来现金流的现值与债券当前的市场价格相等的贴现率；选项 C 错误，内部收益率就是到期收益率；选项 D 错误，信用利差是指在其他条件相同的情况下，两种信用评级不同的债券收益率的差额。故答案是选项 B。

2. 债券到期收益率与债券价格的关系（★★★）

到期收益率（yield to maturity，YTM），又叫**内部收益率**，是使债券所带来的未来现金流的现值与债券当前的市场价格相等的**贴现率**。它相当于投资者**以市场价格**购买并且**持有至到期**所获得的**年平均收益率**。

债券市场价格和到期收益率的关系如式（6.6）所示：

$$P=\sum_{t=1}^{n}\frac{C}{(1+y)^{t}}+M\left(\frac{1}{1+y}\right)^{n} \tag{6.6}$$

式（6.6）中，y 代表到期收益率；C 代表债券的年息票利息；P 代表债券的市场价格；n 代表时期数；M 代表债券的面值；t 代表到期时间。

从式（6.6）中可以看出，影响到期收益率的因素有 4 个（见表 6－1）。

表6－1 到期收益率的影响因素

影响因素	具体关系
票面利率	其他条件相同，票面利率与债券的到期收益率**同方向**变动
债券市场价格	其他条件相同，债券的市场价格与到期收益率**反方向**变动
计息方式	计息方式不同，投资者收到债券利息的时间也不同。其他条件相同，**固定利率债券的到期收益率比零息债券高**
再投资收益率	由于市场利率波动，再投资收益率可能无法保持不变。因此，投资者实际持有的到期收益率会受到再投资收益率波动的影响

例题6.4（选择题）

关于债券到期收益率，以下表述错误的是（　　）。

A. 到期收益率是把未来的现金流折算成现值，使之等于债券面值的贴现率

B. 到期收益率表示投资者按市场价格购买债券并持有到期可获得的年平均收益率

C. 到期收益率考虑了货币的时间价值

D. 到期收益率考虑了息票利息收入

【答案】A

【解析】选项A错误，到期收益率是把未来的现金流折算成现值，使之等于债券当前市场价格的贴现率。故答案是选项A。

例题6.5（选择题）

某债券的面值为100元，票面利率为5%，期限为4年，每年付息一次。现以95元的发行价向全社会公开发行，则该债券的到期收益率为（　　）。

A. 7%　　B. 5%

C. 7.42%　　D. 6.46%

【答案】D

【解析】选项ABC错误，到期收益率的计算公式为 $P=\sum_{t=1}^{n}\frac{C}{(1+y)^t}+m\left(\frac{1}{1+y}\right)^n$，所以，$95=\frac{5}{1+y}+\frac{5}{(1+y)^2}+\frac{5}{(1+y)^3}\frac{105}{(1+y)^4}$，该债券的到期收益率为 $y=6.46\%$。故答案是选项D。

3. 债券当期收益率和到期收益率的区别与联系（★★★）

债券当期收益率和到期收益率之间的关系见表6－2。

表6－2 债券当期收益率和到期收益率之间的关系

关系	具体内容
区别	（1）**当期收益率**并**没有**考虑债券投资所带来的利得或者损失，它只考虑了一段时间内，债券所带来的**现金收入**和债券**市场价格**之间的比率； （2）**到期收益率**包含两个重要的假设： ①投资者会持**有债券至到期**； ②投资者收到的利息可以按到期收益率**再投资**

续表

关系	具体内容	
联系	债券的市场价格和债券面值	①债券的市场价格和债券**面值**之间的**差距越大**，债券的**期限越短**，则其债券的当期收益率和到期收益率之间的**差值越大**； ②债券的市场价格和债券面值之间的**差距越小**，债券的**期限越长**，则其债券的当期收益率和到期收益率之间的**差值越小**
	变动方向	无论当期收益率和到期收益率的偏离程度如何，当期收益率与到期收益率的**变动方向**总是**相同**的

例题 6.6（选择题）

下列对于债券当期收益率与到期收益率之间的关系的说法中，错误的是（ ）。

A. 债券市场价格越偏离债券面值，债券的期限越短，则其当期收益率就越偏离到期收益率

B. 债券市场价格越接近债券面值，债券的期限越长，则其当期收益率就越接近到期收益率

C. 不论当期收益率与到期收益率偏离程度如何，当期收益率的变动总是与到期收益率的变动方向相反

D. 不论当期收益率与到期收益率偏离程度如何，当期收益率的变动总是与到期收益率的变动方向相同

【答案】C

【解析】选项 C 错误，无论当期收益率和到期收益率的偏离程度如何，当期收益率与到期收益率的变动方向总是相同的。故答案是选项 C。

例题 6.7（组合型选择题）

下列关于到期收益率的假设，说法正确的是（ ）。

Ⅰ. 不考虑债券投资所获得的资本利得

Ⅱ. 投资者持有至到期

Ⅲ. 利息再投资收益率不变

Ⅳ. 当期市场不存在风险

A. Ⅲ、Ⅳ B. Ⅱ、Ⅲ C. Ⅰ、Ⅳ D. Ⅰ、Ⅱ、Ⅳ

【答案】B

【解析】描述Ⅰ错误，当期收益率并没有考虑债券投资所带来的利得或者损失。到期收益率考虑了债券投资所带来的利得或者损失，因为到期收益率同时考虑了利息、债券的面值以及债券的市场价格；描述Ⅱ、Ⅲ正确，到期收益率包含两个重要的假设：①投资者会持有债券至到期；②投资者收到的利息可以按到期收益率再投资；描述Ⅳ错误，到期收益率的假设里不包含当期市场不存在风险。因此，正确的描述有Ⅱ、Ⅲ。故答案是选项 B。

（三）影响债券收益率的因素

1. 利率的期限结构的概念和应用（★★★）

不同债券的收益率差异，一部分是因为债券之间的信用等级不同，另一部分是因为债券的到期期限不同。不同的到期期限，导致预期的未来收益率变化。流动性风险、期限风险以及市场上对不同期限的债券的供需等因素都会影响收益率。

利率期限结构描述的是在某一个时点上，期限不同的债券的收益率与到期期限之间的关系。收

益率曲线就是将**利率期限结构，以期限为横坐标，收益率为纵坐标**在直角坐标系上描绘出来。在我国，中央国债登记结算有限责任公司、中证指数有限公司、上海清算所等机构会定期发布各类债券的收益率曲线。

债券收益率曲线包含四种基本类型（见图6－1）。在市场的不同阶段，可以观测到不同的收益率曲线形态。

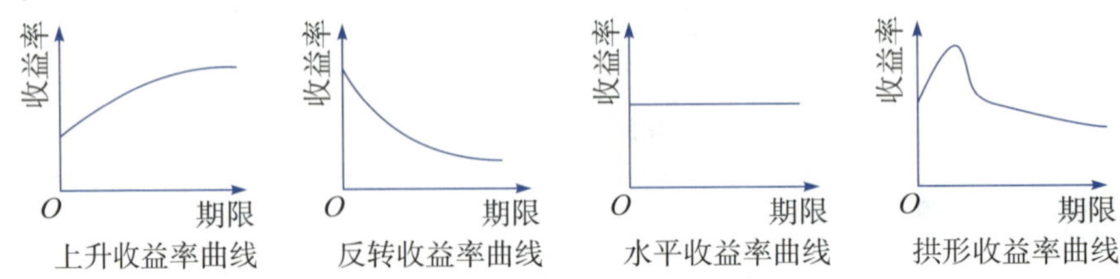

图6－1 债券收益率曲线

①**上升收益率曲线**（正向收益率曲线）：它描述的是**长期**债券的收益率**高于短期**债券的收益率的利率期限结构。上升收益率曲线描述的是**最为常见**的利率期限结构。因为投资者对期限较长的债券会要求更大的风险溢价，使得长期债券的收益率会高于短期债券。

②**反转收益率曲线**：**短期**债券的收益率**高于长期**债券的收益率的利率期限结构。

③**水平收益率曲线**：短期债券的收益率和长期债券的收益率**基本相等**的利率期限结构。

④**拱形收益率曲线**：期限**较短**的债券的利率与期限呈**正相关**，同时，期限**较长**的债券的利率与期限呈**正相关**的利率期限结构。

例题6.8（选择题）

反转收益率曲线意味着（ ）。

A. 长短期债券收益率基本相等

B. 短期债券收益率较低，而长期债券收益率较高

C. 短期债券收益率较高，而长期债券收益率较低

D. 短期债券收益率与期限呈正相关，长期债券收益率与期限呈负相关

【答案】C

【解析】选项A错误，水平收益率曲线描述的是短期债券的收益率和长期债券的收益率基本相等的利率期限结构；选项B错误，上升收益率曲线描述的是长期债券的收益率高于短期债券的收益率的利率期限结构；选项D错误，拱形收益率曲线描述的是期限较短的债券的利率与期限呈正相关，同时，期限较长的债券的利率与期限呈负相关的利率期限结构。故答案是选项C。

例题6.9（组合型选择题）

下列关于收益率曲线的说法中，正确的是（ ）。

Ⅰ. 收益率曲线是在以期限为横坐标、收益率为纵坐标的直角坐标系上将利率期限结构表示出来

Ⅱ. 反转收益率曲线的期限结构特征是短期债券收益率较高，而长期债券收益率较低

Ⅲ. 水平收益率曲线的期限结构特征是长短期债券收益率不相等

Ⅳ. 上升收益率曲线的期限结构特征是短期债券收益率较低，而长期债券收益率较高

A. Ⅰ、Ⅲ、Ⅳ　　B. Ⅰ、Ⅱ、Ⅲ、Ⅳ　　C. Ⅱ、Ⅲ、Ⅳ　　D. Ⅰ、Ⅱ、Ⅳ

【答案】D

【解析】描述Ⅰ正确，收益率曲线就是将利率期限结构，以期限为横坐标，收益率为纵坐标在直

角坐标系上描绘出来；描述Ⅱ正确，反转收益率曲线描述的是短期债券的收益率高于长期债券的收益率的利率期限结构；描述Ⅲ错误，水平收益率曲线描述的是短期债券的收益率和长期债券的收益率基本相等的利率期限结构；描述Ⅳ正确，上升收益率曲线描述的是长期债券的收益率高于短期债券的收益率的利率期限结构。因此，正确的描述有Ⅰ、Ⅱ、Ⅳ。故答案是选项 D。

2. 信用利差的概念和应用（★★★）

信用利差是指在其他条件相同的情况下，两种信用评级不同的债券收益率的差额。对于违约风险较高的债券，投资者一般会要求以高收益来补偿，即较高的风险溢价。**风险溢价**是指风险债券与到期收益率和期限、票面利率相同的无风险债券的到期收益率之间的差额。

信用利差有 3 个显著的特点：

（1）如果是确定的**非政府债券**，信用评级一定，则**期限越长**，信用利差**越大**。

（2）信用利差会随着**经济周期**（商业周期）而变化。

①当经济周期处于**收缩的阶段**：投资者会大量抛售风险债券，转而投资低风险债券。因此，市场上低风险债券价格上涨，到期收益率降低；同时，风险债券价格下降，到期收益率上升。所以，**经济收缩会导致信用利差扩张**。这就是**安全性投资转移现象**，也就是当系统性风险发生，投资者倾向于选择将资产向安全资产转移。

②当经济处于**扩张的阶段**：投资者会抛售低风险债券，转而投资风险债券。因此，市场上低风险债券价格下跌，到期收益率上升。风险债券价格上升，到期收益率下降。**所以，经济扩张会导致信用利差收缩**。

（3）信用利差的变化本质上是由于**市场风险偏好的变化**，因此信用利差受经济预期的影响。它的变化一般出现在**经济周期转换前**，所以可以作为**预测经济周期活动的指标**。

信用利差本质上是衡量债券的违约风险。因此，任何会导致违约风险增加的因素，都会引起信用利差扩张；反之，则会引起信用利差收缩。

例题 6.10（选择题）

（　　）是指除了信用评级不同外，其余条件全部相同（包括但不限于期限、嵌入条款等）的两种债券收益率的差额。

A. 信用利差　　B. 信用评级　　C. 债券评级　　D. 到期收益率

【答案】A

【解析】选项 B 错误，信用评级是指债券信用评级，是反映债券违约风险的重要指标；选项 C 错误，债券评级是指债券信用评级；选项 D 错误，到期收益率是使债券所带来的未来现金流的现值与债券当前的市场价格相等的贴现率。故答案是选项 A。

例题 6.11（组合型选择题）

关于信用利差，以下表述错误的是（　　）。

Ⅰ. 信用利差的变化是市场风险偏好的变化

Ⅱ. 信用利差会随着经济周期发生变化。当经济紧缩，信用利差收缩

Ⅲ. 信用利差的变化一般发生在经济周期发生转变之后

A. Ⅱ、Ⅲ　　B. Ⅰ、Ⅱ、Ⅲ　　C. Ⅰ、Ⅱ　　D. Ⅱ

【答案】A

【解析】描述Ⅰ正确，信用利差的变化本质上是由于市场风险偏好的变化；描述Ⅱ错误，信用利差会随着经济周期（商业周期）变化。经济收缩会导致信用利差扩张用；描述Ⅲ错误，信用利差的变化一般出现在经济周期转换前。故答案是选项A。

二、债券的久期和凸性

（一）债券久期的概念、计算方法和应用（★★★）

1. 久期的概念

久期（duration）是债券未来本息所有现金流支付所需时间的加权平均值。久期衡量的是债券投资者收回所有的本息所需要的平均时间，即**平均还款期**。这一概念由麦考利（F. R. Macaulay）在1983年提出。久期的出现，弥补了到期期限只考虑最后偿还本金的时间，没有反映利息偿付时间的缺点。

2. 久期的计算

久期包括麦考利久期和修正久期两种。

（1）**麦考利久期**。麦考利久期的计算公式如式（6.7）所示：

$$D_{mac}=\left[\frac{1C}{(1+y)}+\frac{2C}{(1+y)^2}+\cdots+\frac{nC}{(1+y)^n}+\frac{nM}{(1+y)^n}\right]\frac{1}{P}$$

$$=\frac{\sum_{t=1}^{n}\frac{tC}{(1+y)^t}+\frac{nM}{(1+y)^n}}{p} \tag{6.7}$$

式（6.7）中，y代表每个付息周期应计收益率；C代表每次付息金额；P代表债券的市场价格；t代表到期时间；n代表时期数；M代表债券的面值。

从式（6.7）中可以看出，麦考利久期的计算过程如下：

①计算每次支付金额的现值占当前债券价格的比率；

②以此比率为权重，乘以每次支付的时期数（n），得到每次支付的加权期限；

③将所有的加权期限加总，即为债券的麦考利久期。

对于**零息债券**，**久期就等于到期期限**。对于**付息债券**，如果**付息时间提前**或者付息金额增加，**债券的久期都会减少**。

式（6.7）还可以改写为式（6.8）：

$$\frac{dP}{dy}\frac{1}{P}=-\frac{1}{1+y}D_{mac} \tag{6.8}$$

其中：$\frac{dP}{dy}$衡量的是当收益率出现微小变化时，债券价格的变化，其计算公式为式（6.9）。式（6.9）是固定收益债券的价格计算公式，即式（6.10）的求导。

$$\frac{dP}{dy}=-\frac{1}{1+y}\left[\frac{1C}{(1+y)}+\frac{2C}{(1+y)^2}+\cdots+\frac{nC}{(1+y)^n}+\frac{nM}{(1+y)^n}\right] \tag{6.9}$$

$$P=\frac{C}{1+y}+\frac{C}{(1+y)^2}+\cdots+\frac{C}{(1+y)^n}+\frac{M}{(1+y)^n} \tag{6.10}$$

式（6.10）中，P代表债券的市场价格；C代表每次付息金额；y代表每个付息周期应计收益率；

n 代表时期数；M 代表债券的面值。

（2）**修正久期**。修正久期的计算公式如式（6.11）所示：

$$D_{mod}=\frac{D_{mac}}{1+y} \tag{6.11}$$

将式（6.11）代入到式（6.8）中，可以得到式（6.12）：

$$\frac{dP}{P}=-D_{mod}dy \tag{6.12}$$

式中，$\frac{dP}{P}$代表债券的价格变动百分比；D_{mod}代表债券的修正久期；dy 代表收益率的微小变动。

如果收益率变化确定，债券价格的变化与修正久期的变化呈**负相关**。修正久期**越大**，债券的价格**受到**收益率变化的**影响越大**。

3. 久期的应用

久期的应用对于投资者具有重要的意义。久期应用的一个典型案例就是所得免疫策略。

所得免疫策略在于**保证投资者在未来可以得到充足的资金以满足现金支付的需求**。有效的所得免疫策略即投资的债券投资组合产生的利息和收回的本金恰好可以满足未来现金需求。该策略比较适用于**养老基金**、**社保基金**、**保险基金**等对现金流动性要求较高的投资机构。

所得免疫策略主要包括3种策略见表6-3。

表6-3 所得免疫策略（主要包括3种策略）的优缺点

免疫策略	优缺点	
现金配比策略	优点	流动性强
	缺点	限制性**强**，弹性**小**，许多缺乏良好现金流特性的债券被排除
久期配比策略	优点	**只**要求组合的久期和债券组合的久期相同即可，因此弹性较大，有较多债券可供选择
	缺点	为了满足负债的需要，债券管理者可能需要在**价格极低**时抛售债券
水平配比策略	优点	投资者进行投资组合，**短期**内适用**现金配比**策略，**较长期限**内可以适用**久期配比**策略。综合了两种策略的优点

例题6.12（选择题）

如果某债券的修正久期是3年，当市场利率上升0.2%，该债券价格将（　　）。

A. 下降0.6%　　B. 无法确定　　C. 上升0.6%　　D. 不变

【答案】A

【解析】选项B错误，债券价格变动量=利率变动量×修正久期，所以3×0.2%=0.6%；选项C错误，利率和债券的价格反向变动，所以债券价格减少；选项D错误，市场利率的变化会带来债券价格的变动。故答案是选项A。

（二）债券凸性的概念和应用（★★）

1. 凸性的概念

债券价格和收益率之间的关系是非线性的。当债券收益变化比较微小时，久期可以作为利率敏感性测度的指标。但随着收益变化幅度的增加，久期给出的测度会产生越来越大的误差。凸性的出现，**弥补了久期无法完全描述债券价格对收益率变动的敏感度的不足**。

债券的凸性就是债券的价格-收益率曲线的曲率，它是对债券的价格-收益率曲线**弯曲程度**的衡量，详见图6-2。

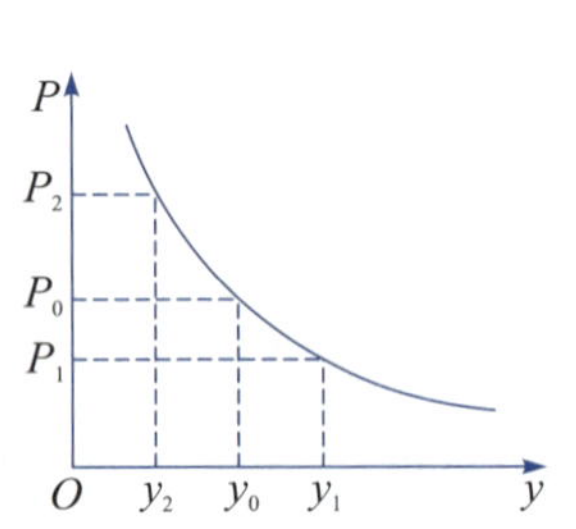

图6-2 债券的价格-收益率曲线

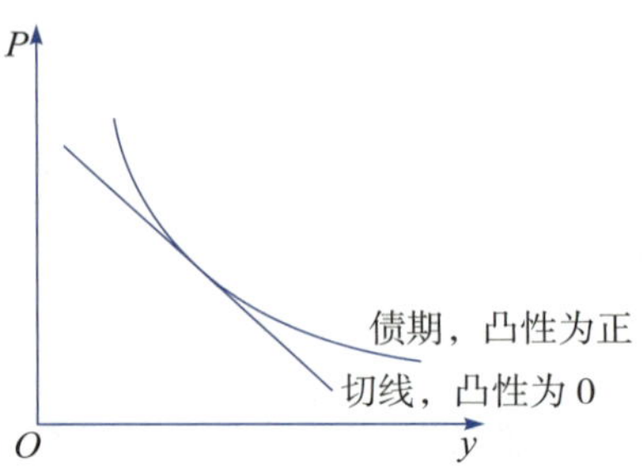

图6-3 债券的凸性

在债券价格与收益率反向变动过程中，收益率变动的幅度相同，但是债券价格的上升幅度大于债券价格下降的幅度。从图6-2中可以看出，当债券收益率从y_0增加到y_1，债券价格会相应地减少到P_1；相反，当债券收益率从y_0减少到y_2，债券价格相应地增加到P_2。

债券的凸性表明债券的价格-收益率曲线的斜率会随着收益率而变化。如果债券的**凸性为正**（一般不含权的债券凸性都为正），当**收益率变大**，斜率是绝对值较小的负数，久期估算的债券的价格下降幅度**大于**实际下降幅度。当**收益率变小**，斜率是绝对值较大的负数，久期估算的债券的价格上涨幅度**小于**实际上涨幅度（见图6-3）。

凸性对投资者是有利的。因为其他条件不变，**凸性更高**的债券，**价格**更有**优势**（见图6-4）。债券A和债券B在切点位置斜率相同。但是，相比债券A，债券B的凸性更高。随着收益率变化，债券B的价格高于债券A的价格。

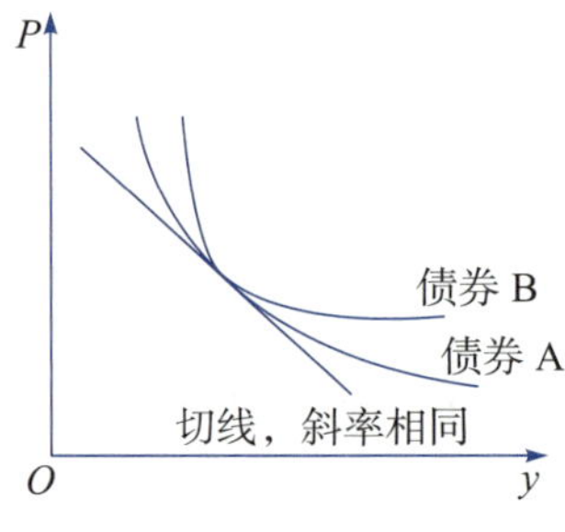

图6-4 不同凸性的债券

2. 凸性的应用

久期凸性对债券价格波动的风险管理具有重要意义。如果债券基金经理能够比较精准地确定持有期，就可以筛选出所有**久期与持有期相同**的债券，同时选出**凸性最大**的债券。这种策略叫作**免疫策略**。

常用的免疫策略主要有所得免疫、价格免疫和或有免疫。凸性在**价格免疫策略**中就被极大地运用。

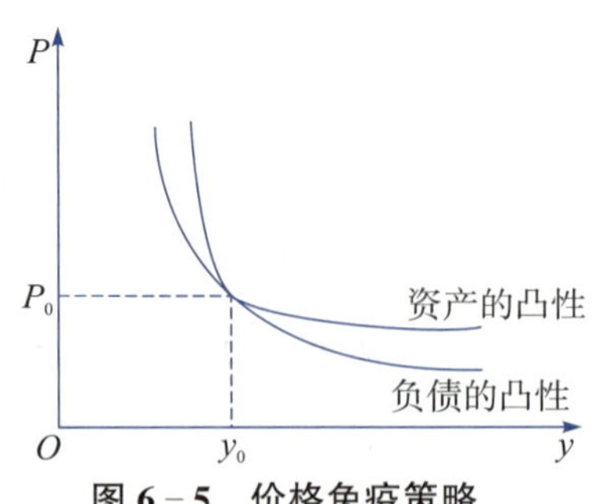

图6-5 价格免疫策略

价格免疫策略主要在于保证特定数量**资产的市值高于**特定数量的**负债的市值**。价格免疫以**凸性**为衡量标准，将**资产**的凸性和负责的凸性相匹配，使得资产组合的凸性高于负债的凸性（见图6-5）。如果一家投资基金有足够的资金支持，可以使债券投资组合（资产）的市场价值等于未来支出（负债）的现值。当资产凸性高于债券凸性，投资组合与负债的市场价值之间的差额将随着利率的变化而增加。而且凸性越大，从利率变化所产生的差额也就越大。这时，这家投资基金就“价格免疫”了。

久期除了可以用来衡量债券投资者收回所有本息所需要的平均时间，还可以用来衡量债券价格对收益率变化的敏感程度。修正久期就是在麦考利久期的基础上加入了对收益率的考虑。

当债券的修正久期越大，债券价格对收益率的敏感程度越高，收益率上升会引起债券价格的大幅度下降，反之亦然。因此，在其他条件相同的情况下，修正久期较小的债券抗利率上升风险的能力较强，但对于利率下降的风险的抵抗能力较弱。所以，如果投资者预期未来利率会上升，可以集中投资期限较短的债券，缩短债券的久期。而当预期未来利率会下降，投资者可以尝试拉长投资期限，拉长债券久期。

例题6.13（选择题）

（　　）指的是债券的平均到期时间，度量了债券投资者回收其全部本金和利息的平均时间。

A. 麦考利久期　　B. 凸性　　C. 利率期限结构　　D. 信用利差

【答案】A

【解析】选项B错误，债券的凸性是对债券-收益率曲线弯曲程度的衡量；选项C错误，利率期限结构描述的是在一个时点上，期限不同的债券的收益率与到期期限之间的关系；选项D错误，信用利差是指在其他条件相同的情况下，两种信用评级不同的债券收益率的差额。故答案是选项A。

例题6.14（选择题）

关于债券凸性说法不正确的是（　　）。

A. 凸性对于投资者是有利的，在其他情况相同时，投资者应当选择凸性更大的债券进行投资

B. 凸性对于投资者是不利的，在其他情况相同时，投资者应当选择凸性较小的债券进行投资

C. 大多数债券价格与收益率的关系都可以用一条弯曲的曲线来表示，这条曲线的曲率就被称为债券的凸性

D. 凸性的作用在于可以弥补债券价格计算的误差，更准确地衡量债券价格对收益率变化的敏感程度

【答案】B

【解析】选项B错误，凸性对于投资者是有利的。因为其他条件不变，凸性更高的债券，价格更有优势。所以，在其他情况相同时，投资者应当选择凸性更大的债券进行投资。故答案是选项B。

你已完成本任务的学习，快去小程序上做题吧！

任务7 货币市场工具

任务导学

考情分析

本任务内容在考试中的分值占比约为3%，整体难度较低，考试以定性题为主。

通过本任务的学习，考生将对常见的货币市场工具有所了解。其中，考生需要重点掌握常用的货币市场工具的概念和特点。

任务框架图

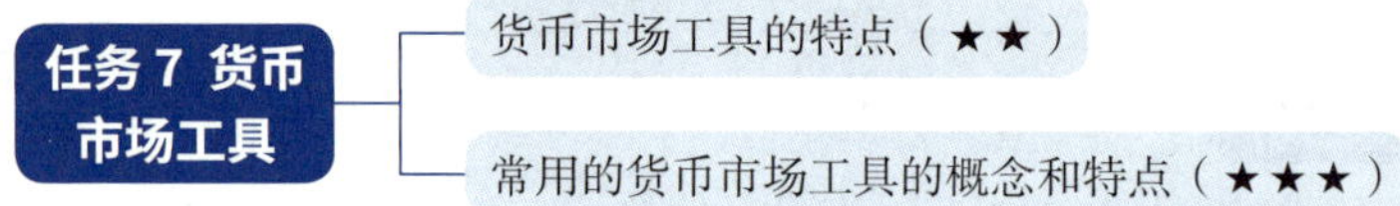

考点精讲

一、货币市场工具的特点（★★）

货币市场工具是指期限**小于1年**或**等于1年**的短期的、高流动性的低风险证券。其具体包含：①银行回购协议；②定期存款；③商业票据；④银行承兑汇票；⑤短期国债；⑥中央银行票据等。货币市场工具在信用活动中产生，以利率作为交易价格，是固定收益证券的一部分。

货币市场工具拥有良好的流动性，并且对经济环境的敏感性较高，在金融市场中发挥着十分重要的作用。货币市场工具的功能和特点见表7-1。

表7-1 货币市场工具的功能和特点

方面	具体内容
功能	①帮助商业银行管理流动性； ②为企业借贷**短期资金**提供工具； ③为市场提供基准利率。在货币市场工具交易中形成的短期利率在整个市场的利率体系中充当基准利率的角色。它不仅是其余证券利率确定的重要参考依据，还是市场上银根松紧程度的重要判断指标
特点	①债务契约； ②短期证券。期限在1年或者1年以内； ③高流动性； ④主要涉及大宗交易，参与者主要是机构投资者； ⑤本金安全性高，风险较低

例题7.1（组合型选择题）

货币市场工具有（　　）特点。

Ⅰ. 期限在1年以内（含1年）

Ⅱ. 均是债务契约

Ⅲ. 大宗交易，主要由机构投资者参与，个人投资者很少有机会参与买卖

Ⅳ. 本金安全性高，风险相对较高

A. Ⅰ、Ⅲ、Ⅳ　　B. Ⅰ、Ⅱ、Ⅲ　　C. Ⅰ、Ⅱ、Ⅳ　　D. Ⅰ、Ⅱ、Ⅲ、Ⅳ

【答案】B

【解析】描述Ⅰ正确，货币市场工具是指期限小于1年或等于1年的短期的、高流动性的低风险证券；描述Ⅱ正确，货币市场工具都是债务契约；描述Ⅲ正确，货币市场工具主要涉及大宗交易，参与者主要是机构投资者；描述Ⅳ错误，货币市场工具本金安全性高，风险较低。因此，正确的描述有Ⅰ、Ⅱ、Ⅲ。故答案是选项B。

二、常用的货币市场工具的概念和特点（★★★）

在我国，货币市场工具主要包括：①现金；②短期（期限在1年以内，含1年）的银行存款；③债券回购；④中央银行票据；⑤同业存单；⑥剩余期限在397天以内（含397）的债券；⑦非金融企业债务融资工具；⑧资产支持证券；⑨中国证监会、中国人民银行认可的其他具有良好流动性的

其他货币市场工具。

（一）银行定期存款

银行定期存款是指银行与存款人事先约定期限和利息，到期后存款人支取本息的存款。定期存款是银行的主要资金来源。它主要有**3个月**、**6个月**、**1年**、**2年**、**3年**和**5年**等期限。

银行定期存款的特点见表7－2。

表7－2　银行定期存款的特点

涉及对象	具体内容
对银行	①具有**较低**的存款准备金率，方便银行管理； ②期限**越长**，利率**越高**
对存款人	①期限**确定**； ②金额选择余地大； ③利息收益**稳定**； ④**可以提前支取**全部或部分本金，提前支取的部分的利息按支取日的活期利率支付

（二）短期回购协议

短期回购协议本质上是一种**证券抵押贷款**，主要是以**国债为抵押品**。回购协议是指资金的需求方在出售证券的时候与证券的购买方约定在一定期限后以约定的价格回购所售证券的交易行为。

短期回购协议的参与者包含正回购方和逆回购方。其中，**正回购方**是指标的证券的出售方，即资金的借入方。**逆回购方**是指证券的购买方，即资金的出借方。

1. 我国短期回购协议的分类

我国短期回购协议的分类见表7－3。

表7－3　我国短期回购协议的分类

分类依据	具体内容
按回购期限划分	①1天（隔夜回购）、2天、3天、4天、7天、14天、28天、91天、182天国债回购； ②国债回购本质上是一种短期融资工具，因此在各国市场上最长期限都不超过1年
按逆回购方是否有权处置回购协议里的质押的国债划分	①**质押式回购**：在交易期间，标的国债的**所有权归属于国债出让方**，受让方无权处置国债，国债被交易中心冻结。质押式回购目前是我国回购市场上的主要交易品种； ②**买断式回购**：国债的**所有权属于购买方**，购买方有权处置国债，购买方只需要在到期日按约定的价格回购国债即可

2. 回购协议的功能

证券回购协议的功能主要有：

（1）可以作为**中国人民银行**进行**公开市场操作的工具**，方便中央银行投放（收回）基础货币，形成合理的短期利率。

（2）可以作为**商业银行管理流动性**和**资产结构**的必要工具。

（3）可以帮助各类**非银行金融机构**实现，套期保值，头寸管理，资产管理、增值等目的。

3. 回购协议的市场

我国金融市场上的回购协议**主要是国债回购协议**。目前，我国存在两个**分离**的国债回购市场：场内交易市场和场外交易市场。

（1）场内交易市场。

场内交易是指**上海证券交易所和深圳证券交易所**开展的国债标准回购业务。参与者包含个人投资者和企业。场内交易市场交易的是标准的回购协议，因此对国债种类、期限、合约金额、清算方式都有极其严格的规定。

（2）场外交易市场。

场外交易市场是指**银行间国债回购市场**，参与者包含：①中国人民银行；②商业银行（包括非国有商业银行）；③证券公司；④基金管理公司等金融机构。

其中，货币基金在银行间国债回购市场**兼具**资金需求方和供给方的角色。货币基金使用回购协议作为其资金的来源的原因有2个：

①货币基金的基础资产中存在大量的可以作为回购协议抵押品的政府债券；

②回购协议市场交易量大，可以方便货币基金获得资金。同时，将部分资金配置在短期回购协议中，可以使基金保持适当的流动性和收益。

4. 影响回购协议利率的因素

影响回购协议利率的因素见表7－4。

表7－4 影响回购协议利率的因素

影响因素	具体内容
抵押证券的质量	抵押证券的信用**越好**，流动性**越高**，回购利率**越低**；反之，抵押证券的信用**越差**，流动性越低，回购利率**越高**
回购期限	回购期限**越短**，抵押证券的价格风险**越低**，回购利率**越低**
交割的条件	一般来说，**实物交割**，回购利率**较低**
货币市场其他子市场的利率	其他子市场（如同业拆借市场、票据市场等）的利率会影响回购利率，因为货币市场子市场间的**联动性很强**

5. 短期回购协议的定价

短期回购协议的定价公式：

$$回购价格=本金\times\left(1+\frac{回购时应付的利率\times回购协议的期限}{360}\right) \tag{7.1}$$

6. 回购协议的风险

尽管回购协议中的抵押品一般是风险较低的国债，但在回购协议的交易过程中仍然存在信用风险，**尤其**会发生在**市场流动性紧张**导致**短期利率迅速上升**时。

（1）回购协议中的信用风险。

①到期时，证券的**出让方**（正回购方）**无法**按约定价格**赎回**证券，使得受让方（逆回购方）只能保留作为抵押品的证券。此时，如遇利率上升，则该抵押品价格会下降，因此抵押品的价值将低于受让方出借的资金的价值，受让方蒙受损失；

②到期时，证券的**受让方**（逆回购方）**不愿意**将抵押的证券以约定的价格**回售**给证券的出让方（正回购方）。此类信用风险一般发生在利率下跌的情况下，此时抵押品价格会上涨。

（2）降低上述信用风险的方法。

①限定抵押品，选择流动性高、容易变现的抵押物，比如只接受短期国债或中央银行票据为抵押品；

②提升抵押率的要求，比如可以要求提供更多的抵押品。

（三）中央银行票据

中央银行票据（简称央行票据或央票）是由中央银行发行的短期债务凭证，主要用于调节商业银行的超额准备金。目前，中国人民银行公开市场业务操作室在**每周二、周四**会分别发行**1 年期**和**3 年期**中央银行票据。央票价格确定的方式采用**利率招标**和**数量招标**。目前，流通在市场上的中央银行票据还有**3 个月、6 个月**的票据和**远期**票据，其中以**1 年期以下**的央票**为主**。

1. 中央银行票据产生原因

中央银行票据产生的原因主要有两方面：

（1）为了**控制货币供给**。中央银行可以通过发行中央银行票据冲销购汇带来的货币供给的扩张，缓解国内流动性过剩的压力；

（2）**弥补**我国**国债期限不合理**的缺点。中央银行票据为中央银行进行公开市场操作提供了有效的市场工具。目前，我国的国债期限结构以中期（3~5 年）为主，1 年期的短期国债占比不到 10%。因此，中国人民银行无法通过国债市场实现短期的、大规模的公开市场操作。而央票的出现弥补了这一不足。

2. 中央银行票据的特点

中央银行票据的**特点**主要有：

（1）参与主体只有**中国人民银行**及经过**特许的商业银行和金融机构**；

（2）中国人民银行通过与商业银行进行央票的交易改变商业银行超额准备金的数量，从而影响整个市场的货币供给量。

3. 中央银行票据的分类

中央银行票据主要可以分为：

（1）**普通央行票据**，即中国人民银行在**公开市场操作**中使用的央票；

（2）**专项央行票据**，主要用于**置换**商业银行和金融机构的**不良资产**。专项央票的发行不会改变市场上的基础货币的供给水平。

（四）短期政府债券

短期政府债券是由一国**政府发行**的，承诺到期还本付息的短期（期限在**1 年及 1 年以内**）债务凭证。广义的短期政府债券包含国家财政部发行的债券、地方政府和政府代理机构发行的证券。狭义的短期政府债券是指由国家财政部发行的政府债券。**本任务**的短期政府债券**仅指**狭义的短期政府债券。

短期政府债券是以**贴现**形式发行的**无息票**债券。投资者的收益是债券面值和购买价之间的差额。短期政府债券不存在发行过多或发行不足的问题，因为其投资收益是根据拍卖竞价决定的。

短期政府债券的特点主要有：

（1）**违约风险小**。短期政府债券以国家信用和财政收入为担保，安全性较高；

（2）**流动性强**。短期政府债券的交易成本和价格风险都很低，因此十分容易变现；

（3）**利息免税**。

（五）短期融资券

短期融资券是由境内**具有法人资格的企业**发行，仅在银行间债券市场上流通交易的，期限在 1

年及 1 年以内的短期债务工具。企业发行短期融资券主要是为了获得短期流动性。短期融资券根据期限可以分为 **3 个月、6 个月、9 个月和 1 年**。

短期融资券的主要特点有：

（1）由**商业银行**承销且**无担保**发行（信用发行）；

（2）通过**市场招标**确定发行利率；

（3）**发行人**是具有法人资格的**企业**，**投资者**是在银行间债券市场中的**机构投资者**；

（4）对资金**用途**无明显限制。

（六）中国证监会、中国人民银行认可的其他具有良好流动性的货币市场工具

除了上述的主流货币市场工具外，随着我国金融市场的不断发展，我国货币市场工具的种类也在不断扩大。**其他货币市场工具**主要包括同业拆借、银行承兑汇票、商业票据、大额可转让定期存单、同业存单等。

1. 同业拆借

同业拆借是指金融机构间为了解决短期资金余缺的问题，以货币借贷的方式进行的**短期**资金融通的行为。

同业拆借可以通过**交易商**完成，或者可以由**双方直接联系**完成交易。市场中的交易商主要包含专门从事货币市场各子市场交易中介业务的交易商和由一些大银行组成的兼营交易商。

同业拆借市场属于**银行间市场**。同业拆借市场是由参与其中的金融机构通过通信设备连接构筑的**无形市场**。目前，英国伦敦的银行间同业拆借市场是世界上规模**最大**的同业拆借市场之一。因此，**伦敦同业拆借利率**（LIBOR）也是国际金融市场中大多数浮动利率的**基础利率**，是衡量全球市场流动性的**重要指标**。

我国的同业拆借的交易品种主要有：**1 天（隔夜）、7 天、14 天、1 个月、3 个月、6 个月、9 个月和 1 年**。

同业拆借的功能见表 7－5。

表 7－5　同业拆借的功能

涉及对象	具体内容
对金融机构	拆借的资金可缓解短期流动性紧张，解决临时性、季节性资金需求，弥补票据清算差额
对拆入方（资金借入方）	①**降低**金融机构的**流动性**风险。当**准备金不足**时，同业拆借帮助商业银行**暂时缓解**准备金不足的问题； ②同业拆借源于存款准备金制度。各国央行规定商业银行必须将获得的存款按一定的比例计提存款准备金，若准备金数额不足，将受到一定的经济处罚。但是，由于清算业务和日常收付数额的变动，银行存款准备金往往会出现盈余或不足的情况。当准备金不足时，银行需要多余的资金弥补准备金的不足
对拆出方（资金借出方）	提高金融机构的获利能力。当**准备金盈余**时，同业拆借为商业银行提供了**短期投资**的渠道。当准备金盈余时，由于准备金不生息，银行需要寻找短期合理的投资渠道
对中央银行	可以通过调整存款准备金，影响同业拆借利率，实现**货币政策**的传导
对市场	同业拆借利率是**市场基准利率**。同业拆借利率是衡量市场流动性的重要指标，是市场上其他利率确定的重要参考依据

2. 银行承兑汇票

银行承兑汇票是指由在承兑银行开立存款账户的存款人签发，向开户银行申请并经银行审查同意承兑的，保证在约定日期无条件支付确定的金额给收款人或持票人的商业票据。银行承兑汇票的业务主要是银行承兑汇票的**承兑**和**贴现**业务。

银行承兑汇票的主要功能是**方便商业交易活动**。银行承兑汇票可以减少因售货方对购货方信用不了解而产生的不信任，因此在**对外贸易**中运用较多。

银行承兑汇票的主要特点：

（1）**信用好**。银行承兑汇票的**承兑业务由银行提供**。本质上，银行承兑是银行将信用出借给企业；

（2）**流动性强，**灵活性**高**。银行承兑汇票可以：

①贴现：**持票人**或者**收款人**可以持有**未到期**的票据到**银行**申请贴现，银行将扣除贴现息后的余额支付给持票人或者收款人；

②转贴现：**办理贴现的银行**，将其持有的因贴现获得的未到期的银行承兑汇票再向**其他银行**进行贴现的行为；

③再贴现：若其他银行为**中央银行**或其**分支机构**，就构成再贴现行为。

3. 商业票据

商业票据是指发行主体为满足**流动资金**的需求所发行的期限为2天至270天的**可流通转让**的债务工具。

商业票据的特点：

（1）面额**较大**；

（2）利率**较低**，一般低于银行优惠利率，高于同期国债利率；

（3）**只有**一级市场，**没有**确定的二级市场。

商业票据的发行方式包括2种：

（1）**直接发行**。发行主体**直接**将票据**销售**给投资者。大多数**资信好**的公司采用这种发行方式；

（2）**间接发行**。发行主体通过**票据承销商**将票据间接出售给投资者。

商业票据采用**贴现发行**的方式。贴现率受货币市场利率以及发行主体资信的影响。当货币市场利率**越高**，则其贴现率**越高**。当发行主体**资信越好**，则其贴现率**越低**。

4. 大额可转让定期存单

大额可转让定期存单是**银行发行**的，约定期限和利率的，可以在二级市场上**流通买卖**的**定期**存款凭证。

大额可转让定期存单的**市场**包含：

（1）一级市场（发行市场）。

大额可转让定期存单的发行人多为**大银行**。发行时按面额**平价**发行。存单的票面利率的影响因素：①银行的信用级别；②存单期限；③存单面额；④存单的供求关系；⑤货币市场其他子市场的利率水平；⑥相关的法律法规。

（2）二级市场。

大额可转让定期存单的二级市场一般采取**做市商**制度。做市商的主要功能是以**自有资金买入**存单后再**零售**给投资者获取资本利得和为投资者提供流动性充足的二级市场。值得注意的是，大额可转让定期存单也可以作为**抵押品**被做市商通过回购协议抵押出去以获得资金，但存单回购利率要**高于国债**回购利率。二级市场流动性的大小**取决于**市场上做市商的数量。

大额可转让定期存单**发行的形式**有2类：

（1）批发式发行。发行银行将存单的发行数量、面值大小、利率、发行日期、期限等信息**预先公布**，供**投资者自行认购**。

（2）零售式发行。为**满足投资者的不同需求**，发行银行不定时发行，同时利率、罚息方式也由发行银行与投资者**协商**后确定。

大额可转让定期存单的风险：

（1）信用风险。发行存单的银行在期满时无法偿付本金和利息；

（2）市场风险。投资者无法在二级市场上立即变现或不能以合理的价格变现。大额可转让定期存单的二级市场不如短期政府债券市场的流动性高。

大额可转让定期存单与定期存款的对比见表7-6。

表7-6 大额可转让定期存单与定期存款的对比

特点	定期存款	大额可转让定期存单
流动性	**不能**在二级市场上流通转让	**可以**在二级市场上流通转让
金额	由**投资者**决定，有零有整	**银行发行**，面额较大，且为**整数**
投资者	可以是**个人**、**机构**或者**企业**等	一般是**机构投资者**或**企业**
利率	利率**固定**	分为**浮动**利率和**固定**利率
是否可以提前支取	**可以**提前支取，但是有罚息	**不能**提前支取
期限	期限**较长**，一般是1年以上	期限**较短**，一般为1年以内，有**14天**、**3个月**和**6个月**等

5. 同业存单

同业存单是同业存款的**替代品**，是由存款类金融机构在**全国银行间市场**发行的**记账式定期存款凭证**。同业存单的投资和交易主体包含：①全国银行间同业拆借市场成员；②基金管理公司；③基金类产品（包括信托公司）。目前，对于银行业存款类金融机构，同业存单已经成为**重要**的短期融资工具。

2013年12月，中国人民银行制定并实施《同业存单管理暂行办法》。根据该办法规定：

①同业存单的利率可以参考同期的上海银行间同业拆借利率（SHIBOR）。发行期限原则上**不超过1年**。它的发行期限主要有1个月、3个月、6个月、9个月和1年；

②**浮动利率**的同业存单以SHIBOR为基准，发行期限原则上在**1年以上**，包括1年、2年和3年；

③存款类金融机构在当年发行备案额度内，自行确定每期同业存单的发行金额、期限，但单期发行金额不得低于5 000万元人民币。

对于定期存款和大额可转让定期存单的对比，考生可以记住，定期存款除了面对的投资者更为广泛，金额比较灵活，其他方面都不如大额可转让定期存单优越。

对于国债回购，目前国内比较多的是质押式国债回购。国债逆回购本质上是一种短期贷款，投资者将资金借出，获得固定的利息收入。国债逆回购因为以国债为担保，安全性较高。投资者购买国债逆回购可以像购买股票一样，直接在券商下单。

例题 7.2（选择题）

目前我国买断式回购的最长期限是（　　）。

A. 3个月　　B. 1年　　C. 6个月　　D. 3年

【答案】B

【解析】选项A错误，我国短期回购协议按回购期限分类有1天（隔夜回购）、2天、3天、4天、7天、14天、28天、91天和182天国债回购；选项C错误，我国的短期回购协议最长不止6个月；选项D错误，国债回购作为一种短期融资工具，最长不超过1年。故答案是选项B。

例题 7.3（组合型选择题）

下列对于同业拆借的说法中，正确的是（　　）。

Ⅰ. 同业拆借对金融市场具有重要意义，拆借的资金一般用于缓解金融机构长期流动性紧张，弥补票据清算的差额等

Ⅱ. 对中央银行来说，其可以通过提高存款准备金率来影响同业拆借利率，从而实现货币政策的传导

Ⅲ. 对资金拆入方来说，同业拆借市场的存在降低了金融机构的流动性风险

Ⅳ. 对资金拆出方来说，同业拆借市场的存在提高了金融机构的获利能力

A. Ⅰ、Ⅱ、Ⅲ、Ⅳ　　B. Ⅰ、Ⅱ、Ⅲ　　C. Ⅰ、Ⅲ、Ⅳ　　D. Ⅱ、Ⅲ、Ⅳ

【答案】D

【解析】描述Ⅰ错误，同业拆借对金融市场具有重要意义，拆借的资金一般用于缓解金融机构短期流动性紧张，弥补票据清算的差额；描述Ⅱ正确，中央银行可以通过调整存款准备金，影响同业拆借利率，实现货币政策的传导；描述Ⅲ正确，对资金拆入方来说，同业拆借可以降低金融机构的流动性风险；描述Ⅳ正确，对资金拆出方来说，同业拆借可以提高金融机构的获利能力。因此，正确的描述有Ⅱ、Ⅲ、Ⅳ。故答案是选项D。

你已完成本任务的学习，快去小程序上做题吧！

Day 14

任务8

衍生工具

任务9

另类投资

Day 15

任务10

投资者需求和投资管理流程

任务11

现代投资组合理论和资本市场理论

任务12

被动投资和主动投资、资产配置和投资组合构建方法

Day 16

任务13

投资交易管理

任务8 衍生工具

任务导学

考情分析

本任务内容在考试中的分值占比约为10%，整体难度较低，考试以定性题为主。

通过本任务的学习，考生将对衍生工具概述，远期合约和期货合约，期权合约，互换合约以及远期合约、期货合约、期权合约和互换合约的区别有一个概念和框架性的了解。其中，考生需要重点掌握衍生品合约的概念，衍生品合约的特点，期货和远期的市场作用。

任务框架图

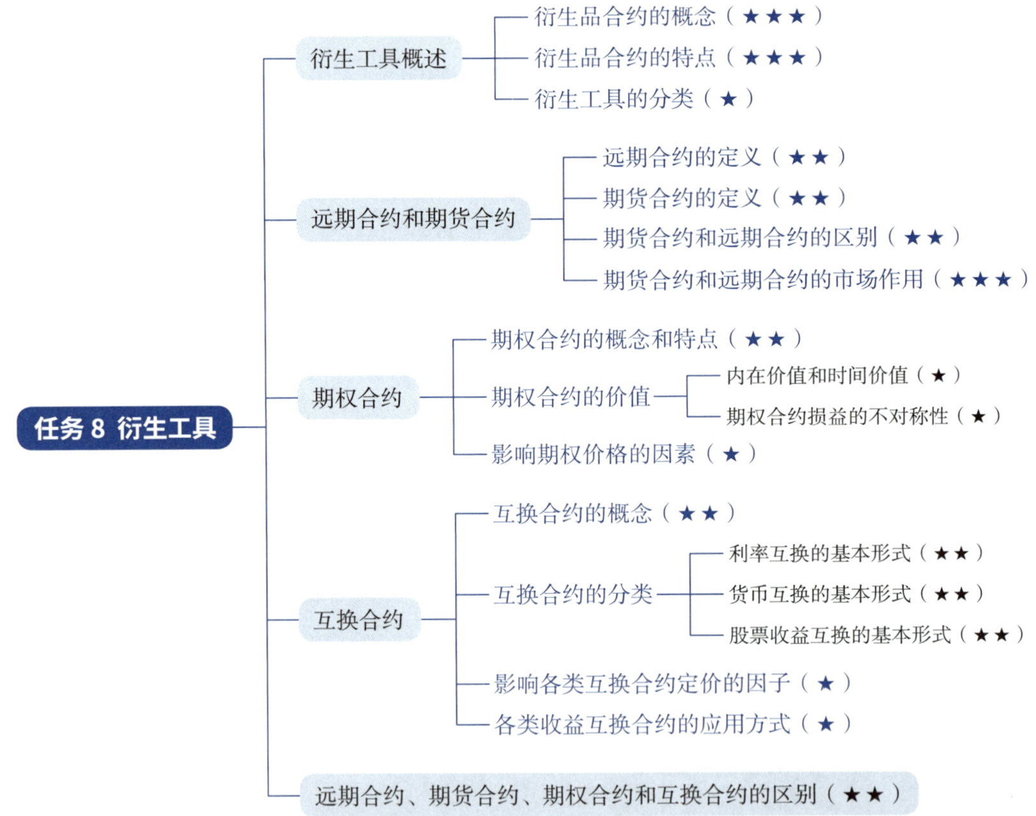

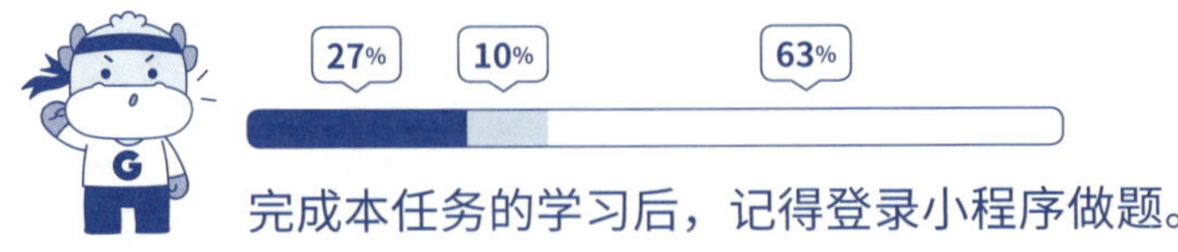

考点精讲

一、衍生工具概述

（一）衍生品合约的概念（★★★）

衍生工具是由股票、债券、货币和商品等**基础资产**衍生或构成的**交易合约**。常见的衍生工具有期权、期货、远期和互换等。

对于远期合约和期货合约，会在**未来买入**合约标的资产（或者拥有买入合约标的资产的权利）的一方被称为**多头**（long position），会在**未来卖出**合约标的资产（或者拥有卖出合约标的资产权利）的一方被称为**空头**（short position）。

一般而言，衍生工具由 5 种基本要素组成，具体内容见表 8－1。

表 8－1　衍生工具的组成要素

组成要素	方面	具体内容
合约标的资产	定义	衍生工具的**基础资产**就是合约标的资产。衍生工具的价值由一种或多种基础资产**决定**
	示例	①市场利率；②股票；③股票市场指数；④债券市场指数；⑤小麦等农产品
到期日	特点	所有的衍生工具都会事先约定到期日
交易单位（合约规模）	定义	一份衍生工具所**规定的交易数量**
	交易数量	在交易时，只能交易规定的合约规模的**整数倍**
	确定期货合约交易单位的大小时的考虑因素	**合约标的资产的市场规模**和**交易者的资金规模等**。合约标的资产的市场规模、交易者的资金规模**较大**，就需要**较大**的交易单位
交割价格	定义	约定的**未来买卖标的资产**的价格
	决定因素	①合约标的资产的价格；②交易双方的预期
结算	结算日期	衍生品可以在**到期日**或在**到期日之前**结算
	交割方式	实物结算和现金结算
	交易对手风险	交易双方中某一方违约的风险
	规避风险的方法	①**履约保函**：第三方（通常是保险公司）开具的当某一方违约时保证偿付的保单； ②抵押品可以使交易双方免于遭受违约带来的损失

例题 8.1（选择题）

当合约标的资产的市场规模、交易者的资金规模较大时，交易单位（　　）。

A. 较小　　B. 较大　　C. 可大可小　　D. 由投资者决定

【答案】B

【解析】选项 AC 错误，合约标的资产的市场规模、交易者的资金规模较大，交易单位应该较大；选项 D 错误，不同种类衍生品的交易单位的制定者不同，有可能是交易双方制定，有可能是交易所制定。故答案是选项 B。

例题 8.2（选择题）

在衍生工具中，在未来买入合约标的资产（或者有买入合约标的资产的权利）的一方被称为（　　）。

A. 多头　　B. 卖空　　C. 空头　　D. 买空

【答案】A

【解析】选项 B 错误，卖空是指投资者可以向证券公司借入一定数量的证券卖出，当未来证券价格下降，再买入证券归还证券公司，自己则得到投资收益的一种行为；选项 C 错误，会在未来卖出合约标的资产（或者拥有卖出合约标的资产的权利）的一方被称为空头；选项 D 错误，买空交易是指投资者借入资金购买证券的行为。故答案是选项 A。

（二）衍生品合约的特点（★★★）

衍生工具的特点，详见表 8－2。

表 8－2　衍生工具的特点

特点	方面	具体内容
跨期性	定义	衍生工具具有跨期交易的特点，涉及基础资产的**跨期转移**。衍生工具是交易双方基于对未来的预期，约定在未来某一时间按照某一条件进行交易或者选择是否交易。每一种衍生工具都会影响交易者在未来某一时间的现金流
杠杆性	定义	投资者只需支付**少量**的**保证金**或**权利金**就可以买入衍生工具。因此，投资者只需支付**少量资金**就可以控制**大额**的合约资产
联动性	定义	衍生品的**价格**与**标的资产**的价格紧密相连
不确定性（高风险性）	定义	衍生工具的交易结果**取决于**投资者对标的资产未来的预期的**准确性**。但是，**标的资产价格**变化具有高度的**不稳定**性。因此，衍生工具具有高度的不确定性。同时，**衍生工具的杠杆性**也放大了这种风险
	衍生工具面临的风险	①违约风险：交易双方某一方**违约**带来损失； ②价格风险：**标的资产价格变动**导致损失的可能； ③流动性风险：因**缺乏交易对手**而无法平仓或无法及时变现带来损失的可能； ④结算风险：**交易对手无法按时付款**或者**结算**带来损失的可能； ⑤运作风险：操作人员**操作失误**或者**系统故障**带来损失的可能； ⑥法律风险：合约可能**不符合所在地的法律法规**的要求带来损失的可能

例题 8.3（选择题）

投资者交易金融衍生工具时，必须对利率、汇率和股价等因素的未来趋势作出判断，这是由衍生工具的（　　）决定的。

A. 跨期性　　B. 杠杆性　　C. 风险性　　D. 流动性

【答案】A

【解析】选项 B 错误，杠杆性是指投资者可以以少量资金控制大额合约资产；选项 C 错误，风险性是指衍生工具因为其标的资产价格的不确定性和合约本身杠杆性的存在而引起的高风险性；选项 D 错误，衍生工具的特点有跨期性、杠杆性、联动性和高风险性，没有流动性。故答案是选项 A。

例题 8.4（选择题）

金融衍生工具的基本特征不包括（　　）。

A. 收益性　　B. 不确定性或高风险性

C. 联动性　　D. 杠杆性

【答案】A

【解析】选项 A 错误，金融衍生工具的基本特征包括跨期性、杠杆性、联动性和不确定性（高风险），没有收益性。故答案是选项 A。

（三）衍生工具的分类（★）

衍生工具可以按不同的标准来分类，具体见表 8-3。

表 8-3 衍生工具的分类

<table>
<tr><th>分类标准</th><th>分类</th><th>方面</th><th>具体内容</th></tr>
<tr><td rowspan="10">按合约特点</td><td rowspan="3">远期合约</td><td>定义</td><td>交易双方约定在未来某一时间，按照约定的价格买卖一定数量的标的资产的合约</td></tr>
<tr><td>合约类型</td><td>非标准化合约</td></tr>
<tr><td>交易场所</td><td>不在交易所交易</td></tr>
<tr><td rowspan="2">期货合约</td><td>定义</td><td>交易双方约定在未来某一时间，按照约定的价格买卖一定数量的标的资产的合约</td></tr>
<tr><td>合约类型</td><td>标准化合约</td></tr>
<tr><td>期权合约
（合约选择权）</td><td>定义</td><td>赋予期权买方在规定时间内以约定的价格（协议价格或执行价格）买卖一定数量的标的资产的权利的合同</td></tr>
<tr><td>互换合约</td><td>定义</td><td>交易双方约定在未来某一确定时间相互交换某种合约标的资产的合约。更准确来说，互换合约是指交易双方之间约定的在未来某一期间内交换其认为具有相等经济价值的现金流的合约</td></tr>
<tr><td rowspan="2">结构化金融衍生工具
（结构化产品）</td><td>基础性衍生模块</td><td>远期合约、期货合约、期权合约、互换合约是 4 种基本的衍生工具，所有的金融衍生工具均可以由它们构造出来，因此这 4 种基础衍生工具也常被称作“基础性衍生模块”</td></tr>
<tr><td>定义</td><td>结构化金融衍生工具就是利用 4 种基础性衍生模块的结构化特性，使它们相互结合或者与基础金融工具结合，构成的更为复杂的金融衍生工具</td></tr>
<tr style="display:none"></tr>
<tr><td rowspan="4">按产品形态</td><td rowspan="2">独立衍生工具</td><td>定义</td><td>独立存在的金融合约</td></tr>
<tr><td>分类</td><td>期货合约、期权合约和互换合约等</td></tr>
<tr><td rowspan="2">嵌入式衍生工具</td><td>定义</td><td>嵌入非衍生合约（主合约）中的衍生工具，使主合约的部分或全部现金流将按照特定利率、金融工具价格、汇率、价格、利率指数、信用等级或信用指数等类似变量的变动而发生调整</td></tr>
<tr><td>分类</td><td>①可赎回债券中的赎回条款；②返售条款；③转股条款；④重设条款等</td></tr>
</table>

续表

分类标准	分类	方面	具体内容
按合约标的资产的种类	货币衍生工具	定义	以**货币**作为合约标的资产
		分类	①远期外汇合约；②货币期货合约；③货币期权合约；④货币互换合约；⑤上述合约的混合交易合约
	利率衍生工具	定义	以**利率**或**利率的载体**为合约标的资产的金融衍生工具
		分类	①远期利率合约；②利率期货合约；③利率期权合约；④利率互换合约；⑤上述合约的混合交易合约
	股权类产品的衍生工具	定义	以**股票**或者**股票指数**为合约标的资产
		包括	①股票期货合约；②股票期权合约；③股票指数期货合约；④股票指数期权合约；⑤上述合约的混合交易合约
	信用衍生工具	定义	以基础产品所包含的**信用风险**或者**违约风险**为**合约标的**资产
		分类	信用互换合约、信用联结票据等
		作用	主要用于转移或防范信用风险
	商品衍生工具	定义	以**商品**为合约标的资产
		分类	各种**大宗商品**的期货合约
	其他衍生工具	定义	基于**非金融变量**上开发的金融衍生工具
		分类	①天气期货合约；②政治期货合约；③巨灾衍生产品等
按交易场所	交易所交易的衍生工具	定义	在**交易所**进行交易的衍生工具
		分类	**期货**合约和**少部分的期权**合约，在期货交易所和专门的期权交易所交易的各类期货合约、期权合约等
	场外交易市场（OTC）交易的衍生工具	定义	通过各种**通信方式**，**不通过交易所交易**，实行分散的，一对一交易的衍生工具
		分类	**金融机构之间**或**金融机构与大规模交易者之间**进行的各类互换交易和信用衍生工具交易

二、远期合约和期货合约

（一）远期合约的定义（★★）

1. 远期合约的概念

远期合约是交易双方**约定**在未来某一**时间**，按照**约定**的**价格**买卖**一定数量**的某种**标的资产**的合约。远期合约的标的资产通常包括：①大宗商品；②农产品（如大豆）；③外汇；④利率等金融工具。

金融远期合约主要有：①远期利率合约；②远期外汇合约；③远期股票合约。

远期合约通常采用**实物**进行交割。远期合约的**主要作用**在于为企业规避标的资产价格波动的风险。

2. 远期合约的优缺点

远期合约的优缺点见表 8-4。

表 8-4 远期合约的优缺点

优缺点	具体内容
优点	①远期合约**最主要**的优点：相比期货合约，远期合约**相对而言比较灵活**； ②远期合约是**非标准化**合约，也就是远期合约的交易地点一般不在交易所，而是通过金融机构之间或金融机构与客户之间谈判后签署交易的。在合约签署前，交易双方可以就交割地点、到期日、交割价格、交易单位和合约标的资产的质量等细节进行谈判
缺点	①**交易效率偏低**：远期合约没有固定的交易场所，无法形成统一的市场价格，所以交易效率偏低； ②**流动性差**：每份合约的内容都有差异，导致远期合约流通不便； ③**违约风险高**：远期合约的履行没有保证，当标的资产的发展不如预期，交易对手很可能不履行合约

3. 远期合约的定价

（1）远期价格的定义。

远期价格是远期市场为当前交易的一个**远期合约**而提供的**交割价格**，它使得远期合约的当前价值为 0。此时，远期价格**等于**合约的交割价格。这也是一个**理论价格**。远期价格与标的资产的现货价格是紧密相关的。

（2）理论上的远期价格。

首先，有以下 4 个假设：

①没有交易成本；

②标的资产是任意可分的；

③标的资产的储存是没有成本的；

④标的资产是可以卖空的。

在 $t=0$ 时签署的，交割时间为 T 时的远期合约的理论上的远期价格 F 计算公式为：

$$F=F_0=S_0e^{rt} \tag{8.1}$$

式（8.1）中，r 为无风险利率；S_0 为标的资产当前的（时间 $t=0$）现货价格；t 为到期时间。

例题 8.5（选择题）

远期价格是远期市场为当前交易的一个远期合约而提供的交割价格，它使得远期合约的当前价值为（ ）。

A. 零 B. 正 C. 负 D. 以上选项均正确

【答案】A

【解析】选项 BCD 错误，远期价格是远期市场为当前交易的一个远期合约而提供的交割价格，它使得远期合约的当前价值为零。此时，远期价格等于合约的交割价格。故答案是选项 A。

（二）期货合约的定义（★★）

1. 期货合约的概念

期货合约是交易双方签署的，**约定**在未来某一**时间**，按照**约定的价格**买卖某种**标的资产**的合约。

期货合约在**交易所进行交易**，用**现金**结算。

期货合约可以分为**商品期货**和**金融期货**。其中，商品期货主要有：①农产品期货；②金属期货；

③能源期货。金融期货主要有：①货币期货；②利率期货；③股票指数期货；④股票期货。

2. 期货合约在我国的发展

我国的商品期货市场是从**20世纪90年代**开始的。

（1）2006年9月，中国金融期货交易所成立。

（2）2010年4月，**沪深300指数期货**由**中国金融期货交易所**推出，象征着我国股票现货和股指期货市场割裂局面的结束。沪深300指数期货的推出对于降低投资者的操作成本，提高配置效率，以及完善我国多层次资本市场结构具有重大的意义。

（3）2013年9月6日，我国**首批3个5年期国债期货合约**正式在中国金融期货交易所推出。国债期货对债券市场定价和避险具有**关键性**的作用。

3. 期货合约的要素

对于期货合约，期货交易所详细规定了合约的条款。期货合约的组成要素见表8-5。

表8-5 期货合约的组成要素

组成要素	方面	具体内容
期货品种	定义	具有期货商品性能，被允许在期货交易所进行期货买卖的资产品种
	分类	商品期货和金融期货
交易单位（合约规模）	定义	在期货交易所交易的每一份期货合约上规定的交易数量
	交易数量	投资者必须以交易单位的**整数倍**进行买卖
	影响期货合约交易单位大小的因素	①合约标的资产的市场规模； ②交易者的资金规模； ③期货交易所会员结构； ④标的资产现货交易习惯等。 当标的资产的市场规模**较大**，交易者的资金规模**比较大**，这种期货合约的交易单位相应地就会设计得**比较大**
最小变动单位	定义	期货交易所在**公开竞价**的过程中，交易双方在每一次报价时所允许的最小价格变动单位
	最小变动值	最小变动单位乘以交易单位。每次报价必须是其合约规定的最小变动单位的**整数倍**
	影响最小变动单位的因素	合约**标的资产**的种类、性质、市场价格波动情况、商业规范等
每日价格最大波动限制（每日涨跌停板制度）	定义	在一个交易日中，期货合约的交易价格**不能**高于规定的涨幅或低于规定的跌幅，**超过**该涨跌幅度的报价将被视为**无效**，**不能成交**
	涨跌停板	涨跌停板一般是以合约**上一交易日**的**结算价**为基准确定的
	优缺点	①优点：防止价格波动幅度过大造成交易者重大损失； ②缺点：阻碍了价格迅速向新的均衡水平移动，从经济效益上讲，它阻止了市场及时恢复均衡，限制了价格发现功能的实现
	影响因素	①标的资产现货市场价格波动的频繁程度和波幅的大小； ②现货的价格波动**越频繁**、**越剧烈**，该标的资产合约的每日涨跌停板就需要设置得**大一些**；反之，则小一些

续表

组成要素	方面	具体内容
合约月份	定义	期货合约**到期**交收实物的时间
	制定者	期货交易所制定。期货交易者可自由选择不同合约月份的期货合约
	分类	金融期货的合约月份一般为每年的 3 月、6 月、9 月和 12 月
	商品期货的合约月份影响因素	决定因素：由商品的生产、使用和消费等特点决定
		影响因素：合约商品的储藏、保管、流通、运输方式和特点等
交易时间	制定者	交易时间固定，由期货交易所规定
	具体交易时间	①每周营业 5 天，**周六、周日**及**国家法定节假日休息**； ②一般每个交易日分为**两盘**，即上午盘和下午盘； ③各交易品种的交易时间**可以不同**，具体由期货交易所安排
最后交易日	定义	①一般指合约月份中可以**进行交易的最后一个交易日**； ②一般期货合约都是在最后一个交易日**前**通过**对冲**交易**结清**的； ③在最后一个交易日仍**未做对冲**，需要进行**实物交割**或者**现金结算**
交割等级	定义	**准许上市**交易的标的资产的**质量等级**，由**期货交易所**统一规定。在进行**期货交易**时，交易双方**无须**对标的资产的质量等级进行**协商**，发生**实物交割**时按期货合约**规定**的标准质量等级进行交割
	标准	常采用国内或国际贸易中**通用**和**交易量较大**的标准品的质量等级作为标准交割等级
	特殊情况	在实物交割时，许多期货交易所都**允许**交割的商品的质量等级与合约规定的标准交割等级有**差别**。但是，替代品的质量等级和品种一般是由期货交易所规定的。如果交货人用期货交易所认可的替代品代替标准品进行实物交割，收货人**不能拒收**。一般情况下，如果用替代品进行实物交割，价格需要**升水**或**贴水**
其他交割条款	具体内容	在各种期货合约到期需要进行实物交割时，期货交易所规定的各项条款，比如，**交割日**、**交割方式**和**交割地点**等

4. 期货市场的交易制度

期货交易涉及的交易制度主要有 4 项（见表 8－6）。

表 8－6 期货市场的交易制度

交易制度	方面	具体内容
保证金制度	定义	在期货交易中，交易者需要以其买卖的**期货合约价值**的一定比例缴纳保证金（一般是 5%～10%），作为**履行期货合约的保证**，并视价格确定是否追加资金，然后才能参与期货合约的买卖
	优缺点	①优点：维护交易的安全性。防止因期货价格波动导致期货交易者不能履行支付义务从而给期货经纪商或结算公司造成损失； ②缺点：保证金比例会**直接**影响期货交易的效率。比例**过高**会**增加**交易者的**成本**，导致期货市场的**流动性降低**；**过低**则会导致**市场风险增加**

续表

<table>
<tr><th>交易制度</th><th>方面</th><th colspan="3">具体内容</th></tr>
<tr><td rowspan="3">保证金制度</td><td>最低保证金的制定</td><td colspan="3">期货交易所在制定保证金标准时，需要兼顾安全性和流动性，同时参考以往价格波动和市场风险状况来决定各期货合约的最低保证金标准</td></tr>
<tr><td rowspan="2">保证金的分类</td><td>初始保证金</td><td colspan="2">相当于我国的交易保证金或保证金，是初次合约成交时需要缴纳的保证金</td></tr>
<tr><td>维持保证金</td><td colspan="2">当标的资产向不利于合约买方的方向变动时，初始保证金用于弥补账户亏损后所需保持的最低金额。一旦账户的保证金低于规定的最低水平，期货交易所会通知客户追加投资。如果客户未及时追加资金，经纪人将强行平仓</td></tr>
<tr><td rowspan="5">盯市制度（逐日结算）</td><td>定义</td><td colspan="3">每个营业日的交易结束后，成交的经纪人之间不直接进行现金结算，而是将所有清算事务都交由清算机构办理，清算机构将以清算价格或者直接使用期货收盘价对当日的交易进行清算</td></tr>
<tr><td>清算价</td><td colspan="3">每个营业日收盘前 30 秒钟或 60 秒钟内成交的所有交易的价格平均数</td></tr>
<tr><td rowspan="2">清算结果</td><td>亏损</td><td colspan="2">经盯市后，当某会员的账户余额降低至维持保证金水平以下，该会员必须立即追加保证金</td></tr>
<tr><td>盈利</td><td colspan="2">会员公司可以随时提取超额部分</td></tr>
<tr><td>作用</td><td colspan="3">①使期货合约每天得到结算，所以期货合约的价格在每个营业日末回到零。与远期交易的不同点在于，远期交易需要一直等到到期日才对整个合约存续期间发生的盈亏进行一次性收付；
②盯市制度是期货交易最大的特征，它使得期货合约每天都得到清算，对于保证期货合约的履行有至关重要的作用</td></tr>
<tr><td rowspan="4">对冲平仓制度</td><td>开仓</td><td colspan="3">投资者的初始交易，即买入或卖出期货合约</td></tr>
<tr><td>持仓</td><td colspan="3">投资者持有多头或者空头头寸</td></tr>
<tr><td>定义</td><td colspan="3">对冲平仓是指持仓者在到期日前在市场上买卖与自己合约品种相同、数量相同但方向相反的期货合约，进行平仓的交易行为。目前，绝大多数的期货交易者都以对冲平仓的方式了结合约</td></tr>
<tr><td>是否平仓的决定因素</td><td colspan="3">在持仓的过程中，投资者会根据市场价格的波动决定将合约持有至到期还是平仓</td></tr>
<tr><td rowspan="4">交割制度</td><td>定义</td><td colspan="3">交割是终止期货合约的另一种方式</td></tr>
<tr><td rowspan="3">分类</td><td>实物交割</td><td colspan="2">以实物商品进行交割</td></tr>
<tr><td rowspan="2">现金结算</td><td>定义</td><td>有些金融期货合约，因为标的资产不方便进行实物交割或者无法进行实物交割，则需要进行现金结算。比如，标的物是股票指数的期货合约，交割股票指数中的每只股票是不现实的，于是合约要求以现金结算</td></tr>
<tr><td>结算金额</td><td>结算金额等于合约到期当天的盈亏。比如，多头方在每日盯市结算汇总后得到的总损益为 S_T-F_0。其中，S_T 是到期日股票指数的价值，F_0 是最初的期货价格</td></tr>
</table>

例题 8.6（选择题）

（　　）是初次合约成交时应交纳的保证金。

A. 初始保证金　　B. 维持保证金　　C. 保证金制度　　D. 追加保证金

【答案】A

【解析】选项 B 错误，维持保证金是指当标的资产向不利于合约买方的方向变动时，初始保证金用于弥补账户亏损后所需保持的最低金额；选项 C 错误，保证金制度包含初始保证金和维持保证金；选项 D 错误，追加保证金是指一旦账户的保证金低于规定的最低水平，期货交易所会通知客户追加投资。故答案是选项 A。

（三）期货合约和远期合约的区别（★★）

期货合约和远期合约的区别见表 8－7。

表 8－7　期货合约和远期合约的区别

区别	期货合约	远期合约
标准化	标准化合约	**非**标准化合约，较灵活
交易地点	交易所	一般**不在**交易所进行交易，而是金融机构之间或金融机构与客户之间通过谈判后签署的
交割方式	一般是**对冲平仓**或者**现金结算**	一般是**实物交割**
交易的风险	安全性较高	最终能否履行主要依赖对方的信用。因此，需要对交易对手的信用状况做细致全面的调查，成本较高，交易的风险较大
流动性	较**好**	比较**差**，转让较困难
市场效率	较高	偏低

例题 8.7（选择题）

与期货合约相比，下列关于远期合约缺点的说法不正确的是（　　）。

A. 远期合约不够灵活　　B. 远期合约市场的效率偏低

C. 远期合约的违约风险较高　　D. 远期合约的流动性较差

【答案】A

【解析】选项 A 错误，相比期货合约，远期合约相对而言比较灵活，这是远期合约最主要的优点。远期合约是非标准化合约，也就是远期合约的交易地点一般不在交易所，而是通过金融机构之间或金融机构与客户之间谈判后签署交易的。在合约签署前，交易双方可以就交割地点、到期日、交割价格、交易单位和合约标的资产的质量等细节进行谈判。故答案是选项 A。

（四）远期合约与期货合约的市场作用（★★★）

1. 远期合约的市场作用

远期合约是最简单的衍生品合约，它的功能主要有：

（1）帮助投资者规避现货价格波动的风险；

（2）套利。

当远期合约的**理论价格**与在实际交易中形成的**实际价格**（双方签约时要确定的交割价格）**不相**

等时，就会出现套利机会。

①实际价格高于理论价格。套利者通过买入标的资产现货、卖出远期并等待交割来获取无风险利润。这会促使现货价格上涨，远期合约的实际交割价格下降，直至套利机会消失；

②实际价格低于理论价格。套利者通过卖空标的资产现货、买入远期来获取无风险利润。这会促使现货价格下降，远期合约的实际交割价格上涨，直至套利机会消失。

③最终，远期合约的理论价格会等于实际价格。

2. 期货合约的市场作用

期货市场的基本功能有3种：风险管理功能、价格发现功能和投机功能。

（1）风险管理功能。

风险管理功能是期货市场最基本的功能，详细内容见表8-8。

表8-8 期货市场的风险管理功能

风险管理功能	具体内容
定义	用商品期货管理商品的价格风险、利用外汇期货管理汇率风险、利用利率期货管理利率风险和利用股指期货管理市场的系统性风险
现货价格风险	商品生产者或者商品经营者在生产、经营过程中不可避免地会遇到的风险。当商品价格发生变动，总会有一部分商品生产者或者商品经营者会遭受损失
作用	①在某些特定的假设前提下，期货交易有利于风险在具有不同风险偏好的投资者之间进行转移和再分配，从而帮助投资者获得各自满意的风险类型和数量，优化各自的风险偏好； ②期货市场的存在提高了金融体系抵御风险的能力。期货交易可以优化金融市场风险结构，增强金融市场的稳定性和抗击重大危机的弹性。比如，在“9·11”事件期间，标普500股指期货短暂停止了交易，但在恢复开盘后，市场成交量以及持仓经历了短暂回落后出现大幅增加，表明了在极端市场条件下投资者对于风险管理工具的需求

（2）价格发现功能。

①价格发现功能的定义。

期货市场中形成的价格能真实地反映供求状况。在期货市场中，来自世界各地的交易者带来了大量的供求信息并且标准化的期货合约的转让又增加了市场的流动性。同时，在市场经济条件下，价格是根据市场的供求关系形成的。所以，期货市场中形成的价格能真实地反映市场的供求状况。

期货市场中形成的价格为现货市场提供了参考价格，起到了价格发现的功能。简单来说，期货市场中的交易者具有更好的信息，所以能将经济运行状况的信息传递给现货市场的交易者。

②价格发现功能实现的过程。

期货合约具有的价格发现功能以及降低信息不对称的功能，有利于实现社会资源的合理配置。价格发现功能的实现过程，详见图8-1。

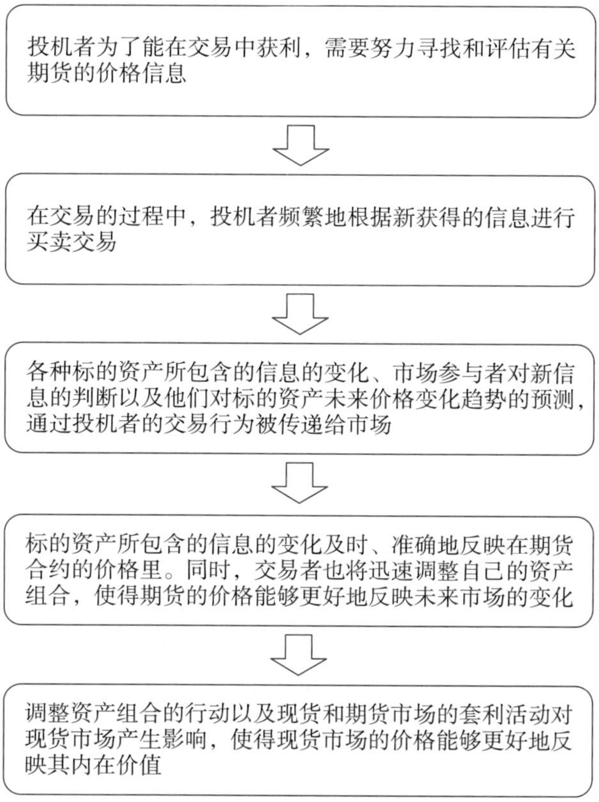

投机者为了能在交易中获利，需要努力寻找和评估有关期货的价格信息

在交易的过程中，投机者频繁地根据新获得的信息进行买卖交易

各种标的资产所包含的信息的变化、市场参与者对新信息的判断以及他们对标的资产未来价格变化趋势的预测，通过投机者的交易行为被传递给市场

标的资产所包含的信息的变化及时、准确地反映在期货合约的价格里。同时，交易者也将迅速调整自己的资产组合，使得期货的价格能够更好地反映未来市场的变化

调整资产组合的行动以及现货和期货市场的套利活动对现货市场产生影响，使得现货市场的价格能够更好地反映其内在价值

图8-1 价格发现功能的实现过程

（3）投机功能。

投机功能的出现，使得套期保值交易可以顺利进行，因此期货市场的经济功能得以实现。投机功能的具体内容，见表8-9。

表8-9 投机功能

项目	方面	具体内容
投机者	定义	在期货市场中，愿意**承担**套期保值交易转移的**风险**并**提供**风险**资金**的交易者就是投机者
	作用	投机者是期货市场的**重要**组成部分，同时也是期货市场**必不可少**的润滑剂。交易者进行**期货交易的目的**有两种：**套期保值**或者进行**投机**。因此，期货市场**主要**的经济功能之一就是为生产、加工和经营者等**提供价格风险转移工具**。要实现这一功能，市场上，就必须有人愿意承担风险并提供风险资金
投机的作用	①**增强**了市场的**流动性**，**承担**了套期保值交易转移而来的**风险**； ②**抵消**了套期保值者之间买卖的**不平衡性**，是期货市场正常运行的**保证**。因为，如果没有投机者，只有套期保值者参与期货交易，那么只有在套期保值交易的买卖者数量完全相等时，交易才能成立，风险才能得以成功转移。但是，在实际生活中，买入套期保值者和卖出套期保值者之间的不平衡是经常发生的。投机者的加入正好能抵消这种不平衡，促使套期保值交易的实现	

名师说

套期保值，又称对冲贸易，是指交易人在买进（或卖出）实际货物的同时，在期货交易所卖出（或买进）同等数量的期货交易合同作为保值。它是一种为避免或减少价格发生不利变动的损失，而以期货交易临时替代实物交易的行为。套期保值分为多头套期保值和空头套期保值。

多头套期保值：持有现货空头的交易者预计商品的价格在未来会上升，就会先在期货市场买入期货合约，建立期货多头，以便将来在现货市场买进现货时不致因价格上涨而给自己造成经济损失。

空头套期保值：持有现货多头的交易者预计商品的价格在未来会下降，就会先在期货市场上卖出期货，建立期货空头，以避免将来在现货市场上卖出现货时因商品价格下降而给自己造成损失。

例题 8.8（选择题）

某投资者A预测股票市场将上涨，于是买入当月沪深300股指期货合约，准备指数上涨后卖出股指获利，A的操作属于（　　）。

A. 多头套保　　B. 多头投机　　C. 空头套保　　D. 空头投机

【答案】B

【解析】选项A错误，套期保值是指交易人在买进（或卖出）实际货物的同时，在期货交易所卖出（或买进）同等数量的期货交易合同作为保值，因此A不属于套期保值行为；选项C错误，A的操作属于投机行为。同时，在未来买入合约标的资产（或者有买入合约标的资产权利）的一方称为多头，在未来卖出合约标的资产（或者有卖出合约标的资产权利）的一方称为空头；选项D错误，A的操作属于多头投机行为。故答案是选项B。

例题 8.9（组合型选择题）

期货市场的风险管理这一功能，具体表现为（　　）。

Ⅰ. 利用利率期货管理利率风险

Ⅱ. 利用商品期货管理价格风险

Ⅲ. 利用股指期货管理股票市场非系统性风险

Ⅳ. 利用外汇期货管理汇率风险

A. Ⅰ、Ⅱ、Ⅲ、Ⅳ　　B. Ⅰ、Ⅱ、Ⅳ　　C. Ⅱ、Ⅲ、Ⅳ　　D. Ⅰ、Ⅲ、Ⅳ

【答案】B

【解析】描述Ⅰ正确，期货市场的风险管理包括利用利率期货管理利率风险；描述Ⅱ正确，期货市场的风险管理包括用商品期货管理商品的价格风险；描述Ⅲ错误，期货市场的风险管理包括利用股指期货管理市场的系统性风险；描述Ⅳ正确，期货市场的风险管理包括利用外汇期货管理汇率风险。正确的描述有Ⅰ、Ⅱ、Ⅳ。故答案是选项B。

三、期权合约

（一）期权合约的概念和特点（★★）

1. 期权合约的概念

最早期的期权形式可以追溯到几百年之前。**早期的期权交易主要是用于实物商品、房地产和贵**

金属业务，即**现货期权**。20 世纪 20 年代，美国出现了股票的期权交易，但由于它浓厚的投机色彩不被当时社会所接受。全美范围内的标准化的期权合约是从 1973 年**芝加哥期权交易所**发行的**看涨期权**开始的。目前，我国的期权交易还处在**起步阶段**，仅有**上证 50ETF 期权**于 **2015 年 2 月 9 日**上市。

期权合约（选择权合约）是指赋予期权买方在规定期限内按双方约定的价格买入或卖出一定数量的某种金融资产的权利的合同。其中，约定的价格也可以被称作**执行价格**或**协议价格**。

2. 期权合约的特点

与远期合约和期货合约不同，期权买卖双方的**损益具有不对称性**。期权允许买方从市场的变动中受益，但当标的资产的价格朝着不利于买方的方向变动时，期权买方可以选择不行使权利，此时期权买方仅损失期权费。但是，当期权买方行使权利时，期权卖方的损失是不确定的。

3. 期权合约的组成要素

期权合约的组成要素主要有 7 个（见表 8－10）。

表 8－10　期权合约的组成要素

<table>
<tr><th>组成要素</th><th>方面</th><th colspan="2">具体内容</th></tr>
<tr><td rowspan="2">标的资产</td><td>定义</td><td colspan="2">合约中约定的交易资产</td></tr>
<tr><td>分类</td><td colspan="2">①实物商品；②金融资产；③利率；④汇率；⑤各种综合价格指数等</td></tr>
<tr><td>期权的买方（多头）</td><td>定义</td><td colspan="2">买入期权的一方，需要支付期权费，拥有履行合约的权利</td></tr>
<tr><td>期权的卖方（空头）</td><td>定义</td><td colspan="2">卖出期权的一方，收到期权费，需要履行合约规定的义务</td></tr>
<tr><td rowspan="4">执行价格
（协议价格）</td><td>定义</td><td colspan="2">期权合约所规定的，合约到期时期权买方在执行期权合约时所实际执行的价格</td></tr>
<tr><td>特点</td><td colspan="2">一旦这一价格确定，无论期权标的物的市场价格上涨或下降到什么程度，只要期权买方在期权合约有效期内要求执行期权，期权卖方就必须以执行价格履行相应的义务</td></tr>
<tr><td rowspan="2">执行价格
的确定</td><td>场内</td><td>由交易所根据标的资产的价格变化趋势确定</td></tr>
<tr><td>场外</td><td>由交易双方商定</td></tr>
<tr><td rowspan="4">期权费</td><td>定义</td><td colspan="2">期权买方因购买期权合约而向期权卖方支付的费用，由交易双方在交易所竞价形成</td></tr>
<tr><td rowspan="2">作用</td><td>对期权买方</td><td>买入期权所遭受损失的最高限度</td></tr>
<tr><td>对期权卖方</td><td>期权的回报。期权费支付后，即使买方选择不执行期权，也无权向卖方索回期权费</td></tr>
<tr><td>影响期权费
的因素</td><td colspan="2">合约标的资产、到期日和执行价格等</td></tr>
<tr><td>通知日</td><td>定义</td><td colspan="2">期权买方行使权力时，要提前通知期权卖方做好准备</td></tr>
<tr><td>到期日</td><td>定义</td><td colspan="2">期权合约必须履行的日期</td></tr>
</table>

4. 期权合约的分类

期权合约可以按照不同的标准进行分类，具体见表 8－11。

表8-11 期权合约的分类

<table>
<tr><th>分类标准</th><th>分类</th><th>方面</th><th colspan="2">具体内容</th></tr>
<tr><td rowspan="5">按期权买方执行期权的时限</td><td rowspan="2">欧式期权</td><td>定义</td><td colspan="2">①买方只有在到期日才能执行期权，不能提前或者推迟执行。如果提前，期权卖方可以拒绝履约；如果推迟，则期权作废；
②广泛应用于场外市场</td></tr>
<tr><td>权利方</td><td colspan="2">相比美式期权，对期权卖方更有利</td></tr>
<tr><td rowspan="3">美式期权</td><td>定义</td><td colspan="2">买方可以在到期日前任一时间提前执行期权。详细地说，期权买方既可以选择在到期日执行期权，也可以选择在到期日之前执行期权。但是，如果超出到期日，则期权作废</td></tr>
<tr><td rowspan="2">特点</td><td>对于期权买方</td><td>美式期权比欧式期权更有利。因为期权买方可以在期权有效期内根据市场价格的变化和实际需要灵活地选择履约时间</td></tr>
<tr><td>对于期权卖方</td><td>相比欧式期权，美式期权使期权卖方承担更大风险。因为期权卖方必须随时准备履行义务，所以相比欧式期权，美式期权的期权费更高</td></tr>
<tr><td rowspan="4">按期权买方的权利</td><td rowspan="2">看涨期权</td><td>定义</td><td colspan="2">期权买方在未来可以按协议价格从期权卖方手中购买一定数量的合约标的资产</td></tr>
<tr><td>购买时机</td><td colspan="2">当期权买方预期未来标的资产价格上涨时会购买看涨期权</td></tr>
<tr><td rowspan="2">看跌期权</td><td>定义</td><td colspan="2">期权买方在未来可以按协议价格将一定数量的合约标的资产卖给期权卖方</td></tr>
<tr><td>购买时机</td><td colspan="2">当期权买方预期未来标的资产价格下跌时会购买看跌期权</td></tr>
<tr><td rowspan="4">按执行价格与标的资产市场价格的关系</td><td>实值期权</td><td>定义</td><td colspan="2">如果期权立刻执行，买方获得的现金流为正</td></tr>
<tr><td>平价期权</td><td>定义</td><td colspan="2">如果期权立刻执行，买方获得的现金流为0</td></tr>
<tr><td rowspan="2">虚值期权</td><td>定义</td><td colspan="2">如果期权立刻执行，买方获得的现金流为负</td></tr>
<tr><td>实值、平价和虚值期权之间的关系</td><td colspan="2">①实值、平价和虚值期权都是描述期权在有效期内的某个具体的时间点上的状态；
②同一期权的状态会随着时间的变化而不断发生改变。有时期权会是实值期权，有时是平价期权，而有时又会变成虚值期权</td></tr>
</table>

例题8.10（选择题）

下列选项中，可以在期权到期前的任何时间执行的期权是（　　）。

A. 平价期权　　B. 看跌期权　　C. 美式期权　　D. 欧式期权

【答案】C

【解析】选项A错误，平价期权是指如果期权立刻执行，买方获得的现金流为0；选项B错误，看跌期权是指期权买方在未来可以按协议价格将一定数量的合约标的资产卖给期权卖方；选项D错误，欧式期权是指买方只有在到期日才能执行期权，不能提前或者推迟执行。故答案是选项C。

（二）期权合约的价值

1. 内在价值和时间价值（★）

期权合约的价值可以分为内在价值和时间价值两部分。一份期权合约的价值等于其内在价值和时间价值之和。

期权的**内在价值**是期权买方行使权利时可以获得的收益，是标的资产的市场价格和执行价格之间的差值。

期权的**时间价值**是指在期权有效期内，因为标的资产的价格波动而给买方带来收益的可能性的隐含价值。

2. 期权合约损益的不对称性（★）

期权买卖双方的损益具有不对称性。期权具体的盈亏分布如下：

（1）看涨期权的盈亏分布。

由于期权买卖双方的损益是**相反**的。

①对于**期权买方**而言**亏损**是**有限**的，**最大亏损额为期权费**。但是，买方**盈利**的可能性是**无限大**的；

②对于**期权卖方**而言**盈利**是**有限**的，**最大**盈利是**期权费**。但是，卖方**亏损**的可能性是**无限**的。

看涨期权的盈亏分布见图8－2。

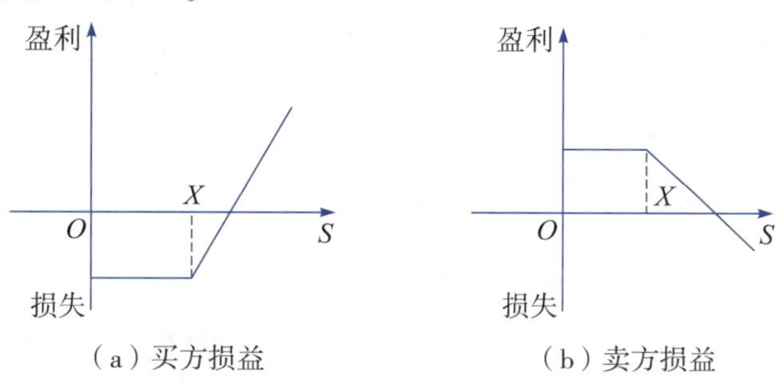

（a）买方损益　　（b）卖方损益

图8－2　看涨期权的盈亏分布

其中，X代表期权的执行价格；S代表标的资产的市场价格。

（2）看跌期权的盈亏分布。

对于看跌期权，期权卖方的盈利和买方的亏损是有限的。

①对于期权买方，当标的资产的价格**跌至盈亏平衡点**（等于执行价格减去期权费）**以下**时，期权买方会选择行权。期权买方的**最大盈利**是当合约的标的资产的市场价格为0的时候。此时，最大盈利的计算公式为：

$$\text{最大盈利}=(\text{标的资产的执行价格}-\text{期权费})\times\text{每份期权合约所包含的合约标的资产的数量} \quad (8.2)$$

标的资产的价格**高于盈亏平衡点**，期权买方可以选择不行权，此时期权买方的**最大亏损**为**期权费**。

②对于期权卖方，期权卖方的**最大盈利**是**期权费**，**最大亏损**的计算公式为式（8.2）。

看跌期权的盈亏分布见图8-3。

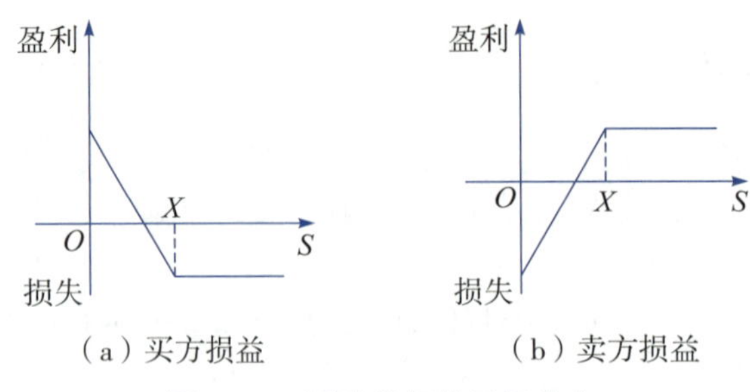

（a）买方损益　　（b）卖方损益

图8－3　看跌期权的盈亏分布

其中，X代表期权的执行价格，S代表标的资产的市场价格。

（3）到期日欧式期权的损益状态。

假设在计算时**不包含出售期权成本**，比如期权费。如果X代表期权的执行价格，S_T代表标的资产的到期日价格，则：

①对于看涨期权

多头的损益：max（S_T-X，0）；

空头的损益：min（$X-S_T$，0）。

②对于看跌期权

多头的损益：max（$X-S_T$，0）；

空头的损益：min（S_T-X，0）。

（三）影响期权价格的因素（★）

期权价格的影响因素主要有5个，见表8－12。

表8－12　期权价格的影响因素

影响因素	方面	具体内容
合约标的资产的市场价格与期权的执行价格	看涨期权	标的资产的市场价格**越高**，执行价格**越低**，期权的价格**越高**。所以，看涨期权执行时的期权买方的收益＝标的资产的市场价格－执行价格
	看跌期权	标的资产的市场价格**越低**，执行价格**越高**，期权的价格**越高**。所以，看跌期权执行时的期权买方的收益＝执行价格－标的资产市场价格
期权的有效期	美式期权	由于美式期权可以在到期日之前的任何时间内执行。因此期权的有效期**越长**，买方获利的可能越大，价格**越高**
	欧式期权	期权合约的有效期**越长**，期权价格**越高**。虽然，因为欧式期权只能在到期日执行，所以有效期长的期权**不一定**包含有效期短的期权的所有执行机会，这使得欧式期权的有效期与期权价格之间的关系显得非常复杂。但是，一般来说，有效期**越长**，合约**标的资产的风险就越大**，空头面临**亏损的可能也越大**
无风险利率水平	看涨期权	无风险利率**上升**时，期权价格**上涨**；**反之**，则期权价格**下跌**。因为，看涨期权买方只需在买入期权的初期支付期权费，其剩余资金可以无风险利率进行投资
	看跌期权	无风险利率**上升**时，期权价格**下跌**；**反之**，则期权价格**上涨**。看跌期权的卖方需要等到买方行权才能卖出合约标的资产收回现金。当无风险利率升高时，卖方资金的机会成本会变高，从而看跌期权的价值随之降低

续表

<table>
<tr><th>影响因素</th><th colspan="2">方面</th><th>具体内容</th></tr>
<tr><td rowspan="4">标的资产价格的波动率</td><td colspan="2">定义</td><td>用来衡量标的资产的未来价格变动不确定性的指标，一般以百分比表示</td></tr>
<tr><td colspan="2">与期权价格的关系</td><td>波动率越大，期权买方未来收到的盈利就可能越大，期权价格越高。因为期权买方的最大亏损为期权费，而最大盈利额则取决于执行期权时标的资产的市场价格与执行价格的差额</td></tr>
<tr><td rowspan="2">分类</td><td>历史波动率</td><td>以合约标的资产（如期货合约）的历史价格数据为基础计算的收益率年度化的标准差，是对历史价格波动情况的反映。但是，由于股价波动难以预测，利用历史波动率进行预测一般无法保证其准确性</td></tr>
<tr><td>隐含波动率</td><td>市场上交易的期权价格蕴含的波动率。它是通过将期权市场上某一期权合约的期权费及其他几个参数输入期权定价模型后，反推计算而来的，反映的是市场对价格波动率的看法</td></tr>
<tr><td rowspan="2">合约标的资产的分红</td><td colspan="2">看涨期权</td><td>在期权有效期内，标的资产分红会使标的资产价格下跌，但是执行价格却无法据此做相应的调整，因此看涨期权收益减少，看涨期权价格下跌</td></tr>
<tr><td colspan="2">看跌期权</td><td>在期权有效期内，标的资产分红会使标的资产价格下跌，看跌期权收益上涨，看跌期权价格上涨</td></tr>
</table>

上述各种因素对期权价格的影响的汇总见表 8－13。

表 8－13　影响期权价格的因素及其影响方向

影响因素	影响方向	
	看涨期权	看跌期权
合约标的资产的市场价格	正向	反向
期权的执行价格	反向	正向
期权的有效期	正向	正向
无风险利率水平	正向	反向
标的资产价格的波动率	正向	正向
合约标的资产的分红	反向	正向

名师说

所谓的损益不均等，是指期权的买方能够控制自己的损失，如果标的资产价格向不利于买方的方向变动，期权的买方可以不行权，从而控制损失。具体是否行权，要看不行权时产生的损失和行权产生的损失或者收益情况，两相比较，选择最优的方案。但是，对于期权的买方而言，一旦买方要求行权，期权的卖方就必须履行自己的义务，因此损失不可控制。而期权费的产生就是买方为了弥补损益的不对称性，支付给卖方的费用。对于远期和期货，之所以说双方损益是对称的，是因为到了约定的时间，不论标的资产价格怎么变化，买卖双方要履行合约。如果一方拒绝履约合约，就是违约。

四、互换合约

（一）互换合约的概念（★★）

1. 互换合约的定义

互换合约是指交易双方约定在未来某一确定时间互相交换约定的标的资产的合约。或者说，互换合约就是约定交易双方在未来某一确定的时间互相交换他们认为具有**同等经济价值**的**现金流**的合约。

现实中，常见的互换合约有：①**利率互换**；②**货币互换**；③**股票收益互换**等。

2. 互换合约的发展

1981年美国**所罗门兄弟公司**为IBM和世界银行办理了**首笔**美元与德国马克和瑞士法郎之间的货币互换业务。自此以后，互换市场的发展非常迅猛。目前，按名义金额计算的互换合约已成了市场上**交易量最大**的金融衍生工具。

但是，互换合约的无限制使用也会引起**系统性风险**。在2008年全球性金融危机中，导致大量金融机构陷入危机的**最重要**的衍生金融工具就是**信用违约互换**。最基础的信用违约互换主要涉及两个当事人，双方以某一信用工具为参考，一方向另一方出售信用保护，约定若信用工具发生违约事件，则信用保护出售方必须向购买方支付赔偿。

我国在20**世纪**80**年代**推出了**货币互换**合约，之后推出**利率互换**合约。之后，我国互换合约市场飞速成长，互换合约成了许多投资组合的重要组成部分。目前，我国的利率互换有以下特征：

（1）中国外汇交易中心人民币利率互换参考利率包含：①上海银行间同业拆借利率（含隔夜、1周、3个月期等品种）；②国债回购利率（7天）；③1年期定期存款利率。

（2）互换期限从7**天**到3**年**。

（3）利率互换的交易双方可协商确定付息频率、利率重置期限、计息方式等合约条款。

例题8.11（选择题）

下列关于互换合约的说法，错误的是（　　）。

A. 互换合约是指交易双方约定在未来某一时期相互交换某种合约标的资产的合约

B. 互换合约是双方约定的在未来某期间内交换其认为具有相等经济价值现金流的合约

C. 最为常见的互换合约是信用违约互换合约

D. 货币互换合约是指两种货币的交换

【答案】C

【解析】选项C错误，最为常见的互换合约是利率互换合约和货币互换合约，而非信用违约互换合约。故答案是选项C。

（二）互换合约的分类

1. 利率互换的基本形式（★★）

利率互换是指交易双方约定在一定期限内分期向对手方支付，在**币种相同**、**本金额相同**的基础上，根据**不同的计息方式**计算而来的利息的互换合约。

利率互换采用**净额支付**的方式进行结算，即交易双方不交换本金，只按期由一方向另一方支付相应的利息净额。当交易双方分别在固定利率和浮动利率市场上具有比较优势时，利率互换会发生。

利率互换有两种基本形式：

①息票互换，即固定利率和浮动利率进行互换；

②基础互换，即按照不同的参照利率计息进行利息互换。

例题 8.12（选择题）

利率互换合约，是同种货币资金的（　　）种类利率之间的交换合约，一般（　　）本金。

A. 不同；伴随　　B. 不同；不伴随　　C. 相同；伴随　　D. 相同；不伴随

【答案】B

【解析】选项 ACD 错误，利率互换是指交易双方约定在一定期限内分期向对手方支付，在币种相同、本金额相同的基础上，根据不同的计息方式计算而来的利息的互换合约，一般不伴随本金交换。故答案是选项 B。

2. 货币互换的基本形式（★★）

货币互换是指交易双方约定在一定期限内分期向对手方支付，在**币种不同**的**等值本金额**的基础上，根据**相同**或者**不同的计息方式**计算而来的利息，并在**期初**和**期末**相互**交换本金**的互换合约。当互换双方在各自国家的金融市场上具有比较优势时，货币互换会发生。

（1）利率互换与货币互换的区别在于：

①货币互换中双方要以不同货币支付本金；

②货币互换交易双方要按期以**不同币种**将现金利息支付给对手方，而不是只有一方支付现金给另一方。

（2）根据支付方式的不同，货币互换可以分为：

①固定对固定，即交易双方都以**固定利息**交换不同币种的等价本金和利息；

②固定对浮动，即将一种货币按**固定利率**计算而来的本金和利息与另一种货币按**浮动利率**计算而来的等价本金和利息进行互换；

③浮动对浮动，即交易双方都以**浮动利息**交换不同币种的等价本金和利息。

例题 8.13（选择题）

货币互换需要在（　　）交换本金。

A. 期初　　B. 期末　　C. 期中　　D. 期初和期末

【答案】D

【解析】选项 AB 错误，货币互换是指交易双方约定在一定期限内分期向对手方支付，在币种不同的等值本金额的基础上，根据相同或者不同的计息方式计算而来的利息，并在期初和期末相互交换本金的互换合约；选项 C 错误，货币互换在每一个阶段双方都要将现金利息付给对方。也就是说，对于货币互换，期中交换的是现金利息，不是本金。故答案是选项 D。

3. 股票收益互换的基本形式（★★）

（1）股票收益互换的定义。

股票收益互换是指交易一方或者双方支付的**金额**与特定股票、指数等**权益类证券的收益**挂钩。交易双方一般**不交换本金**，只由**一方向另一方**按照收益的**净额**进行支付。我国的股票收益互换业务始于 2012 年底，采用的成交方式是场外协议成交。

（2）股票收益互换的分类。

股票收益互换有 3 种：①固定利率和股票收益的互换；②股票收益和固定利率的互换；③股票收益和股票收益的互换。其中，前两种收益互换是更为常见的股票收益互换形式。

(3) 股票收益互换的功能。

股票收益互换可以帮助投资者进行**投资理财**和**风险管理**。投资者可以通过利用股票收益互换，实现策略投资、杠杆交易、股权融资、市值管理、创建结构产品的目的。

证券公司在与投资者签订股票收益互换合同的同时，还会进行**风险对冲**，将自身风险暴露控制在较低水平。风险对冲后，证券公司最终赚取的金额是类似佣金或利息收入的**中间价差**。

例题 8.14（选择题）

我国的股票收益互换业务开始于2012年底，采用（　　）成交的方式。

A. 柜台交易　　B. 电子交易　　C. 场外协议　　D. 场内交易

【答案】C

【解析】选项ABD错误，我国的股票收益互换业务始于2012年底，采用的成交方式是场外协议成交。故答案是选项C。

（三）影响各类互换合约定价的因子（★）

1. 利率互换

交易双方愿意利率互换的**主要原因是双方在固定利率和浮动利率市场上分别具有比较优势**。利率互换带来的利益是交易双方合作的结果，由双方共同分享。但是，具体的分享比例是由双方谈判决定的，未必平均分配。

例如，假定A、B两家公司都想借入7年期的2 000万美元的借款，A公司想借入浮动利率借款，同时，B公司想借入固定利率借款。因为A、B两家公司的信用等级不同，所以市场向它们提供的利率也不相同（见表8－14）。

表8－14　市场提供给A、B两家公司的利率

公司	固定利率	浮动利率
A公司	6%	LIBOR+0.5%
B公司	7.5%	LIBOR+0.8%

具体的利率互换的过程如下：

(1) 无中介机构参与的利率互换。

无中介机构参与的利率互换的过程，详见图8－4。

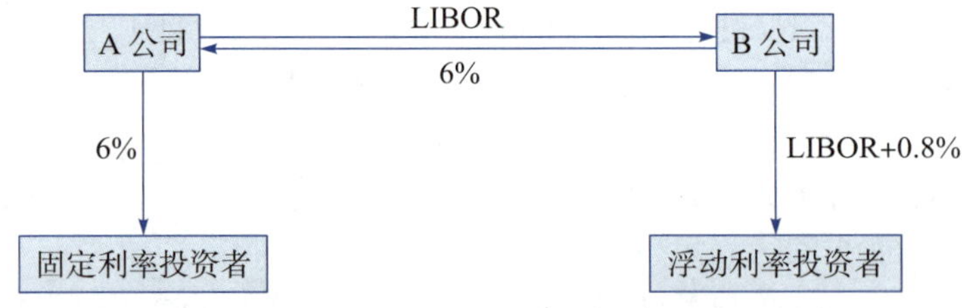

图8－4　无中介机构参与的利率互换

根据表8－14，比较两家公司的融资成本可知，无论是在浮动利率市场上还是在固定利率市场上，A公司的借款利率均比B公司低，也就是说，A公司在两个市场上都具有绝对优势。但是，如果A公司在固定利率市场上融资，其融资成本可比B公司节省1.5%（7.5%-6%）。如果A公司在浮动利率市场上融资，其成本仅比B公司节省0.3%［LIBOR+0.8%-（LIBOR+0.5%）］。因此，A

公司在固定利率市场上具有比较优势，B 公司在浮动利率市场上具有比较优势。这样，双方就可以通过利用各自的比较优势为对方借款，然后进行互换，从而达到降低筹资成本的目的。如图 8－4 所示，A 公司在固定利率市场上以 6%的利率融资，B 公司在浮动利率市场上以 LIBOR+0.8%的利率融资，双方通过互换合约进行利率互换，A 公司以固定利率与 B 公司的浮动利率进行互换，从而 A 公司获得浮动利率贷款，B 公司获得固定利率贷款。但是，在利率互换合同中，A 公司约定与 B 公司互换的浮动利率是 LIBOR。这样，A 公司的总融资成本为 6%+LIBOR－6%＝LIBOR。B 公司的总融资成本为 6%+LIBOR+0.8%－LIBOR＝6.8%。

（2）有中介机构参与的利率互换。

互换双方为降低交易成本及信用风险，通常会选择通过中介机构来完成互换交易。在本例中，我们假设银行从中收取 0.4% 的利差，A、B 两公司通过银行中介进行的利率互换的过程，详见图8－5。

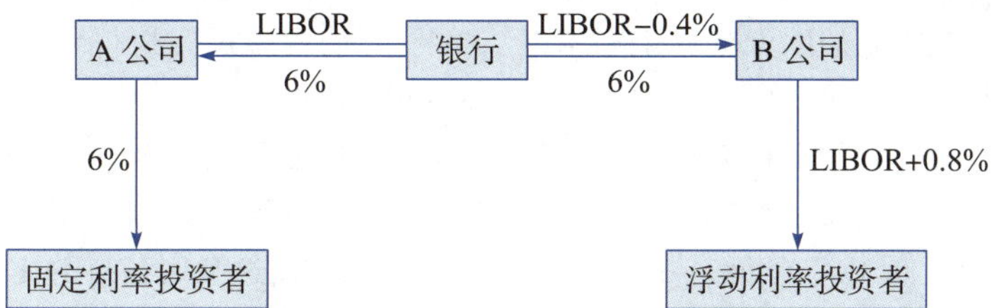

图 8－5 有中介机构参与的利率互换

如图 8－5 所示，A 公司在固定利率市场上以 6%的利率融资，B 公司在浮动利率市场上以 LIBOR+0.8%的利率融资，双方通过银行进行利率互换。A 公司以固定利率与 B 公司的浮动利率进行互换，从而 A 公司获得浮动利率贷款，B 公司获得固定利率贷款。但是，在利率互换合同中，A 公司约定与 B 公司互换的浮动利率是 LIBOR。这样，A 公司的总融资成本为 6%+LIBOR－6%＝LIBOR。与直接进行浮动利率融资的成本 LIBOR+0.5%相比，节约 0.5%。B 公司的总融资成本为 6%+LIBOR+0.8%－(LIBOR－0.4%)＝7.2%。与直接进行固定利率融资的成本 7.5% 相比，节约 0.3%。银行则通过这项互换业务赚取利差为 LIBOR+6%－(LIBOR－0.4%+6%)＝0.4%。因此，互换双方通过利用各自的比较优势并进行利率互换均达到了降低融资成本的目的。从总体来看，双方总的筹资成本降低了 0.8%，这就是互换利益。

2. 货币互换

货币互换的定价就是确定互换合约中各方应支付的利率。

假定，欧元兑换美元的汇率为 1 欧元＝1.5 美元。A 公司都想借入 7 年期的 3 000 万美元的借款，以浮动利率支付利息，同时，B 公司想借入 7 年期的 2 000 万欧元的借款，以固定利率支付利息。因为两家公司的信用等级不同，所以市场向它们提供的利率也不相同（见表 8－15）。

表 8－15 市场提供给 A、B 两家公司的利率

公司	欧元	美元
A 公司	6.6%	LIBOR+0.3%
B 公司	7.7%	LIBOR

根据表 8－15，比较 A、B 两家公司的融资成本可知，A 公司在欧元市场上具有融资优势，B 公司在美元市场上具有融资优势。这样，双方就可以通过利用各自的优势为对方借款，然后进行互换，从而达到降低筹资成本的目的。货币互换的过程，详见图 8－6。

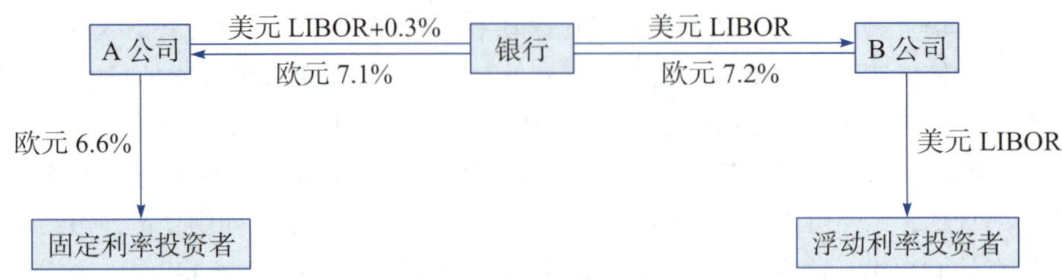

图 8-6 货币互换的过程

如图 8-6 所示，A 公司在固定利率市场上以 6.6%的利率融资 3 000 万美元，B 公司在浮动利率市场上以 LIBOR 的利率融资 2 000 万欧元，双方通过银行进行货币互换，并支付银行中介一定的利差。A 公司以固定利率的欧元融资与 B 公司的浮动利率的美元融资进行互换。在互换合同中，双方约定，B 公司通过互换得到的欧元的固定利率是 7.2%，A 公司通过互换得到的美元的浮动利率是 LIBOR+0.3%。这样，A 公司的融资成本为，美元是 LIBOR+0.3%，欧元是 6.6%-7.1%=-0.5%。与直接进行浮动利率融资的成本相比，节约欧元 0.5%。B 公司的融资成本为，美元是 LIBOR-LIBOR=0，欧元是 7.2%。与直接进行固定利率融资相比，节约欧元 0.5%。银行则通过这项互换业务赚取利差为，美元是 0.3%，欧元是 0.1%。因此，互换双方通过利用各自的比较优势并进行利率互换均达到了降低融资成本的目的。

总体来说，确定互换方案的**基本过程**：①建立成本和融资渠道矩阵；②确定互换双方的比较优势；③划分互换利益；④为互换定价。

（四）各类收益互换合约的应用方式（★）

股票收益互换的应用主要有以下 3 种情况：

1. 对冲股价风险

股票收益互换可以使投资者**锁定**买入**成本**，**对冲**买入期间股票**价格波动的风险**。

比如，某投资者计划 3 个月后增持某只股票，但希望将股票价格锁定在现价水平。为实现这一目标，该投资者可与证券公司订立股票收益互换协议。假设该互换交易名义本金额为 2 亿元，互换期限为 3 个月。

到期时，若实际股价**高于**约定的价格水平，则**证券公司**向投资者**支付差价收益**；若实际股价**低于**约定的价格水平，则**投资者**向证券公司**支付差价补偿**。**证券公司**在建立互换头寸的同时，可同时从市场**购入标的股票**以对冲风险。

2. 将现有股票投资转换为固定收益投资

某投资者持有的某只股票已经获得账面盈利，但是因为一些限制无法立即卖出股票获得收益。为了锁定目前的盈利，投资者可以将**股票头寸**转换为**固定收益头寸**。该投资者可以和证券公司签订股票收益互换协议。假设互换交易的名义本金额为 2 亿元，互换期限为 1 年。

1 年后，投资者收取固定的利息收入，实际股价涨跌收益均由证券公司承担。若**股价上涨**，则**投资者**需要向证券公司**支付收益**；若**股价下跌**，则**证券公司**需要向投资者**支付补偿**。**证券公司**在建立互换头寸的同时，可以利用**卖空标的证券**进行风险对冲。

3. 保本投资

为了在**本金安全的前提下获得股票上涨收益**，投资者可以将**现金**或**固定收益资产期末产生的利息收入**与证券公司签订互换协议，用于交换证券公司向其支付的与特定股票或指数表现挂钩的上涨收益。

举例来说，投资者与证券公司订立股票收益互换协议，互换交易的名义本金额为2亿元，互换期限为3个月，挂钩某股票的上涨收益。

3个月以后，投资者将2亿元本金产生的资金利息支付给证券公司。对于**证券公司**，如果该股票价格**上涨**，则向投资者支付与该股票挂钩的上涨收益。如果该股票价格**下跌**，投资者**最多损失利息**，**本金不受影响**。**证券公司**可以通过**交易标的股票**进行风险对冲。

五、远期合约、期货合约、期权合约和互换合约的区别（★★）

远期合约、期货合约、期权合约和互换合约的区别见表8-16。

表8-16 远期合约、期货合约、期权合约和互换合约的区别

区别	远期合约	期货合约	期权合约	互换合约
交易场所	场外交易	场内交易	场内交易（大部分情况）或场外交易	场外交易
损益特性	交易双方获利或损失的机会**均等**。被称为双边合约或者远期承诺	交易双方获利或损失的机会**均等**。被称为双边合约或者远期承诺	交易双方只有一方在未来有义务，双方损益**不对称**。因此被称为单边合约	大部分互换合约都是双边合约，但是对于信用违约互换，交易双方只有一方在未来有义务，双方损益**不对称**。因此被称为单边合约
信用风险	**交易双方**都被暴露在违约风险中。远期合约如果需要取消，需要交易双方都同意才可以	**交易双方**都被暴露在违约风险中	**只有买方**被暴露在违约风险中	对于**信用违约互换**，**只有买方**被暴露在违约风险中。但是对于互换合约，如要中途取消，必须交易双方都同意
执行方式	一般是**实物交割**	一般是对冲抵消，进行**现金结算**	由**买方自行判断**是否行权	一般是**实物交割**
杠杆	与交易方式有关，**不一定**存在杠杆性	有杠杆性	有杠杆性	与交易方式有关，**不一定**存在杠杆性

记忆小窍门

对于衍生工具，考生只需记住凡是单边合约，只有一方需要履行义务的，损益就是不均衡的，并且违约风险也只需要单边承担。并且，但凡涉及场外交易，都涉及较高的违约可能、非标准的交易合同以及实物交割的交易方式。

例题 8.15（选择题）

下列关于理解远期合约、期货合约、期权合约和互换合约的区别的说法中，错误的是（　　）。

A. 远期合约具有较高的灵活性，交易成本较高

B. 远期合约和互换合约通常用现金结算

C. 期权合约与远期合约以及期货合约的不同之处是它的损益的不对称性

D. 期货合约可以被称为远期承诺

【答案】B

【解析】选项 B 错误，远期合约和互换合约一般采用实物交割。故答案是选项 B。

你已完成本任务的学习，快去小程序上做题吧！

任务 9 另类投资

任务导学

考情分析

本任务内容在考试中的分值占比约为 6%，整体难度较低，考试以定性题为主。

通过本任务的学习，考生将对另类投资的概念和常见的另类投资方式有所了解。其中，考生需要重点掌握另类投资的主要类型以及另类投资的优势和局限。

任务框架图

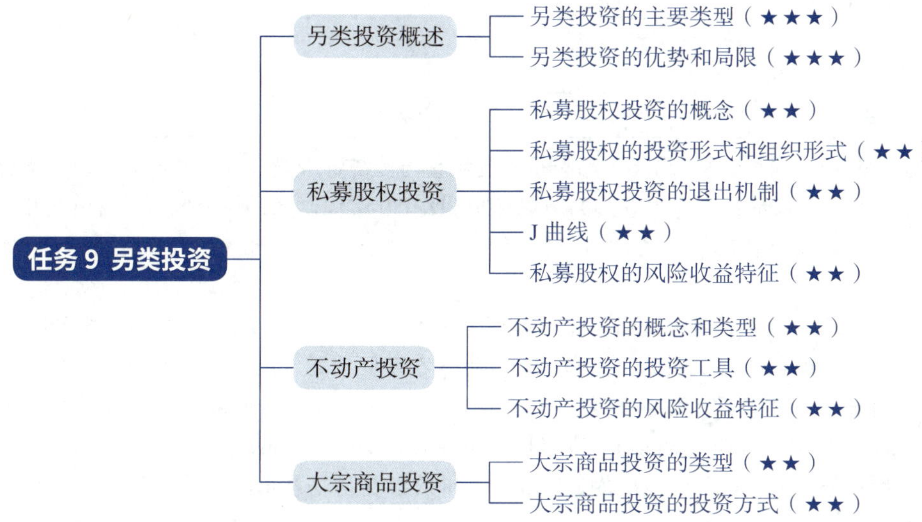

考点精讲

一、另类投资概述

（一）另类投资的主要类型（★★★）

另类投资也称**替代投资**，主要是指股票、债券等传统投资之外的所有投资。

另类投资的主要类型有**另类资产、另类投资策略、私募股权和对冲基金**4种（见表9-1）。

表9-1 另类投资的主要类型

主要类型	举例
另类资产	自然资源、大宗商品、房地产、基础设施、外汇和知识产权等
另类投资策略	长短仓、多元策略投资和结构性产品等
私募股权	风险投资、成长权益、并购投资和危机投资等（组织形式通常为合伙人、公司、信托契约等）
对冲基金	全球宏观、事件驱动和管理期货对冲基金等

"另类"是一种中性表述，另类产品只是想说明它与传统资产股票、债券不同，但**并不意味着创新**，如房地产和大宗商品也都有着悠久的历史。**20世纪80年代**以来，在金融市场自由化和经济全球化的背景下，机构投资者已开始关注风险投资基金、房地产、杠杆收购（LBO）和石油及天然气项目。

2017年7月，由世界著名咨询机构韦莱韬悦（Willis Towers Watson）发布的《全球另类投资调查》报告显示，2016年全球另类资产管理总规模近6.5万亿美元，前100名另类资产管理人的总资产管理规模超过4万亿美元。著名另类投资管理人包括桥水（Bridgewater Associates）、TH房地产（TH Real Estate）、黑石（Blackstone）、麦格理集团（Macquarie Group）等。

除主流形式外，另类投资还包括**黄金投资、碳排放权交易、艺术品和收藏品**等。另类投资的其他类型见表9-2。

表9-2 另类投资的其他类型

其他类型	特点
黄金投资	①属于**大宗商品**投资，有价值储存功能； ②在我国，上海黄金交易所从事**现货**黄金交易，上海期货交易所从事**期货**黄金交易
碳排放权交易	①属于商品类投资； ②1997年《京都协议书》签署后，二氧化碳排放量作为一种可交易的大宗商品，**对碳排放权进行交易**，其主要类型包括配额型交易和项目型交易； ③2014年5月国务院颁布的《国务院关于进一步促进资本市场健康发展的若干意见》（简称"新国九条"），明确提出我国将推出**"碳排放权"**这一新型交易工具
艺术品和收藏品	①以拍卖为主，其投资价值建立在艺术家的声望、销售纪录的条件上； ②缺点是**价值评估较难**

2011年开始，我国公募基金已经开始尝试投资合格境内机构投资者（QDII）形式的黄金、房地产投资信托（REITs）和商品基金。在2013年实施修订后的《证券投资基金法》后，境内公募另类投资基金开始出现。2014年，嘉实基金管理公司发行了首只以投资非上市公司股权的形式参与国企

混合所有制改革的公募基金“嘉实元和封闭式混合型发起式基金”。2015 年，鹏华基金管理公司发行了“鹏华前海万科 REITs 封闭式混合型发起式证券投资基金”。

例题 9.1（选择题）

关于另类投资，以下表述正确的是（　　）。

A. 期货、期权为衍生工具，属于典型的另类投资的范畴

B. 目前我国还没出现境内公募另类投资基金

C. 艺术品和收藏品的投资价值建立在艺术家声望和销售纪录的条件之上，属于另类投资

D. 另类投资意味着创新投资，所以房地产、大宗商品投资这类有悠久历史的投资不属于另类投资

【答案】C

【解析】选项 A 错误，期货、期权属于传统投资中的衍生品投资，不属于另类投资；选项 B 错误，我国在 2013 年已出现境内公募另类投资基金；选项 D 错误，另类投资中的“另类”是一个中性的表述，仅仅说明其有别于股票、债券等传统资产。另类也不意味着都是创新，房地产和大宗商品投资都有着悠久的历史。故答案是选项 C。

例题 9.2（选择题）

另类投资的主要类型不包括（　　）。

A. 指数型基金　　B. 对冲基金　　C. 另类资产　　D. 另类投资策略

【答案】A

【解析】另类投资的主要类型包括另类资产、另类投资策略、私募股权和对冲基金。选项 BCD 都是另类投资的主要类型，而指数型基金属于股票型基金。故答案是选项 A。

（二）另类投资的优势和局限（★★★）

另类投资的优势和局限见表 9－3。

表 9－3　另类投资的优势和局限

另类投资	内容
优势	①给予投资者更多的选择； ②由于另类投资的收益率与传统投资相关性较低，因此可以优化投资组合，**提高回报降低风险**
局限	①**缺乏监管，信息透明度低**，因此更多另类投资是机构投资者参与； ②**流动性较差，杠杆率偏高**，类似杠杆收购或使用金融衍生品进行运营，往往会增加杠杆； ③**估值难度大，难以对资产价值进行准确评估**。由于变现能力较差，市场难以反映其真正的投资价值

名师说

大多数另类投资产品流动性较差，与传统投资产品不同，在不遭受损失的前提下，很难将另类投资产品快速出售换取现金。所以，低风险偏好的投资者不太愿意将另类投资产品纳入其投资证券组合当中。

例题 9.3（选择题）

投资者选择投资艺术品的目的最可能是（　　）。

A. 艺术品与传统投资工具相关性小，可以降低组合风险

B. 艺术品的估值更透明

C. 艺术品投资流动性大，回报高

D. 投资艺术品会减小组合的系统性风险，有助于投资的分散化

【答案】A

【解析】选项B错误，艺术品投资难以估值，其投资价值建立在艺术家的声望、销售纪录的条件之上；选项C错误，艺术品流动性差，所以对其价值的评估较为困难；选项D错误，投资艺术品会减小组合的非系统性风险而不是系统性风险。故答案是选项A。

例题9.4（选择题）

下列关于另类投资的特点，表述正确的是（　　）。

A. 收益不高　　B. 风险集中

C. 缺乏监管和信息透明度　　D. 流动性较强

【答案】C

【解析】选项A错误，由于另类投资经常使用高杠杆，因此风险较大收益也较高；选项B错误，由于另类投资和传统投资的相关性较低，可以有效分散风险；选项D错误，另类投资由于较特殊，市场的信息不对称导致大多数为机构投资者，从而资产的变现能力会相对较差一些。另类投资产品具有其独特的优势，同时也具有一定的局限性。其中，另类投资的优点有：①给予投资者更多选择；②提高收益，分散风险。局限性包括：①缺乏监管和信息透明度；②流动性较差，杠杆率偏高；③估值难度大，难以对资产价值进行准确评估。故答案是选项C。

二、私募股权投资

（一）私募股权投资的概念（★★）

私募股权投资是指对未上市公司的投资。私募股权投资不能在公开市场上进行交易，通常采用非公开募集的形式筹集资金，因此私募股权流动性较差。

例题9.5（选择题）

下列关于私募股权投资的说法错误的是（　　）。

A. 私募股权投资通常是在公开市场上进行交易

B. 私募股权投资的流动性较差

C. 私募股权投资是对非上市公司的投资

D. 私募股权投资采用非公开募集的形式筹集资金

【答案】A

【解析】选项A错误，私募股权投资是指对未上市公司的投资，通常采用非公开募集的形式筹集资金，不能在公开市场上进行交易，流动性较差。选项BCD描述正确。故答案是选项A。

（二）私募股权的投资形式和组织形式（★★）

1. 投资形式

私募股权的投资形式包括**风险投资**（venture capital）、**成长权益**（growth equity）、**并购投资**（buyouts）、**危机投资**（distressed investing）**和投资私募股权二级市场**（secondaries）5种，私募股权的投资形式具体见表9-4。

表 9－4　私募股权的投资形式

投资形式	特点
风险投资	①一般采用**股权形式**将资金投入具有创新性的专门产品或服务的初创型公司； ②风险投资在私募股权投资中属于非常高风险的投资类型，**成功的概率低**； ③收益来自企业成熟壮大后的**股权转让**； ④风险投资的目的并不是获得长期控股权和企业利润的分配，而是通过资本**退出**获取高回报
成长权益	①投资对象是有成型的商业模型、稳定的顾客群和已经产生正现金流的公司； ②擅于帮助企业上市。相比风险投资，成长权益投资者后期给企业提供额外资本**协助上市**
并购投资	（1）投资对象是**成熟**、具有**稳定现金流**且呈现出**稳定增长趋势**的企业； （2）投资类型包括杠杆收购（leveraged buyout，LBO），管理层收购（management buyout，MBO）等； ①**杠杆收购**应用**最为广泛**，适合于近期经营业绩不如同业，但具备可成长空间的公司； ②**管理层收购**是高级管理层希望通过风投的资金支持以达到**控股**的目的
危机投资	①当企业遭遇重大财务困境，无法偿还债务甚至面临破产时，危机投资者以可能仅面值的20%～30%的资金购买违约风险较高的公司债； ②若企业顺利生存可获得非常大的利润，但这是一种**高风险**的投资战略
投资私募股权二级市场	①是指**购买现有私募股权投资的权益**； ②由于私募股权生命周期较长，约 10 年左右，私募股权投资者期间可能产生流动性问题而将其股份出售给他人

名师说

从事风险投资的人员或机构被称为“天使”投资者。

记忆小窍门

表 9－4 中所呈现的 5 种投资形式是根据公司的不同阶段进行的私募股权投资，考生在记忆时可以根据企业的经营周期进行记忆。

2. 组织形式

私募股权投资基金的形式一般分为 3 种：**公司型基金、合伙型基金和信托型基金**。私募股权投资基金的形式的具体内容见表 9－5。

表 9－5　私募股权投资基金的形式

基金形式	方面	具体内容
公司型基金	含义	①以股份公司或有限责任公司的形式成立； ②**是企业法人实体**；
	参与主体	①**投资者**享有股东权益且以其出资额承担**有限责任**； ②**基金管理人**通常作为董事或独立的外部管理人员参与运营，并受股东监督

续表

基金形式	方面	具体内容
合伙型基金	含义	①采用有限合伙企业的组织形式； ②**不具有独立的法人地位**
	参与主体	参与主体有普通合伙人、有限合伙人和基金管理人： ①**普通合伙人**具备独立的经营管理权力，承担无限责任。其收入来源是基金管理费和盈利分红；普通合伙人有时会承担**基金管理人**的角色，但有时也委托专业管理人员对私募股权投资项目进行管理和监督； ②**有限合伙人**负责监督普通合伙人，但不直接参与经营管理，以出资额为限，承担连带责任
信托型基金	含义	①通过订立信托契约的形式设立； ②**不具有法律实体地位**
	参与主体	参与主体为基金投资者、基金管理人及基金托管人： ①**基金投资者**通过购买基金份额享有基金投资收益； ②**基金管理人**负责基金的经营和管理操作； ③**基金托管人**负责保管基金资产并且执行管理人下达的指令

例题 9.6（选择题）

（　　）更偏好于在后期给企业提供额外资本来协助企业上市。

A. 风险投资者　　B. 保荐机构　　C. 成长权益投资者　　D. 机构投资者

【答案】C

【解析】选项A错误，风险投资者的投资目的是通过资本的退出，从股权增值中获得高回报；选项B错误，保荐机构，又称保荐人。保荐人制度约束的对象主要是具有证券经营牌照的证券交易商，服务的对象主要是上市企业，监管机构负责对保荐人行为的监管；选项D错误，机构投资者是指用自有资金或者从分散的公众手中筹集的资金专门进行有价证券投资活动的法人机构，与题意不符。成长权益投资者着力于帮助企业上市。和风险投资者相比，成长权益投资者更偏好于在后期给企业提供额外资本来协助上市。通过首次公开发行（IPO），企业创立者和权益投资者能够得到将之前的投入变现的机会。故答案是选项C。

（三）私募股权投资的退出机制（★★）

私募股权投资的退出机制主要有5种：**首次公开发行（IPO）、买壳或借壳上市、管理层回购、二次出售和破产清算**。私募股权投资的退出机制具体见表9-6。

表9-6　私募股权投资的退出机制

退出机制	含义及特点
首次公开发行（IPO）	①在证券市场上发行对象企业普通股票的行为； ②是**最佳退出**渠道
买壳或借壳上市	私募股权投资基金通过取得某上市公司控制权，将自己投资的企业注入上市公司，实现**间接上市**
管理层回购	①私募股权投资基金将所持有的创业企业股权出售给对象企业的管理层； ②其优点在于股权内部化，使对象企业保持**独立性**

续表

退出机制	含义及特点
二次出售	①私募股权投资基金将所持项目在私募股权二级市场上出售； ②常用于缓解基金紧急的**资金需求**
破产清算	运营对象企业经营失败，被迫退出，可能在以下 3 种情况中出现： ①对象企业的行业**前景不佳**，企业不具备技术优势，盈利能力没有达到预期目标； ②对象企业没有**偿还旧债和借取新债**的能力； ③对象企业**经营过差**，收入无法弥补可变成本

例题 9.7（组合型选择题）

私募股权投资基金在完成投资项目之后，主要采取的退出机制包括（　　）。

Ⅰ. 二次出售　Ⅱ. 管理层回购　Ⅲ. 破产清算　Ⅳ. 首次公开发行

A. Ⅰ、Ⅱ、Ⅲ　B. Ⅰ、Ⅲ、Ⅳ　C. Ⅰ、Ⅱ、Ⅳ　D. Ⅰ、Ⅱ、Ⅲ、Ⅳ

【答案】D

【解析】描述Ⅰ、Ⅱ、Ⅲ、Ⅳ均正确，私募股权投资的退出机制主要有 5 种：首次公开发行、买壳或借壳上市、管理层回购、二次出售和破产清算。故答案是选项 D。

（四）J 曲线（★★）

J 曲线是考查私募股权投资基金收益状况的曲线，**横轴为时间，纵轴为收益率**，该曲线图形和字母 J 相似，见图 9－1。

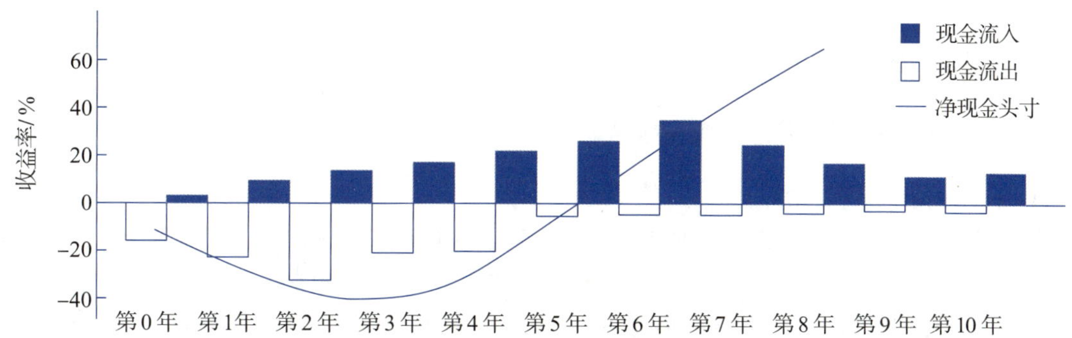

图 9－1　私募股权投资基金投资的 J 曲线

如图 9－1 所示，私募股权投资基金投资早期，现金流为净流出，投资并不能马上获得正的收益和回报；经过一段时间运营后，投入资金逐步降低直至停止，此后现金流入增加。

对**投资者**而言，J 曲线表明在私募股权投资基金投资中要重视长期投资回报；对**私募股权投资基金管理者**来说，要尽量缩短 J 曲线的期限，尽快达到期望收益。

例题 9.8（选择题）

下列关于 J 曲线的内容，说法错误的是（　　）。

A. J 曲线中，横坐标为收益率，纵坐标为时间

B. J 曲线表明，私募股权投资基金在投资项目早期，主要以投入资金为主

C. 对投资者而言，J 曲线意味着，私募股权投资基金通常并不能在一两年内获得回报

D. 对私募股权投资基金管理者而言，J 曲线意味着需要尽量缩短该曲线，尽快达到投资者所期望的

收益。

【答案】A

【解析】选项A错误，J曲线以时间为横坐标，以收益率为纵坐标。选项BCD描述正确。故答案是选项A。

（五）私募股权的风险收益特征（★★）

私募股权的风险相比传统投资而言是非常高的，但若投资成功，其投资回报也是非常可观的。在实际投资中，私募股权投资会采用多元化的投资领域和投资形式，以实现整体收益的最大化。

例题9.9（选择题）

在公司经营不善甚至可能面临破产的时候，（　　）可能仅用现有放贷人所持有债券面值的20%～30%的资金来换取债权。

A. 危机投资者　　B. 私募股权二级市场投资者

C. 并购投资者　　D. 成长权益战略投资者

【答案】A

【解析】选项B错误，私募股权二级市场投资者是购买现有私募股权投资的权益；选项C错误，并购投资者是为满足已设立的企业达到重组或所有权转变目的而存在的资金需求的投资；选项D错误，成长权益战略投资者投资已具备成型的商业模型、稳定的顾客群和正现金流的公司。在公司经营不善甚至可能面临破产的时候，危机投资者会购买违约风险较高的公司债，购买价格常常会有非常大的折扣，有时仅用20%～30%的资金来换取债权。故答案是选项A。

三、不动产投资

（一）不动产投资的概念和类型（★★）

1. 不动产投资的定义和特点。

不动产是指土地以及建筑物等**土地定着物**，主要是指财产和权利载体在地理位置上的相对固定性。房地产是最常见的不动产，国内习惯上不区分**不动产**和**房地产**，两者常交替使用。截至2011年底，全球商业不动产总值约为26.6万亿美元，达到全球GDP的40%和全球股票总市值的50%。商业不动产投资已经成了全球投资不可缺少的一部分。

不动产有**异质性**、**不可分性**和**低流动性**3个特点，不动产的特点具体内容见表9－7。

表9－7　不动产的特点

特点	具体内容
异质性	每项不动产在**地理位置**、**产权类型**、**用途和使用率**等方面都独一无二，估值较难
不可分性	不动产的金额大且不容易拆分，一项投资可能占投资组合的比例较大
低流动性	产权交易时间长，费用高，变现能力差意味着流动性低

2. 不动产投资的类型。

不动产投资主要包含**地产投资**、**商业房地产投资**、**工业用地投资**、**酒店投资和养老地产**投资5种形式，不动产投资的类型具体内容见表9－8。

表9-8 不动产投资的类型

投资类型	方面	具体内容
地产投资	含义	指**未被开发**，可作为未来开发房地产基础的商业地产之一
	特征	①较高的**投机性**； ②通过利用可预测的未来现金流获取的买卖价差或者开发后进行出售或出租经营来获取投资收益
	局限性	受**宏观**环境和**法律法规**因素影响较大
商业房地产投资	含义	以**租金收益**为主要目的
	投资对象	①**写字楼**：其租金会随着通货膨胀和供求关系等因素逐年调整； ②**零售房地产**：所有者将房地产出租给零售商进行经营
工业用地投资	类型	包括生产用设备、研究和开发用空地和仓库等
	现状	集中于**经济开发区建设**，剩余工业用地一般随工业投资进行建设
酒店投资	类型	品牌的短期性居住设施和给职工提供的长期居住设施等地产
	现状	与**旅游业**发展高度相关，随着中国经济发展，酒店投资已成为热点
养老地产投资	类型	老年人群社区
	现状	与中国**老龄化水平**高度相关，未来两三年看好养老地产领域

例题9.10（组合型选择题）

以下属于不动产投资的有（　　）。

Ⅰ．养老地产投资　Ⅱ．酒店投资　Ⅲ．商业房地产投资　Ⅳ．工业用地投资

A. Ⅰ、Ⅱ、Ⅲ　　B. Ⅰ、Ⅲ、Ⅳ　　C. Ⅰ、Ⅱ、Ⅳ　　D. Ⅰ、Ⅱ、Ⅲ、Ⅳ

【答案】D

【解析】描述Ⅰ、Ⅱ、Ⅲ、Ⅳ正确，不动产投资包含地产投资、商业房地产投资、工业用地投资、酒店投资和养老地产投资。故答案是选项D。

（二）不动产投资的投资工具（★★）

不动产具有异质性、不可分性、流动性差等特点，导致大多数投资者只能使用间接投资的方式，主要方式包括**房地产有限合伙、房地产权益基金和房地产投资信托**3种，不动产投资的投资工具的具体内容见表9-9。

表9-9 不动产投资的投资工具

投资方式	含义及一般特点
房地产有限合伙	功能上类似于私募股权合伙： ①**有限合伙人**提供资金，以出资额为限承担有限责任，不直接参与管理； ②**普通合伙人**管理并经营项目，收取固定比例的管理费
房地产权益基金	①从事房地产项目**收购、开发、管理、经营和销售**的集合投资制度，可能会以股份公司、有限合伙公司或契约型基金的形式存在； ②通常以**开放式基金**形式发行，定期开放申购和赎回； ③若房地产市场出现重大滑坡时，可能出现**挤兑**； ④可以通过在非公开市场上出售其所持有的资产或打包上市的方式退出

续表

投资方式	含义及一般特点
房地产投资信托（基金）	①通过发行受益凭证或者股票来进行募资，将资金投资到房地产或房地产抵押贷款的专门机构； ②是一种**资产证券化**产品，可以在证券交易所挂牌交易； ③收益来自稳定的股息和证券价格增值； ④其特点是**流动性强**、**抵补通货膨胀效应**、**风险较低**和**信息不对称程度较低**等

例题 9.11（选择题）

不动产投资工具中（　　）是以集合投资制度为主要特点。

A. 房地产投资信托　　B. 房地产无限合伙　　C. 房地产权益基金　　D. 房地产有限合伙

【答案】C

【解析】选项 A 错误，房地产投资信托是指通过发行收益凭证或者股票来进行募资，并将这些资金投资到房地产或房地产抵押贷款的专门投资机构；选项 B 错误，房地产无限合伙制不存在；选项 D 错误，房地产有限合伙由有限合伙人和普通合伙人组成，功能类似于私募股权合伙；房地产权益基金是从事房地产项目收购、开发、管理、经营和销售的集合投资制度，一般以开放式基金的形式发行，并定期申购与赎回。故答案是选项 C。

（三）不动产投资的风险收益特征（★★）

房地产投资信托的运作特点是将房地产类似于股票一样进行分割交易，由于包含各类房地产，因此其风险收益特征有：

（1）多样化分散风险，有一定的风险但相比传统证券**风险更低**；

（2）盈利收益可预测。在美国，**房地产投资信托**具有**高分红**的性质，其收益**高于**普通债券且低于股票。自 1999 年起，美国房地产信托规模出现快速增长的趋势，而中国内地市场处于刚起步阶段。2014 年 5 月，中信证券首次推出房地产投资信托，计划期限 3~5 年，以优先劣后级进行风险偏好的划分。此种方式给中国房地产市场带来了全新的局面。

例题 9.12（选择题）

下列关于不动产投资的表述错误的是（　　）。

A. 风险高　　B. 投资价值受法律法规影响较小

C. 投机性高　　D. 投资价值受宏观环境影响较大

【答案】B

【解析】选项 B 错误，不动产投资的价值受法律法规影响较大。选项 ACD 描述正确，风险高，投机性高，投资价值受宏观环境影响较大均为不动产投资的特点。故答案是选项 B。

四、大宗商品投资

（一）大宗商品投资的类型（★★）

大宗商品是指具有**实体**、可进入**流通领域**、但**非零售环节**、具有**商品属性**并且用于工农业生产与消费使用的大批量买卖的物资商品。

大宗商品具有**同质化**、**可交易**、**供需和交易量都非常大**等特征，其价值受全球经济、供求关系等影响较大。大宗商品的价格与通货膨胀率呈同向变化，因此其拥有天然的**抗通胀**的功能。最近几年，全球大宗商品和股票市场表现呈正相关的关系。

大宗商品投资可以分为**能源类、基础原材料类、贵金属类和农产品类**4类，大宗商品投资的类型的具体内容见表9-10。

表9-10　大宗商品投资的类型

类型	内容及特点
能源类	①包括**原油、汽油、天然气、动力煤、甲醇**等； ②此类大宗商品价格受国际能源价格以及世界经济形势和国家宏观经济政策的影响； ③在**石油、天然气**等领域，国际商品期货市场拥有更高的定价权。如**纽约商品交易所交易**的轻质原油价格是全球石油价格定价的重要基准
基础原材料类	①包括**钢铁、铜、铝、铅、锌、镍、钨、橡胶、铁矿石**等； ②此类大宗商品的特点是交易量大； ③此类大宗商品是制造业发展的基础，与生产经营活动高度相关
贵金属类	①包括**黄金、白银、铂金**等，黄金是此类大宗商品的典型代表； ②此类大宗商品的特点是有较好的**物理属性、高度的发展性和稀少性**等； ③此类大宗商品是**个人资产投资和保值**非常有效的工具之一
农产品类	①包括玉米、大豆、小麦、稻谷、咖啡、棉花、鸡蛋、棕榈油、菜油、白砂糖等，其中**大豆、玉米、小麦**是三大农产品期货； ②此类大宗商品容易受到**天气、自然灾害**的影响

例题9.13（组合型选择题）

大宗商品投资的类型包括（　　）。

Ⅰ. 能源类　Ⅱ. 农产品类　Ⅲ. 基础原材料类　Ⅳ. 股票类

A. Ⅰ、Ⅱ、Ⅲ　B. Ⅰ、Ⅲ、Ⅳ　C. Ⅰ、Ⅱ、Ⅳ　D. Ⅰ、Ⅱ、Ⅲ、Ⅳ

【答案】A

【解析】Ⅰ、Ⅱ、Ⅲ正确，大宗商品投资可以分为能源类、基础原材料类、贵金属类和农产品类。描述Ⅳ错误，股票类不属于大宗商品。故答案是选项A。

（二）大宗商品投资的投资方式（★★）

我国作为石油、有色金属、铁矿石等原材料的消费大国，大宗商品市场的发展可以有效提升不同企业对大宗商品的获取路径，从而获得更好的价格。常见的大宗商品投资方式有**购买大宗商品实物、购买资源或购买大宗商品相关股票、投资大宗商品衍生工具和投资大宗商品的结构化产品**4种方式。大宗商品投资的投资方式的具体内容见表9-11。

表9-11　大宗商品投资的投资方式

投资方式	特点
购买大宗商品实物	①**最直接，最简明**的大宗商品投资方式； ②**缺点**：运输成本和储存成本高
购买资源或购买大宗商品相关股票	①购买主营资源勘探、开发或大宗商品生产加工企业的股票； ②投资**自然资源**可购买矿产勘探公司的股票； ③投资**农产品**可购买农业概念股； ④**缺点**：无法获得对相关商品的风险敞口

续表

投资方式	特点
投资大宗商品衍生工具	①投资以单一商品或商品价格指数为标的的远期、期货、期权和互换等合约； ②期货市场有价格发现的功能，我国目前有位于**上海、大连和郑州**的三家商品期货交易所
投资大宗商品的结构化产品	由于投资范围受限，可以选择与大宗商品收益挂钩的结构化金融产品以满足投资者的需求

例题 9.14（选择题）

（　　）是最直接也是最简明的大宗商品投资方式。

A. 购买大宗商品实物　　B. 购买资源或购买大宗商品相关股票

C. 投资大宗商品衍生工具　　D. 投资大宗商品的结构化产品

【答案】A

【解析】选项 B 错误，购买资源或购买大宗商品相关股票无法获得相关商品的风险敞口；选项 C 错误，大宗商品衍生工具是通过以大宗商品为标的的远期、期货、期权和互换的合约，是间接投资大宗商品的方式；选项 D 错误，大宗商品的结构化产品是与大宗商品收益挂钩的产品，也属于间接投资。购买大宗商品是最直接也是最简明的大宗商品投资方式。直接购买大宗商品进行投资会产生很大的运输成本和储存成本，投资者很少采用这样的方式。故答案是选项 A。

例题 9.15（选择题）

下列关于贵金属类大宗商品的说法不正确的是（　　）。

A. 具有较好的化学属性　　B. 具有高度的发展性

C. 稀缺　　D. 是个人资产保值的工具之一

【答案】A

【解析】选项 A 错误，贵金属具有较好的物理属性而非化学属性；选项 BCD 正确，贵金属类大宗商品通常具备较好的物理属性、高度的发展性和稀少等特点。通常，贵金属类大宗商品被认为是个人资产投资和保值的工具之一。故答案是选项 A。

你已完成本任务的学习，快去小程序上做题吧！

• Day 14

任务8

衍生工具

任务9

另类投资

• Day 15

任务10

投资者需求和投资管理流程

任务11

现代投资组合理论和资本市场理论

任务12

被动投资和主动投资、资产配置和投资组合构建方法

• Day 16

任务13

投资交易管理

任务 10 投资者需求和投资管理流程

考情分析

本任务内容在考试中的分值占比约为5%，整体难度适中，考试以定性题为主。

通过本任务的学习，考生将对投资者需求和投资管理流程的相关概念有所了解。其中，考生需要重点掌握个人投资者与机构投资者的特征，不同类型投资者在投资目标、投资限制等方面的特点以及投资政策说明书包含的主要内容，基金公司投资管理部门设置和基金公司投资交易流程。

任务框架图

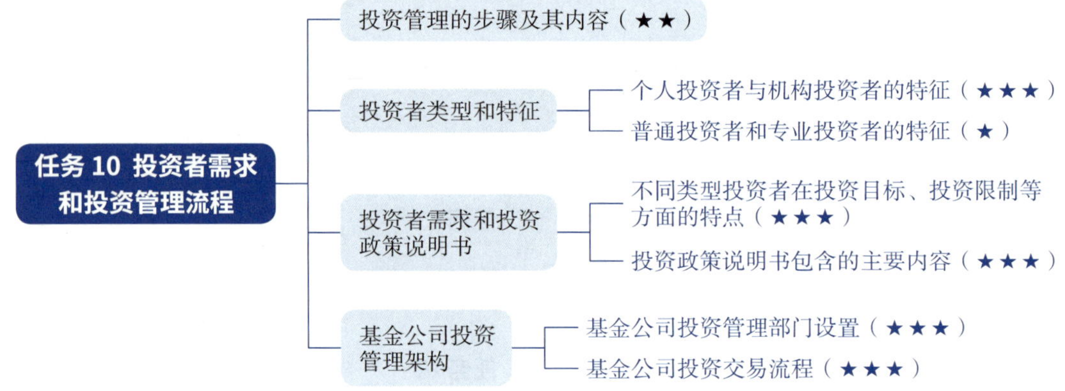

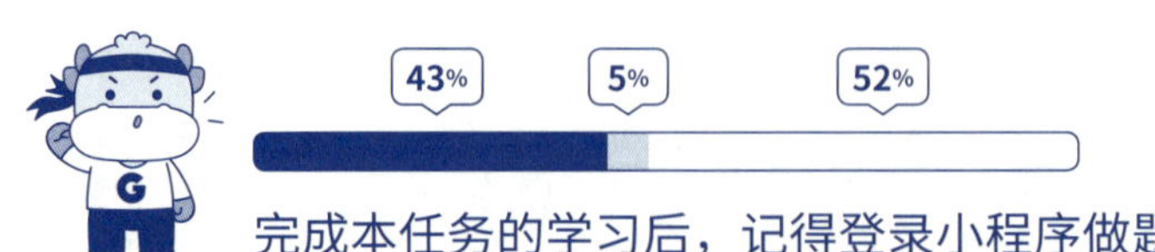

考点精讲

一、投资管理的步骤及其内容（★★）

投资管理是通过有效管理风险，在获得一定收益的情况下承担最少的风险，或者在承受一定风险的情况下实现最大的收益，其基本步骤和主要内容见表 10－1。

表 10－1 投资管理的基本步骤及其主要内容

基本步骤	具体内容
规划	①**确定并量化投资者的投资目标和投资限制**。了解客户**投资需求**，确定并量化投资者的投资目标和投资限制是投资规划的首要任务； ②**制定投资政策说明书**。投资政策说明书是投资决策过程中的指导性文件，包括投资目标、投资限制和其他投资相关内容； ③**形成资本市场预期**。投资经理人对各种资产的风险和收益特征进行分析预测，为投资组合的资产配置做准备； ④**建立战略资产配置**。投资经理人根据投资政策说明书和资本市场预期结果决定目标资产的配置，给出各资产权重的上下界，并以此作为投资管理过程中风险控制的依据。战略资产配置可针对单一周期，亦可针对多个周期进行。单一周期资产配置简单，多周期资产配置执行成本较高
执行	①投资执行是**投资规划的实现**； ②**投资经理人**根据既定目标和资本市场预期**选择证券构建投资组合**，并交由交易部门执行投资决策； ③投资经理人根据投资者和市场情况的变化对投资组合进行**调整**； ④投资经理人通过数量化分析工具对组合头寸进行**优化**； ⑤投资经理人根据市场出现的短期波动和强烈预期**主动寻求资产配置临时偏离战略资产配置的权重**
反馈	（1）**监控和再平衡**。 ①当投资者现状发生变化以及经济和市场因素引起对资本市场的预期发生变化时，投资经理人会调整组合的资产配置权重，从而使投资组合能够符合客户的投资目标和限制； ②实践中，再平衡可根据既定不规则进行，也可由投资经理人根据实际情况自主判断何时进行； （2）业绩评估。 ①投资者对投资业绩定期评估，对投资目标是否实现以及投资经理人的管理能力进行评价； ②投资经理人的管理能力评价包括**业绩度量**、**业绩归因**和**绩效评估**。业绩度量是指对投资组合的收益率和风险进行计算，业绩归因是指确定投资组合收益的来源，绩效评估是指将投资组合的实际表现与业绩基准进行对比，给出优劣评价

记忆小窍门

投资政策说明书是投资经理人进行投资组合管理的基础，是进行投资决策的纲领性文件，所以一定是在投资管理过程的开始规划阶段制定投资政策说明书。这是一个常考考点，考生可以从这个角度来理解记忆。

例题 10.1（选择题）

制定投资政策说明书属于投资管理过程中（　　）步骤的内容。

A. 规划　　B. 执行　　C. 反馈　　D. 评估

【答案】A

【解析】制定投资政策说明书属于投资管理过程中规划步骤的内容。业绩评估属于反馈步骤的内容，不是投资管理的步骤。故答案是选项 A。

二、投资者类型和特性

（一）个人投资者与机构投资者的特征（★★★）

根据投资者主体的差异可将投资者分为个人投资者和机构投资者，具体内容见表 10－2。

表 10－2　个人投资者与机构投资者

类型	方面	具体内容
个人投资者	定义	以自然人身份参与投资的投资者
	特征	①可投**资金量小**； ②专业知识和投资**经验欠缺**； ③风险承受能力**较弱**； ④投资行为受个人境况影响较大； ⑤常通过基金公司进行投资
	投资需求影响因素	个人投资者的投资需求差异较大，其投资目标主要包括满足生活需求或者实现更高的消费水准。具体影响因素包括： （1）**生命周期阶段**。投资者的预期投资期限、对流动性的要求、对风险和收益的要求等因素会影响投资者的投资需求和投资决策。 ①**年轻**时，风险承受能力与意愿较强，投资相对**激进**； ②**年老**时，风险承受能力与意愿较弱，投资相对**保守**； （2）**财务状况**。 个人投资者不同的财务状况在很大程度上也会影响其投资需求。**收入越高**，拥有的财富越多的投资者，**风险承受能力越强**； （3）**就业与家庭状况**。个人投资者的就业状态和家庭状况也会对其投资需求产生多方面的影响。 ①拥有**稳定工作**的投资者，风险承受能力较**强**； ②**失业**或者**退休**的投资者，风险承受能力较**弱**； ③家庭**负担越重**的投资者，风险承受能力越**弱**
	基金产品的选取	①在**参加工作**以后的单身阶段，工资收入会随着工龄的增加不断增长，故风险承受能力较强，因此该阶段的个人投资者可以选择**高风险、高预期收益的基金产品**； ②**已婚已育的年轻人**，需要考虑家庭财产保值、增值和孩子的教育费用等一系列未来的支出，该阶段可以选择**中高风险、中高预期收益的基金产品**； ③**已婚已育的中年人**收入相对稳定，除了家庭责任外还要考虑为退休做准备，其风险承受能力逐渐变小、风险承受意愿也逐渐降低。此阶段的投资应坚持稳健原则，可以选择**中低风险、中低预期收益的基金产品**； ④对于**老年人**，收入降低，风险承受能力较小。此阶段的投资应以**稳健、安全、保值的低风险基金产品**为核心

续表

类型	方面	具体内容
机构投资者	定义	用自有资金或者从分散的公众手中筹集的资金专门进行有价证券投资活动的法人机构
	特征	①可投**资金量雄厚**，投资规模大； ②具有**专业**的投资管理团队； ③比个人的风险承受能力更**强**； ④投资行为**规范**
	中国的机构投资者分类	（1）**商业银行**： ①其传统主营业务为吸纳存款并发放贷款； ②理财产品的销售和管理也是其重要的业务模块。通过销售理财产品募集到的理财资金，银行可以委托基金公司等其他金融机构进行投资管理，也可以独立进行投资管理； （2）**保险公司**： ①主营业务是卖保单收保费，从而募集大量资金。募集到的资金需要进行适当的投资以保证资金的保值增值，以将其收益用于未来可能需要支付的理赔款； ②保险公司可以分为**寿险公司**和**财险公司**。**寿险公司**未来面对投保人出险的时间相对可预期，期限也相对较长，所以其吸纳的保费具有较长的投资期，**可以部分投资于风险较高的资产**。财险公司的赔偿额度具有很大的不确定性，其吸纳的保费投资期限较短，因此**财险公司通常将保费投资于低风险资产**； （3）**全国社会保障基金**： ①全国社会保障基金，由中央财政预算拨款、国有资本划转、基金投资收益和国务院批准的其他方式筹集的资金构成，专门用于人口老龄化高峰时期的养老保险等社会保障支出的补充、调剂，由全国社会保障基金理事会（简称社保基金会）负责管理运营； ②全国社会保障基金的投资运作受到严格的制度约束，长期以来奉行**价值投资、长期投资和责任投资**的理念； （4）**企业年金基金**： ①定义：企业年金基金指企业年金计划筹集的资金及其投资运营收益形成的企业补充养老保险基金； ②投资范围：企业年金基金包含投资连结保险产品、证券投资基金、股票、银行存款、国债、中央银行票据、债券回购、万能保险产品、商业银行理财产品、信托产品、基础设施债权投资计划、特定资产管理计划、股指期货以及信用等级在投资级以上的金融债、企业（公司）债、可转换债（含分离交易可转换债）、短期融资券和中期票据等金融产品。企业年金基金在投资过程中需要严格遵循有关法规确定的**投资比例限制，遵循谨慎、分散风险的原则**，充分考虑企业年金基金财产的**安全性、收益性和流动性，实行专业化管理**； （5）**QFII（合格境外机构投资者）**： ①QFII 制度是一国在货币未完全可自由兑换、资本项目尚未完全对外开放情况下有限度地引进外资、开放资本市场的一项过渡性的制度安排； ②QFII 在中国境内的投资受到包括**主体资格、资金流动、投资范围和投资额度**等方面的**限制**； （6）**公募基金：**公募基金公司通过发行公募基金产品，将个人和机构客户的资金募集起来进行投资管理。基金公司所管理的每一个基金产品都具有**特定的投资目标、投资范围和投资策略，体现不同的风险收益特征**。 （7）**私募基金：**私募基金公司的投资产品面向合格投资者发行，人数**不得超过 200 人**。相比于公募基金，私募基金所受的**法律约束较少**，所以它的投资渠道、投资策略都会更为多样化。 （8）**获准开展自营业务的证券公司：**各证券公司具有不同的自营资金规模、投资期限、流动性要求。具有资管牌照的券商，可发行集合资产管理计划产品募集资金进行投资

例题 10.2（选择题）

关于机构投资者的总体特征，以下表述正确的是（　　）。

A. 常常需要借助基金销售机构进行投资　　B. 资金量较小

C. 风险承受能力较强　　D. 投资管理专业知识相对不足

【答案】C

【解析】选项 A 错误，个人投资者常常需要借助基金销售机构进行投资；选项 B 错误，机构投资者的资金量雄厚；选项 D 错误，机构投资者的投资管理能力较强。故答案是选项 C。

例题 10.3（选择题）

关于个人投资者的总体特征，以下表述正确的是（　　）。

A. 资金量较大　　B. 风险承受能力较强

C. 具有专业的投资知识和投资经验丰富　　D. 常常需要借助基金销售机构进行投资

【答案】D

【解析】选项 A 错误，个人投资者资金量相对机构来说较少；选项 B 错误，个人投资者的风险承受能力较弱；选项 C 错误，个人投资者专业知识和投资经验欠缺。故答案是选项 D。

（二）普通投资者和专业投资者的特征（★）

根据可投资金规模、风险容忍度以及投资经验和专业知识的不同可将投资者分为**专业投资者**和**普通投资者**，他们之间的区别具体见表 10－3。

表 10－3　专业投资者和普通投资者的区别

投资者类别	定义	特点
专业投资者	持牌金融机构及其发行的理财产品，养老基金，公益基金，以及金融资产规模、投资经验符合规定条件的机构和自然人	①具备**较强的专业知识**，投资**经验丰富**，可自行判断投资品种和期限是否与自己的投资需求匹配； ②财务上能够**承担投资对应的风险**
普通投资者	专业投资者以外的投资者	①专业**知识相对欠缺**，投资**经验匮乏**； ②处在信息不对称的**不利端**，在投资交易过程中**受到保护**

不是所有的机构投资者都是专业投资者，也不是所有的个人投资者都是普通投资者，二者在一定情况下可以相互转化。

三、投资者需求和投资政策说明书

（一）不同类型投资者在投资目标、投资限制等方面的特点（★★★）

投资者需求由**投资目标和投资限制**构成。**投资目标分为风险目标和收益目标**，其中投资目标反映了投资者的风险容忍度，收益目标反映了投资者对投资收益的要求。投资过程中，风险目标对收益目标具有约束作用，二者相互依赖，缺一不可。

投资限制是指投资者所处的环境因素给投资者的投资决策带来的影响和限制。投资限制包括**流动性要求**、**投资期限**、**税收政策**、**法律法规**和**特殊需求**。投资目标和投资限制的具体内容见表 10－4。

表 10－4　投资目标和投资限制的具体内容

投资者需求	方面	具体内容
投资目标	风险容忍度	①投资者的风险容忍度由承担**风险的能力和意愿**决定，较高的风险承受能力和风险承担意愿对应较高的风险容忍度； ②投资者的风险承受**能力**由其**投资期限、收入支出状况和资产负债状况**等**客观**因素决定；**投资期限越长，收入越高，资产远大于负债，风险承受能力越强**； ③风险承担意愿由投资者**主观愿望**决定，它反映了投资者的**风险厌恶程度**，取决于投资者的**心理状况**及其当时所处的境况。性格类型、自信心、独立思维倾向等心理因素与承担风险的意愿密切相关。相比机构投资者，**承担风险的意愿对个人投资者更为重要**； ④基金管理人可以通过邀请投资者填写**问卷**、与投资者进行风险**讨论**等方式来确定投资者承担风险的能力和意愿； ⑤当投资者的**风险承担意愿和能力相互违背**时，基金管理人和基金销售机构应及时对投资者**提供投资顾问服务**。确定其风险容忍度时需**同时兼顾风险容忍能力与风险容忍意愿**
	收益目标	①收益目标可分为**绝对收益目标和相对收益目标**。例如，某基金的预期年化收益率设定为 10%，这属于绝对收益目标；某基金的预期年化收益率设定为大盘指数收益率+10%，这属于相对收益目标； ②理想状况下，投资者会追求获得高收益的同时承担较低的风险，但现实往往是要想获得较高收益就需要承担较高风险。**当投资者提出不切实际的投资目标时，基金管理人或基金销售机构应该为投资者提供顾问服务**，让投资者正视自己的风险容忍度和产品收益的匹配度； ③收益目标亦可分为实际收益率目标和相对收益率目标。**实际收益率＝相对收益率－通货膨胀率**。**实际收益率**反映了实际购买力的增加，所以**长期**投资者应该更加关注实际收益率
投资限制	流动性要求	①**流动性**是指投资者在短期内以合理价格将资产变现的容易程度。可以以公允价格快速变现且需要支付的变现成本较低的资产流动性较好，反之流动性较差； ②当投资者需要使用现金以应对各种开支时，就存在对流动性的要求； ③流动性要求可以通过持有流动性好的资产来满足，例如持有现金及现金等价物，当需要现金的时候可以直接将这类资产卖出换成现金； ④如果**投资者对流动性要求越高**，需要**持有容易变现的资产越多**，而这类资产期限较短，风险较小，**收益较低**，从而影响整体投资的收益率；反之，如果投资者对流动性要求越低，从而没有较强的变现压力，就可以投资期限较长，收益较高的资产； **⑤个人投资者和机构投资者都有必要在投资组合中配置一定量的流动性较强的资产，以备不时之需**
	投资期限	①**投资期限**是指投资者从购买金融资产到兑付日之间的时间长度； ②**投资期限越长，风险承受能力越强**，越可能配置更多的高风险、高收益资产； ③不同投资者的投资期限不同，但多数投资者的投资期限是**长短期相结合**
	税收政策	①投资业绩的好坏以**税后收益**来衡量，所以税收在投资决策中起到重要的作用； ②当投资者面临较高税收时，需要积极考虑避税和递延税收； ③**免税或具有税收优惠的投资标的**对投资者具有更高的**吸引力**
	法律法规	监管机构的法律法规会限制部分投资行为，属于影响投资决策的**外部因素**，例如保险公司的资金投资股市有上限约束
	特殊需求	不同投资者有各自的特殊需求。例如，环保主义者拒绝投资重污染企业，和平主义者拒绝投资军工企业等

例题 10.4（选择题）

关于投资者的风险承受能力和意愿，以下表述正确的是（　　）。

A. 风险承受能力与投资者的资产负债情况和投资期限等因素有关

B. 风险承受能力取决于投资者对风险的厌恶程度

C. 风险承受意愿通常来说对机构投资者比对个人投资者更为重要

D. 风险承受能力也可以被理解为风险承担意愿

【答案】A

【解析】选项 B 错误，风险承受能力取决于投资者的财务状况、年龄、家庭情况等；选项 C 错误，风险承受意愿通常来说对个人投资者更为重要；选项 D 错误，风险承受能力和风险承担意愿共同构成风险容忍度。故答案是选项 A。

例题 10.5（选择题）

以下投资者需求中属于投资目标的是（　　）。

A. 投资期限　　B. 风险承受能力　　C. 流动性需求　　D. 特殊需求

【答案】B

【解析】选项 A 错误，投资期限属于投资限制；选项 C 错误，流动性需求属于投资限制；选项 D 错误，特殊需求属于投资限制。故答案是选项 B。

（二）投资政策说明书包含的主要内容（★★★）

投资政策说明书是投资管理人结合投资者实际情况制定的投资决策指导性文件。当投资管理人确定投资者的投资目标和投资限制之后，需先制定投资政策说明书，再进行具体的投资决策，其主要内容见表 10－5。

表 10－5　投资政策说明书的主要内容

主要内容	主要含义
介绍	客户基本情况的描述
目的陈述	撰写投资政策说明书目的的陈述
责任与义务陈述	投资过程所涉及各方的责任与义务的陈述
流程	投资步骤及突发事件处理方法的描述
投资目标	客户**投资目标**的描述
投资限制	客户**投资限制**因素的描述
资产配置	**战略资产配置**的制定以及投资组合再平衡指导原则的描述
投资指导方针	**投资政策执行**的具体细节描述，例如**可投资资产类别的范围**
业绩考核指标与业绩比较基准	**业绩评估**指标的具体描述
评估与回顾	投资绩效信息反馈方法和投资政策说明书的**审查与更新**

除表 10－5 中所列的内容，部分机构将**投资决策流程、投资策略以及交易机制**等内容纳入投资政策说明书内。由于投资者的需求会根据其自身具体情况不定期地调整，为了帮助投资者实现其投资需求，**投资政策说明书也需要定期或不定期进行更新**。

投资政策说明书的制定具有多方面的**作用**：

（1）能够帮助投资者制定切合实际的投资目标。

（2）投资管理人通过投资政策说明书可以真实、准确、完整地得知投资者的需求，从而能够更加有效地实施投资决策以满足投资者的投资需求，规避不必要的误解。

（3）为评估投资管理人的投资业绩提供参考依据。

制定投资政策说明书是进行投资组合管理的基础。**投资政策说明书能够有效地指导投资策略的实施，有助于更好地实现投资组合管理**。

例题 10.6（选择题）

投资步骤及突发事件处理方法属于投资政策说明书中（　　）项的内容。

A. 投资目标　　B. 流程　　C. 投资指导方针　　D. 目的陈述

【答案】B

【解析】投资政策说明书的流程项描述了投资步骤及突发事件处理方法。选项 ACD 与投资步骤及突发事件处理方法无关。故答案是选项 B。

例题 10.7（选择题）

业绩评估指标的具体描述属于投资政策说明书中（　　）项的内容。

A. 投资限制　　B. 投资指导方针

C. 业绩考核指标与业绩比较基准　　D. 评估与回顾

【答案】C

【解析】投资政策说明书的业绩考核指标与业绩比较基准项对业绩评估指标进行了具体描述。选项 ABD 与业绩评估指标的具体描述无关。故答案是选项 C。

四、基金公司投资管理架构

（一）基金公司投资管理部门设置（★★★）

投资管理部门是基金公司的核心业务部门。虽然不同基金公司的投资管理部门的设置有所差异，但主要设置大体相同。基金公司投资管理部门设置的具体内容见表 10－6。

表 10－6　基金公司投资管理部门设置

部门	具体内容
投资决策委员会	①投资决策委员会是基金公司的**最高决策机构**，各个基金公司自行设立，属于非常设议事机构； ②在遵守国家有关法律法规、公司规章制度的前提下，**管理公司各项重大投资活动，确定**不同管理级别的**操作权限，审订**公司**投资管理制度和业务流程**； ③投资决策委员会一般由基金管理公司的总经理、分管投资的副总经理、投资总监、研究部经理、基金经理等组成
投资部	①投资部**制定**具体的**投资组合构建方案，向交易部门下达投资指令**； ②一个经理或一组经理负责一只基金，负责决定该基金的**组合和投资策略**，并形成包括证券交易的种类、买卖方向、交易价格与交易时间等内容的交易指令
研究部	①研究部是基金投资运作的**基础部门**。通过对宏观经济形势、行业状况、上市公司的分析和研究，向**投资部门**提供**研究报告**并给出**投资建议**； ②研究部从不同行业**筛选出具有代表性的优质上市公司实施跟踪**，通过深入研究分析选出最具增长潜力的公司； ③研究部在进行投资分析、给出投资建议的过程中会**参考**证券公司等**外部**机构的研究报告

续表

部门	具体内容
交易部	①交易部是基金投资运作的**具体执行部门**，负责交易指令的**审核、执行和反馈**； ②基金采取**集中交易制度**，可以有效地**提高交易效率**和有效**控制**基金管理中交易执行的**风险**； ③基金交易部是基金公司的**核心保密区域**，执行最严格的保密要求； ④**交易员**在交易部充当**重要角色**，其职责是以有利的价格进行证券交易，并**及时向基金经理反馈市场信息**

例题 10.8（选择题）

负责交易指令的审核、执行和反馈的部门是（　　）。

A. 投资部　　B. 研究部　　C. 交易部　　D. 投资决策委员会

【答案】C

【解析】选项A错误，投资部负责制定具体的投资组合构建方案，并向交易部门下达投资指令；选项B错误，研究部为投资部门的投资决策提供研究支持；选项D错误，投资决策委员会是基金公司的最高决策机构，属于统筹层级，不涉及交易指令的问题。交易部门是具体执行部门，负责交易指令的审核、执行和反馈。故答案是选项C。

例题 10.9（选择题）

负责制定具体的投资组合构建方案并向交易部门下达投资指令的部门是（　　）。

A. 交易部　　B. 投资决策委员会　　C. 投资部　　D. 研究部

【答案】C

【解析】选项A错误，交易部是具体执行部门，负责交易指令的审核、执行和反馈；选项B错误，投资决策委员会是基金公司的最高决策机构，属于统筹层级，不涉及交易指令的问题；选项D错误，研究部为投资部门的投资决策提供研究支持；投资部是负责制定具体的投资组合构建方案并向交易部门下达投资指令的部门。故答案是选项C。

（二）基金公司投资交易流程（★★★）

基金公司投资交易流程包括形成投资策略、构建投资组合、执行交易指令、绩效评估与组合调整、风险控制等环节。基金公司投资交易流程涉及的具体内容见表10-7。

表10-7　基金公司投资交易流程

流程	具体内容
形成投资策略	形成投资策略是投资交易的**基础环节**，包括以下3个步骤： ①**研究部提出研究报告**。研究部在综合宏观经济分析、行业分析、个股分析的基础上向投资决策委员会和其他投资部门提供研究报告，并提出投资建议，建立投资股票池； ②**投资决策委员会**参考研究部提供的研究报告，根据现行法律法规和基金合同的有关规定，**形成**基金投资的投资范围、投资目标等总体**投资策略**； ③**投资部制定具体的投资组合方案**。投资部根据总体投资策略和研究报告，构建投资组合方案，并对方案进行风险收益分析
构建投资组合	实操中，**基金经理**根据投资决策委员会的**投资策略**及研究部门的**研究报告**，**结合**对证券市场、上市公司、投资时机的**分析**，**拟定**所管理基金的**具体投资计划**，包括资产配置、行业配置、重仓个股投资方案

续表

流程	具体内容
执行交易指令	交易指令在基金公司内部执行情况如下： ①**基金经理**在自主权限内通过交易系统向交易室**下达交易指令**； ②**交易总监审核投资指令**（价格、数量）的合法合规性，并将指令分派给交易员。投资交易系统将自动拦截违规指令，**发现异常指令**时，由交易总监**反馈信息给基金经理**并**有权终止指令**，同时报上级主管领导，并通知合规风控部门； ③**交易员**收到指令后有权根据自身对市场的判断**选择合适时机完成交易**； ④交易指令从基金公司到达经纪商，交易指令已经从基金公司流出，经纪商会确认交易指令并执行，然后进行交易清算交割，完成交易过程
绩效评估与组合调整	①基金公司内部会定期和不定期对基金进行投资绩效评估，并提供相关报告； ②绩效评估分析**超额收益的来源、投资风格、投资行为特征**等。根据绩效评估结果，基金经理可以对投资策略和投资组合进行适当的调整，公司管理层可以对基金经理进行业绩考核与能力评定
风险控制	①基金管理公司会成立风险管理委员会、风控和监察部门，根据相关法律法规建立一套完整合规的风险控制管理体系，并在基金合同和招募说明书中予以明确规定，以保障基金投资者的合法权益； ②风险管理部、监察稽核以及其他相关部门会对组合的投资交易进行**事前审批、事中监控、事后报告**等工作； ③风险管理并不是投资流程中的最后一环，它贯穿于投资组合从设计到开始投资再到日常运作的全过程。风险管理的任务不仅是风控和合规部门的职责，也是投资、市场、运营等各部门工作的一部分

名师说

基金公司的投资交易流程和常考的负责部门与人员见图 10－1。

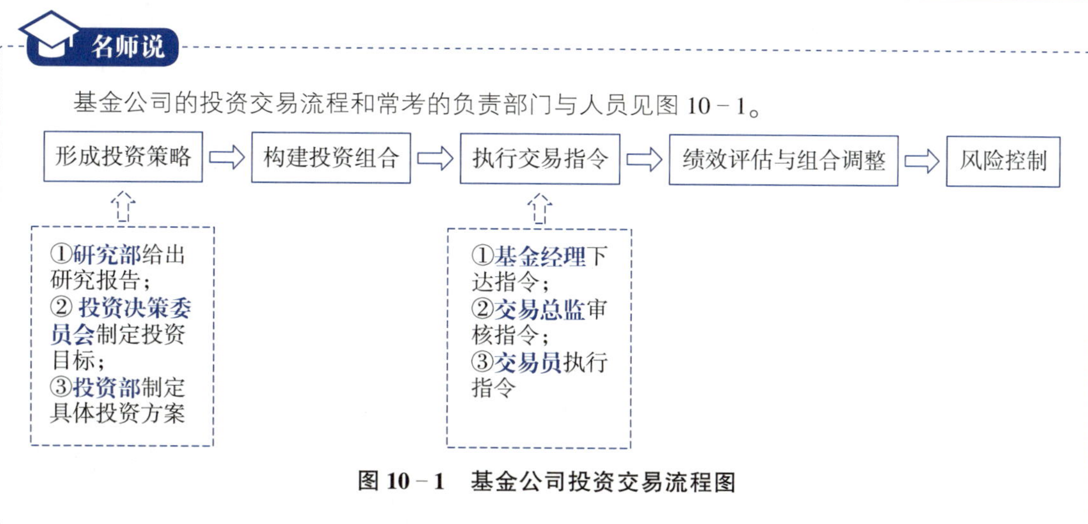

图 10－1 基金公司投资交易流程图

例题 10.10（选择题）

在基金公司的投资交易流程中，具体投资方案的制定发生在（　　）过程中。

A. 形成投资策略　　B. 构建投资组合

C. 执行交易指令　　D. 风险管理

【答案】A

【解析】在形成投资策略过程中，投资部制定具体投资方案。故答案是选项 A。

例题 10.11（选择题）

在基金公司的投资交易流程中，交易总监审核指令发生在（　　）过程中。

A. 绩效评估与组合调整　　B. 风险管理

C. 执行交易指令　　D. 构建投资组合

【答案】C

【解析】在形成投资策略过程中，基金经理下达指令，交易总监审核指令，交易员执行指令，这些发生在执行交易指令过程中。故答案是选项C。

你已完成本任务的学习，快去小程序上做题吧！

任务 11　现代投资组合理论和资本市场理论

考情分析

本任务内容在考试中的分值占比约为 6%，整体难度较大，考试以定性题为主。

通过本任务的学习，考生将对现代投资组合理论和资本市场理论的相关概念有所了解。其中，考生需要重点掌握资产收益率的期望、方差、协方差、标准差和相关性的概念、计算和应用，系统性风险和非系统性风险的概念。

任务框架图

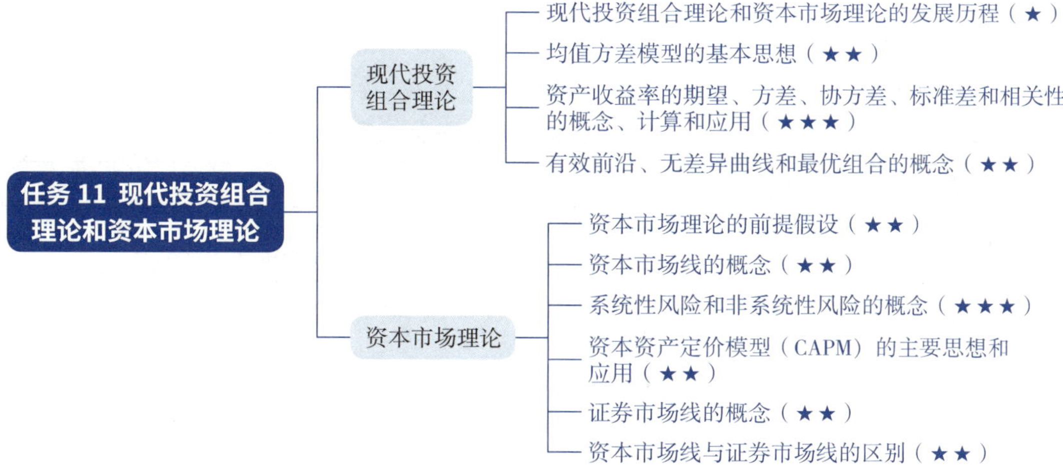

考点精讲

一、现代投资组合理论

（一）现代投资组合理论和资本市场理论的发展历程（★）

1. 现代投资组合理论的出现

1952年，哈里·马科维茨首次提出了**均值-方差模型**，奠定了投资组合理论的基础，标志着现代投资组合理论（MPT）的开端。

现代投资组合理论的核心思想是它把包含多种证券的投资组合当作一个整体来分析研究，投资组合的风险包括**系统性风险和非系统性风险**。系统性风险是指整个市场的风险，无法规避，而非系统性风险是指公司特有的风险，可通过分散化规避。所以，投资者可以通过持有**多个证券**进行分散化投资，以达到**分散非系统性风险**的目的。但是，由于该理论模型存在一定缺陷，所以难以付诸实际运用。

2. 资本市场理论的发展历程

资本市场理论的发展历程见表11－1。

表11－1　资本市场理论的发展历程

时间	具体内容
1963年	**威廉·夏普**提出**单因子模型**，在牺牲一定精确度的情况下大大简化了马科维茨投资组合模型。简化的模型计算量骤减，从而提高了其实际运用价值
1964—1966年	威廉·夏普、约翰·林特耐和简·莫辛三人分别于1964年、1965年和1966年独立研究出著名的**资本资产定价模型（CAPM）**
1970年	尤金·法玛提出**有效市场假说（EMH）**，将市场分为**弱有效市场、半强有效市场和强有效市场**
1973年	费雪·布莱克与迈伦·斯克尔斯推导出**期权定价模型**。后来罗伯特·莫顿也发现了该模型并给出了有关期权的实用结论，从而推广了该模型
1976年	斯蒂芬·罗斯发展了CAPM，提出了**套利定价理论（APT）**

（二）均值方差模型的基本思想（★★）

投资者在做**投资决策**时，**不仅考虑**投资标的带来的**收益，也会考虑**投资标的的**风险**大小。马科维茨投资组合理论的均值方差模型具有划时代的意义：

（1）均值方差模型用一个**资产历史收益率的算术平均值（均值）**代表其**期望收益率**，用资产历史收益率偏离其均值的平均程度**（方差或标准差）**代表其**风险**；

（2）投资者是**风险厌恶**的，做投资决策时会**选择有效的投资组合**，即给定期望收益率的情况下使得风险最小的组合，给定风险的情况下使得期望收益率最大的组合；

（3）可以使用每个证券的**期望收益率**、收益率的**方差和协方差**（相关关系）来计算组合的期望收益率和方差，从而找到有效的投资组合。

例题 11.1（选择题）

以下关于马科维茨投资组合理论相关内容的描述错误的是（　　）。

A. 风险最小的投资组合就是有效投资组合

B. 投资者在做投资决策时既会考虑收益也会考虑风险

C. 投资者是风险厌恶的

D. 投资者做投资决策时会选择有效的投资组合

【答案】A

【解析】选项 A 错误。风险最小，如果收益也小，就不是有效的投资组合。其他选项描述都正确。故答案是选项 A。

（三）资产收益率的期望、方差、协方差、标准差和相关性的概念、计算和应用（★★★）

1. 单个资产收益率的期望、方差和标准差

资产收益率的期望即**期望收益率**、**预期收益率**，也被称为**平均收益率**。用 r 代表收益率，那么 r 的期望记为 $E(r)$。我们可以使用资产收益率各种可能取值的**加权平均**代表其期望收益率：

$$E(r)=p_1r_1+p_2r_2+\cdots+p_nr_n \tag{11.1}$$

进而计算出收益率的方差和标准差，并以标准差来衡量资产收益率的风险：

$$\sigma^2=\sum_{i=1}^{n}p_i\left[r_i-E(r)\right]^2 \tag{11.2}$$

$$\sigma=\sqrt{p_1[r_1-E(r)]^2+p_2[r_2-E(r)]^2+\cdots+p_n[r_n-E(r)]^2} \tag{11.3}$$

式（11.2）和式（11.3）中，r_i 代表资产取得第 i 个可能值；p_i 代表资产取得第 i 个可能值的概率；σ^2 代表资产收益率的方差；σ 代表资产收益率的**标准差**。

2. 多个资产（投资组合）收益率的期望、方差和标准差

包含 n 个资产的投资**组合的预期收益率**等于组合内**各资产**收益率的**加权平均**：

$$E(r_p)=\sum_{i=1}^{n}w_iE(r_i) \tag{11.4}$$

包含 n 个资产的投资组合收益率的方差：

$$\sigma_p^2=\sum_{i=1}^{n}w_i^2\sigma_i^2+\sum_{i=1}^{n}\sum_{j=1,\,i\neq j}^{n}w_iw_j\rho_{i,j}\sigma_i\sigma_j \tag{11.5}$$

包含任意两个资产 i 和 j 的投资组合收益率的方差：

$$\sigma_p^2=w_i^2\sigma_i^2+w_j^2\sigma_j^2+2w_iw_j\rho_{i,j}\sigma_i\sigma_j \tag{11.6}$$

$$w_i+w_j=1 \tag{11.7}$$

上述公式中，$E(r_p)$ 代表组合的预期收益率；$E(r_i)$ 代表资产 i 的预期收益率；w_i 代表资产 i 在组合中的市值权重；σ_p^2 代表投资组合收益率的方差；σ_i^2 代表资产 i 收益率的方差；σ_i 代表资产 i 收益率的标准差；$\rho_{i,j}$ 代表资产 i 收益率和资产 j 收益率的相关系数，可以用来度量二者之间的相关关系；资产 i 的权重和资产 j 的权重之和等于 1。

名师说

包含两个资产的投资组合的方差可看成完全平方展开式，但在中间项乘一个相关系数小尾巴。

3. 资产收益率间的协方差和相关系数

任意两个资产 i 和 j 收益率之间的**协方差**为：

$$Cov(r_i,\ r_j)=E\{[r_i-E(r_i)][r_j-E(r_j)]\} \tag{11.8}$$

任意两个资产 i 和 j 收益率之间的**相关系数**为二者协方差除以各自的标准差：

$$\rho_{i,j}=\frac{Cov(r_i,\ r_j)}{\sigma_i\sigma_j} \tag{11.9}$$

知道协方差与相关系数及标准差之间的关系之后，**组合的方差**可以表示为：

$$\sigma_p^2=\sum_{i=1}^{n}w_i^2\sigma_i^2+\sum_{i=1}^{n}\sum_{\substack{j=1\\ i\neq j}}^{n}w_iw_jCov\ (r_i,\ r_j) \tag{11.10}$$

相关系数 $\rho_{i,j}$ 的取值范围为 [-1，1]，具体含义见表 11-2。

表 11-2　相关系数的具体含义

取值	含义
$\rho_{i,j}=-1$	两个资产收益率之间是**完全负相关**，可通过**分散化**投资构建**零风险组合**
$\rho_{i,j}=1$	两个资产收益率之间是**完全正相关**，**不能分散风险**，组合的风险等于两个资产风险的加权平均
$\rho_{i,j}=0$	两个资产收益率之间**不存在线性关系**
$-1<\rho_{i,j}<0$	两个资产收益率之间是**负**线性关系，**可**通过分散化投资**降低组合风险**
$0<\rho_{i,j}<1$	两个资产收益率之间是**正**线性关系，**可**通过分散化投资**降低组合风险**
$\|\rho_{i,j}\|$越接近1	两个资产的收益率之间的**线性关系越密切**
$\|\rho_{i,j}\|$越接近0	两个资产的收益率之间的**线性关系越弱**

对于只包含两个资产 i 和 j 的投资组合，给二者一个特定的投资权重（比例），可以得到一个特定的投资组合。通过上面给出的公式可以算出此投资组合的预期收益率和标准差。在以横坐标为标准差，以纵坐标为预期收益率的直角坐标系中，该组合预期收益率和标准差就是一个坐标点。如果调整两个资产的投资权重，就会得到不同的组合预期收益率和标准差，从而有不同的坐标点，将它们连接就能绘制出一条连续的曲线。

此时若改变两个资产之间的相关系数，重复上面的操作，便可得到其他曲线。具体见图 11-1。

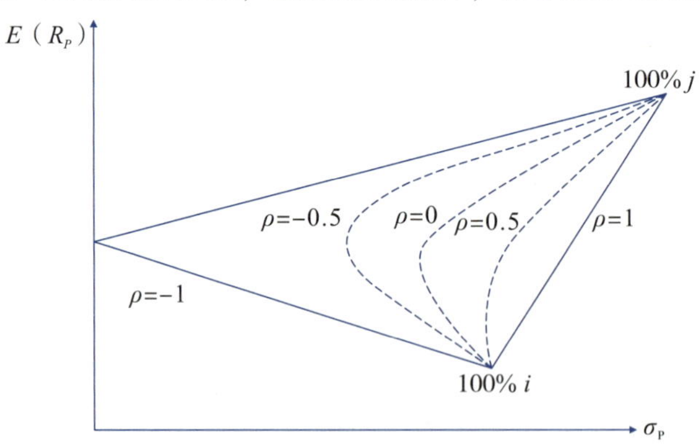

图 11-1　资产组合的相关系数

当 $\rho_{i,j}=1$ 时，组合收益率的方差为：

$$\sigma_p^2 = w_i^2\sigma_i^2 + w_j^2\sigma_j^2 + 2w_iw_j\sigma_i\sigma_j \tag{11.11}$$

标准差为：

$$\sigma_P = w_i\sigma_i + w_j\sigma_j \tag{11.12}$$

此时，两个资产的投资组合呈现为一条直线，直线上不同的点代表两个资产按不同权重配置得到的组合。如果把资金全部投资产 i，对应的组合就是最下方的 i 点；如果把资金全部投资产 j，对应的组合就是最上方的 j 点。

当 $\rho_{i,j}=-1$ 时，组合收益率的方差为：

$$\sigma_p^2 = w_i^2\sigma_i^2 + w_j^2\sigma_j^2 - 2w_iw_j\sigma_i\sigma_j \tag{11.13}$$

标准差为：

$$\sigma_P = |w_i\sigma_i - w_j\sigma_j| \tag{11.14}$$

此时存在一组资产权重使得组合收益率的标准差等于 0，于是就会出现一条与纵坐标相交的折线。随着相关系数的降低，由两个资产 i 和 j 构成的组合收益率-标准差曲线向左弯曲。所以，**通过分散化投资，构成投资组合的两个资产的相关系数越小时，可以在收益率不变的情况下降低组合的风险，实现分散风险的目标。**

例题 11.2（选择题）

投资组合中预期收益率与资产的权重（　　），与资产间的相关系数（　　）。

A. 有关；无关　　B. 无关；有关　　C. 有关；有关　　D. 无关；无关

【答案】A

【解析】根据组合的预期收益率计算公式：$E(X_p)=\sum_{i=1}^{n} w_iE(x_i)$ 可知，预期收益率与组合中资产的权重有关，与相关系数无关。故答案是选项 A。

例题 11.3（选择题）

资产 i 回报与资产 j 回报之间的相关系数为 0.8，资产 i 回报的标准差为 0.04，资产 j 回报的标准差为 0.1，资产 i 回报与资产 j 回报的协方差为（　　）。

A. 0.0231　　B. 0.0032　　C. 0.3214　　D. 0.0045

【答案】B

【解析】根据相关系数计算公式：$\rho_{i,j}=\dfrac{\text{Cov}(r_i, r_j)}{\sigma_i\sigma_j}$，$\text{Cov}(r_i, r_j)=\rho_{i,j}\times\sigma_i\times\sigma_j=0.8\times0.04\times0.1=$ 0.0 032。故答案是选项 B。

（四）有效前沿、无差异曲线和最优组合的概念（★★）

1. 可行集、最小方差前沿和有效前沿

将所有可投资风险资产都描绘在以预期收益率为纵坐标，以收益率的标准差为横坐标的直角坐标系中，能够得到一个**包含所有可投资风险资产**的**可行集**。从可行集出发，可以推导出**有效前沿**，具体见表 11－3。

表 11－3 有效前沿推导

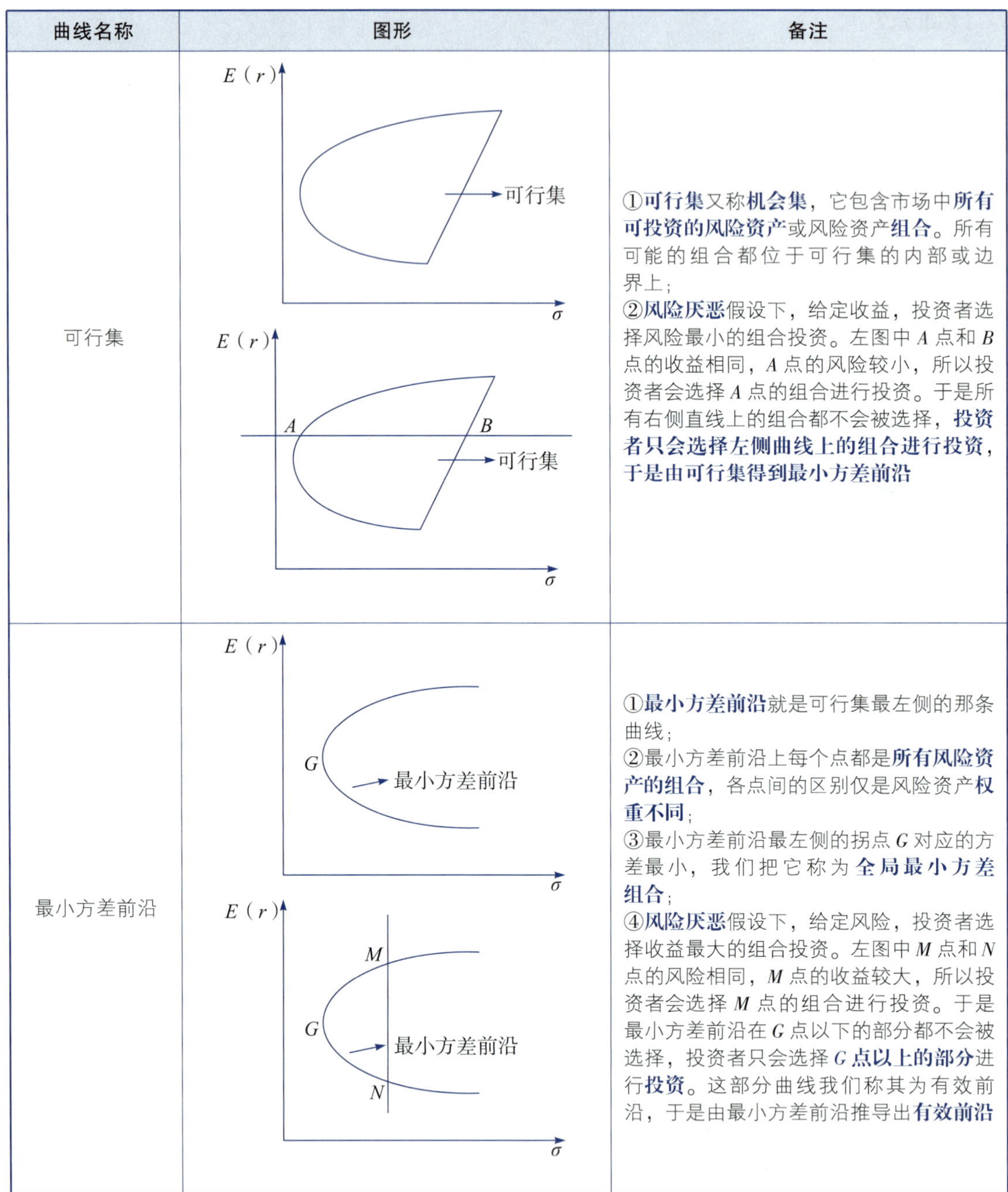

曲线名称	图形	备注
可行集		①**可行集**又称**机会集**，它包含市场中**所有可投资的风险资产**或风险资产**组合**。所有可能的组合都位于可行集的内部或边界上； ②**风险厌恶**假设下，给定收益，投资者选择风险最小的组合投资。左图中 A 点和 B 点的收益相同，A 点的风险较小，所以投资者会选择 A 点的组合进行投资。于是所有右侧直线上的组合都不会被选择，**投资者只会选择左侧曲线上的组合进行投资，于是由可行集得到最小方差前沿**
最小方差前沿		①**最小方差前沿**就是可行集最左侧的那条曲线； ②最小方差前沿上每个点都是**所有风险资产的组合**，各点间的区别仅是风险资产**权重不同**； ③最小方差前沿最左侧的拐点 G 对应的方差最小，我们把它称为**全局最小方差组合**； ④**风险厌恶**假设下，给定风险，投资者选择收益最大的组合投资。左图中 M 点和 N 点的风险相同，M 点的收益较大，所以投资者会选择 M 点的组合进行投资。于是最小方差前沿在 G 点以下的部分都不会被选择，投资者只会选择 **G 点以上的部分**进行**投资**。这部分曲线我们称其为有效前沿，于是由最小方差前沿推导出**有效前沿**

续表

曲线名称	图形	备注
有效前沿		①有效前沿上的组合全部是**有效组合**，它**包含了所有的风险资产**，所以称**有效组合**为**完全分散化的组合**； ②有效前沿又叫**马科维茨有效前沿**

2. 效用函数与无差异曲线

根据投资者面对风险的不同态度，可将投资者分为**风险偏好者、风险中性者和风险厌恶者**。马科维茨的**投资组合理论**假设投资者是**风险厌恶**的。通过**效用函数**可求得资产给投资者带来的效用大小。效用函数的图形表示即为**无差异曲线**，具体见表 11－4。

表 11－4　效用函数与无差异曲线

名称	公式/图形	具体内容
效用函数	$U=E(r)-\frac{1}{2}A\sigma^2$	①**效用**指投资给人带来的**满足度**，**风险厌恶**的投资者倾向于投资低风险、高收益的资产； ②U 代表效用值；A **代表投资者的风险厌恶程度**；$E(r)$ 代表资产的预期收益率；σ^2 代表资产收益率的方差； ③由于投资者可能具有不同的风险厌恶程度，**同一资产可能给不同投资者带来的效用大小不同**； ④同一个投资者可以从**不同**收益风险特征的**资产**中获得**相同的效用**
无差异曲线		①无差异曲线**不相交**； ②**同一条无差异曲线**上的点给投资者带来的**效用相同**； ③每个投资者都有**无数条**无差异曲线； ④风险厌恶投资者的无差异曲线向**右上方倾斜**； ⑤越往**左上方**的无差异曲线代表的**效用越大**； ⑥**风险厌恶程度越大**的投资者的**无差异曲线越陡峭**

3. 最优组合

将有效前沿与无差异曲线相结合即可得到投资者的最优组合，具体见表 11－5。

表 11－5 最优组合

曲线名称	图形	具体内容
最优组合	$E(r)$ Y X 有效前沿 最优组合 σ	①由于越往左上方的无差异曲线代表的效用越大，追求效用最大化的投资者会选择无差异曲线与有效前沿**相切**的点进行投资，该点即为投资者的最优组合； **②投资者 X 比投资者 Y 更厌恶风险，其最优组合在投资者 Y 的左下方**

例题 11.4（选择题）

以下关于最优组合和无差异曲线描述正确的是（　　）。

A. 所有投资者具有相同的最优组合

B. 最优组合是投资者的无差异曲线与有效前沿相交的点

C. 风险厌恶程度大的投资者的最优组合靠近有效前沿的左侧

D. 越往左上方的无差异曲线代表的效用越小

【答案】C

【解析】选项 A 错误，风险厌恶程度不同的投资者可以具有不同的最优组合；选项 B 错误，最优组合是投资者的无差异曲线与有效前沿相切的点；选项 D 错误，越往左上方的无差异曲线代表的效用越大。故答案是选项 C。

二、资本市场理论

（一）资本市场理论的前提假设（★★）

资本市场理论和资本资产定价模型有 7 个假设条件，具体内容见表 11－6。

表 11－6 资本市场理论的前提假设

假设条件	具体内容
投资者是**风险厌恶**的、追求**效用最大化**的投资者	①给定收益，投资者选择风险最小的资产投资；给定风险，投资者选择收益最大的资产投资； ②投资者追求能带来**最大效用**的投资
投资者可以以无风险利率**任意借入或贷出资金**	①投资者**借入或贷出资金不受限**； ②借贷资金利率为无风险收益率
投资者对资本市场具有**相同的预期**	不同的投资者对同一个资产的收益与风险**预期相同**
投资者具有**相同的投资期限**	①投资者投资期限相同； ②投资者在投资期限内不调整组合头寸
任意**投资无限可分**	投资数量和额度不受限制
市场**无摩擦**	没有税收和交易费用
投资者是**价格接受者**	投资者是市场价格的接受者，其交易行为不会影响市场价格

例题 11.5（选择题）

以下关于资本市场理论的假设描述错误的是（　　）。

A. 市场无摩擦

B. 任意投资无限可分

C. 投资者是价格接受者

D. 投资者具有不同的投资预期

【答案】D

【解析】选项 D 错误，资本市场理论假设投资者具有相同的投资预期。选项 ABC 描述都正确。故答案是选项 D。

（二）资本市场线的概念（★★）

由于历史的局限性，**马科维茨投资组合理论**中的**有效前沿只包含风险资产**，没有涉及无风险资产。为了更好地结合实际情况，**威廉·夏普**对马科维茨的有限前沿进行了改进，在风险资产组合中**加入无风险资产**，进一步探讨市场中可供选择的最优组合集的范围。

1. 资本配置线

对于一个只包含**一个风险资产（x）和无风险资产**（一般用**短期国库券**来代表）的投资组合，如果风险资产的权重为 ω_x，则无风险资产的权重为（$1-\omega_x$），此时组合的收益率和收益率的方差分别为：

$$E(R_p)=\omega_x E(R_x)+(1-\omega_x)R_f \tag{11.15}$$

$$\sigma_p^2=\omega_x^2\sigma_x^2+(1-\omega_x)^2\sigma_f^2+2\omega_x(1-w_x)\rho_{x,f}\sigma_x\sigma_f \tag{11.16}$$

式（11.15）和式（11.16）中，$E(R_p)$ 和 $E(R_x)$ 分别代表组合和风险资产的预期收益率；R_f 代表无风险资产的收益率；σ_p^2 代表组合收益率的方差；$\rho_{x,f}$ 代表风险资产与无风险资产之间的相关系数；σ_x 代表风险资产收益率的标准差；σ_f 代表无风险资产收益率的标准差。

由于 $\sigma_f=0$，所以式（11.16）又可以写成：

$$\sigma_p^2=\omega_x^2\sigma_x^2 \tag{11.17}$$

两边开根号求标准差得：

$$\sigma_p=\omega_x\sigma_x \tag{11.18}$$

联立式（11.15）和式（11.18）可得：

$$E(R_p)=R_f+\frac{E(R_x)-R_f}{\sigma_x}\times\sigma_p \tag{11.19}$$

式（11.19）即为**资本配置线（capital allocation line，CAL）**的解析式，它描绘了组合预期收益率与收益率标准差之间的关系。其**截距为无风险资产收益率 R_f**，**斜率为 $\frac{E(R_x)-R_f}{\sigma_x}$**，它是风险资产 x 的**夏普比率（*sharpe ratio*）**，也是资本配置线上任何一点的夏普比率。以 σ_p 为横坐标，$E(R_p)$ 为纵坐标，可绘制出资本配置线，具体见图 11－2。

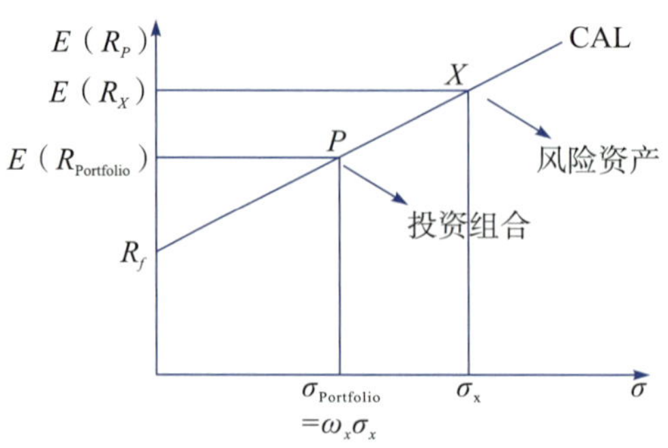

图 11－2　资本配置线示意图

资本配置线上的点表示**无风险资产与风险资产 x 的线性组合**。

当考虑更多的风险资产时，可以得到很多不同的资本配置线。马科维茨投资组合理论中的有效前沿上的点代表最有效的风险资产组合。于是将无风险资产与有效前沿上的点连接就可以得到无数条资本配置线，具体见图 11－3。

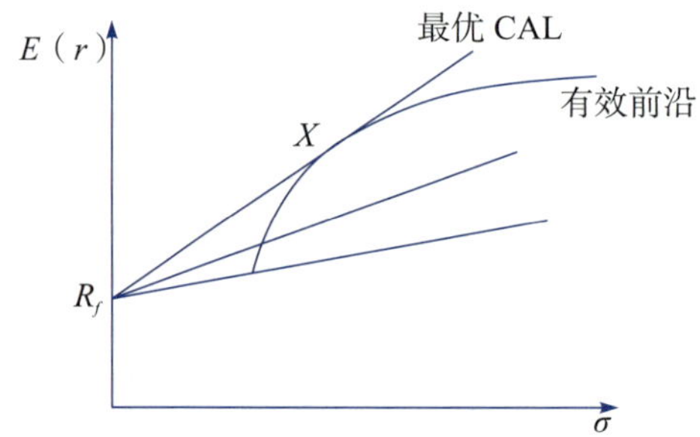

图 11－3　最优资本配置线示意图

资本配置线的斜率夏普比率$\frac{E(R_x)-R_f}{\sigma_x}$，其衡量的是承担一单位风险所获得的超额回报，所以对应风险资产或组合来说该指标越高越好，而与有效前沿相切的资本配置线**斜率最大**，它便是**最优的资本配置线**。投资者会将自己的无差异曲线与最优的资本配置线**相切**找到最优的资产配置点。

由于不同的**投资者对市场有不同的预期**，从而就有**不同的风险资产有效前沿**和**最优资本配置线**。

2. 资本市场线

当所有的投资者对市场有**相同预期**时，风险资产的**有效前沿唯一确定**，所有投资者的最优资本配置线变为唯一的**资本市场线**（capital market line，CML），具体见图 11－4。

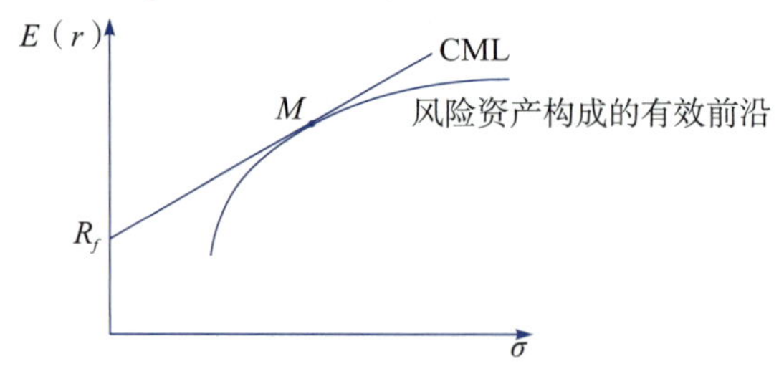

图 11－4　资本市场线示意图

图中的切点 M **为市场组合**。资本市场线跟资本配置线有相似的表达式：

$$E(R_p)=R_f+\frac{E(R_m)-R_f}{\sigma_M}\times\sigma_p \tag{11.20}$$

式（11.20）中，$E(R_m)$代表市场组合的预期收益率；σ_M代表市场组合收益率的标准差。

资本市场线的**截距**也是无风险资产的收益率 R_f，**斜率**为市场组合 M 的夏普比率$\frac{E(R_m)-R_f}{\sigma_M}$，从而资本市场线上**任何一点的夏普比率都等于市场组合的夏普比率**。

市场组合 M 具有以下**特征**：

（1）它包含了**所有的风险资产**。

（2）它是资本市场线上唯一不含无风险资产的组合。

（3）它上面的所有组合都是**无风险资产与市场组合 M 按一定比例配置得到的**。

（4）它**完全由市场决定，与投资者的偏好无关**。

于是，资本市场线可以被看成是**包含了所有资产（风险资产和无风险资产）**的**"新有效前沿"**，上面的组合都是**有效投资组合**。每个投资者都会用自己的无差异曲线与资本市场线**相切**找到适合自己的**最优投资组合**进行资产配置。对于每个有效投资组合而言，给定其风险的大小，便可根据资本市场线得到其预期收益率的大小。

资本市场线是在资本配置线的理论基础上加入投资者具有共同预期的假设得到的，所以资本市场线也可以看成是一条特殊的资本配置线，它们的很多性质可以对比记忆。

例题 11.6（选择题）

资本市场线描述了一个资产组合的预期收益率与其（　　）之间的关系。

A. 标准差　　B. 贝塔值　　C. 协方差　　D. 相关系数

【答案】A

【解析】资本市场线适用于资产配置，其横纵坐标分别为标准差和预期收益率。故答案是选项 A。

（三）系统性风险和非系统性风险的概念（★★★）

在证券市场中，总风险包括**系统性风险**和**非系统性风险**，具体内容见表 11-7。

表 11-7　系统性风险和非系统性风险

风险	定义	特性	关系
系统性风险	**系统性风险**也叫**市场风险**，是影响市场上所有公司的因素导致的风险。例如，**利率**、**通货膨胀率**、**战争**等	①不能通过分散化投资分散掉，即**不可规避**； ②承担系统性风险**给予风险补偿**； ③衡量指标：贝塔（β）	总风险＝系统性风险+非系统性风险
非系统性风险	**非系统性风险**又叫**公司特有的风险**，是发生于个别公司的特有事件造成的风险	①能通过分散化投资分散掉，即**可规避**； ②承担非系统性风险**不给予风险补偿**	

系统性风险一般使用**贝塔系数（β）**来衡量，β系数度量的是资产收益率相对市场的**敏感性**，可通过对资产收益率与市场组合收益率回归得到，其具体计算公式为：

$$\beta_i=\frac{Cov(r_i, r_m)}{\sigma_m^2}=\rho_{i,m}\times\frac{\sigma_i}{\sigma_m} \tag{11.21}$$

式（11.21）中，β_i 代表资产 i 的β系数；Cov（r_i，r_m）代表资产收益率与市场组合收益率之间的协方差；σ_m^2 代表市场组合收益率的方差；$\rho_{i,m}$ 代表资产收益率与市场组合收益率之间的相关系数；σ_i 代表资产 i 收益率的标准差；σ_m 代表市场组合收益率的标准差。

市场组合的β系数等于1。当 $\beta_i=1.2$ 时，说明市场组合收益率上涨1%，资产 i 的收益率随之上涨1.2%；当 $\beta_i=0.5$ 时，说明市场组合收益率上涨1%，资产 i 的收益率随之上涨0.5%；**当 $\beta_i=-0.5$ 时，说明市场组合收益率上涨1%，资产 i 的收益率随之下跌0.5%**。

随着投资组合中资产数量的增加，非系统性风险逐渐降低，**当组合中资产的数量足够大时，非系统性风险趋近于0**，最后被完全分散，组合只承担系统性风险，具体见图11－5。

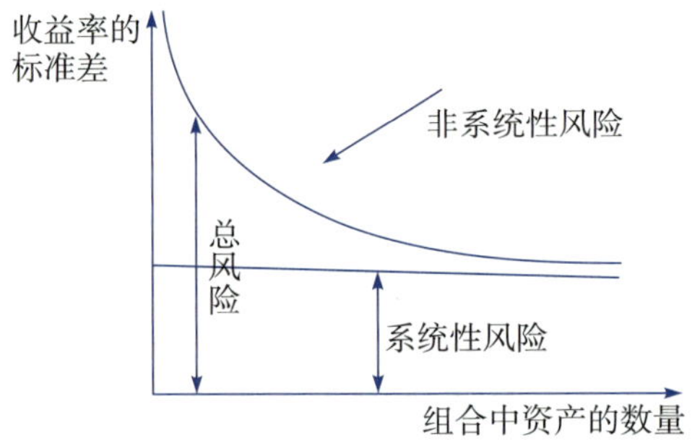

图11－5 组合风险分散示意图

例题11.7（选择题）

下列属于系统性风险事件的是（ ）。

A. 乐视网破产倒闭
B. 华夏幸福债务违约
C. 安然公司财务造假
D. 全球金融危机

【答案】D

【解析】选项D错误，全球金融危机属于系统性风险事件。选项ABC属于公司特有的风险，是非系统性风险。故答案是选项D。

例题11.8（选择题）

下列关于系统性风险与非系统性风险的描述错误的是（ ）。

A. 总风险＝系统性风险+非系统性风险
B. 系统性风险可以规避
C. 非系统性风险不给予补偿
D. 非系统性风险可以通过分散化投资加以规避

【答案】B

【解析】选项B错误，系统性风险不能规避。选项ACD描述都正确。故答案是选项B。

（四）资本资产定价模型（CAPM）的主要思想和应用（★★）

当投资者按照分散化原理进行投资且证券市场达到平衡时，资产的价格和收益率如何决定就是一个亟待解决的问题。**资本资产定价模型**（capital asset pricing model，CAPM）就用于**确定资产的合理预期收益率**，其主要思想包括：

（1）CAPM 假设投资者都**能进行分散化的投资**，可以**构建完全分散化的组合**，从而组合中不存在非系统性风险。

（2）只有承担**系统性风险能获得收益补偿**。

通过 CAPM 计算资产的合理预期收益率：

$$E(R_i)=R_f+\beta_i\times[E(R_M)-R_f] \tag{11.22}$$

式（11.22）中，$E(R_i)$代表资产 i 的合理预期收益率；R_f 代表无风险资产收益率；β_i 代表资产 i 的 β 系数；$E(R_M)-R_f$ 代表**市场组合的风险溢价**。

CAPM 衡量了资产的合理预期收益率与系统性风险之间的正向关系。**给出一个资产的 β 系数即可求出它的合理预期收益率**，所以分析师可以使用 CAPM **选择证券**。

例题 11.9（选择题）

资产 i 的 β 系数为 0.9，市场组合的风险溢价为 7%。当无风险收益率等于 3%时，根据资本资产定价模型（CAPM），资产 i 的预期收益率等于（　　）。

A. 8.3%　　B. 9.3%　　C. 10.2%　　D. 12.6%

【答案】B

【解析】根据资本资产定价模型（CAPM），资产 i 的预期收益率为：$E(R_i)=R_f+\beta_i\times[E(R_M)-R_f]=3\%+0.9\times7\%=9.3\%$。故答案是选项 B。

（五）证券市场线的概念（★★）

将表示预期收益率与 β 系数关系的 CAPM 绘在以 β 系数为横坐标，预期收益率为纵坐标的直角坐标系中可得**证券市场线**（security market line，SML），具体见图 11－6。

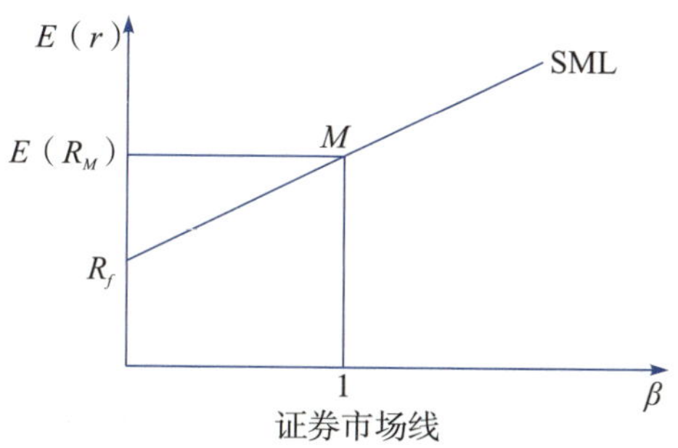

图 11－6　证券市场线示意图

证券市场线的**截距**为**无风险收益率** R_f，**斜率**为市场组合的**风险溢价** $E(R_M)-R_f$。所有**满足 *CAPM* 的资产都应该落在证券市场线上**。由于市场组合的 β 系数为 1，所以**市场组合 *M* 刚好落在证券市场线上**。观察图 11－7，若一个资产的**价格被高估**（预期收益率被低估），它应该**落在证券市场线下方**（*B* 点）；反之，若**价格被低估**（预期收益率被高估），则**落在证券市场线上方**（*A* 点）。所以，SML **可以用来判断一个资产的定价是否合理**。

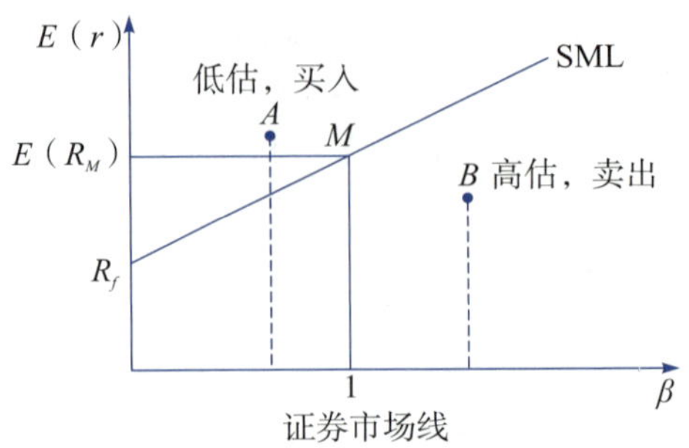

图 11-7 证券市场线的应用

现实金融市场中，各资产的预期收益率未必与 CAPM 得出的结论一致。**CAPM 无法解释的收益率习惯上称其为超额收益** α，具体见图 11-8。根据 CAPM 得到的预期收益率可作为**评价投资业绩的基准**。

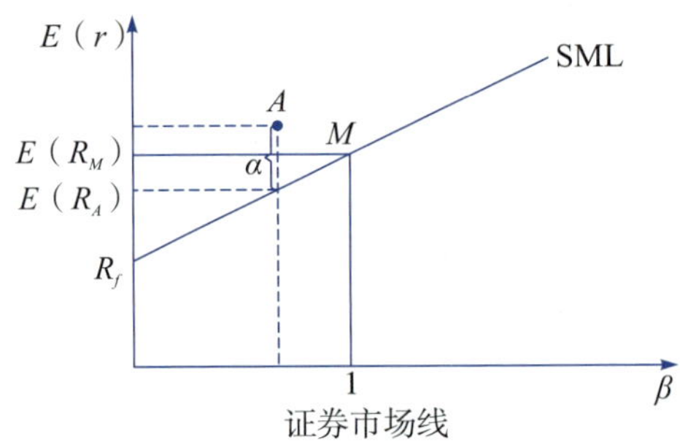

图 11-8 超额回报 α

例题 11.10（选择题）

以下对于证券市场线的描述错误的是（　　）。

A. 证券市场线的斜率为市场资产的夏普比率

B. 证券市场线用于选择证券

C. 证券市场线展示的是资产收益率与系统性风险之间的关系

D. 证券市场线的截距为无风险资产

【答案】A

【解析】选项 A 错误，证券市场线的斜率为市场组合的风险溢价。选项 BCD 描述都正确。故答案是选项 A。

（六）资本市场线与证券市场线的区别（★★）

资本市场线（CML）与证券市场线（SML）之间存在一定的差异，具体见表 11-8。

表 11-8 资本市场线与证券市场线的差异

方面	CML	SML
线上点的含义	所有有效的投资组合	所有被合理定价的资产或投资组合
横坐标	总风险（用标准差 σ 度量）	系统性风险（用 β 度量）

续表

方面	CML	SML
斜率	市场组合的夏普比率	市场组合的风险溢价
应用	资产配置	选择证券（定价）

例题 11.11（选择题）

以下对于资本市场线和证券市场线的描述错误的是（　　）。

A. 资本市场线的斜率为市场组合的夏普比率

B. 证券市场线的斜率为市场风险溢价

C. 资本市场线的横坐标是系统性风险

D. 资本市场线的截距为无风险资产

【答案】C

【解析】选项 C 错误，资本市场线的横坐标是总风险，证券市场线的横坐标是系统性风险。其他描述都正确。故答案是选项 C。

你已完成本任务的学习，快去小程序上做题吧！

任务12 被动投资和主动投资、资产配置和投资组合构建方法

考情分析

本任务内容在考试中的分值占比约为6%，整体难度较低，考试以定性题为主。

通过本任务的学习，考生将对被动投资和主动投资、资产配置和投资组合构建的相关概念有所了解。其中，考生需要重点掌握主动投资的概念和方法，主动投资和被动投资的区别，战略资产配置和战术资产配置的概念和应用，股票投资组合和债券投资组合的构建要点。

任务框架图

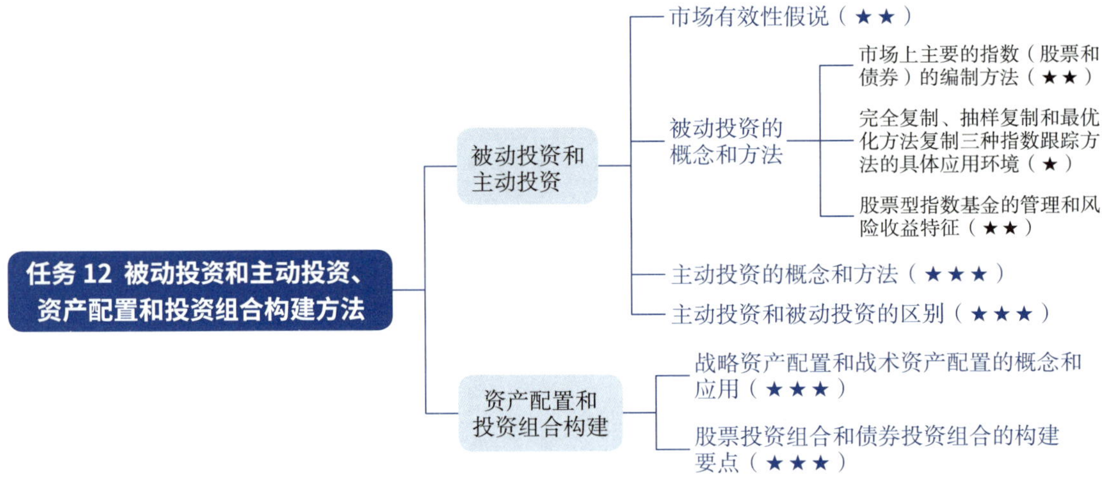

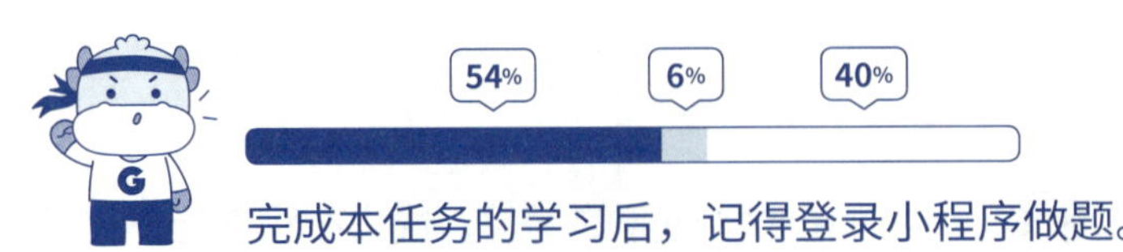

考点精讲

一、被动投资和主动投资

（一）市场有效性假说（★★）

尤金·法玛从时间维度出发，将信息划分为**历史信息**、**公开可得信息**以及**内部信息**，并据此创建了市场有效性假说，并界定了 3 种形式的有效市场，即**弱有效、半强有效和强有效**。市场有效性假说的具体内容见表 12－1。

表 12－1　市场有效性假说的具体内容

市场类型	特征	技术分析	基本面分析	内幕信息
弱有效市场	证券价格已经反映所有**历史信息**	**无效**	有效	有效
半强有效市场	证券价格不仅反映了历史价格信息，也已经反映了所有与公司证券有关的公开可得信息（**历史信息和公开可得信息**）	无效	**无效**	有效
强有效市场	证券价格已经反映所有与证券价格有关的信息（**历史信息、公开可得信息和内部信息**）	无效	无效	**无效**

3 种市场有效性的层次关系与对应的信息分类见图 12－1。

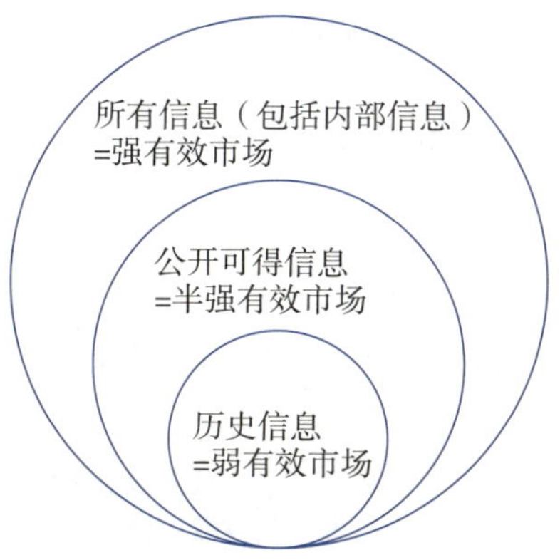

图 12－1　市场有效性的层次关系与对应的信息分类

市场有效与否会影响股票投资策略的实施。股票投资策略分为以下两种：

（1）**主动投资策略**。

主动投资策略也称积极投资策略，即**试图通过选择资产来跑赢市场**。主动型投资者**认为市场定价存在无效的情况**，所以能够通过积极努力的分析和决策获取超额收益。

（2）**被动投资策略**。

被动型投资者认为**市场定价是完全有效**的，**除了靠一时的运气战胜市场之外，系统性地跑赢市场是不可能的**。任何主动投资策略都将导致不必要的交易成本，此时最佳的选择是被动投资策略，即**复制市场基准的收益与风险**。

例题 12.1（选择题）

以下关于市场有效性假说的描述正确的是（　　）。

A. 弱有效市场中技术分析有效

B. 半强有效市场中基本面分析无效

C. 强有效市场中可通过内幕信息交易获得超额回报

D. 半强有效市场中证券价格已反映内幕信息

【答案】B

【解析】选择 A 错误，弱有效市场反映了历史信息，所以技术分析无效；选项 C 错误，强有效市场包含了所有信息，从而无法通过内幕信息交易获得超额回报；选项 D 错误，半强有效市场反映了公开可得信息和历史信息，没有反映内幕信息，此时基本面分析无效。故答案是选项 B。

（二）被动投资的概念和方法

被动投资试图复制某一基准的收益和风险，指数是市场中常见的基准。被动投资者通过跟踪基准指数以获得基准指数的回报。

1. 市场上主要的指数（股票和债券）的编制方法（★★）

证券价格指数是用来反映某一类证券（或市场）价格变化情况的指数。常见的证券价格指数包括**股票价格指数**和**债券价格指数**。

证券市场中股票价格指数的编制方法主要有三种：**算术平均法、几何平均法和加权平均法**。股票价格指数编制方法见表 12-2。

表 12-2　股票价格指数编制方法

编制方法	具体内容	代表指数
算术平均法	①**选定**具有代表性的**样本股票**作为**成分股**，并**确定基期指数**； ②**计算某一日样本股票的价格平均数**，并**除以基期股价平均数**； ③**再乘以基期指数**即得出该日的股票价格平均指数	道琼斯工业指数、日经 225 股价平均指数
几何平均法	逻辑与算术平均法相同，但报告期和基期的股票平均价时采用样本股票价格的**几何平均数**	伦敦金融时报股价指数、美国价值线指数
加权平均法	①按样本股票在**市场上的不同地位赋予其不同的权数**； ②将各样本股票的价格与其权数相乘后求和，再除以总权数，得到报告期和基期的平均股价； ③根据确定基期指数计算现期股票价格指数。**权数**的选择，可以是**股票的成交金额**，也可以是它的**上市股数或市值**。若选择计算期的同度量因素作为权数，则被称为派氏加权法	标准普尔 500 指数、上证股票价格指数、深证综合股票价格指数、沪深 300 指数、上证 180 指数

国际和国内主要的股票和债券价格指数有很多，具体见表 12-3。

表 12-3　国际国内主要的证券价格指数

地域	股票价格指数	债券价格指数
国际	道琼斯股价平均指数、标准普尔股价指数、金融时报股价指数、日经指数	美林债券指数、JP 摩根债券指数、雷曼兄弟债券指数、道琼斯公司债券指数和摩根士丹利资本国际债券指数
国内	上证股票价格指数、深证综合股票价格指数、沪深 300 指数、上证 180 指数	中国债券系列指数、上海证券交易所国债指数和中信债券指数

常见的几种股票价格指数的具体内容见表 12－4。

表 12－4　常见的股票价格指数的具体内容

指数名称	编制主体	成分股及其数量
沪深 300 指数	中证指数公司	上海和深圳证券市场中 300 只代表性股票
中证全债指数	中证指数公司	场外银行间市场和场内交易所市场的国债、金融债和企业债
标准普尔 500 指数	标准普尔公司	美国股市有代表性的 500 只股票
道琼斯工业平均指数	道琼斯公司	工业、运输业和公共事业类股票 65 种

例题 12.2（选择题）

以下（　　）的编制采用的是算术平均法。

A. 道琼斯工业平均指数　　B. 标准普尔 500 指数

C. 沪深 300 指数　　D. 金融时报股价指数

【答案】A

【解析】选项 BC 错误，标准普尔 500 指数和沪深 300 指数采用加权平均法；选项 D 错误，金融时报股价指数采用几何平均法；道琼斯工业平均指数使用算术平均法，故答案是选项 A。

2. 完全复制、抽样复制和最优化方法复制三种指数跟踪方法的具体应用环境（★）

指数跟踪也称**指数复制**，是用指数成分证券（样本证券）创建一个与目标指数相比差异尽可能小的证券组合的过程。

指数复制与**指数编制**存在一定的区别，主要体现在以下两点：

（1）**编制指数时不用考虑各种费用**，**复制指数**时需要**考虑**交易**费用**，建立、管理指数组合等的各种费用。

（2）**跟踪指数**过程中权重的调整需要多次交易方可完成，这使得指数复制的价格是**成交均价**，而**指数的变动**在收盘时生效，使用**收盘价**，二者之间存在差异。

指数跟踪方法包括**完全复制**、**抽样复制**和**最优化法复制**，具体内容见表 12－5。

表 12－5　指数跟踪方法的具体内容

指数跟踪方法	基本概念	特征	运用环境
完全复制	**严格按**成分股在指数中的**比例配置资金**，指数结构调整时也**同步调整**	**跟踪误差最小，样本股数量最多**	股票**流动性较大**
抽样复制	复制指数中部分**代表性成分股**；根据抽样方法的不同，抽样复制又可以分为**市值优先**、**分层抽样**等	跟踪误差较小，样本股数量居中	需尽量保持**风险因子**个数与结构不变
最优化法复制	通过**数学分析筛选成分股，构建最优组合**	**跟踪误差最大，样本股数量最少**	**追求最优投资组合**，最大化降低成分股复制数量

3种指数跟踪方法所使用的样本股数量依次递减，但是跟踪误差通常依次增加。

记忆小窍门

3种方法记头尾2个即可比较判断相关特性。完全复制，严格按照基准指数的配比来，跟踪误差自然就最小，使用的样本股数量最多；最优化法复制，通过分析自行选定复制内容，对应的跟踪误差自然就越大，使用的样本股数量自然就少；剩下的抽样复制对应的特征就居于中间。

3. 股票型指数基金的管理和风险收益特征（★★）

股票型指数基金的**投资目标**是**复制或跟踪某指数的风险和收益**，不论使用哪种方法，在考虑各种费用的情况下也**无法达到跟踪误差为零**。作为被动投资者，其投资**目标**应该是**在成本可控的前提下，实现最小跟踪误差**。

跟踪误差是**跟踪偏离度**的**标准差**。其中，跟踪偏离度的计算公式为：

跟踪偏离度=证券组合的真实收益率-基准组合的收益率 （12.1）

跟踪误差的产生有多种原因，具体见表12-6。

表12-6 跟踪误差产生的主要原因

原因	具体内容
复制误差	当指数**成分股的流动性不足**时，指数基金无法买到足够的成分股，从而**无法完全复制指数**
现金留存	**指数基金持有现金**，不能将所募集的资金100%投资于指数成分股，计算出的收益与指数存在偏差
各项费用	指数基金的运作需要扣除管理费、交易手续费、托管费等各种**费用**，而基准指数不存在管理费扣除问题
其他影响	指数成分股的**分红**和证券交易过程中存在的**交易冲击问题**也会带来跟踪误差

例题12.3（选择题）

以下关于跟踪误差和跟踪偏离度描述正确的是（　　）。

A. 跟踪偏离度是跟踪误差的标准差

B. 跟踪误差等于证券组合的真实收益率减去基准组合的收益率

C. 完全复制的被动投资方法能够实现跟踪误差为零

D. 被动投资者的投资目标应该是在成本可控的前提下，实现最小跟踪误差

【答案】D

【解析】选项A错误，跟踪误差是跟踪偏离度的标准差；选项B错误，跟踪偏离度等于证券组合的真实收益率减去基准组合的收益率；选项C错误，任何被动投资方法都无法实现跟踪误差为零。故答案是选项D。

（三）主动投资的概念和方法（★★★）

主动型投资者试图通过分析选择证券**跑赢市场**。在**非完全有效**的市场上，主动投资策略能够发现并捕捉到获得**超额回报**的机会，从而带来较高的回报。

超额回报主要来源于两个方面：

（1）主动型投资者拥有更多的信息（信息的广度）。

（2）主动型投资者在面对相同信息时可以更高效地使用信息（信息的深度）。

主动投资的**分析方法**包括**基本面分析和技术分析**，其投资**目标**：**①扩大主动收益；②缩小主动风险；③提高信息比率**。

主动投资视角下，股票型基金的基金经理投资风格各异：

（1）**偏好成长风格**的基金经理会主动地挑选出**盈利增长相对最快的股票**。

（2）**偏好价值风格**的基金经理会主动地挑选出**相对便宜的股票**。

（3）**偏好合理价格下成长策略**的基金经理会主动寻找**盈利成长高于平均水平，且价格相对合理的股票**。

主动型投资者为有效地追求主动收益，会**刻意偏离基准组合**。主动型投资者积极主动获得的**主动收益等于证券组合的真实收益减去基准组合的收益**。主动投资策略中的**主动风险**则以**主动收益的标准差**来度量。

例题 12.4（选择题）

关于主动投资，以下表述错误的是（　　）。

A. 主动型投资者为有效地追求主动收益，会刻意偏离基准组合

B. 主动收益等于证券组合的真实收益减去基准组合的收益

C. 主动收益的标准差用以度量主动风险

D. 在完全有效的市场上，主动投资策略能够获得超额回报

【答案】D

【解析】选项 D 错误，在完全有效的市场中主动投资无法获得超额回报，此时最优的投资策略是被动投资。选项 ABC 描述都正确。故答案是选项 D。

例题 12.5（选择题）

主动投资视角下，关于股票型基金的基金经理投资风格描述错误的是（　　）。

A. 偏好成长风格的基金经理会主动地挑选出盈利增长相对最快的股票

B. 偏好价值风格的基金经理会主动地挑选出相对便宜的股票

C. 偏好合理价格下成长策略的基金经理会主动寻找盈利成长高于平均水平，且价格相对合理的股票

D. 偏好成长风格的基金经理会主动地挑选出相对便宜的股票

【答案】D

【解析】选项 D 错误，偏好成长风格的基金经理会主动地挑选出盈利增长相对最快的股票。故答案是选项 D。

（四）主动投资和被动投资的区别（★★★）

结合被动投资的相关概念，主动投资和被动投资的区别如表 12－7 所示。

表 12－7　主动投资和被动投资的区别

投资策略	概念	方法	特点
主动投资	投资者试图通过分析选择证券以**跑赢市场**	基于信息深度和广度进行基本面分析和技术分析**寻找被低估或高估的资产或证券**	①**非完全有效市场**中主动投资可获得超额收益； ②主动收益＝证券组合的真实收益－基准组合的收益

续表

投资策略	概念	方法	特点
被动投资	投资者**复制**市场的收益与风险	**跟踪指数**并获得指数的回报	①**有效市场**中，最佳策略是选择**被动投资**； ②跟踪偏离度=证券组合的真实收益率-基准组合的收益率

例题 12.6（选择题）

关于主动投资和被动投资，以下表述错误的是（　　）。

A. 主动投资试图通过择时与选股战胜市场

B. 主动投资在完全有效的市场中依然能够战胜市场

C. 有效市场中，最佳策略是选择被动投资

D. 被动投资的目标是复制市场的收益与风险

【答案】B

【解析】选项B错误，在完全有效的市场中主动投资不能得到期望的超额收益，无法战胜市场，此时最优的投资策略是被动投资。其他选项描述都正确。故答案是选项B。

例题 12.7（选择题）

与主动投资相比，被动投资策略（　　）。

A. 力求复制某一指数

B. 风险相对较高

C. 更适合无效市场

D. 交易费用相对较高

【答案】A

【解析】选项B错误，被动投资主要是复制某一指数，所以风险相对较低；选项C错误，市场无效的情况下，主动投资能赚取较大的超额收益；选项D错误，被动投资交易频率低，从而交易费用相对较低。故答案是选项A。

二、资产配置和投资组合构建

资产配置是根据投资者投资需求将**资金在不同资产类别之间进行分配**，是在投资者的效用函数与风险承受能力的基础上，结合持有期间或计划范围内各项资产的预期收益、风险及相关关系，在**可承受的风险水平上**构造能够提供**最高预期收益**的资金配置方案。

资产配置的作用、目标以及需要考虑的因素具体见表12-8。

表12-8　资产配置的作用、目标以及需要考虑的因素

资产配置	具体内容
作用	①半强有效市场中，资产配置可以**降低风险**、**提高收益**； ②全球化投资背景下，资产配置可以帮助投资者**降低单一资产的非系统性风险**
目标	①降低投资风险，提高投资收益，**消除投资者对获得收益所承担的非必要风险**； ②协调提高收益与降低风险之间的关系

续表

资产配置	具体内容
需要考虑的因素	①影响投资者风险承受能力和收益要求的各项因素，如**投资周期、年龄、财务变动状况与趋势、资产负债状况、财富净值和风险偏好**等； ②影响各类资产的风险、收益状况以及相关关系的资本市场环境因素，如**通货膨胀、利率变化、经济周期波动和监管、国际经济形势、国内经济状况与发展动向**等； ③资产的流动性特征与投资者的流动性要求相匹配的问题； ④投资期限； ⑤税收考虑

（一）战略资产配置和战术资产配置的概念和应用（★★★）

构建投资组合进行资产配置的方法包括**战略资产配置**和**战术资产配置**，具体内容见表 12-9。

表 12-9　资产配置的方法

资产配置的方法	基本概念	特征
战略资产配置	**战略资产配置**是根据投资者的风险承受能力，对资产做出一种事前的、整体性的、最能满足投资者需求的规划和安排；是为了**满足投资者风险与收益目标**所做的**长期资产的配比**；反映投资者的**长期投资目标和策略**，确定各主要大类资产的投资比例，建立最佳长期资产组合结构	①追求**长期投资**目标，期限可长达 5 年以上； ②资产配置**权重相对稳定**
战术资产配置	**战术资产配置**是在遵守战略资产配置确定的大类资产比例基础上，根据**短期内**各特定资产类别的表现，对投资组合中各特定资产类别的权重配置进行调整	①**积极主动地偏离**现有战略资产配置的权重比例； ②投资**周期较短**，一般 1 年以内； ③成功与否以基金管理人能否准确预测市场的短期变化为前提； ④**有效性较差**

例题 12.8（选择题）

关于资产配置，以下表述错误的是（　　）。

A. 战略资产配置根据投资者风险与收益目标确定各大类资产的投资比例

B. 战术资产配置试图通过动态调整以增加资产组合的价值

C. 战略资产配置通过发现套利机会，低买高卖，以提高投资组合收益

D. 战术资产配置对战略资产配置的偏离往往被限制在一定范围内

【答案】C

【解析】选项 C 错误，战术资产配置通过发现套利机会，低买高卖，以提高投资组合收益。选项 ABD 描述都正确。故答案是选项 C。

例题 12.9（选择题）

关于战略资产配置和战术资产配置，以下表述错误的是（　　）。

A. 战略资产配置做出的是一种事前的、整体性的、最能满足投资者需求的规划和安排

B. 战术资产配置是积极主动地偏离现有战略资产配置的权重比例

C. 战略资产配置的成功与否取决于基金管理人能否准确预测市场的短期变化

D. 战术资产配置的投资期限一般较短

【答案】C

【解析】选项C错误，战术资产配置的成功与否取决于基金管理人能否准确预测市场的短期变化。选项ABD描述都正确。故答案是选项C。

（二）股票投资组合和债券投资组合的构建要点（★★★）

股票投资组合和债券投资组合的构建策略有各自的特征。另外，股票投资组合的构建过程中也会受到一定的限制。股票投资组合的构建要点见表12－10。

表12－10　股票投资组合的构建要点

<table>
<tr><th>构建要点</th><th colspan="2">说明</th></tr>
<tr><td rowspan="2">构建策略</td><td>自上而下策略</td><td>①从宏观经济形势的判断入手，到行业板块的选定，再到个股的挑选；
②分析消费者信心指数、商品价格指数、利率、通货膨胀率和GDP等；
③通过风格调整，如转换成长股与价值股的投资比例，追求风格收益；
④进行板块轮换，如从周期敏感型行业转换为周期非敏感型行业，获得板块差额收益</td></tr>
<tr><td>自下而上策略</td><td>①从个股表现出发进行研究分析，无固定模式；
②基本面分析——研究个股价值；
③技术分析——把握买卖时机；
④量化分析——寻找被高估或者低估的股票</td></tr>
<tr><td rowspan="3">限制因素</td><td>大类资产配置</td><td>①股票型基金：股票资产配置比例不低于80%；
②债券型基金：股票资产配置比例不超过20%；
③混合型基金选择的范围比较广，介于股票型基金和债券型基金之间</td></tr>
<tr><td>行业与风格配置</td><td>①当基金契约已规定行业或风格时，其投资范围受到严格的限制；
②无明确行业或风格时，投资经理自行决定行业和风格的配置；
③自下而上的投资可不考虑行业与风格的配置，直接选择个股即可</td></tr>
<tr><td>个股选择</td><td>个股的选择与权重受基金契约、基金合规、投资比例等方面的限制</td></tr>
</table>

相对于股票来说，债券的收益相对可以预期。在构建债券投资组合时，投资者需要从多方面考虑可能影响组合收益和投资收益评价的因素。债券投资组合的构建要点见表12－11。

表12－11　债券投资组合的构建要点

构建要点	说明
债券投资组合构建需考虑的因素	①债券型基金需要完善招募说明书中的各大重要说明事项； ②分析**市场风险、信用结构、到期收益率、期限结构、组合久期、凸性、流动性和杠杆率**等因素
债券型基金的投资选择	①投资产品类别：国债、金融债、公司债、企业债、可转换债券、商业票据、短期融资券、回购等。**债券类资产**占比一般不低于基金资产总值的80%； ②市场类别：结合一、二级市场风险收益特征拟定合适的配置策略；权衡流动性和收益性，以决定在银行间市场和交易所市场上的配置比例
债券投资组合基准的选择	以**债券指数为主**，适当加入一定比例股票指数形成复合业绩基准

例题 12.10（选择题）

以下（　　）不是股票投资组合构建时应考虑的因素。

A. 通货膨胀率　　B. 利率　　C. 国内生产总值　　D. 久期

【答案】D

【解析】通货膨胀率、利率和国内生产总值都是在构建股票投资组合时应考虑的问题。久期是在构建债券投资组合时应分析的因素。故答案是选项 D。

例题 12.11（选择题）

下列关于债券投资组合构建的描述错误的是（　　）。

A. 作为债券型基金，债券类资产占比通常不低于基金资产总值的 80%

B. 债券型基金可投资国债、金融债、公司债、企业债、可转换债券等金融产品

C. 债券型基金只能投资二级市场金融产品

D. 债券型基金在选择业绩比较基准的时候应以债券指数为主

【答案】C

【解析】选项 C 错误，债券型基金的基金经理可以根据一、二级市场产品的风险和收益特性确定合适的资产配置，所以一、二级市场的产品都是可以选择的。其他选项描述都正确。故答案是选项 C。

你已完成本任务的学习，快去小程序上做题吧！

Day 14

▶ **任务8**

衍生工具

任务9

另类投资

Day 15

▶ **任务10**

投资者需求和投资管理流程

任务11

现代投资组合理论和资本市场理论

任务12

被动投资和主动投资、资产配置和投资组合构建方法

Day 16

▶ **任务13**

投资交易管理

任务 13 投资交易管理

考情分析

本任务内容在考试中的分值占比约为 5%，整体难度适中，考试以定性题和定量题结合为主。

通过本任务的学习，考生可以对基金投资过程中证券市场的分类、保证金交易、交易执行和基金公司投资交易管理有一个初步的认识和了解。其中，考生需要重点掌握最佳执行的概念和交易成本的组成。

任务框架图

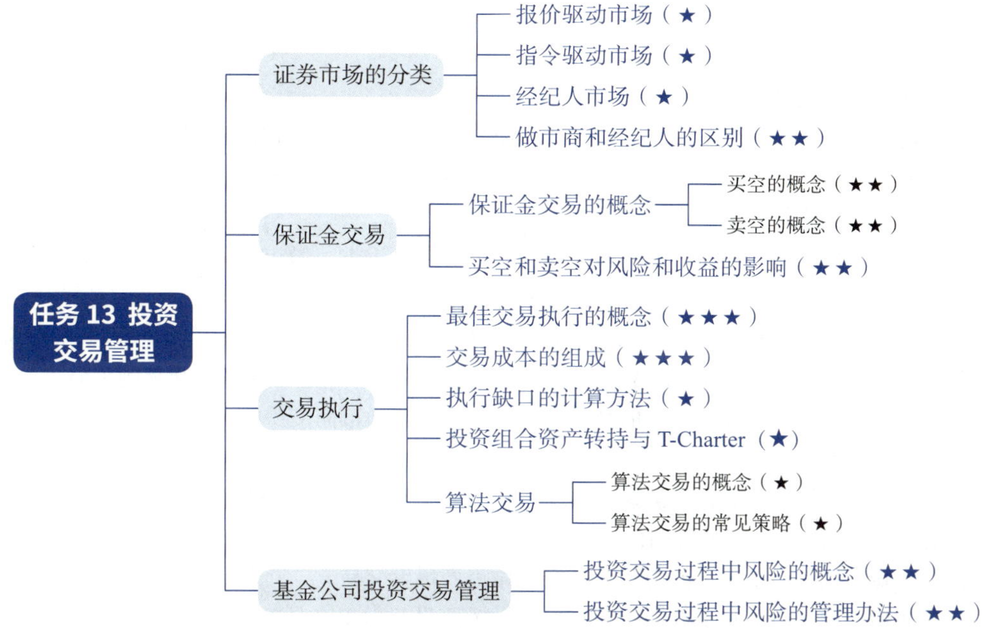

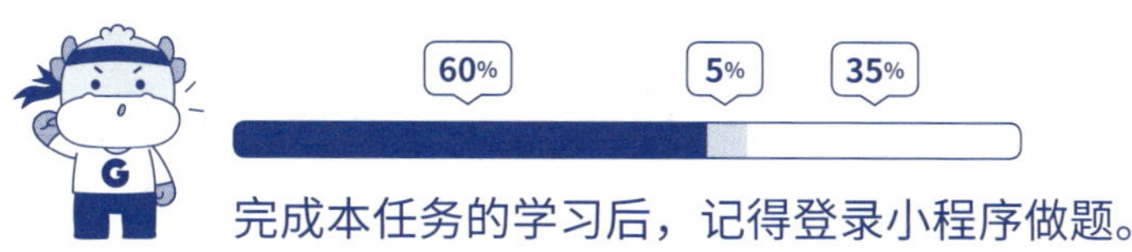

考点精讲

一、证券市场的分类

（一）报价驱动市场（★）

1. 报价驱动市场的含义

报价驱动（quote driven）市场又称**做市商制度**，因为报价驱动市场中最重要的角色就是做市商。投资人直接与做市商进行交易，这就要求做市商要有足够可交易的证券和资金，所以通常是具备一定实力和信誉的证券投资法人充当做市商。股票是通过交易所交易，但是债券和外汇多数采用做市商交易。报价驱动市场的交易模式见图13－1。

图13－1　报价驱动市场的交易模式

2. 报价驱动市场的特征

报价驱动市场因其特殊的交易方式和交易的参与者，具有与其他市场不同的特性。报价驱动市场有以下4个特征：

（1）买卖双方均直接与做市商交易。

（2）买卖价格由做市商报出。做市商和投资人为交易对手方，做市商的卖价（要价）是投资人的买价（出价），做市商的买价（出价）是投资人的卖价（要价）。

（3）要价（做市商卖价）始终是大于出价（做市商买价）的，做市商就可以获得买卖差价。为了维持证券价格的稳定并且保证利润来源，做市商常常会采用小价差但是频繁交易的策略。

（4）与股票不同的是，几乎所有的债券和外汇都是通过做市商交易的。

3. 做市商的种类

早期的证券交易是在做市商办公室的柜台完成，所以做市商制度也被称为柜台交易（OTC）。虽然现在都是电子系统交易，但此种叫法保留了下来。做市商可以分为两种：

（1）**特定做市商**是指一只证券由某个特定的做市商负责交易。

（2）**多元做市商**是指每只证券同时拥有多家做市商进行做市交易，这样就可以避免某一家做市商垄断市场从而操纵价格。

做市商在交易中处于中间位置，收益来源于买卖的差价。如果差价过大，做市商难以促成交易就会损失赚差价的机会，并且对市场的流动性产生不利影响。在差价小但频繁交易的情况下，做市商可以赚取利润，并且市场流动性也得以维持。

（二）指令驱动市场（★）

1. 指令驱动市场的含义

指令驱动市场中，交易的**核心**是指令。买方下达包含价格和数量的购买指令，卖方下达含有价格和数量的卖出指令，满足一定成交条件的即可成功交易。

2. 指令驱动市场的成交原则

成交原则包括**价格优先原则**和**时间优先原则**。首先根据价格优先原则判断成交顺序，当出现相同价格指令时再根据下单时间判断成交顺序。具体判断标准如下：

（1）**价格优先原则**：买价越高优先成交，卖价越低优先成交。当出现价格相同的并且买卖方向相同的交易时，用时间优先原则进一步判断；

（2）**时间优先原则**：当交易方向和价格相同时，下达时间更早的指令优先成交。

3. 委托指令的分类

委托指令可以分为市价指令和随价指令，委托指令分类具体见表13－1。

表13－1 委托指令分类

分类		含义
市价指令		市价指令是指以即时的市场价格进行证券交易的指令。市价指令让投资者暴露在价格变化的风险中
随价指令	限价指令	只有在出现限定价格或者更好价格时才可执行的交易指令。 根据投资者交易的方向分为： ①限价买入指令，即当股票价格等于或者低于目标价格时，买入股票； ②限价卖出指令，即当股票价格等于或者高于目标价格时，卖出股票
	止损指令	当证券价格达到目标价格时开始执行交易，类似于限价指令。但止损指令的目的在于将损失控制在投资者可接受的范围内。 ①当持有股票时，为了避免股票价格下跌产生的亏损超过投资者承受范围，投资者可以下达止损卖出指令。当股票价格等于或者低于目标价格时，及时卖出股票，防止损失进一步扩大。 ②当股票做空时，避免股票价格上涨产生的亏损超过投资者承受范围，投资者可以下达止损买入指令。当股票价格等于或者高于目标价格时，及时买入股票，进行平仓，控制损失

（三）经纪人市场（★）

经纪人是为买卖双方介绍交易以**获取佣金**的**中间商人**。交易的价格由买卖双方协商确定，经纪人作为促成交易的中间商人维持了市场的流动性。例如大宗股票或债券、房地产等，由于商品具有特殊性或只在少数投资者之间交易，经纪人市场便出现了。经纪人市场的交易模式见图13－2。

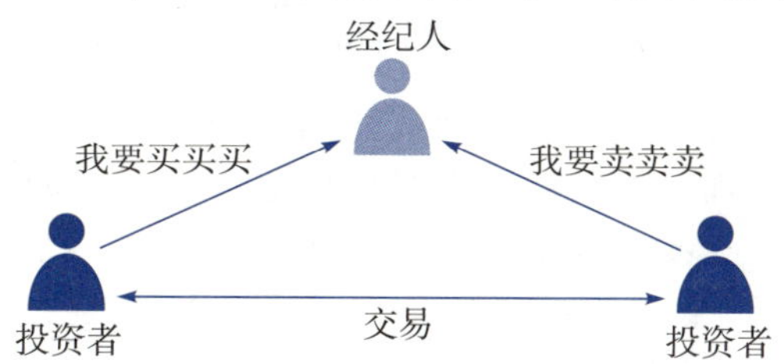

图13－2 经纪人市场的交易模式

(四) 做市商和经纪人的区别（★★）

做市商和经纪人在两个市场里面分别充当不同的角色，也对市场有不同的贡献。做市商和经纪人的对比具体见表13-2。

表13-2 做市商和经纪人的对比

对比角度	做市商	经纪人
市场角色	①参与交易； ②以低价买进再加上部分价差卖出； ③双向交易占有关键性的地位	①不参与交易； ②执行投资者的交易指令
利润来源	买卖差价	佣金
市场流动性贡献	①参与买卖交易，在交易的过程中就**提供了流动性**； ②做市商是市场流动性的主要**提供者和维持者**	①只是执行投资者的交易指令； ②经纪人**不提供流动性**，市场流动性是由投资者提供的

做市商和经纪人虽然有许多差异，但是二者并不是对立的关系，有时做市商也会充当经纪人的角色。例如，在美国纽约证券交易所，做市商会得到一系列投资者的报价，如果投资者的买卖报价直接就能成交，做市商就会直接促成交易，除非做市商可提供更好的价格。有时二者可以共同完成证券交易，有些经纪人是专门服务于做市商的。

例题13.1（选择题）

做市商的利润来源主要是（　　）。

A. 买卖价差　　B. 手续费　　C. 投资收入　　D. 佣金

【答案】A

【解析】选项B错误，手续费是证券交易所收取的，不是做市商的利润；选项C错误，投资收入是投资者的收益来源而不是做市商的利润来源；选项D错误，佣金是经纪人的利润来源；做市商的利润来源是买卖价差，要价（做市商卖价）始终是大于出价（做市商买价）的，此时做市商可以获利。故答案是选项A。

二、保证金交易

(一) 保证金交易的概念

在现货交易中，投资者只可以使用属于自己的证券和资金进行交易。现货交易的违约风险是最低的，但是却没有让投资者的信用发挥作用。在买入一定金额的证券时，投资者必须持有相应的货币资金才可以进行证券的买入。同理，想要卖出证券时，账户必须有对应的证券才可以交易。

保证金交易又被称为信用交易。在保证金交易中，投资者可以使用借得的资金和证券进行交易。投资者使用自有资金（证券）加上从证券经纪商借得的资金（证券）进行投资交易，交易的额度可以超过投资者可支付的范围。如果投资者A持有资金20 000元，在现货交易的时候只能购买对应价值的证券。如果是保证金交易，投资者A可以向经纪商借20 000元，再加上自有的20 000元，可买入价值40 000元的证券。

在我国，保证金交易又被叫作“融资融券”。融资对应的是借入资金，融券对应的是借入证券。

1. 买空的概念（★★）

（1）买空交易的含义。

买空交易即融资，投资者借入资金购买证券。例如，投资者 A 预期将来 B 公司**证券价格会上涨**，想要在上海证券交易所进行融资交易，A 可以挑选一家经纪公司（某个证券公司），以自有资金10 000元，向该经纪公司进行融资，买入看好的 B 公司股票。

在买空交易中，**投资者向证券经纪商借入资金**，将自有资金和借入资金一起投资于证券市场获取收益。因为借入资金的杠杆作用，投资者的收益或亏损会被放大。

投资者借入的资金需要支付一定的利息，支付的利息金额与投资者证券交易的盈亏无关。借入资金需要支付的利息是融资的成本。

（2）买空交易的限制。

对于买空交易，上海证券交易所有如下规定：

①融资融券初始保证金比例不得低于 50%。初始保证金比例是投资者自有资金和自有资金加上借得的资金之和的比例。例如，投资者自有资金 20 000 元，再加上向证券经纪商借得的资金 20 000 元，将40 000 元用于投资 A 股票，则初始保证金比例就是 50%。

$$初始保证金比例=\frac{保证金}{投资金额或证券总价值} \tag{13.1}$$

②维持担保比例下限为 130%。

$$维持担保比例=\frac{现金+信用证券账户证券市值总和}{融资买入金额+融券卖出证券数量\times当前市场价格+利息等费用} \tag{13.2}$$

③融资融券业务最长时限为 6 个月。

记忆小窍门

买空，“买”是操作方向，想要买股票。“空”是自己手中没有，想要买股票但是手里没有钱，就要借钱。买空，即借钱买证券。

例题 13.2（选择题）

在保证金交易中，上海证券交易所规定初始保证金比例不能低于（　　），维持担保比例不能低于（　　）。

A. 50%；50%　　B. 50%；130%

C. 100%；100%　　D. 50%；100%

【答案】B

【解析】选项 ACD 错误，上海证券交易所规定融资融券初始保证金比例不得低于 50%，维持担保比例下限为 130%，故答案是选项 B。

2. 卖空的概念（★★）

（1）卖空交易的含义。

卖空交易即融券，是指投资者借入证券卖出。

当投资者**预期股票价格下跌时**，投资者会向证券公司**借入证券卖出获得资金**。当证券价格下跌后，投资者再以当时的市场价格买入证券归还证券公司，自己则得到投资收益。

如果投资者 A 预期 C 公司股票价格会下跌，因此投资者 A 融券卖出 C 公司股票共 1 000 股（每股 20 元），则卖出后投资者 A 可以获得资金 20 000 元。一周后，C 公司股票价格下跌到 18 元，此时投资者A花18 000元（18元×1 000股）买入1 000股C公司股票还给经纪公司。在不考虑融券成本的情况下，投资者A获利2 000元（20 000－18 000）。

（2）保证金交易的限制。

保证金交易的限制分为对投资者的限制和对交易证券的限制，具体内容见表13－3。

表13－3 卖空交易的限制

限制对象	限制内容
对投资者的限制	①普通投资者要求开户时间**大于等于18个月**，持有资金**大于等于50万元人民币**； ②融券交易没有平仓前，投资者融券卖出所得资金除买券还券外，不能用于其他用途； ③维持担保比例必须大于130%
对交易证券的限制	（1）在上海证券交易所上市交易超过3**个月**； （2）融资买入标的股票的流通股本不少于1**亿股**或流通市值不低于5**亿元**，融券卖出标的股票的流通股本不少于2**亿股**或流通市值不低于8**亿元**； （3）股东人数不少于4 000人； （4）在过去3**个月**内没有出现下列情形之一： ①日均换手率低于基准指数日均换手率的15%，且日均成交金额小于5 000**万元**； ②日均涨跌幅平均值与基准指数涨跌幅平均值的偏离值超过4%； ③波动幅度达到基准指数波动幅度的5**倍**以上。 （5）股票发行公司已完成股权分置改革； （6）股票交易未被上海证券交易所实行特别处理； （7）上海证券交易所规定的其他条件

例题13.3（选择题）

以下证券可以作为融券卖出的是（　　）。

A. 在上海证券交易所上市交易1个月

B. 流通股本1亿股

C. 过去3个月内，波动幅度低于基准指数波动幅度的5倍

D. 股票发行公司正在进行股权分置改革

【答案】C

【解析】选项A错误，融券卖出证券需要在上海证券交易所上市交易超过3个月；选项B错误，融券卖出标的股票的流通股本不少于2亿股或流通市值不低于8亿元；选项D错误，融券卖出证券是股票的，股票发行公司已完成股权分置改革。故答案是选项C。

（二）买空和买空对风险和收益的影响（★★）

保证金交易中的融资和融券交易都有“借”的动作。对于融资就是投资者向证券公司借入资金，对于融券就是投资者向证券公司借入证券。无论是融资还是融券都使得投资者在交易时超出了自有资产范围，也就是加杠杆。在投资的过程中加杠杆，无论对收益还是风险都具有**放大**作用。

例题13.4（选择题）

对于保证金交易以下说法正确的是（　　）。

A. 保证金交易会放大投资的收益和风险

B. 保证金交易只会放大收益，不会放大风险

C. 保证金交易只会放大风险，不会放大收益

D. 保证金交易对投资的收益和风险没有影响

【答案】A

【解析】选项 BCD 错误，在保证金交易中，无论融资还是融券都是加杠杆投资，既放大了收益也放大了风险。故答案是选项 A。

三、交易执行

（一）最佳交易执行的概念（★★★）

1. 最佳交易执行的含义

证券市场从早期的不成熟逐步发展成熟。在早期，机构投资者往往通过择股和择时就能获得超过市场的回报，所以交易执行对于投资收益并没有显著的贡献。随着市场越来越成熟，市场的有效性也在逐步增强，此时想要获取超越市场的收益率就要关注交易执行的优化度，以降低交易成本，从而获取更大的收益。

交易执行是投资决策的实现过程。投资分析与决策是投资过程中的重要步骤，交易执行就是将投资决策实现。交易的过程中会发生交易成本，**最佳执行**就是将交易成本降低，从而提升投资收益。

2. 最佳交易执行的实施框架

特许金融分析师（CFA）协会将最佳交易执行定义为在规定的投资目标和限制内，公司（包括买方和卖方）为最大化客户投资组合价值而采用的交易流程。最佳交易执行的实施框架包含 3 个方面：**过程、披露和记录**。

例题 13.5（选择题）

CFA 协会制定的最佳交易执行的实施框架不包括（　　）。

A. 过程　　B. 披露　　C. 记录　　D. 反馈

【答案】D

【解析】选项 D 错误，最佳交易执行的实施框架包含过程、披露和记录。故答案是选项 D。

例题 13.6（选择题）

交易执行是投资决策的实现过程，其中为了达到最佳交易执行应该（　　）。

A. 提升投资风险，从而提升收益　　B. 降低投资风险，从而提升收益

C. 降低交易成本，从而提升收益　　D. 降低交易成本，从而降低收益

【答案】C

【解析】选项 A 错误，最佳交易执行就是将交易成本降低，从而提升投资收益没有提升投资风险的要求；选项 B 错误，风险与收益是正向相关关系，当投资风险降低，投资的收益不会提升；选项 D 错误，最佳交易执行是通过降低交易成本来提升收益而不是降低收益。故答案是选项 C。

（二）交易成本的组成（★★★）

交易成本是指实施业务决策过程中发生的所有成本和费用。在最佳执行实践中，交易成本分析是**关键环节**。交易成本可以分为显性成本和隐性成本，根据市场数据显示，隐性成本在交易成本中的占比高于显性成本。

1. 显性成本

（1）显性成本的定义。

显性成本是交易价格以外的费用支出。显性成本一般情况可以事先确定并且可以准确计量。显

性成本又叫作**直接成本或价外成本**。

（2）显性成本的分类。

显性成本按收取主体分类包括经纪商佣金、证券交易经手费、监管费、印花税、过户费等。显性成本的具体费用收取规则见表13-4。

表13-4 显性成本的具体费用收取规则

费用名称	内容
经纪商佣金	交易成功后，投资者根据**交易额**，按照一定的比例支付给经纪人的费用，不同的投资者有不同的佣金费率
证券交易经手费	券商交给交易所的费用
监管费	证券交易所代监管机构收取的费用
印花税	证券交易所代税务机关收取的费用。印花税的收取规则是A股印花税为单边征收（只在卖出股票时征收），税率为1‰
过户费	投资者证券交易结束后，需要支付给证券登记结算机构的费用

2. 隐性成本

（1）隐性成本的定义。

隐性成本又被称为**间接成本或价内成本**，是包含在交易价格以内的、由具体交易导致的额外费用支出。由于隐性成本一般情况下**无法**准确计量和事先确定，因此往往容易被忽视。

（2）隐性成本的分类。

隐性成本包含买卖价差、冲击成本、机会成本、对冲费用等。买卖价差的含义与市场表现见表13-5。

表13-5 买卖价差的含义与市场表现

含义	市场表现
最低卖出价与最高买入价之间的差额	（1）在很大程度上是由证券类型及其流动性决定的，是流动性的体现。**流动性越高，买卖差价越小**； （2）根据市场的数据显示： ①一般来说大盘蓝筹股流动性较好，买卖价差小； ②小盘股的流动性较差，买卖价差也相对较大； （3）不同国家市场的差异： ①美国市场被认为是成熟市场，所以总体流动性好，买卖价差小； ②新兴市场流动性差，买卖价差也大； ③同一个市场在不同的时期内也会表现出不同的流动性

冲击成本的含义与市场表现见表13-6。

表13-6 冲击成本的含义与市场表现

含义	市场表现
交易指令下达后形成的市场价格与交易没有下达情况下市场可能的价格之间的**差额**。**冲击成本**是**购买流动性的成本**	①市场在进行交易的过程中，价格会随着交易指令的不断下达而发生改变，并且会向着不利于指令实现的方向移动； ②如果在交易执行的过程中，可能出现人为的信息泄露，或者有的人根据市场的价格序列变动推测出这张单子的存在，然后跟进，二者共同对价格造成不利的影响，出现更大的冲击

机会成本是指经理提交指令后，交易没有马上被执行而产生的成本，其导致的情形分为两种：

①因交易没有马上被执行，价格向不利方向变动；

②因交易没有马上被执行，投资决策无法完成导致收益的减损。

机会成本和冲击成本经常相互冲突。当交易执行速度较快时，机会成本小，但冲击成本大；当交易执行速度较慢时，冲击成本小，但机会成本大。

对冲费用是为了减少冲击成本，使用对冲工具而产生的费用。

名师说

对于交易成本常见的考查方法有两种。第一种，直接考查隐性成本包含的种类；第二种，考查隐性成本不同类型的含义。对于两种方式考生都需要掌握。

例题 13.7（选择题）

关于交易成本，以下表述正确的是（　　）。

A. 交易成本仅包括交易佣金、印花税和过户费

B. 隐性成本包含买卖价差、市场冲击、对冲费用、机会成本等

C. 由于交易佣金费率很低，交易成本对投资收益率的影响可以忽略不计

D. 由于隐性成本无法测量，交易过程中只需关注显性成本

【答案】B

【解析】选项 A 错误，交易成本不仅包括显性成本也包括隐性成本。显性成本包括交易佣金、印花税和过户费，隐性成本包括买卖价差、冲击成本、机会成本、对冲费用等；选项 C 错误，交易成本包含隐性成本和显性成本，不只是交易佣金，并且，关于交易成本的分析也是最佳交易执行实践中的关键环节，不可以忽略不计；选项 D 错误，隐性成本一般来说无法准确计量，容易被忽视，但不代表可以不用关注，只需关注显性成本的表述不正确。故答案是选项 B。

例题 13.8（选择题）

当交易执行速度较快时，机会成本（　　），但冲击成本（　　）；当交易执行速度较慢时，冲击成本（　　），但机会成本（　　）。

A. 大，小；小，大　　　　B. 小，大；小，大

C. 大，大；小，小　　　　D. 大，小；大，小

【答案】B

【解析】选项 ACD 错误，机会成本与冲击成本经常相互冲突。当交易执行速度较快时，机会成本小，但冲击成本大；当交易执行速度较慢时，冲击成本小，但机会成本大。故答案是选项 B。

（三）执行缺口的计算方法（★）

执行缺口（implementation shortfall）是指采用投资决策时的证券市场价格进行建仓模拟的投资组合（理想组合或者基准组合）与采用实盘交易建仓的真实投资组合之间的收益率之差，其**本质就是交易成本**。

$$执行缺口=\frac{基准组合收益-实际组合收益}{基准组合成本} \tag{13.3}$$

在理想状态下，投资者可以以决策时的价格完成对应数量的证券交易，并且在这个过程中不存在交易成本，但是实际的投资交易过程往往是存在交易成本的。

执行缺口可以拆分成以下4个部分，分别是佣金成本比率、延迟成本、已实现损失和机会成本。执行缺口的拆分见表13－7。

表13－7 执行缺口的拆分

交易成本	计算公式
佣金成本比率	$佣金成本比率=\frac{佣金}{票面组合投资额}$
延迟成本	$延迟成本=\frac{第一交易日收盘价-基准价格}{基准价格}\times 实际投资执行比例$
已实现损失	$已实现损失=\frac{实际交易价格-第一交易日收盘价}{基准价格}\times 实际投资执行比例$
机会成本	$机会成本=\frac{第二交易日收盘价-基准价格}{基准价格}\times 未实现投资比例$

名师说

执行缺口本质是交易成本，在衡量执行缺口时，既要考虑显性成本，也要考虑隐性成本。考生在学习执行缺口时，要更加关注执行缺口的本质，对于执行缺口的计算了解即可。

（四）投资组合资产转持与T-Charter（★）

随着市场的发展，基金的投资越来越多的涉及国外资产，也就是进行全球化配置。在全球化配置的过程中，经济周期、市场波动、外部管理人业绩等因素都会对组合产生影响。基金管理人需要定期或不定期地对现有投资组合进行调整。

资产转持就是机构投资者对投资组合的大规模调整。例如，在调整过程中，投资组合内全部或部分资产被转化为其他资产，或者从一个基金经理手里转到另一个基金经理手里。在日常交易和资产转持过程中，基金管理人需要重视隐性成本，优化交易方法，缩小执行缺口。

为了促进资产转持管理业务的健康发展，国际上的转持服务提供商修订了行业自律标准，其中，T-Charter（章程）是纲领性文件，规定了转持业务的基本原则。T-standard（标准）是具体标准，对转持业务的具体操作过程作出了规范。

（五）算法交易

1. 算法交易的概念（★）

当投资者有大量证券资产需要交易时，交易成本是很重要的考虑因素。投资者会希望交易不要对市场产生太大的冲击（冲击成本），同时也不希望交易拖太久导致市场价格向不利方向变动或失去交易窗口（机会成本）。算法交易可以平衡冲击成本和机会成本，从而达到最佳交易执行。

算法交易是根据数量规则、用户指定的基准和约束条件，通过计算机程序来确定交易下单的最佳交易执行的路径、时间、价格和执行数量的一种交易策略。算法交易不是简单地执行下单指令，而是**寻找最佳的交易执行**。

算法交易、自动交易和程序化交易这3个概念很容易混淆，算法交易、自动交易和程序化交易的区别具体见表13－8。

表 13－8　算法交易、自动交易和程序化交易的区别

概念	含义
算法交易	遵循数量规则、用户指定的基准和约束条件，使用计算机来确定订单最佳交易执行的路径、执行时间、执行价格以及执行数量的一种交易方法
自动交易	计算机辅助的在交易过程中没有人工干预的各种交易的总称
程序化交易	计算机辅助的完全依据特定规则，例如技术分析规则等，进行自动化投资决策，也就是发出买进或卖出指令，并自动执行的交易，如套利交易、统计算法交易（统计套利）等

2. 算法交易的常见策略（★）

算法交易包含多种策略类型，其中应用最普遍的是基于历史交易数据的逻辑算法，例如，时间加权平均价格算法、成交量加权平均价格算法（VWAP）、跟量算法（TVOL）和执行缺口算法（IS）。

在具体操作中，算法交易的常见策略见表 13－9。

表 13－9　算法交易的常见策略

策略	含义
时间加权平均价格算法	①根据特定的时间间隔，在每个时间点上**平均**下单的算法； ②可以使得**市场影响最小**的同时提供一个平均执行价格
成交量加权平均价格算法（VWAP）	①下单时尽可能接近市场，并按成交量加权的均价进行，以此降低对市场的冲击； ②**最基本**的交易算法之一
跟量算法（TVOL）	①帮助投资者跟踪市场交易量，若交易量放大则同样放大这段时间内的下单成交量，反之则相应降低这段时间内的下单成交量； ②交易时间主要依赖交易期间市场的活跃程度
执行缺口算法（IS）	在尽量不造成大的市场冲击的情况下，尽快地以接近客户委托时的市场成交价格来完成交易的最优化算法

四、基金公司投资交易管理

（一）投资交易过程中风险的概念（★★）

1. 基金公司投资交易流程

（1）基金公司投资交易包括多个环节，主要环节如下：

①形成投资策略。

②构建投资组合。

③执行交易指令。

④绩效评估与组合调整。

⑤风险控制。

（2）交易指令在基金公司内部执行情况如下：

①基金经理在自主权限内通过交易系统向交易室下达交易指令。

②交易总监审核投资指令（价格、数量）的合法合规性，违规指令将被交易系统或相关负责人员拦截，反馈给基金经理。其他指令被分发给交易员。

③交易员在收到指令后有权根据自身对市场的判断选择合适时机完成交易。在执行交易的过程

中交易员必须严格按照公平公正的原则执行，在执行公平交易时需严格遵守公司的公平交易制度。

2. 投资交易过程中的风险

基金投资交易过程中的风险来源于两个方面，即合规风险和操作风险。

（1）**合规风险**是指因未能遵守法律、法规、交易所规则、公司内部制度、基金合同等致使公司可能遭受法律制裁、监管处罚和公开谴责等的风险。合规风险管理主要体现在两个方面：①交易规定的执行过程；②交易行为的监控过程。

（2）**操作风险**是指由于人员、流程、系统或外部因素带来的交易失误，导致基金资产或基金公司财产损失，或基金公司声誉受损、受到监管部门处罚等的风险。

例题 13.9（选择题）

关于交易指令在基金公司内部执行情况，以下说法错误的是（　　）。

A. 基金经理在自主权限内通过交易系统向交易室下达交易指令

B. 交易员在收到指令后有权根据自身对市场的判断选择合适时机完成交易

C. 交易总监审核投资指令（价格、数量）的合法合规性，违规指令将被交易系统或相关负责人员拦截，反馈给基金经理。其他指令被分发给交易员

D. 执行交易的过程中交易员必须严格按照客户优先原则，对于重大客户优先进行交易

【答案】D

【解析】选项D错误，在执行交易的过程中交易员必须严格按照公平公正的原则执行，在执行公平交易时需严格遵守公司的公平交易制度，并不是按照客户优先原则。故答案是选项D。

（二）投资交易过程中风险的管理办法（★★）

1. 合规风险的管理方法

合规风险管理就是公司制度化、系统性地进行事前、事中和事后的监控和管理。

2. 操作风险的管理方法

公司可以通过评估业务风险，整理和评估风险点以及制定相应的管理措施，对业务进行中的操作风险的管理情况进行持续跟踪。

基金公司在交易执行环节可能存在的风险包括：

（1）没有执行最佳执行原则，导致交易效率低或差错率高。

（2）交易系统没有经过严格测试论证，系统缺陷导致交易失误。

（3）交易与后台清算、托管银行的交收之间脱节，从而影响资金的使用。

（4）交易价格明显偏离公允价格。

（5）对于交易对手风险的评估与控制不足。

（6）交易执行与基金经理之间不独立。

（7）公平交易、反向交易以及超过合规限制交易的管理机制无法有效执行。

（8）交易员无法有效履行对基金经理交易指令的监督、复核职责。

名师说

指令的审核环节需要考虑指令的合法合规性。如果指令违规，则要拦截指令并反馈给基金经理。在收到合规的指令后，交易员不是要马上执行指令，而是需要对市场进行判断，选择最优的交易时机。

例题 13.10（选择题）

某基金经理下达交易指令，以 35 元/股的价格卖出持仓的某只股票。当交易员收到指令后，股票市场价格为 38 元/股，那么交易员将（　　）。

A. 以 35 元/股卖出该股票

B. 反馈给基金经理，重新下达交易指令

C. 放弃此次交易操作

D. 以 38 元/股卖出该股票

【答案】D

【解析】选项 A 错误，卖出指令是指投资者给交易员设定一个目标价格，当股票价格等于或者高于目标价格时，执行卖出指令，并且优先以最高卖出价格进行交易；选项 B、C 错误，卖出指令允许交易员以高于目标价格的价格执行指令。故答案是选项 D。

你已完成本任务的学习，快去小程序上做题吧！

Day 17

任务14

投资风险的管理与控制

Day 18

任务15

基金业绩评价

Day 19

任务16

证券投资基金场内证券交易市场和交易结算

任务17

银行间债券市场的交易与结算

任务18

境外证券市场的交易与结算

任务 14 投资风险的管理与控制

任务导学

考情分析

本任务内容在考试中的分值占比约为 7%，整体难度适中，考试以定性题为主，涉及少量定量题。

通过本任务的学习，考生将对投资风险的管理与控制的相关概念有所了解。其中，考生需要重点掌握市场风险的概念及管理办法，信用风险的概念及管理办法，流动性风险的概念及管理办法，贝塔系数与波动率的概念和计算方法，贝塔系数的应用和局限性，股票型基金的风险管理方法，混合型基金的风险管理方法，债券型基金的风险管理方法，货币市场基金的风险管理方法。

任务框架图

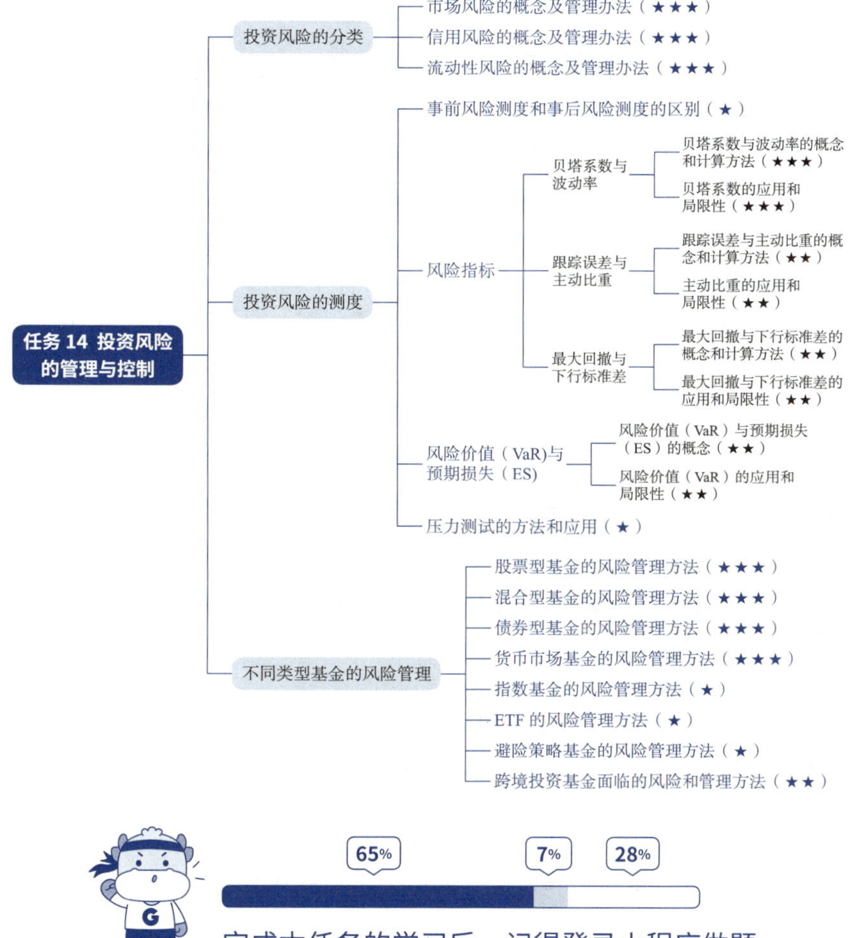

65% 7% 28%

完成本任务的学习后，记得登录小程序做题。

考点精讲

一、投资风险的分类

风险的来源不是损失而是**不确定性**，即未来的不确定性带来的影响。不确定性通过不同维度可以划分成不同的风险，如商业风险、操作风险、合规风险等。

（1）**商业风险**是公司在面对瞬息万变的市场环境时，因为内部或者外部的无效性而无法获取利润的风险。

（2）**操作风险**是公司面临来源于人力、系统、流程出错，以及其他不可控因素而影响公司运营的风险。

（3）**合规风险**是公司因未能遵守所有的法律法规而遭受处罚的风险。

投资风险是基金公司管理的投资组合面临投资价值波动的不确定性。在投资过程中，主要关注的投资风险有**市场风险、信用风险和流动性风险**。

（一）市场风险的概念及管理办法（★★★）

1. 市场风险的含义

市场风险是指基金在投资的过程中，宏观因素（政治、经济和社会等因素）会造成证券价格波动，投资行为受此影响面临的风险。

不同类型的基金会投资不同类型的证券。当基金投资于股票市场时，股票背后的上市公司股价会受到整体经济环境和行业发展等的影响，从而表现出不确定性。当基金投资于债券时，如果利率发生变动，对应的债券价格也会表现出不确定性。

2. 市场风险包含的内容

市场风险包括政策风险、经济周期性波动风险、利率风险、购买力风险、汇率风险等。市场风险包含的内容见表14－1。

表14－1 市场风险包含的内容

风险	含义
政策风险	①由宏观政策变化引起的基金收益的不确定性。其中宏观政策可以细分为财政政策、产业政策、货币政策等； ②政策风险的管理：把握与预测国家宏观政策
经济周期性波动风险	经济的发展**并非**线性变化，而是具有一定的周期性。当经济总体趋势发生变化时，对应的基金收益会因为趋势而变动
利率风险	①因利率变化而产生的基金价值的不确定性； ②影响**利率变动的因素**包括通货膨胀预期、中央银行的货币政策、经济周期和国际利率水平等； ③利率变动是不确定的，并且经常发生。利率变动是一个逐渐积累的过程，因此利率风险具有一定的隐蔽性
购买力风险	基金在分配利润的时候主要是以**现金**的形式分配，当通货膨胀发生时会引起购买力的下降，也就降低了基金实际收益，又称为**通货膨胀风险**

续表

风险	含义
汇率风险	①因汇率变动而引起的基金价值的不确定性； ②影响汇率风险的因素有国际收支及外汇储备、利率、通货膨胀和政治局势等

3. 市场风险管理的主要措施

在市场风险管理的过程中可以根据不同的监控指标或者角度识别市场风险，并给出对应的管理措施。市场风险管理的主要措施见表 14-2。

表 14-2 市场风险管理的主要措施

监控角度	管理措施
宏观指标	①时刻关注宏观经济指标和趋势、重大市场行动以及重大经济政策动向； ②评估宏观因素变化可能给投资带来的市场风险（系统性风险）； ③定期监测投资组合的风险控制指标，并且提出应对策略
行业周期	①密切关注行业的周期性、市场竞争、价格、政策环境和个股的基本面变化； ②构造股票投资组合，分散非系统性风险； ③加强投资证券的管理，对于市场风险较大的证券建立内部监督机制、快速评估机制和定期跟踪机制
风险调整收益	关注投资组合风险调整后的收益，可以采用夏普比率、特雷诺比率和詹森比率等指标
场外监控	加强场外交易的监控，确保所有交易在公司的管理范围内
重大投资	加强重大投资的监测，重大投资可以从基金投资量占比、单日交易占比、个股交易占流通比例等指标入手
定量管理	①运用敏感性分析，找出影响投资组合收益的关键因素； ②运用定量风险模型和优化技术，分析各种投资组合的市场风险的来源和暴露； ③运用情景分析和压力测试技术，评估投资组合对大幅和极端市场波动的承受能力

例题 14.1（选择题）

风险的来源是（　　）。

A. 损失　　B. 确定性　　C. 不确定性　　D. 未知性

【答案】C

【解析】风险的来源不是损失而是不确定性，即未来的不确定性会带来的影响。故答案是选项 C。

例题 14.2（选择题）

市场风险管理的主要措施不包括（　　）。

A. 密切关注宏观经济指标和趋势、重大经济政策动向以及重大市场行动

B. 密切关注行业的周期性、市场竞争、价格、政策环境和个股的基本面变化

C. 加强场外交易的监控，确保所有交易在公司的管理范围内

D. 加强投资的监测，投资可以从基金投资量占比、单日交易占比、个股交易占流通比例等指标入手

【答案】D

【解析】选项 D 错误，加强重大投资的监测，重大投资可以从基金投资量占比、单日交易占比、个股交易占流通比例等指标入手，不是所有的投资都要实时监测。故答案是选项 D。

（二）信用风险的概念及管理办法（★★★）

1. 信用风险的含义

信用风险是指借贷方、债券发行人、回购交易和衍生品交易的对手方存在**违约的可能性**。常见的情景有以下3种：

（1）基金所投资债券的发行人不能或拒绝支付到期本息。

（2）债券评级下调引起债券价格下跌。

（3）回购交易对手方不履行回购债券义务等。

2. 信用风险管理的主要措施

基金分类中的债券型基金经理需要对信用风险着重管理，包括控制基金持有的债券信用等级，进行适度的分散化投资。信用风险管理的主要措施见表14－3。

表14－3 信用风险管理的主要措施

监控角度	管理措施
发行人信用评级	针对债券发行人建立内部信用评级制度，结合外部信用评级，进行发行人信用风险管理
交易对手信用评级	针对交易对手建立信用评级制度，根据交易对手的资质、交易记录、信用记录和交收违约记录等因素进行信用评级，并定期更新
信用风险监控体系	①建立信用风险监控体系，对信用风险及时发现、汇报和处理； ②基金公司可限制和监控其管理的所有投资组合与同一交易对手的交易集中度

例题14.3（选择题）

某公司发行的2022年到期公司债券，根据债券面值与票息定期支付本息，2019年受新冠肺炎疫情影响，该公司宣布无法按期支付利率。对于债券投资，该事例属于（　　）。

A. 通胀风险　　B. 流动性风险　　C. 信用风险　　D. 利率风险

【答案】C

【解析】选项A错误，通货膨胀风险是当通货膨胀发生时会引起购买力的下降，也就降低了基金实际收益；选项B错误，流动性风险是指资产在短时间内无法以低成本进行交易的风险；选项D错误，利率风险是因利率上升或下跌导致债券价格下跌或上涨的风险。故答案是选项C。

例题14.4（选择题）

信用风险的管理措施包括（　　）。

A. 针对债券发行人建立内部信用评级制度，结合外部信用评级，进行发行人信用风险管理

B. 平衡资产的流动性与盈利性，以适应投资组合日常运作的需要

C. 评估宏观因素变化可能给投资带来的系统性风险

D. 加强重大投资的监测，重大投资可以从基金投资量占比、单日交易占比、个股交易占流通比例等指标入手

【答案】A

【解析】选项B错误，平衡资产的流动性与盈利性，以适应投资组合日常运作的需要属于流动性风险的管理措施；选项C错误，评估宏观因素变化可能给投资带来的系统性风险，属于市场风险的管理措施；选项D错误，加强重大投资的监测，重大投资可以从基金投资量占比、单日交易占比、个股交易占流通比例等指标入手，属于市场风险的管理措施。故答案是选项A。

（三）流动性风险的概念及管理办法（★★★）

1. 流动性风险的含义

流动性是资产在短时间内以低成本进行交易的能力。资产流动性好代表着买卖容易，此时交易成本低。资产流动性差意味着买卖价差变大，在进行资产的买入或者卖出的时候投资组合就会遭受损失。

2. 流动性风险的表现

流动性供给与需求不平衡时会出现流动性风险。基金流动性风险的表现主要有以下两个方面：

①在建仓时或者在为实现投资收益而卖出证券时，基金管理人可能会由于市场流动性不足而无法按预期的价格在预定的时间内买入或卖出证券；

②在开放式基金发生投资者赎回时，所持证券流动性不足，基金管理人被迫以不适当的价格大量抛售股票或债券，或无法满足投资者的赎回需求。

以上两个方面均可能使基金净值受到不利的影响。

3. 流动性风险管理的主要措施

流动性风险是一种**综合性风险**，形成原因十分复杂。当存在市场、信用、操作等风险管理的缺陷时，就可能导致流动性出现问题。

流动性风险一旦发生，可能会从局部的流动性风险演变成整个市场的金融危机。例如，在市场大幅下行时，基金净值会出现较大的下跌，基金持有人会集中要求赎回，导致基金日常的流动性无法满足投资者的赎回要求。如果为了满足投资者的赎回要求，基金就要被动抛售资产，净值继续下跌，进一步引起更多赎回，极端情况下形成恶性循环，导致基金清盘。

流动性风险管理的主要措施见表 14－4。

表 14－4 流动性风险管理的主要措施

监控角度	管理措施
管理制度	制定流动性风险管理制度，平衡资产的流动性与盈利性，以适应投资组合日常运作的需要
分析与跟踪	①及时对投资组合资产进行流动性分析和跟踪； ②关注投资组合内的资产流动性结构和投资组合品种类型等因素的流动性匹配情况
持有人分析	分析投资组合持有人的结构和特征，关注投资者申赎意愿
预警机制	建立流动性预警机制
压力测试	进行流动性压力测试，测算当面临外部市场环境的重大变化或巨额赎回压力时，冲击成本对投资组合资产流动性的影响，并相应调整资产配置
处置预案	①制定流动性风险处置预案； ②流动性风险事件发生后能够及时、有序地进行处置； ③建立健全自身的流动性保障和应对机制，防范风险外溢

例题 14.5（选择题）

下列基金组合中，A 基金流动性风险高于 B 基金流动性风险的是（　　）。

A. A 基金是债券型基金，B 基金是另类投资基金

B. A 基金是股票型基金，B 基金是另类投资基金

C. A 基金是股权投资基金，B 基金是股票型基金

D. A 基金是股票型基金，B 基金是股权型基金

【答案】C

【解析】选项A错误，债券型基金比另类投资基金的流动性好，流动性风险要小；选项B错误，股票型基金比另类投资基金的流动性好，流动性风险要小；选项D错误，股票型基金比股权型基金的流动性好，流动性风险要小。故答案是选项C。

例题 14.6（选择题）

下列关于流动性风险的说法错误的是（　　）。

A. 流动性是资产在短时间内以低成本进行交易的能力

B. 流动性风险是常见的投资风险，是单一性风险，形成原因就是买卖价差过大

C. 资产流动性好则代表着买卖容易，交易成本低

D. 在管理流动性风险时应该建立流动性预警机制

【答案】B

【解析】选项B错误，流动性风险是一种综合性风险，形成原因十分复杂。当存在市场、信用、操作等风险管理的不足时，就可能导致流动性出现问题。故答案是选项B。

二、投资风险的测度

（一）事前风险测度和事后风险测度的区别（★）

风险测度是**风险管理的基础**。如果风险测度的质量越高，则对风险管理的有效性越好。风险测度根据**测度的时间**分为事前风险测度和事后风险测度两类：

（1）**事前风险测度**是指在风险发生前，衡量投资组合未来的表现和风险情况。

（2）**事后风险测度**是在风险发生后的分析，主要是为了研究投资组合在历史上的表现和风险情况，常用来衡量风险调整后的收益。

（二）风险指标

风险指标可以基于2个维度进行划分，分别是基于收益率及方差的风险指标和基于投资价值对风险因子敏感程度的指标，其具体指标分类如下：

（1）**基于收益率及方差的风险指标：**波动率、最大回撤、下行风险标准差等。

（2）**基于投资价值对风险因子敏感程度的指标：**β系数、久期、凸性等。

1. 贝塔系数与波动率

（1）贝塔系数与波动率的概念和计算方法。（★★★）

贝塔系数和波动率都是测度风险的指标，贝塔系数衡量的是系统风险，波动率衡量的是总风险。

①**贝塔系数**，即β系数，是用来评估**系统风险**的指标，衡量投资对象对市场变化的敏感程度，其计算公式如下：

$$\beta_p=\frac{Cov\ (r_p,\ r_m)}{\sigma_m^2}=\rho_{p,m}\cdot\frac{\sigma_p}{\sigma_m} \tag{14.1}$$

式（14.1）中，$Cov\ (r_p,\ r_m)$代表投资组合P的收益与市场收益的协方差；σ_m代表市场收益的标准差；$\rho_{p,m}$代表投资组合P与市场收益的相关系数；σ_p代表投资组合P收益率的标准差。

②**波动率**是投资组合单位时间收益率的标准差。单位时间根据需求可以取每日、每周、每月、每年等。

假设每日收益率相互独立且具有同样的标准差（波动率），则对于 T 日交易标准差（波动率）计算公式如下：

$$\sigma_T=\sigma_{day}\sqrt{T} \tag{14.2}$$

式（14.2）中，σ_{day}代表每日收益率的标准差（波动率）；σ_T 代表 T 个交易日总收益率的标准差（波动率）。

例题 14.7（选择题）

在投资过程中风险的管理是必不可少的，测度风险使用的敏感程度指标是（ ）。

A. 波动率、最大回撤、下行风险标准差
B. β 系数、久期、波动率
C. β 系数、久期、凸性
D. 波动率、最大回撤、β 系数

【答案】C

【解析】选项 A 错误，波动率、最大回撤、下行风险标准差属于基于收益率及方差的风险指标；选项 B 错误，波动率属于基于收益率及方差的风险指标；选项 D 错误，波动率、最大回撤属于基于收益率及方差的风险指标。故答案是选项 C。

例题 14.8（选择题）

A 股票与市场指数的相关性系数是 0.8，市场指数的波动率是 10%，A 股票的波动率是 20%，A 股票的贝塔系数是（ ）。

A. 0.4　　B. 1.6　　C. 1　　D. 0.8

【答案】B

【解析】根据贝塔系数的计算公式，$\beta_p=\frac{Cov(r_p, r_m)}{\sigma_m^2}=\rho_{p,m}\cdot\frac{\sigma_p}{\sigma_m}=0.8\times\frac{20\%}{10\%}=1.6$。故答案是选项 B。

（2）贝塔系数的应用和局限性。（★★★）

①贝塔系数可以衡量系统风险的大小，不同数值的贝塔系数的含义见表 14-5。

表 14-5 贝塔系数数值的含义

贝塔系数数值	含义
$\beta>0$	投资组合的价格变动方向与市场方向一致
$\beta<0$	投资组合的价格变动方向与市场方向相反
$\beta=1$	投资组合的价格变动幅度与市场一致
$\beta>1$	投资组合的价格变动幅度比市场更大
$0<\beta<1$	投资组合的价格变动幅度比市场更小

②贝塔系数的局限性在于，贝塔系数是根据历史数据得出的，无法反映最新的数据和情况。并且贝塔系数会随着时间区间的改变而改变，因此特殊时期的贝塔系数并不具有参考性。

例题 14.9（选择题）

A 股票的贝塔系数是 1.2，下列说法正确的是（ ）。

A. A 股票的价格变动方向与市场方向一致，但是变动幅度比市场更小
B. A 股票的价格变动方向与市场方向相反，但是变动幅度比市场更小
C. A 股票的价格变动方向与市场方向一致，但是变动幅度比市场更大
D. A 股票的价格变动方向与市场方向相反，但是变动幅度比市场更大

【答案】C

【解析】选项A错误，贝塔系数是1.2代表价格变动幅度比市场更大；选项B错误，贝塔系数是1.2代表价格变动的方向与市场方向一致，且应该比市场变动幅度更大；选项D错误，贝塔系数是1.2>0，价格变动的方向与市场方向一致。故答案是选项C。

例题14.10（选择题）

下列关于贝塔系数的局限性，说法错误的是（　　）。

A. 贝塔系数是根据历史数据得出的，无法反映最新的数据和情况

B. 贝塔系数可以根据投资者对市场的预期数据进行计算

C. 特殊时期的贝塔系数并不具有参考性

D. 贝塔系数会随着时间区间的改变而改变

【答案】B

【解析】选项B说法错误，贝塔系数的局限性在于，贝塔系数是根据历史数据得出的，无法反映最新的数据和情况，并不是投资者对市场的预期数据得出的。故答案是选项B。

2. 跟踪误差与主动比重

（1）跟踪误差与主动比重的概念和计算方法。（★★）

①跟踪误差的概念和计算方法。

跟踪误差（AS）是一个相对业绩比较基准的相对于风险指标。跟踪误差的定义和计算在被动投资与主动投资部分已有详细介绍，此处不再赘述。

②主动比重的概念和计算方法。

主动比重是指**投资组合持仓**与基准不同的部分。其计算公式如下：

$$AS=\frac{1}{2}\sum_{i=1}^{n}(w_{p,i},\ w_{b,i}) \tag{14.3}$$

式中，$w_{p,i}$代表组合中第i只股票的权重；$w_{b,i}$代表基准中第i只股票的权重；n代表投资组合中的n只股票。

例题14.11（选择题）

（　　）是指投资组合持仓与基准不同的部分。

A. 跟踪误差　　B. 主动比重　　C. 下行风险　　D. 最大回撤

【答案】B

【解析】主动比重是指投资组合持仓与基准不同的部分。故答案是选项B。

（2）主动比重的应用和局限性。（★★）

①主动比重的应用。

主动比重衡量的是投资组合与基准的差异，根据主动比重的数值可以分析投资组合的投资风格。主动比重的数值与含义见表14-6。

表14-6　主动比重的数值与含义

数值	含义
主动比重为0	投资组合**实质上是一个指数基金**
主动比重为100%	该投资组合**与基准完全不同**，较高的主动比重代表投资组合的表现可能会与基准差别较大

②主动比重的局限性。

主动比重在使用的过程中要注意其局限性。主要表现有以下 2 种：

A. 与基准不同并不意味着投资组合一定会跑赢或跑输基准。

B. 与基准不同并不意味着投资组合的业绩表现会与基准有显著区别。

例题 14.12（选择题）

下列关于主动比重说法正确的是（　　）。

A. 主动比重是指投资组合收益与基准收益不同的部分

B. 主动比重大于 0 说明投资组合的收益高于基准的收益

C. 主动比重为 0 说明投资组合持仓与基准持仓完全不同

D. 主动比重衡量的是投资组合与基准的差异，根据主动比重的数值可以分析投资组合的投资风格

【答案】D

【解析】选项 A 错误，主动比重是指投资组合持仓与基准不同的部分；选项 B 错误，与基准不同并不意味着投资组合一定会跑赢或跑输基准；选项 C 错误，主动比重为 0 说明投资组合实质上是一个指数基金，与基准没有差异。故答案是选项 D。

3. 最大回撤与下行标准差

（1）最大回撤与下行标准差的概念和计算方法。（★★）

①最大回撤的概念和计算方法。

最大回撤测度的是在指定时间区间内投资组合从最高点到最低点的回撤，即在特定时间内产品净值走到最低点时的收益率回撤幅度的最大值。最大回撤的示例见图 14－1。

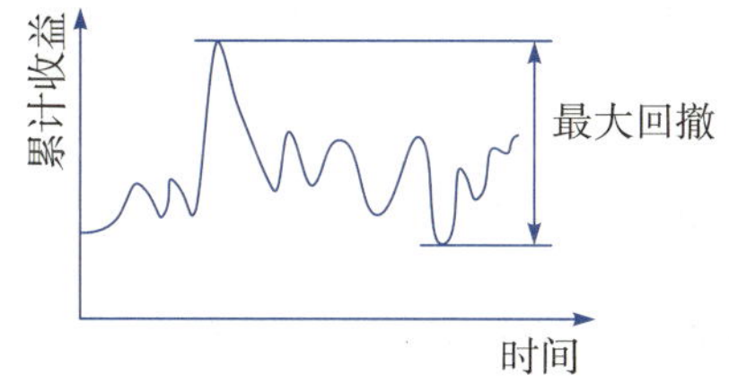

图 14－1　最大回撤

②下行标准差的概念和计算方法。

下行标准差衡量的是收益率低于平均值的单位区间的波动。下行标准差的计算公式如下：

$$\text{下行标准差} = \sqrt{\frac{\sum_{i=1}^{n}(r_i - r_T)^2}{n}}，\text{其中 } r_i < r_T \tag{14.4}$$

式（14.4）中，r_i代表第 i 期基金收益率；r_T 代表目标收益率；n 代表基金收益率小于目标收益率的期数。

例题 14.13（选择题）

A 基金过去 5 年的收益率分别是 5%、3%、10%、2%、7%。A 基金的目标收益率是 5%，在计算下行标准差时，公式中的 n 是（　　）。

A. 3　　B. 2　　C. 4　　D. 5

【答案】B

【解析】选项ACD错误，下行标准差计算公式中的n表示基金收益率小于目标收益率的期数，A基金过去5年的收益率小于目标收益率5%的有3%和2%，所以n是2。故答案是选项B。

（2）最大回撤与下行标准差的应用和局限性。（★★）

①最大回撤的应用和局限性。

最大回撤可以衡量投资组合的下行风险的大小。在衡量最大回撤时有以下两个特点：

A. 最大回撤可以在任何历史区间做测度，用于衡量投资管理人对下行风险的控制能力。

B. **指定区间越长**，这个指标就**越不利**，因此在不同的基金之间使用该指标时，应尽量控制在同一个评估期间。

最大回撤的**局限性**就是只能衡量损失的大小，而不能衡量损失发生的频率。

②下行标准差的应用和局限性。

下行标准差主要关注的是收益率没有达到目标时的风险。下行标准差的局限性在于计算需要拥有足够多的收益低于目标的数据。但是，当投资组合在考查期间表现一直超越目标，就没有足够的数据计算该指标。

例题14.14（选择题）

下列关于最大回撤的说法错误的是（　　）。

A. 最大回撤衡量的是投资组合的下行风险

B. 最大回撤指定的区间越短，指标越有利

C. 最大回撤可以反映投资管理人对下行风险的控制能力

D. 最大回撤衡量下行风险时只能衡量损失发生的频率

【答案】D

【解析】选项D错误，最大回撤的局限性就是只能衡量损失的大小，而不能衡量损失发生的频率。故答案是选项D。

（三）风险价值（VaR）与预期损失（ES）

1. 风险价值（VaR）与预期损失（ES）的概念（★★）

（1）风险价值的概念。

风险价值（VaR），又称**在险价值、风险收益和风险报酬**，衡量的是在指定的时间区间内，指定的置信水平下，投资组合面临的潜在最大损失。例如，在持有期一周且置信度水平为95%的情况下，风险价值计算为-3%，表明该投资组合在一周的时间内95%的概率损失小于3%，5%的概率损失超过3%。

（2）预期损失的概念。

预期损失（ES），又称**条件风险价值度、条件尾部期望或尾部损失**，是指在给定时间区间和置信区间内，投资组合损失的期望值。预期损失在尾部风险度量、次可加性等方面都具有优势，因此越来越受到金融行业与监管机构的重视。

例题14.15（选择题）

预期损失衡量的是在给定时间区间和置信区间内，投资组合损失的期望值。预期损失又可以叫作（　　）。

A. 条件风险价值度　　B. 风险价值　　C. 平均损失　　D. 预期损失

【答案】A

【解析】选项 BCD 错误，预期损失（ES）也可以叫作条件风险价值度、条件尾部期望或尾部损失，是指在给定时间区间和置信区间内，投资组合损失的期望值。故答案是选项 A。

2. 风险价值（VaR）的应用和局限性（★★）

（1）风险价值（VaR）的应用。

VaR 的优点是可用于测量不同市场的不同风险并用一个数值表示出来，因此具有广泛的适用性。最常用的 VaR 估算方法有参数法、历史模拟法和蒙特卡洛模拟法，VaR 估算方法见表 14－7。

表 14－7　VaR 估算方法

VaR 估算方法	内容
参数法	①又称**方差-协方差法**； ②假设：投资组合中的金融工具是基本风险因子的现行组合，且风险因子收益率**服从某特定类型的概率分布**； ③计算方法：依据历史数据计算出风险因子收益率分布的参数值，比如方差、均值和风险因子间的相关系数
历史模拟法	①假设：市场未来的变化方向与市场的历史发展状况大致相同。 ②计算方法：**依据风险因子收益的近期历史数据进行估算**，模拟出未来的风险因子收益变化； ③**无须事先确定风险因子收益或概率分布**
蒙特卡洛模拟法	在估算之前，需要有风险因子的概率分布模型，继而**重复模拟风险因子变动的过程**

（2）风险价值（VaR）局限性。

VaR 的考查区间通常很短，常见的是一天、一周或者几周。因为 VaR 会随着时间的变化而变化，但是随着时间区间变长，投资组合和市场状况将更加难以保持相对稳定。

例题 14.16（选择题）

最常用的 VaR 估算方法不包括（　　）。

A. 参数法　　B. 历史模拟法

C. 控制变量法　　D. 蒙特卡洛模拟法

【答案】C

【解析】最常用的 VaR 估算方法有参数法、历史模拟法和蒙特卡洛模拟法，不包括控制变量法。故答案是选项 C。

（四）压力测试的方法和应用（★）

压力测试可以在异常但又无法彻底排除并且可能发生的巨大损失事件的条件下，测量外部情景对投资组合的冲击。压力测试的关键就是选择压力情景。

三、不同类型基金的风险管理

（一）股票型基金的风险管理方法（★★★）

1. 股票型基金的含义与特点

股票型基金是指在基金投资过程中，大部分投资于股票的基金。股票型基金相对于债券型基金和货币型基金等其他基金有以下特点：

（1）股票型基金的**预期收益与风险都是最高的**。股票型基金可以给投资者提供一种长期而高额的增值，但收益高就意味着风险大。股票型基金的投资风险主要是非系统性风险和系统性风险。

（2）股票型基金通过分散投资来降低个股投资的非系统性风险，可以通过设置个股最高比例来控制个股风险，来实现风险分散化。

（3）不同类型的股票型基金面临的系统性风险不同。

2. 股票型基金的风险指标

标准差、β系数、持股集中度、行业投资集中度和持股数量等都是常用的反映股票型基金风险的指标。

（1）标准差和β系数。

标准差和**β系数**的具体含义见表14-8。

表14-8　标准差和β系数的具体含义

指标	用法
标准差	在净值增长率服从正态分布时： ①**可以期望有2/3（约67%）的可能，基金净值增长率会落入平均值正负1个标准差的范围内**； ②**可以期望在95%的情况下，基金净值增长率会落在正负2个标准差的范围内**
β系数	①β系数的大小可以衡量一只股票型基金面临的市场风险的大小； ②当某只基金的β系数为1，说明该基金净值的变化与指数的变化幅度相当； ③当基金的**β系数大于1**，说明该基金是一只**活跃或激进型基金**； ④当基金的**β系数小于1**，说明该基金是一只**稳定或防御型的基金**

（2）持股集中度。

持股集中度是用来衡量基金的持股分散情况。持股较为集中的投资组合面临的个股风险可能无法充分地分散。持股数量越多，基金面临的投资风险越分散，面临的个股风险越低。

持股集中度的常用指标是**前十大重仓股占比**，其计算公式如下：

$$前十大重仓股占比=\frac{前十大重仓股投资市值}{基金股票投资总市值}\times 100\% \tag{14.5}$$

（3）基金所持有的全部股票的**平均市盈率、平均市净率**等指标。

基金所持有的全部股票的**平均市盈率、平均市净率**的大小，可用于判断股票基金是倾向于投资价值型股票还是成长型股票。

①股票型基金的平均市盈率、平均市净率小于市场指数的市盈率和市净率，可以认为该股票型基金属于价值型基金；

②股票型基金的平均市盈率、平均市净率大于市场指数的市盈率和市净率，可以认为该股票型基金属于成长型基金。

（4）基金股票换手率。

通过对基金买卖股票频率的高低的测量，反映基金的操作策略。其计算公式如下：

$$基金股票换手率=\frac{期间基金股票交易量\div 2}{期间基金平均资产} \tag{14.6}$$

①因为一次完整的换手需要进行买入和卖出操作才可以实现，所以用期间基金股票交易量的一半作为分子。

②基金股票换手率的倒数为基金持股的平均时间。一只股票型基金的年周转率为100%，即该基金持有股票的平均时间为1÷100%=1（年）。如果一只股票型基金的年周转率为50%，即该基金持有

股票的平均时间为 1÷50%=2（年）。

③高周转率意味着高频的买卖，会付出比较多的交易成本。低周转率意味着基金对股票更倾向于长期持有。

例题 14.17（选择题）

某基金的年化收益率是 35%，年化收益的标准差是 28%，在标准正态分布下，该基金年度收益率在 67%的可能处于（ ）。

A. 70%~35% B. 63%~7% C. 28%~28% D. 28%~35%

【答案】B

【解析】在标准正态分布下，67%的可能性对应的是落在均值正负一个标准差，所以是 35%±28%即 63%~7%。故答案是选项 B。

例题 14.18（选择题）

通过对基金买卖股票频率的高低的测量，反映基金的操作策略，通过分析基金股票换手率可以得到（ ）。

A. 基金股票换手率越高说明基金倾向于长期持有

B. 基金股票换手率高意味着基金投资的交易成本高

C. 基金股票换手率越高说明基金经理对风险的敏感度越高

D. 基金换手率越高越好

【答案】B

【解析】选项 A 错误，基金股票换手率越高说明基金倾向于高频的买卖，不是长期持有；选项 C 错误，基金股票换手率与基金经理对风险的敏感度之间没有必然关系；选项 D 错误，基金换手率衡量的是基金买卖股票的频率并不是基金换手率越高越好。故答案是选项 B。

（二）混合型基金的风险管理方法（★★★）

1. 混合型基金的含义

混合型基金在投资过程中没有明显的偏向性，同时投资于股票、债券和货币市场等工具，且不属于股票型基金、债券型基金或者基金中基金。

2. 混合型基金的特征

混合型基金包含以下 2 个特征：

（1）混合型基金的风险和预期收益的表现在所有类型的基金中是中等水平。混合型基金的风险和预期收益低于股票型基金，高于债券型基金。

（2）混合型基金根据资产投资比例及投资策略，可分为偏股型基金、偏债型基金、平衡型基金等。一般而言，偏股型基金的特征与股票型基金更相似，风险和预期收益较高。偏债型基金的特征与债券型基金更相似，风险和预期收益相对较低。平衡型基金介于二者之间。

3. 混合型基金的风险管理方法

混合型基金的股票仓位比股票型基金和债券型基金更灵活，因此针对混合型基金的风险管理也更多样化，具体可根据基金的股票仓位和面临的主要投资风险进行控制。

例题 14.19（选择题）

下列属于混合型基金的是（ ）。

A. A 基金资产 81%投资于股票，19%投资于债券

B. B基金资产50%投资于股票，50%投资于债券

C. C基金资产80%投资于债券，20%投资于货币市场工具

D. D基金资产100%投资于货币市场工具

【答案】B

【解析】选项A错误，A基金资产81%投资于股票，19%投资于债券，属于股票型基金；选项C错误，C基金资产80%投资于债券，20%投资于货币市场工具，属于股票型基金；选项D错误，D基金资产100%投资于货币市场工具，属于货币市场基金。故答案是选项B。

例题14.20（组合型选择题）

混合型基金根据资产投资比例及投资策略可以分为（　　）。

Ⅰ. 偏股型基金

Ⅱ. 偏债型基金

Ⅲ. 平衡型基金

A. Ⅲ　　B. Ⅰ、Ⅱ、Ⅲ　　C. Ⅰ、Ⅱ　　D. Ⅰ、Ⅲ

【答案】B

【解析】描述Ⅰ、Ⅱ、Ⅲ正确，混合型基金根据资产投资比例及投资策略，可分为偏股型基金、偏债型基金、平衡型基金等，描述Ⅰ、Ⅱ、Ⅲ正确。故答案是选项B。

（三）债券型基金的风险管理方法（★★★）

1. 债券型基金的含义和特点

债券型基金是指80%以上的基金资产投资于债券的基金。债券型基金的特点如下：

（1）低风险、低收益，投资对象主要有国债、可转债、企业债等。

（2）债券型基金也可以有一小部分资金投资于股票市场，除此之外，此类债券型基金也可以通过可转债和打新股获得收益，不过风险也会比纯债型基金高。

2. 债券型基金的风险

债券型基金的风险可以分为利率风险、信用风险、流动性风险、提前赎回风险、再投资风险、可转债的特定风险、债券回购风险。

（1）**利率风险**是在债券投资中存在因利率上升或下跌而导致债券价格下跌或上涨的风险。衡量利率风险常用的指标是债券型基金的久期。债券型基金的利率风险的测度与管理措施见表14－9。

表14－9　债券型基金的利率风险的测度与管理

操作	含义
风险测度	①债券型基金的久期是组合中所有债券久期的加权平均值。债券型基金久期越长，所承担的利率风险就越高； ②债券型基金可以用组合已有债券作为抵押品，融资买入更多债券。这个过程也叫加杠杆。加杠杆之后，债券型基金的敏感性会增大
风险管理	可以通过分散债券的期限，长短期债券一起配置来防范利率风险

（2）**信用风险**主要指交易对手方无法履行义务的风险。根据信用风险的来源主要可以分为两类：

①**债券信用风险**，主要是债券发行人因财务危机等原因，无法按期支付约定的债券利息或偿还本金，从而使投资者遭受损失的风险。

②**交易对手信用风险**，主要指因交易对手未能履行约定契约中的义务，遭受经济损失的风险。

(3) **流动性风险**指金融工具的持有人无法迅速以低成本交易证券。其主要表现为:

①无法以合理的价位迅速卖出。

②对于买入的债券，因为市场交易量少，发生变现困难、流通不易而导致的风险。

③对于公募基金，如果发生投资者的大额赎回，也可能会出现流动性风险。

债券型基金在管理流动性风险时可以采取以下措施:

①尽量选择交易活跃的债券。

②合理安排投资组合，避免债券到期日或者存款到期日过于集中。

③准备一定的现金以备不时之需。

除了以上 3 种风险，在债券型基金投资过程中还会面临其他风险 (见表 14 - 10)。

表 14 - 10 债券型基金面临的其他风险的含义

风险	含义
提前赎回风险	含有**提前赎回条款**的债券，发行人会在市场利率下降较大时赎回债券，此时债券还没有到到期日，投资者会遭受利息损失和再投资回报降低的风险
再投资风险	债券持有者在债券持有期间会收到债券票息，在到期时会收到本金，出售债券时会收到资本利得等，将这些收入再次投资所实现的报酬可能会低于起初投资债券的收益率的风险
可转债的特定风险	①可转债兼具债权和期权的特征，通常具有较低的票面利率; ②可转债因为具有债权性、股权性、可转换性 3 个特点，所以其风险特征与这 3 个特点相关
债券回购风险	①回购会面临交易对手信用风险; ②正回购比例高的债券型基金杠杆也比较高，在信用风险暴发时，一些杠杆较大的基金会面临亏损成倍放大的风险

例题 14.21 (组合型选择题)

债券型基金在投资的过程中会面临 ( ) 风险。

Ⅰ. 债券回购风险　　Ⅱ. 可转债的特定风险

Ⅲ. 流动性风险　　Ⅳ. 信用风险

A. Ⅰ、Ⅱ、Ⅳ　　B. Ⅰ、Ⅱ、Ⅲ、Ⅳ　　C. Ⅰ、Ⅱ、Ⅳ　　D. Ⅰ、Ⅱ、Ⅲ

【答案】B

【解析】描述Ⅰ、Ⅱ、Ⅲ、Ⅳ正确，债券型基金在投资过程中面临的风险可以分为利率风险、信用风险、流动性风险、提前赎回风险、再投资风险、可转债的特定风险和债券回购风险。故答案是选项 B。

例题 14.22 (组合型选择题)

对于债券型基金避免流动性风险，以下说法正确的是 ( )。

Ⅰ. 尽量选择交易活跃的债券

Ⅱ. 合理安排投资组合，避免债券到期日或者存款到期日过于集中

Ⅲ. 准备一定的现金以备不时之需

Ⅳ. 禁止小额赎回

A. Ⅲ、Ⅳ　　B. Ⅰ、Ⅱ、Ⅲ　　C. Ⅰ、Ⅱ、Ⅳ　　D. Ⅰ、Ⅲ

【答案】B

【解析】描述Ⅳ错误，对于公募基金而言，投资者的大额赎回也可能导致流动性风险，应该实时监控投资者的赎回意向避免集中大额赎回。描述Ⅰ、Ⅱ、Ⅲ正确。故答案是选项 B。

（四）货币市场基金的风险管理方法（★★★）

1. 货币市场基金的含义

货币市场基金是指投资于短期国债、银行存款、短期融资券以及信用等级很高的短期票券等货币市场上短期品种的一类基金。

2. 货币市场基金的特点

货币市场基金对投资者具有很强的吸引力，原因就是货币市场基金具有优良的特点，如收益稳定、流动性强、购买限额低、资本安全性高等。

3. 货币市场基金的风险指标

货币市场基金的一个主要投资对象就是债券，所以也会面临利率风险、信用风险和流动性风险。但是货币市场基金和债券型基金衡量风险的指标存在差异，货币市场基金的风险指标具体见表14－11。

表14－11 货币市场基金的风险指标

风险指标	要求
投资组合平均剩余期限	①投资组合平均剩余期限是货币市场基金所持有的各项资产的剩余期限； ②期限越短，货币市场基金的流动性越好，利率风险越低； ③**货币市场基金投资组合的平均剩余期限不得超过120天**
投资组合平均剩余存续期	①投资组合平均剩余存续期是货币基金所持有的各项资产剩余存续期的加权平均值； ②期限越短，货币市场基金的流动性越好，利率风险越低； ③**货币市场基金投资组合的平均剩余存续期不得超过240天**
融资回购比例	①融资回购比例可以衡量基金的杠杆情况。一般情况下，货币市场基金的杠杆比例越高，其收益和风险也越高。因此在比较不同货币市场基金收益率时，应同时考虑其杠杆运用情况； ②根据目前法规，在没有发生**巨额赎回（连续3个交易日累计赎回20%以上或者连续5个交易日累计赎回30%以上）**的情况下，货币市场基金债券正回购的资金余额不得超过净资产的20%
浮动利率债券	货币市场基金**可以投资剩余期限小于397天但剩余存续期超过397天的浮动利率债券**
投资对象的信用评级	货币市场基金一般倾向于投资较高等级的信用债券和其他金融工具，因此要关注投资对象的信用评级

例题14.23（选择题）

以下选项中，不能用于衡量货币基金风险的指标是（ ）。

A. 平均剩余期限　　B. 跟踪误差

C. 融资回购比例　　D. 平均剩余存续期

【答案】B

【解析】选项B错误，衡量货币市场基金的风险指标主要有投资组合平均剩余期限、投资组合平均剩余存续期、融资回购比例、浮动利率债券以及投资对象的信用评级等，不包括跟踪误差。故答案是选项B。

例题 14.24（选择题）

关于货币市场基金的风险指标，以下表述正确的是（　　）。

A. 我国法规要求货币市场基金投资组合平均剩余期限在每个交易日不得超过 397 天

B. 一般情况下，货币市场基金的杠杠比例越高，收益越低，风险越大

C. 投资组合平均剩余期限和平均存续期越短，则货币市场基金的流动性越好，利率风险越低

D. 除非发生巨额赎回，货币市场基金债券正回购的资金余额不得超过净资产的 25%

【答案】C

【解析】选项 A 错误，货币市场基金投资组合的平均剩余期限不得超过 120 天，平均剩余存续期不得超过 240 天；选项 B 错误，一般情况下，货币市场基金的杠杠比例越高，收益越高，风险越大；选项 D 错误，根据目前法规，在没有发生巨额赎回（连续 3 个交易日累计赎回 20%以上或者连续 5 个交易日累计赎回 30%以上）的情况下，货币市场基金债券正回购的资金余额不得超过净资产的 20%。故答案是选项 C。

（五）指数基金的风险管理方法（★）

1. 指数基金的含义

指数基金是指投资的对象为指数成分股的基金。投资的目的是跟踪指数获得与指数相近的收益率，属于被动投资。

2. 指数基金的特点

指数基金的主要特点：①具有较低的管理费、申购费和赎回费等**成本优势**；②较高的**透明度**。

3. 指数基金的分类

指数基金根据与指数的关系分成两类，见表 14-12。

表 14-12　指数基金的分类

类别	与指数的关系
完全复制型指数基金	①按照基准指数的成分和权重进行配置； ②目标是最大限度地减小与标的指数的跟踪误差
增强型指数基金	①将大部分资产在按照基准指数权重配置的基础上，也用一部分资产进行积极的投资； ②目标为在紧密跟踪基准指数的同时获得高于基准指数的收益

（六）ETF 的风险管理方法（★）

ETF 是一种特殊的开放式基金。ETF 的投资者可以直接向基金管理公司申购或赎回基金份额，也可以在**二级市场**按照市价买卖基金份额。ETF 的**申购和赎回具有特殊性**，申购时必须要以一篮子股票换取基金份额。赎回时是以基金份额换回一篮子股票。

因为同时存在证券市场交易和申购赎回机制，投资者可以在 ETF 市价与基金单位净值之间有差价时进行套利交易。因为套利机制的存在，ETF 避免了封闭式基金普遍存在的折价问题。

（七）避险策略基金的风险管理方法（★）

避险策略基金不是投资的资产具有特殊性，而是基金的投资策略存在特殊性。避险策略基金在

投资的时候采用的是恒定比例投资组合保险技术（CPPI），即将基金投资分成两个方向，一个方向是投资固定收益证券（大部分资产）起到**保险底线**的作用，另一个方向是使用小部分资金（**安全垫**）加上杠杆投入股票市场，来获取高的收益。避险策略基金的避险要求见表14－13。

表14－13 避险策略基金的避险要求

避险要求	内容
避险比例	避险策略基金投资于稳健资产不低于基金资产净值的80%，以获取稳定收益，尽力避免到期时投资本金出现亏损
期限要求	稳健资产投资组合的平均剩余期限**不得超过剩余避险策略周期**
分散化投资	稳健资产以外的资产为风险资产，基金管理人应当建立客观研究方法，审慎建立风险资产投资对象备选库，并采取适度分散的投资策略
风险资产比例	基金管理人应当审慎确定风险资产的投资比例
保障义务人	选择符合审慎监管要求的商业银行、保险公司，作为基金的保障义务人

（八）跨境投资基金面临的风险和管理方法（★★）

1. 跨境投资基金面临的风险

跨境投资基金是指基金的投资标的不仅是本国或者本地证券，还可以涉及不同国家和地区的证券。我国的跨境投资基金有QDII基金和港股通基金以及非本地基金公司管理的互认基金。

跨境投资基金面临的风险主要分为6个部分，见表14－14。

表14－14 跨境投资基金面临的风险

风险	内容
政治风险	跨境投资基金所涉及的国家或地区的宏观政策、社会经济环境一旦发生变化就有可能导致市场波动而影响基金收益
汇率风险	基金投资于多个国家的证券时，需要将人民币兑换成外汇币种，再投资于境外市场以多种外币计价的金融工具，取得外汇盈利后再重新兑换成人民币。因此，会面临因本币和外币之间的汇率产生变化而引起的投资风险
税收风险	因各国或地区税收法律法规的不同，针对收到的股息、利息、红利、资本利得等收益，基金可能需要向各国税务机构缴纳税金，包括预扣税，该行为可能会使得资产回报受到一定的影响
投资研究风险	投资研究风险主要包括以下2个风险： ①**债券信用风险**。多数的国外企业债券没有担保机构，并且担保机构本身也存在较大的信用风险，所以证券投资和交易对手都存在较大的信用风险； ②**衍生证券风险**。在使用衍生证券进行套期保值时，需要准确计算与评估，确定持有数量，这一过程存在模型风险
交易和估值风险	交易和估值风险是指在交易执行、估值清算等环节中可能发生的风险
合规风险	各国或地区的法律法规与制度不完全相同，因此对国外资金的监管限制也有所不同，所以存在管理投资合规风险

2. 跨境投资基金面临风险的管理方法

在管理跨境投资基金风险的过程中，主要有以下两个思路：

（1）通过使用不同国家或地区的资产进行组合配置来分散风险。通过全球分散化投资可以降低系统风险。

（2）多币种投资和汇率避险操作相结合，可以减少汇率风险。

例题 14.25（选择题）

相较于只在国内市场进行投资，跨境投资基金特有的风险是（　　）。

A. 信用风险　　B. 流动性风险　　C. 市场风险　　D. 政治风险

【答案】D

【解析】选项 A 错误，在国内市场进行投资也会面临信用风险；选项 B 错误，在国内市场进行投资也会面临流动性风险；选项 C 错误，无论是跨境投资还是仅在国内投资都会面临市场风险。故答案是选项 D。

你已完成本任务的学习，快去小程序上做题吧！

Day 17

任务14

投资风险的管理与控制

Day 18

任务15

基金业绩评价

Day 19

任务16

证券投资基金场内证券交易市场和交易结算

任务17

银行间债券市场的交易与结算

任务18

境外证券市场的交易与结算

任务 15　基金业绩评价

考情分析

本任务内容在考试中的分值占比约为 6%，整体难度适中，考试以定性题目为主，涉及少量定量题目。

通过本任务的学习，考生将对基金业绩的概念以及衡量方法有所了解。其中，考生需要重点掌握投资业绩评价的目的和原则、投资业绩评价应考虑的因素、绝对收益主要指标的定义和计算、相对收益主要指标的定义和计算、风险调整后收益主要指标的定义、计算和应用。

任务框架图

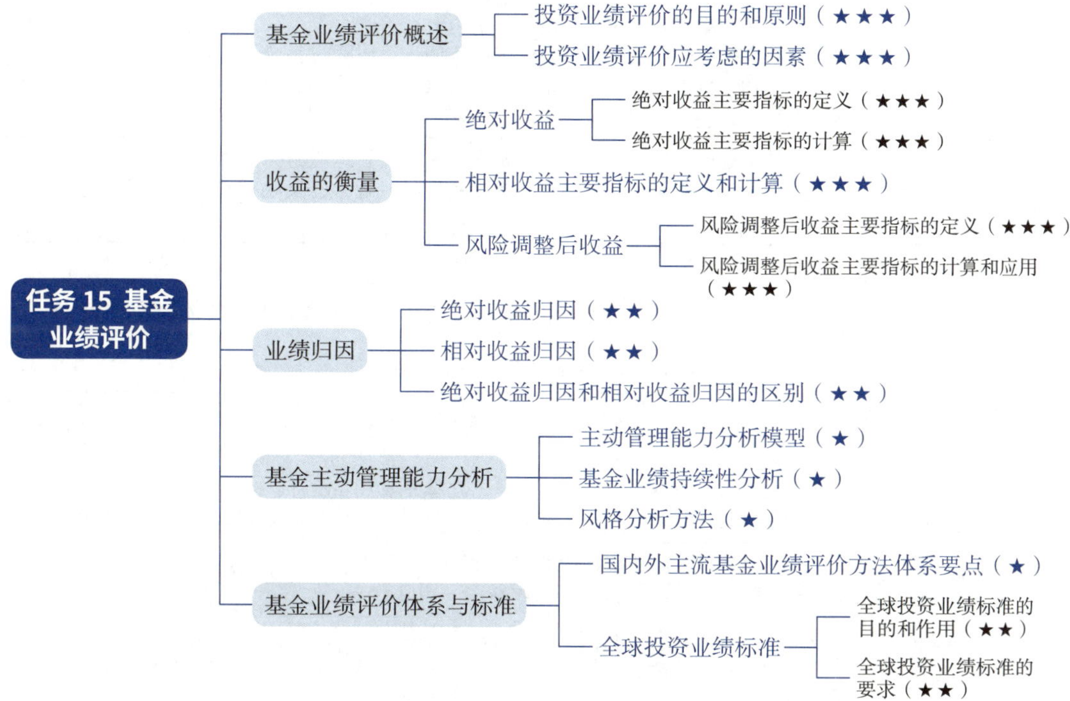

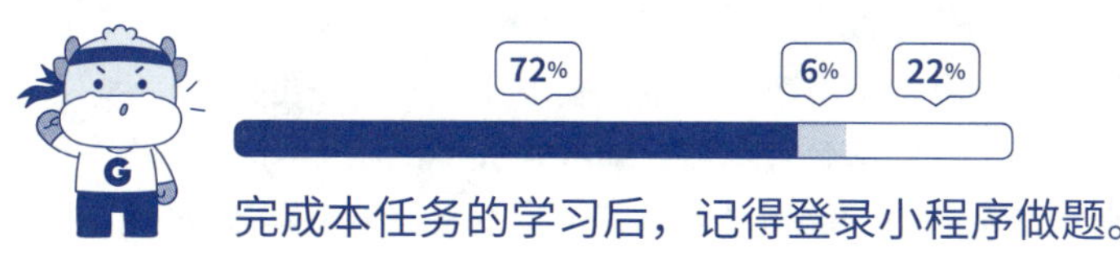

考点精讲

一、基金业绩评价概述

（一）投资业绩评价的目的和原则（★★★）

1. 投资业绩评价的目的

基金业绩评价指基金评级机构或者评价人对基金收益和基金管理人能力等展开评价。基金业绩评价包括评级、评奖或者使用单一值指标排名等。建立完善的基金业绩评价可以促进基金行业健康、良好的发展。

基金业绩评价无论是对基金管理人还是投资者都具有重要的意义，基金业绩评价的意义见表15－1。

表15－1 基金业绩评价的意义

评价使用人	意义
基金管理人	①满足信息披露或者品牌宣传等外部需求； ②不同基金经理的投资策略与投资风格不同，可以通过基金业绩评价帮助基金公司更好地量化和分析基金经理的业绩水平，为投资目标匹配、投资计划实施与内部绩效考核提供参考
基金投资者	①通过基金业绩评价，投资者可以辨识具有投资管理能力的基金经理； ②通过跟踪基金策略，理性选择与其投资目标相适应、反映相应投资管理能力的基金进行投资

2. 投资业绩评价的原则

在进行基金业绩评价时，需要遵循基金业绩评价原则。基金业绩评价原则的具体内容见表15－2。

表15－2 基金业绩评价的原则

原则	具体内容
客观性原则	①公平对待所有评价对象； ②具有确定和一致的评价标准、评价方法体系和评价程序； ③评价过程和评价结果客观、准确，输入可量化，结果可重复，避免主观因素的干扰
可比性原则	①同类基金的风险收益交换效率进行比较； ②同等风险（同等收益）的基金收益率（风险）进行比较
长期性原则	①注重对基金的长期评价； ②以基金业绩具备持续性为前提条件，基金评价除了对基金经理专业能力和投资水平进行评价之外，也为未来的投资提供参考信息； ③基金业绩评价只有坚持长期性原则，才能真正关注基金长期投资管理能力的持续性

例题15.1（选择题）

关于基金业绩评价的原则，以下表述错误的是（　　）。

A. 偏股型混合基金和偏债型混合基金，基金业绩不具备可比性

B. 场外货币市场基金和场内货币市场基金，基金业绩不具备可比性

C. 黄金主题基金和军工主题基金，基金业绩不具备可比性

D. 大盘风格股票型基金和小盘风格股票型基金，基金业绩不具备可比性

【答案】B

【解析】选项 B 错误，不同风格的基金的业绩不具有可比性，场外货币市场基金与场内货币市场基金都属于货币市场基金，具有可比性。故答案是选项 B。

例题 15.2（选择题）

关于基金业绩评价，以下表述错误的是（　　）。

A. 基金投资者可以通过基金业绩评价，辨识具有投资管理能力的基金经理

B. 基金业绩评价包括评级、评奖或者使用单一值指标排名等

C. 建立完善的基金业绩评价可以促进基金行业健康、良好的发展

D. 基金管理人可以有选择地进行信息披露，满足品牌宣传等外部需求

【答案】D

【解析】选项 D 错误，基金管理人可以通过基金业绩评价满足信息披露或者品牌宣传等外部需求，但是不可以有选择性地披露，这违背了客观性原则，有误导和欺诈投资者的嫌疑。故答案是选项 D。

（二）投资业绩评价应考虑的因素（★★★）

在进行有效的基金业绩评价时，有 3 个因素必须考虑。基金业绩评价应考虑的因素见表 15－3。

表 15－3　基金业绩评价应考虑的因素

考虑因素	具体内容
基金管理规模	基金业绩评价需考虑基金管理规模，**分析比较规模加权的基金收益率**。因为不同的基金规模会影响平均成本、非系统性风险的分散程度、可选择的投资对象和基金管理人的投资行为等
时间区间	基金业绩评价需要考虑时间区间： ①**同一基金**在**不同时间区间**内的表现可能有很大的差距，风险**不具有可比性**； ②**不同基金**在**不同时间区间**内的收益、风险**不具有可比性**
综合考虑风险和收益	基金业绩评价不能只考虑基金投资收益，应将收益和风险综合考量，即需要考虑基金风险调整后获取超额收益的能力

例题 15.3（选择题）

关于基金业绩评价，以下表述错误的是（　　）。

A. 同一基金在不同时间区间内的收益、风险不具有可比性

B. 风险调整前的收益比风险调整后的超额收益更加重要

C. 同一基金在不同时间区间内的表现差距可能也很大

D. 基金业绩评价需要考虑基金规模

【答案】B

【解析】选项 B 错误，基金业绩评价不能只考虑基金投资收益，应将收益和风险综合考量，即需要考虑基金风险调整后获取超额收益的能力。风险调整后的收益是综合考虑了收益和风险的指标，更加重要。故答案是选项 B。

例题 15.4（选择题）

关于基金业绩评价需要考虑的因素，以下表述错误的是（　　）。

A. 不同的基金在进行比较时，考虑的时间区间相同即可

B. 投资者应该关心基金风险调整后获取超额收益的能力

C. 不同的基金规模会影响平均成本，非系统性风险的分散程度等

D. 基金业绩评价需要考虑时间区间，因为同一基金在不同时间区间内的表现可能有很大的差距

【答案】A

【解析】选项A错误，不同的基金在进行比较时既要考虑基金风格的相似性、时间区间相同，也应该考虑基金规模。故答案是选项A。

二、收益的衡量

（一）绝对收益

1. 绝对收益主要指标的定义（★★★）

（1）基金业绩评价的**第一步**就是绝对收益率的计算。绝对收益率具有以下特点：

①绝对收益率是证券或投资组合在一定时间区间内所获得的回报；

②绝对收益率测量的是证券或证券投资组合的增值或贬值；

③绝对收益率常用百分比来表示。

（2）绝对收益率的指标包括持有区间收益率、现金流和时间加权收益率、平均收益率及基金收益率。

①**持有区间收益率**是在持有资产期间所获得的收益率；

②**现金流和时间加权收益率**是综合考虑了不同现金流发生的时间相对应的每个子区间的收益率；

③**平均收益率**衡量的是收益率的平均情况；

④**基金收益率**是基于基金资产净值计算的基金投资者的收益率。

例题 15.5（选择题）

以下是绝对收益目标的是（　　）。

A. 沪深300指数×60%+中证全债指数×40%　　B. 沪深300指数

C. 沪深300指数指数+3%　　D. 投资收益率8%

【答案】D

【解析】选项ABC错误，绝对收益目标是基金业绩评价的第一步，是投资组合在一定时间内获得的所有回报，不与其他指数挂钩或者比较。故答案是选项D。

例题 15.6（选择题）

关于绝对收益，以下表述正确的是（　　）。

A. 绝对收益是证券或投资组合在一段时间内所获得的正回报，测量的是投资组合的增值

B. 绝对收益大部分时间是正的，有时也为负

C. 绝对收益是投资组合或证券在一定时间段内所获回报，是基金业绩评价的第一步

D. 绝对收益通常需要选取一个基准进行比较

【答案】C

【解析】选项A错误，绝对收益是证券或投资组合在一定时间区间内所获得的回报，测量的是证券或投资组合的增值或贬值，并没有规定是正回报和增值；选项B错误，绝对收益可能为正值也可能为负值，不存在大部分时间是正值的说法；选项D错误，与相对收益不同，绝对收益不与基准做比较。故答案是选项C。

绝对收益的定义需要重点掌握，对于具体指标要重点掌握计算。

2. 绝对收益主要指标的计算（★★★）

（1）持有区间收益率。

投资者投资证券、基金等产品，在持有期间获得的收益通常来源于资产回报和收入回报两个部分。

①资产回报指的是股票、债券、房地产等资产价格的变动产生的投资收益。

②收入回报包括分红、利息等。

计算公式如式（15.1）、式（15.2）和式（15.3）。

$$资产回报率=\frac{期末资产价格-期初资产价格}{期初资产价格}\times 100\% \tag{15.1}$$

$$收入回报率=\frac{期间收入}{期初资产价格}\times 100\% \tag{15.2}$$

$$持有区间收益率=资产回报率+收入回报率 \tag{15.3}$$

（2）现金流和时间加权收益率。

现金流和时间加权收益率是综合考虑了不同现金流发生的时间相对应的每个子区间的收益率。其计算步骤如下：

①根据现金流发生的时间将持有区间划分成多个小区间。

②将每个小区间的持有期收益率以几何相乘的方式连接。

假设某投资者在 2010 年 1 月 10 日投资 A 基金 1 元，3 个月后基金增长了 5%，该投资者追加投资 A 基金 1 元，过了 6 个月后将基金卖出，6 个月内的持有期收益是 7%。那么该投资者在整个 9 个月的投资收益率是使用现金流和时间加权收益率进行计算。按照上述信息可以得到投资者的各个子区间收益情况，见图 15－1。

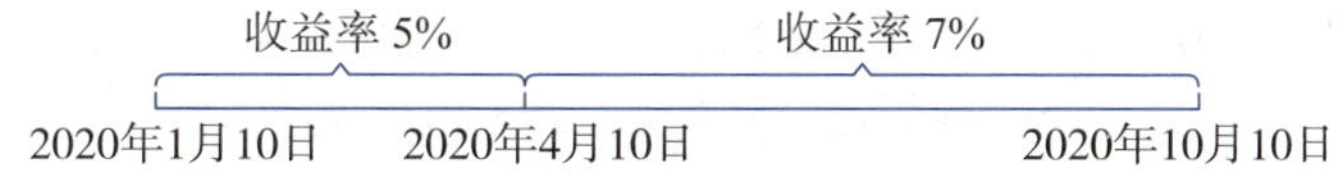

图 15－1 投资者各个子区间收益情况

前 3 个月为第一个子区间，持有期收益率为 5%。后 6 个月为第二个子区间，持有期收益率为 7%。则总的持有期收益率就是（1+5%）×（1+7%）－1＝12.35%。

（3）平均收益率。

平均收益率可以分为算数平均收益率和几何平均收益率。

①**算数平均收益率** R_A 的计算公式如下：

$$R_A = \frac{\sum_{i=1}^{n} R_i}{n} \times 100\% \tag{15.4}$$

式（15.4）中，R_i 代表第 i 期的收益率；n 代表期数。

②**几何平均收益率** R_G 的计算公式如下：

$$R_G = \left(\sqrt[n]{\prod_{i=1}^{n}(1+R_i)} - 1\right) \times 100\% \tag{15.5}$$

式（15.5）中，R_i 代表第 i 期的收益率；n 代表期数。

例如，某投资者投资B基金，第一年收益率为10%，第二年收益率为5%，第三年收益率为-7%，则三年的几何平均收益率如下：

$$R_G = (\sqrt[3]{(1+10\%)\times(1+5\%)\times(1-7\%)}-1)\times 100\% = 2.4\%$$

即三年的几何平均收益率为2.4%。

（4）基金收益率。

基金资产净值是基金总资产减去总负债后的余额。期末基金单位资产净值就是用基金资产净值除以基金的份额，其计算公式如下：

$$期末基金单位资产净值=\frac{期末基金资产净值}{期末基金单位总份额} \tag{15.6}$$

例题15.7（选择题）

李先生2019年5月8日买入100股A股票，买入价格为8元，10月13日发放股利0.1元/股，2019年12月29日该股股价是10元，截至2019年底，李先生持有该股票的收益率是（　　）。

A. 0.0125%　　B. 20%　　C. 25%　　D. 26.25%

【答案】D

【解析】持有区间收益率是由资产回报和收入回报构成的，参照式（15.1），资产回报率 $=\frac{10-8}{8}\times100\%=25\%$；参照式（15.2），收入回报率 $=\frac{0.1}{8}\times100\%=1.25\%$；则参照式（15.3），持有区间收益率 $=25\%+1.25\%=26.25\%$。故答案是选项D。

例题15.8（选择题）

下列不属于绝对收益指标的是（　　）。

A. 现金流和时间加权收益率　　B. 算数平均收益率

C. 超额收益　　D. 持有区间收益率

【答案】C

【解析】选项C描述错误，绝对收益率的指标包括持有区间收益率、现金流和时间加权收益率、平均收益率、基金收益率，不包括超额收益，超额收益属于相对收益。故答案是选项C。

（二）相对收益主要指标的定义和计算（★★★）

1. 相对收益主要指标的定义

相对收益又叫作**超额收益**（excess return），指的是在确定的时间段内，基金的收益超过业绩比较基准的部分。广义来说，相对收益既包含了主动收益（active return）也包含了阿尔法收益。相对收益在计算过程中需要根据基金风格选取适当的业绩比较基准。

2. 相对收益主要指标的计算方法

相对收益率的计算方法有**算术法**和**几何法**，其计算公式如下：

$$ER_a = R_P - R_B \tag{15.7}$$

$$ER_g = \frac{R_P+1}{R_B+1}-1 \tag{15.8}$$

式（15.7）和式（15.8）中，ER_a 代表**算数法**计算的相对收益；ER_g 代表**几何法**计算的相对收益；R_P 代表组合收益率；R_B 代表业绩比较基准收益率。

例题 15.9（选择题）

关于相对收益，以下表述错误的是（　　）。

A. 相对收益又叫作超额收益，指的是在确定的时间段内，基金的收益超过业绩比较基准的部分

B. 相对收益既包含了主动收益也包含了阿尔法收益

C. 相对收益在计算过程中需要根据基金规模的大小选取适当的业绩比较基准

D. 相对收益率的计算方法有算术法和几何法

【答案】C

【解析】选项 C 错误，相对收益在计算过程中需要根据基金风格选取适当的业绩比较基准，而不是根据基金规模的大小选取比较基准。故答案是选项 C。

例题 15.10（选择题）

投资者 A 想要知道持有的基金是否超过了市场平均水平，投资者 A 持有的基金在 2020 年的收益率是 12%，同类型基金平均收益率是 14%。下列说法正确的是（　　）。

A. 投资者 A 持有基金的超额收益为 2%，超过市场平均水平

B. 投资者 A 持有基金的超额收益为 2%，低于市场平均水平

C. 投资者 A 持有基金的超额收益为-2%，超过市场平均水平

D. 投资者 A 持有基金的超额收益为-2%，低于市场平均水平

【答案】D

【解析】投资者 A 持有基金的超额收益为 12%-14%=-2%，因为超额收益为负值所以低于市场平均水平。故答案是选项 D。

（三）风险调整后收益

1. 风险调整后收益主要指标的定义（★★★）

目前常用的风险调整后收益指标包括夏普比率、特雷诺比率、詹森 α 和信息比率。这些指标对于证券投资组合收益和风险的测度都是基于马科维茨现代组合投资理论。常见的风险调整后收益指标见表 15－4。

表 15－4 常见的风险调整后收益指标

指标	具体内容
夏普比率	①1966 年威廉·夏普在**资本资产定价模型**（CAPM）的基础上提出的经风险调整的业绩测度指标； ②夏普比率表示一段时期内的**单位总风险**所对应的平均超额收益率
特雷诺比率	基于 CAPM 理论得出的，表示的是**单位系统性风险**所对应的超额收益率
詹森 α	在 CAPM 模型上发展出的风险调整后收益指标，它衡量的是基金收益中超过 CAPM 预测值部分的超额收益
信息比率 （information ratio，IR）	①在夏普比率的基础上引入了业绩比较基准，是对相对收益率进行风险调整的分析指标； ②信息比率是**单位跟踪误差**所对应的超额收益

例题 15.11（选择题）

关于信息比率，以下表述错误的是（　　）。

A. 信息比率引入了业绩比较基准

B. 信息比率是风险调整后收益指标

C. 信息比率反映了单位跟踪偏离度对应的超额收益

D. 信息比率反映了单位跟踪误差对应的超额收益

【答案】C

【解析】选项 C 错误，信息比率是风险调整后收益指标，相比于夏普比率引入了业绩比较基准，反映的是单位跟踪误差所对应的超额收益，不是单位跟踪偏离度对应的超额收益。故答案是选项 C。

例题 15.12（选择题）

关于风险调整后收益指标，以下表述正确的是（　　）。

A. 詹森 α 是基于 CAPM 理论得出的，表示的是单位系统性风险所对应的超额收益率

B. 夏普比率表示一段时期内的单位总风险对应的平均超额收益率，越小越好

C. 特雷诺比率与夏普比率都是衡量总风险对应的收益率

D. 风险调整后收益指标包括夏普比率、特雷诺比率、詹森 α 和信息比率

【答案】D

【解析】选项 A 错误，詹森 α 衡量的是超过 CAPM 预测值部分的超额收益，不是单位系统性风险所对应的超额收益率；选项 B 错误，夏普比率表示一段时期内的单位总风险所对应的平均超额收益率，数值越大对投资者越好；选项 C 错误，特雷诺比率衡量的是系统风险对应的超额收益，夏普比率是衡量总风险所对应的超额收益。故答案是选项 D。

2. 风险调整后收益主要指标的计算和应用（★★★）

（1）夏普比率。

夏普比率表示一段时期内的单位总风险对应的平均超额收益率，计算公式如下：

$$S_P = \frac{\overline{R_P} - \overline{R_f}}{\sigma_P} \tag{15.9}$$

式（15.9）中，S_P 代表夏普比率；$\overline{R_P}$代表该期间基金的平均收益率；$\overline{R_f}$代表无风险收益率；σ_P 代表基金收益率的标准差。一般使用国债的收益率作为无风险收益率。

夏普比率越大，代表单位风险下基金经理可以获取越高的超额收益。但是当超额收益为负值时，夏普比率的大小和基金业绩的表现正好相反。

（2）特雷诺比率。

特雷诺比率的计算公式如下：

$$T_P = \frac{\overline{R_P} - \overline{R_f}}{\beta_P} \tag{15.10}$$

式（15.10）中，T_P 代表特雷诺比率；$\overline{R_P}$代表该期间基金的平均收益率；$\overline{R_f}$代表无风险收益率；β_P 代表基金的系统性风险。

在风险偏好确定的情况下，**特雷诺比率越大的投资组合对投资者的吸引力越大**。但是当超额收益为负数时，会得出相反的结论。

特雷诺比率和夏普比率都是基于 CAPM 模型，衡量的都是单位风险对应的超额收益。二者的不同之处就是衡量的风险不同，**夏普比率**衡量的是**总风险**，而**特雷诺比率**衡量的是**系统性风险**。对于一个充分分散化的基金组合，不包含非系统风险，此时总风险等于系统性风险，两个比率相等。

(3) 詹森 α。

詹森 α 衡量的是基金收益中超过 CAPM 预测值部分的超额收益。其计算公式如下：

$$\alpha_P = (\overline{R_P} - \overline{R_f}) - \beta_P (\overline{R_M} - \overline{R_f}) \quad (15.11)$$

式 (15.11) 中，α_P 代表詹森 α；$\overline{R_P}$ 代表该期间基金的平均收益率；$\overline{R_f}$ 代表无风险收益率；β_P 代表基金的系统性风险；$\overline{R_M}$ 代表市场的平均收益率。

詹森 α 作为风险调整后的收益指标，衡量的是充分分散化的基金组合。当风险等级一定时，詹森 α 越大表示基金经理的业绩越出色。詹森 α 数值的含义见表 15-5。

表 15-5 詹森 α 数值的含义

数值	含义
$\alpha_P = 0$	基金组合的表现与处于相同风险水平的市场指数的表现不存在显著差异
$\alpha_P > 0$	基金表现要优于市场指数的表现
$\alpha_P < 0$	基金表现要弱于市场指数的表现

(4) 信息比率。

信息比率 (IR) 相对于夏普比率引入了业绩比较基准，其计算公式如下：

$$IR = \frac{\overline{R_P} - \overline{R_b}}{\sigma_{p-b}} \quad (15.12)$$

式 (15.12) 中，$\overline{R_P}$ 代表该期间基金的平均收益率；$\overline{R_b}$ 代表业绩比较基准平均收益率；σ_{p-b} 代表跟踪误差。

名师说

风险调整后收益率的内在思想就是将指标标准化，这个标准化有两个方法，一个是除法，另一个是减法。就像衡量一个人的体重是否符合健康指标，可以用单位身高对应的体重，或者用真实体重减去理论健康体重进行比较。风险调整后收益率也是采用这两个思路，一个是单位风险对应的收益（超额收益），另一个是实际收益减去理论收益。

(5) 风险调整后收益与证券市场线的关系。

风险调整后收益指标的理论基础是 CAPM 模型。CAPM 模型将投资组合收益分解为与市场风险相关的 β 带来的收益以及超额收益 α。风险调整后收益指标虽然既考虑了风险也考虑了收益，但是基于 CAPM 模型有一些必须要注意的事项，CAMP 注意因素见表 15-6。

表 15-6 CAPM 注意因素

注意因素	具体内容
$\overline{R_f}$	理论上的无风险收益率，即证券市场线中使用的无风险收益率与实际应用中的国债收益率往往不同
$\overline{R_M}$	缺乏完全具有代表性的市场指数，因为目前没有被普遍接受或使用的市场指数
波动性	超额收益 α 的测度会受到证券的波动性的实质影响，证券的波动性会使统计误差变得很大
β 系数	β 系数**不是恒定不变的**

（6）基金业绩评价的基准组合。

在选择基金业绩评价的基准组合时，需要考虑基金的特征来选取适合的比较基准。如果一只基金的投资目标是特定的市场或者行业，那么选取相应的指数即可。如果是混合型基金，也可以将对应的多个市场指数进行加权平均之后作为基准进行比较，比如采用沪深300指数×50%+中证全债指数×50%作为比较基准。

例题15.13（选择题）

投资者A在2020年投资组合的收益率是8%，国债收益率为3%，投资组合的波动率为20%，投资者A的投资组合在2020年对应的夏普比率是（　　）。

A. 25%　　B. -25%　　C. 4　　D. 2.15

【答案】A

【解析】投资组合的夏普比率计算参照式（15.9），$S_P=\frac{8\%-3\%}{20\%}=25\%$。故答案是选项A。

例题15.14（选择题）

风险调整后的收益指标既考虑了组合的风险也考虑了组合的收益，但是使用的过程中也有需要注意的事项，以下关于注意事项的说法错误的是（　　）。

A. 无风险收益率与实际应用中的国债收益率往往不同

B. β 系数并不是固定不变的

C. 证券的波动性会使统计误差变得很小，并对超额收益 α 的测度造成实质性影响

D. 目前没有被普遍接受或使用的完全具有代表性的市场指数

【答案】C

【解析】选项C错误，证券的波动性会使统计误差变得很大，并对超额收益 α 的测度造成实质性影响。故答案是选项C。

三、业绩归因

基金的业绩归因是在分析投资组合收益的来源或者原因的技术，**解决的是“收益来源于哪里”的问题**。业绩归因和投资经理的决策过程紧密相关，通过业绩归因可以清楚地知道投资经理的决策是增加收益还是降低收益。

（一）绝对收益归因（★★）

绝对收益归因的核心是衡量特定区间内每个证券和每个行业**对组合整体收益的贡献**。绝对收益归因的计算公式如下：

$$C_i=\frac{\mathrm{BMV}_i}{\sum_{i=1}^{n}\mathrm{BMV}_i}\times R_i \tag{15.13}$$

式（15.13）中，C_i 代表收益贡献；BMV_i 代表证券期初市场价格；R_i 代表区间收益率；i 代表单个收益贡献因素；n 代表贡献因素总数量。

例题 15.15（选择题）

投资组合 A 在 2020 年投资了 10 只股票，每只股票的投资额度相同，投资组合总的收益率是 10%，则每只股票的收益贡献是（　　）。

A. 10%　　B. 1%　　C. 100%　　D. 2%

【答案】B

【解析】投资组合投资了 10 只股票且投资额度相同，则每只股票占比是 1÷10＝10%，组合收益是 10%，则每只股票的收益贡献是 10%×10%＝1%。故答案是选项 B。

（二）相对收益归因（★★）

Brinson 模型是股票投资组合进行相对收益归因分析最常用的方法。Brinson 模型可以分为 Brinson-Hood-Beebower（BHB）模型和 Brinson-Fachler（BF）模型。两个模型都是将超额收益的来源分为 2 个部分，一部分是**资产配置**，另一方面是**选择效应**。以 BHB 模型为例，Brinson 模型的计算见表 15－7。

表 15－7　Brinson 模型

收益来源	公式	含义
资产配置	$\sum Allocation(i) = \sum r_i^b \times (w_i^p - w_i^b)$　（15.14） 式（15.14）中，r_i^b 代表基准中第 i 项投资子集的收益率；w_i^p 代表第 i 项投资子集在投资组合中的权重；w_i^b 代表第 i 项投资子集在基准中的权重	所有投资子集的配置效应之和
选择效应	$\sum Selection(i) = \sum (r_i^p - r_i^b) \times w_i^p$　（15.15） 式（15.15）中，r_i^p 代表投资组合中第 i 项投资子集的收益率；r_i^b 代表基准中第 i 项投资子集的收益率；w_i^p 代表第 i 项投资子集在投资组合中的权重	加权平均的投资子集的超额收益

例题 15.16（选择题）

相对收益归因常用的模型是（　　）。

A. Brinson 模型　　B. T-M 模型　　C. H-M 模型　　D. C-L 模型

【答案】A

【解析】选项 BCD 错误，T-M 模型，H-M 模型和 C-L 模型是衡量基金主动投资管理能力的模型。故答案是选项 A。

（三）绝对收益归因和相对收益归因的区别（★★）

绝对收益归因和相对收益归因的区别见表 15－8。

表 15－8　绝对收益归因和相对收益归因的区别

方法	具体内容
绝对收益归因	考察各个因素对基金总收益的贡献，本质上是对基金总收益的分解
相对收益归因	分析基金与比较基准在资产配置和证券选择等方面的差异，从而找出基金不同于业绩比较基准的原因

例题 15.17（组合型选择题）

根据基金的归因方式分类，相对于业绩比较基准进行分析的是（　　），考察各个因素对基金总收益贡献的是（　　）。

Ⅰ. 绝对收益归因

Ⅱ. 相对收益归因

Ⅲ. 固定收益归因

Ⅳ. 浮动收益归因

A. Ⅱ、Ⅲ　　B. Ⅲ、Ⅳ　　C. Ⅱ、Ⅰ　　D. Ⅱ、Ⅳ

【答案】C

【解析】描述Ⅰ、Ⅱ正确，描述Ⅲ、Ⅳ错误，基金业绩归因有多种方式。我们可以对基金的绝对收益进行归因，也可以对相对收益比较基准的相对收益进行归因，根据基金的归因方式分类，相对于业绩比较基准进行分析的是相对收益归因，考察各个因素对基金总收益贡献的是绝对收益归因，描述Ⅰ、Ⅱ正确。故答案是选项C。

四、基金主动管理能力分析

（一）主动管理能力分析模型（★）

基金获取超额收益来源于运气和能力，只有能力带来的超额收益才是具有持续性的，所以在进行基金业绩评价时要尽可能地区分两者。基金作为一个组合进行投资管理，管理基金的**根本能力**分为**风险管理能力**、**证券选择能力**和**时机选择能力**。

（1）风险管理能力指在控制风险的基础上创造稳定、可持续的超额收益的能力。

（2）证券选择能力指基金通过选择价值被低估的证券从而获得额外收益的能力。

（3）时机选择能力指基金依据判断的市场走势，调整基金资产、行业、证券配置，以增加或降低对市场的敏感度从而跑赢基金基准、获得超额收益的能力。

为了有效衡量基金主动投资管理能力，学者们设计了许多基于收益率的时间序列回归模型来检验基金经理有效获取超额收益的能力，主要有3个模型，分别是**T-M模型**，**H-M模型**和**C-L模型**。

记忆小窍门

对于管理基金的根本能力，考生们可以使用**择时**、**择股**、**控风险**进行记忆，对应的分别是时机选择能力、证券选择能力、风险管理能力。

（二）基金业绩持续性分析（★）

基金业绩持续性是指未来一段时间基金业绩的表现与前期业绩的相关性，前期表现好则未来也好。关于基金业绩持续性的实证研究，国外有很多成果，用到的研究方法主要有3种，业绩持续性分析方法具体内容见表15-9。

表 15 - 9 业绩持续性分析方法

方法	具体内容
或然表	或然表本质上是一张简单的**概率分布表**，描述的是所有样本基金在连续两个时期内分别处于“输赢”“输输”“赢输”“赢赢”地位的数量
基金收益序列的回归系数检验	通过检验一组基金后期的业绩对前期业绩进行**回归的系数**是否显著来对业绩持续性进行判断
Spearman 等级相关系数的检验	先将基金前后期的业绩进行**排序**，再用 Spearman 等级**相关系数检验**前后期基金业绩排名顺序是否有变化。如果前后业绩排名具有显著正相关性，则基金业绩具有持续性

（三）风格分析方法（★）

基金投资风格的识别和分析对于投资业绩的比较和评价具有很大的价值，是业绩评价的前提。识别基金投资风格的方法可分为两种，即事前分析和事后分析。事后分析是学术界及业界研究和应用的主要方法。

（1）**事前分析**是通过基金招募说明书中表明的投资目标和投资策略来确定基金的投资风格。

（2）**事后分析**是依据在实际运作中基金表现出来的特征来识别基金的投资风格。

①事后分析常用方法。

基金投资风格事后分析方法可以分为两类，分别是基于组合的风格分析和基于收益率的风格分析。基金投资风格事后分析方法具体内容见表 15 - 10。

表 15 - 10 基金投资风格事后分析方法

方法	具体内容
基于组合的风格分析	目前评估基金投资风格的**常用方法**
基于收益率的风格分析	根据基金的收益率对各种风格资产（以相应的风格指数代表）收益率的敏感性来确定基金的投资风格

②事后分析常用方法的优缺点。

基金投资风格事后分析方法的优缺点见表 15 - 11。

表 15 - 11 基金投资风格事后分析方法的优缺点

方法	优缺点	内容
基于组合的风格分析	优点	不需要复杂的算法和模型，仅通过对单一的证券分类，并按照统一的框架来确定风格特征
	缺点	数据的适时性和收集成本
基于收益率的风格分析	缺点	①需要 20~36 个月的业绩，因此不适用于新的投资组合或不能检验短期内风格的变化； ②分析的准确性依赖于基准指数的选择，当指数的相关性较低时较准确

五、基金业绩评价体系与标准

(一) 国内外主流基金业绩评价方法体系要点（★）

随着人们投资理财意识的增强和基金行业的发展，基金投资策略逐渐丰富。基金因为具有成本低和高效性等优质特点，吸引着越来越多的投资者。因此，系统性的基金业绩评价业务就越来越被需要。

根据基金业绩评价业务开展的重要环节，国内外主流基金业绩评价方法体系的特点见表15-12。

表15-12 国内外主流基金业绩评价方法体系的特点

特点	具体内容
基金分类	①将基金依据投资策略、基金合同等进行细化分类； ②重视基础源数据的采集处理； ③保证相同分类层级中各基金简单收益率具有可比性
方法模型	以单因素模型为基础，开发出多因素模型，从而精确度量股票型基金因承担债券市场风险产生的超额收益或债券型基金因承担股票市场风险产生的超额收益
充分考虑公募基金相对收益的特征	为了鞭策基金管理人遵照基金契约与投资业绩基准，为投资者创造长期超额收益，基金业绩评价方法体系需要充分考虑公募基金相对收益的特征，测度每只基金长期超越自身基准的能力
充分考虑信息有效性因素	为体现最近期数据在评价过程中包括最新有效信息的重要性，较近期赋予较高权重，综合考察基金创造超额收益的能力
考虑下行风险	注重考察证券选择能力、时机选择能力和风险管理能力三大投资管理能力的同时，重点关注基金的下行风险

(二) 全球投资业绩标准

1. 全球投资业绩标准的目的和作用（★★）

CFA协会在1995年开始筹备成立全球投资业绩标准（GIPS）委员会，该委员会发展并制定出单一的绩效标准。当其中条约与当地法律法规有冲突时，以当地法律法规为准。

GIPS的作用：

(1) 提高业绩报告的透明度，可以确保报告投资业绩数据一致、可靠、公平且可比；

(2) 使得不同的投资管理机构之间也可以进行业绩比较。

例题15.18（选择题）

关于全球投资业绩标准（GIPS），以下表述正确的是（　　）。

A. 鼓励机构仅展示业绩良好的组合

B. 让不同投资管理机构的投资业绩具有可比性

C. 当其中条约与当地法律法规有冲突时，可替代当地法律法规的标准

D. 可提高投资业绩，防止投资中出现重大失误

【答案】B

【解析】选项A错误，鼓励机构展示业绩，但不是挑选表现良好的组合进行展示；选项C错误，当其中条约与当地法律法规有冲突时，以当地法律法规为准，并不是替代当地法律法规；选项D错误，全球投资业绩标准（GIPS）无法提高投资业绩。故答案是选项B。

2. 全球投资业绩标准的要求（★★）

（1）GIPS 的特点。

GIPS 具有 5 个特点，见表 15－13。

表 15－13　GIPS 的特点

特点	具体内容
非强制性	自愿参加
两套标准	一套是必须遵守，另一套是推荐遵守
投资组合纳入组合群	GIPS 要求投资管理机构应将所有的自由支配及收取管理费的组合，根据组合群的策略和目标，纳入合适的组合群
业绩汇报	①如果成立没有满 5 年，则可以汇报成立至今的业绩； ②所有机构需要汇报至少 5 年以上符合 GIPS 要求的业绩，并且保持更新直至包含 10 年以上的业绩
数据与计算	业绩的计算方式和呈现方式应该满足 GIPS 的要求，并且输入数据的真实性与准确性也要保证

（2）GIPS 输入数据的相关规定。

①自 2011 年 1 月 1 日起，组合必须以公允价值进行实际估值；

②自 2001 年 1 月 1 日前，组合必须至少每季度进行一次实际估值。自 2010 年 1 月 1 日起，组合须至少每月度进行一次实际估值；

③自 2005 年 1 月 1 日起，投资管理机构必须采用交易日会计制；

④对固定收益类等应计利息的证券，必须采用权责发生制。

（3）GIPS 收益率计算的相关规定。

GIPS 收益率计算见表 15－14。

表 15－14　GIPS 收益率计算

要求	具体内容
总收益率	必须采用总收益率，即包括实现的回报和未实现的回报以及损失并加上收入
经现金流调整后的时间加权收益率	必须采用经现金流调整后的时间加权收益率。不同期间的回报率必须**以几何平均方式相连接**
期初资产值加权	投资组合的收益必须以期初资产值加权计算，或采用其他能反映期初价值及对外现金流的方法
计入现金及现金等价物	在计算总收益时，必须计入投资组合中持有的**现金及现金等价物**的收益
实际买卖开支	所有的收益计算**必须扣除期内的实际买卖开支**，而不得使用估计的买卖开支
计算频率	自 2006 年 1 月 1 日起，公司必须至少每季度一次计算组合群的收益，并使用个别投资组合的收益以资产加权计算。自 2010 年 1 月 1 日起，**必须至少每月一次计算组合群收益**，并使用个别投资组合的收益以资产加权计算
综合费用	假如实际的直接买卖开支无法从综合费用中确定并分离出来，则在计算未扣除费用收益时，必须从收益中减去全部综合费用或综合费用中包含直接买卖开支的部分，而**不得使用估计的买卖开支**

（4）GIPS 组合群设定的相关规定。

①组合群必须以相同投资目标或策略定义；

②投资管理机构应及时将新的投资组合纳入组合群。已终止投资组合的历史业绩应保留在组合群内，直至管理期限内的最后一个完整汇报期；

③除非正式修订组合的投资目标、范围、策略等适当理由，投资管理机构不可随意将投资组合在组合群间转换。

（5）GIPS 审计。

①机构可自愿聘请独立第三方审计公司，审计 GIPS 合规情况；

②在通过审核后，机构可注明在符合 GIPS 标准的基础上，已通过第三方独立审计；

③如第三方认为机构不符合标准，则应出具说明解释具体原因。

例题 15.19（选择题）

关于全球投资业绩标准（GIPS）的要求，以下说法错误的是（　　）。

A. GIPS 输入数据自 2010 年 1 月 1 日起，组合须至少每月度进行一次实际估值

B. 全球投资业绩标准（GIPS）对于机构的要求是自愿参加，代表的是业绩报告的最低标准

C. 假如实际的直接买卖开支无法从综合费用中确定并分离出来，可以根据历史费用情况进行估计

D. 机构可自愿聘请独立第三方审计公司，审计 GIPS 合规情况

【答案】C

【解析】选项 C 错误，假如实际的直接买卖开支无法从综合费用中确定并分离出来，则在计算未扣除费用收益时，必须从收益中减去全部综合费用或综合费用中包含直接买卖开支的部分，而不得使用估计出的买卖开支。故答案是选项 C。

你已完成本任务的学习，快去小程序上做题吧！

Day 17

任务14

投资风险的管理与控制

Day 18

任务15

基金业绩评价

Day 19

任务16

证券投资基金场内证券交易市场和交易结算

任务17

银行间债券市场的交易与结算

任务18

境外证券市场的交易与结算

任务16 证券投资基金场内证券交易市场和交易结算

任务导学

考情分析

本任务在考试中的分值占比约为6%，整体难度较低，考试以定性题目为主。

通过本任务的学习，考生将对证券投资基金场内证券交易市场和场内证券交易结算的相关概念和规定有所了解。其中，考生需要重点掌握场内证券结算的原则和方式。

任务框架图

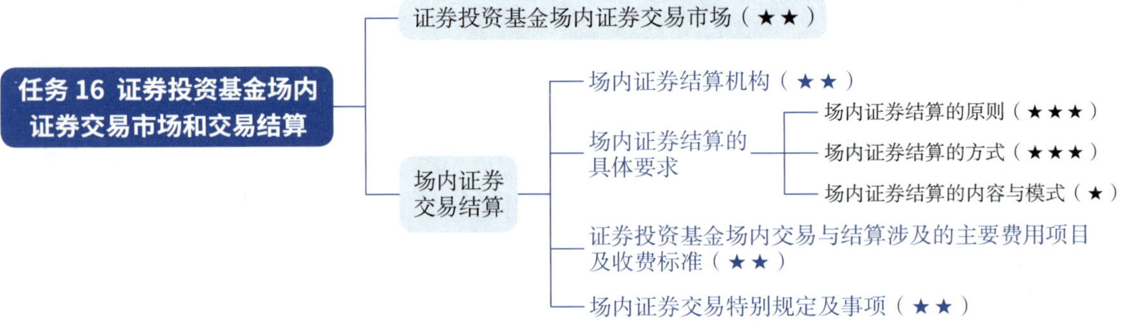

考点精讲

一、证券投资基金场内证券交易市场（★★）

证券投资基金场内证券交易市场主要指的是证券交易所。

（一）证券交易所的定义和特点

证券交易所是指按**一定时间**和**一定的规则集中买卖**已发行证券的市场。我国证券交易所是组织和监督证券交易，为证券集中交易提供场所和设施，实行自律管理的法人。

我国证券交易所的**特点**：

（1）证券交易所的设立和解散由**国务院**决定；

（2）证券交易所是证券交易的场所，其自身不持有证券，也不进行证券买卖，不决定证券的价格；

（3）证券交易所应创造**公开**、**公平**、**公正**的市场环境，确保证券交易所的职能正常发挥。

（二）证券交易所的组织形式

证券交易所的**组织形式**有**会员制**和**公司制**两种。其中，会员制组织形式设会员大会、**理事会**和专门委员会。其具体的要求有：

（1）理事会是证券交易所的决策机构，理事会下面可以设立其他专门委员会；

（2）设总经理，负责日常事务。总经理由国务院证券监督管理机构任免。

我国的上海证券交易所（简称“上交所”）和深圳证券交易所（简称“深交所”）都采用会员制。

例题 16.1（组合型选择题）

以下关于证券交易所的说法正确的有（　　）。

Ⅰ. 证券交易所即场内证券交易的场所

Ⅱ. 证券交易所的设立和解散由国务院决定

Ⅲ. 我国上海证券交易所和深圳证券交易所都采用会员制

Ⅳ. 证券交易所作为进行证券交易的场所，其自身也可以进行证券的买卖

A. Ⅰ、Ⅱ、Ⅳ　　B. Ⅰ、Ⅱ、Ⅲ　　C. Ⅱ、Ⅲ、Ⅳ　　D. Ⅰ、Ⅲ、Ⅳ

【答案】B

【解析】描述Ⅳ错误，证券交易所作为进行证券交易的场所，其本身不持有证券，也不进行证券的买卖，更不能决定证券交易的价格，描述Ⅰ、Ⅱ、Ⅲ正确。故答案是选项 B。

二、场内证券交易结算

（一）场内证券结算机构（★★）

1. 场内证券结算机构职责

证券登记结算机构是**为证券交易提供集中登记、存管与结算服务**，不以营利为目的的法人，它

为证券市场提供安全、高效的证券登记和结算服务。

设立证券登记结算机构必须经**国务院证券监督管理机构**的批准。证券登记结算机构职责的具体内容见表16-1。

表16-1 证券登记结算机构职责

方面	具体职责
公司治理	建立健全风险管理、防范机制和内部控制制度
技术系统	建立完善的技术系统，制定统一的结算参与人共同遵守的技术标准和规范
参与人管理	建立完善的结算参与人准入标准和风险评估体系
应急管理	做好结算数据和技术系统的备份，制定业务紧急应变程序和操作流程
风险管理	设立证券结算风险基金，用于垫付或弥补因违约交收、技术故障、操作失误、不可抗力等造成的证券登记结算机构的损失

例题16.2（选择题）

证券登记结算机构为证券交易提供（　　）服务。

A. 证券买卖交易　　B. 为证券集中交易提供场所和设施

C. 维修证券交易系统　　D. 集中登记、存管与结算

【答案】D

【解析】选项A错误，证券登记结算机构不进行证券买卖交易；选项B错误，证券登记结算机构不为证券集中交易提供场所和设施；选项C错误，证券登记结算机构不提供维修证券交易系统。证券登记结算机构是为证券交易提供集中登记、存管与结算服务，不以营利为目的的法人，它为证券市场提供安全、高效的证券登记和结算服务。故答案是选项D。

2. 我国的证券登记结算机构

我国的证券登记结算机构是中国证券登记结算有限责任公司（以下简称“中国结算公司”）。该公司在**上海**和**深圳**两地各设一家分公司，分别针对不同的服务对象，提供证券登记结算服务。证券登记结算机构的服务对象的具体内容见表16-2。

表16-2 证券登记结算机构的服务对象

中国结算公司分公司	服务对象
中国结算公司上海分公司	上交所的上市证券
中国结算公司深圳分公司	深交所的上市证券

（二）场内证券结算的具体要求

1. 场内证券结算的原则（★★★）

场内证券交易结算的原则有法人结算原则、共同对手方制度、货银对付原则、分级结算原则4个。

（1）法人结算原则。

结算参与机构以**法人**名义在证券登记结算机构开立结算账户，办理相关的结算业务。证券登记结算机构以结算参与机构为单位办理证券资金的结算，其中，**结算**是指钱款的清算与证券的交收。

中国结算公司上海分公司和中国结算公司深圳分公司关于结算账户的种类以及相关规定见表16-3。

表 16－3 中国结算公司关于结算账户的种类以及相关规定

证券登记结算机构	相关规定
中国结算公司上海分公司	结算参与机构开立 5 类结算资金账户用于资金交收： ①担保交收账户；②非担保交收账户；③基金账户；④结算保证金账户；⑤价差保证金账户
中国结算公司深圳分公司	结算参与机构可以**仅**开立综合结算备付金账户，也可以**同时**开立综合结算备付金账户和非担保结算备付金账户用于资金交收。其中： ①综合结算备付金账户的用途：担保交收业务及交易所场内证券发行的资金交收； ②非担保结算备付金账户的用途：非担保交收及代收代付业务的资金交收

（2）共同对手方制度。

共同对手方（central counterparty，CCP）是指在交易的结算中，同时作为所有买方和卖方的交收对手，并保证交收顺利完成的主体。

证券登记结算机构可以作为证券买卖交易双方的**共同对手方，提供净额结算服务，**在交收过程中为守约方提供交收担保。共同对手方制度的优点见表 16－4。

表 16－4 共同对手方制度的优点

优点	具体内容
确保交易双方如期履约	①证券登记结算机构在交收过程中为**守约**的一方提供交收担保； ②如果买卖双方中的一方无法按照约定的条件进行履约交收，结算机构也要依照结算规则向守约一方**先行垫付**其应收的证券或资金
减少信用风险	交易双方无须担心交易对手的信用风险，有利于增强投资信心，提高市场交易的活跃度

（3）货银对付原则。

货银对付原则又称**款券两清（款券两讫）**或**钱货两清**，是指证券登记结算机构与结算参与人在交收过程中，当且仅当资金交付时给付证券，证券交付时给付资金。通俗来说，货银对付原则就是"一手交钱，一手交货"。

货银对付原则的**优点**：

①实现了资金和证券的同时划转，可以有效规避结算参与人交收违约带来的风险；

②提高了交易的安全性。

在我国，根据中国证监会修订的《证券登记结算管理办法》的规定，实行**净额结算**的证券交易品种，应贯彻**货银对付原则**的规定。

例题 16.3（选择题）

以下关于货银对付原则优点的说法，正确的是（　　）。

A. 实现了资金和证券的同时划转，可以有效规避结算参与人交收违约带来的风险

B. 在结算参与人未能履行对证券登记结算机构的资金交收义务的情况下，证券登记机构仍要向其交付其买入的证券

C. 实现了先交货再交钱，规避了交易双方的信用风险

D. 有利于保证证券交收和资金结算实行分级结算

【答案】A

【解析】选项 B 错误，货银对付原则又称款券两清（款券两讫）或钱货两清，是指证券登记结算机构与结算参与人在交收过程中，当且仅当资金交付时给付证券，证券交付时给付资金，而不是

先交货再交钱或先交钱再交货；选项C错误，货银对付原则的优点是它实现了资金和证券的同时划转，可以有效规避结算参与人交收违约带来的风险，提高了交易的安全性；选项D错误，货银对付原则和分级结算没有关系。故答案是选项A。

（4）分级结算原则。

证券交收和资金结算实行分级结算原则。分级结算原则可以根据证券登记结算机构扮演的角色，分两种情况对各机构的具体职责展开介绍，具体内容见表16-5。

表16-5 分级结算原则中各机构的具体职责

证券登记结算机构的角色	分级结算各机构的具体职责
作为共同对手方提供多边净额结算服务	①证券登记结算机构负责与结算参与人之间的清算交收； ②结算参与人负责与客户之间的证券和资金的清算交收
不作为共同对手方提供结算服务	①由证券登记结算机构根据结算参与机构委托，代为完成与结算参与机构之间的证券和资金的清算交收； ②结算参与机构负责办理结算参与机构与客户之间的资金的清算交收

实行分级结算，意味着结算参与人对证券交易（接受投资人委托达成的交易）需承担相应的证券或资金的交收责任。该原则主要是为了**防范结算风险**。

例题16.4（选择题）

在证券交易结算中，（　　）负责其与结算参与人之间的证券和资金的集中清算交收，（　　）负责其和客户之间的证券和资金的清算交收。

A. 证券登记结算机构；结算参与人　　B. 证券登记结算机构；证券公司

C. 证券公司；证券登记结算机构　　D. 证券公司；结算参与人

【答案】A

【解析】证券登记结算机构负责其与结算参与人之间的证券和资金的集中清算交收，结算参与人负责其和客户之间的证券和资金的清算交收。故答案是选项A。

2. 场内证券结算的方式（★★★）

（1）净额结算方式。

净额结算又称差额结算，是指在一个清算期中，对每个结算参与人进行如下清算：

①**价款**的清算：只计其各笔应收、应付款项相抵后的净额。

②**证券**的清算：只计**每一种证券**应收、应付相抵后的净额。

一般情况下，通过证券交易所达成的交易都采取净额结算方式。净额结算可以分成双边净额结算和多边净额结算，具体内容见表16-6。

表16-6 净额结算的分类及具体内容

分类	具体内容
双边净额结算	将结算参与人和另一个交收对手方的证券和资金的应收、应付额轧抵，得出该结算参与人相对于另一个交收对手方的证券和资金的应收、应付净额
多边净额结算	将结算参与人所有达成交易的应收、应付证券或资金轧差，计算出该结算参与人相对于所有交收对手方累计的应收、应付证券或资金的净额

例题 16.5（选择题）

一般情况下，通过（ ）达成的交易需采取净额结算方式。

A. 证券交易所　　B. 中国证券登记结算有限责任公司

C. 电子交易平台　　D. 柜台交易

【答案】A

【解析】一般情况下，通过证券交易所达成的交易都采取净额结算方式。故答案是选项 A。

（2）全额结算方式。

逐笔全额结算是指证券登记结算机构对每笔证券交易均独立结算，即同一结算参与人应收的资金或证券和应付的资金或证券不做轧差处理，任何一方或双方结算参与人应付资金或证券不足的，交收失败。

逐笔全额结算的特点体现在结算的最小单位、交收期、交收方式三个方面，具体内容见表 16－7。

表 16－7 逐笔全额结算的特点

特点	具体内容
最小单位	①资金或证券的足额以单笔交易为最小单位，不得分拆交收； ②资金或证券足额则全部交收，不足则全部不交收
交收期	从实时逐笔全额到 $T+0\sim T+n$
交收方式	货银对付、纯券过户等

目前，采用全额结算方式的产品：私募债券转让、国债买断式回购到期购回、专项资产管理计划转让、非公开发行优先股的转让、私募债、私募可交换债券、证券公司次级债、资产支持证券和可转债转股等。

例题 16.6（组合型选择题）

场内证券结算方式中，下列关于全额结算方式的描述，正确的是（ ）。

Ⅰ. 逐笔全额结算是指证券登记结算机构对每笔证券交易均独立结算

Ⅱ. 将结算参与人和另一个交收对手方的证券和资金的应收、应付额轧抵，得出该结算参与人相对于另一个交收对手方的证券和资金的应收、应付净额

Ⅲ. 采用全额结算方式的产品有证券公司次级债、资产支持证券和可转债转股等

A. Ⅰ、Ⅱ　　B. Ⅱ、Ⅲ　　C. Ⅰ、Ⅲ　　D. Ⅰ、Ⅱ、Ⅲ

【答案】C

【解析】描述Ⅱ错误，将结算参与人和另一个交收对手方的证券和资金的应收、应付额轧抵，得出该结算参与人相对于另一个交收对手方的证券和资金的应收、应付净额，是双边净额结算的做法，不是全额结算的做法，描述Ⅰ、Ⅲ正确。故答案是选项 C。

3. 场内证券结算的内容与模式（★）

场内证券的结算包括**证券交收**和**资金结算**。其中，资金结算包括资金清算与资金交收两个过程。

清算是指确认交收日各交易参与方的债权、债务关系；**交收**是指在清算的基础上，完成资金实际收付。

（1）证券交收。

证券交收包括两个层面，分别为中国结算公司与结算参与人的证券交收和结算参与人与客户之间的证券交收，具体内容见表16－8。

表16－8 证券交收的两个层面

层面	具体内容
中国结算公司上海分公司、中国结算公司深圳分公司与结算参与人	又称**集中证券交收**，详见图16－1  应付证券的结算参与人 → 相应证券划付 → 中国结算公司上海分公司、中国结算公司深圳分公司设立的“集中证券交收账户” → 相应证券划付 → 应收证券的结算参与人 **图16－1 集中证券交收**
结算参与人与客户	结算参与人（通常是指具有规定资格的证券公司、托管人）与客户之间的证券交收

（2）资金结算。

资金结算可以分为托管人结算模式和券商结算模式（第三方存管模式），这两种模式各自的含义、托管资产类型和具体规定等内容见表16－9。

表16－9 资金结算的两种模式

方面	托管人结算模式	券商结算模式
含义	两层含义： ①首先，托管资产在场内交易形成的交收资金由托管人作为结算参与人与**中国证券登记结算有限责任公司**进行净额交收； ②然后托管人负责与**托管资产组合**进行二级清算	两层含义： ①首先，托管资产在场内交易形成的交收资金由证券公司作为结算参与人与**中国证券登记结算有限责任公司**进行交收； ②然后证券公司与其**客户**进行二级清算。客户的交易资金独立保管于存管银行，而不是存放在证券公司
托管资产类型	①证券投资基金； ②保险资产； ③企业年金基金； ④基金管理公司特定客户资产管理产品； ⑤证券公司单一客户资产管理计划； ⑥证券公司集合资产管理计划； ⑦QFII基金等	①证券公司单一客户资产管理计划； ②信托计划等
具体规定	①前提条件：托管资产进行场内交易要使用**专用交易单元**，中国结算公司需要按照专用交易单元将托管资产的交易和清算数据发送给托管人，并且按照专用交易单元进行合并清算，与托管人进行净额交收； ②有两级结算：一级结算为托管人与中国结算公司完成净额交收，二级结算由托管人与托管资产组合完成交收	证券公司在存管银行开立客户交易结算资金汇总账户，来集中存管客户交易结算资金

（三）证券投资基金场内交易与结算涉及的主要费用项目及收费标准（★★）

基金与券商签订交易单元租用合同，除了需要向券商支付交易佣金之外，还需要支付过户费、经手费、证管费和印花税等费用。

1. 佣金

佣金是投资者在委托买卖证券成交后，按成交金额的一定比例支付的费用，是证券经纪商为客户提供代理买卖证券服务收取的费用。佣金的组成和收费标准的具体内容见表 16－10。

表 16－10　佣金的组成和收费标准

方面	具体说明
组成	①证券公司经纪佣金； ②证券交易所手续费（由证券经纪商代收）； ③证券交易所交易监管费（由证券经纪商代收）等
收费标准	①不得高于证券交易金额的 3‰，不得低于证券交易所监管费和证券交易所手续费等； ②A 股、证券投资基金每笔交易佣金**不足 5 元**的，按 **5 元**收取； ③B 股每笔交易佣金不足 **1 美元**或 **5 港元**的，按 **1 美元**或 **5 港元**收取； ④国债现券、企业债、国债回购以及之后出现的新交易品种，佣金标准由证券交易所制定并报中国证监会和国家发改委备案，备案 **15 天内**无异议实施。 **总结**：佣金的收费标准因交易品种、交易场所的不同而不同

例题 16.7（组合型选择题）

下列费用属于证券交易佣金的是（　　）。

Ⅰ. 证券公司经纪佣金　Ⅱ. 证券交易所手续费　Ⅲ. 关税　Ⅳ. 证券交易所监管费

A. Ⅰ、Ⅱ、Ⅲ　　B. Ⅱ、Ⅲ、Ⅳ　　C. Ⅰ、Ⅲ、Ⅳ　　D. Ⅰ、Ⅱ、Ⅳ

【答案】D

【解析】证券交易佣金包括：①证券公司经纪佣金；②证券交易所手续费（由证券经纪商代收）；③证券交易所交易监管费（由证券经纪商代收）等。描述Ⅱ错误，描述Ⅰ、Ⅱ、Ⅳ正确。故答案是选项 D。

2. 过户费

过户费是指委托买卖的股票、基金成交后，买卖双方为变更证券登记所支付的费用。证券经纪商在同投资者清算交收时，代中国结算公司扣收，过户费**属于中国结算公司的收入**。按照不同的交易类型，中国结算公司过户费的收费标准见表 16－11。

表 16－11　中国结算公司过户费的收费标准

交易类型	收费标准
A 股	过户费：成交金额的 0.02‰，买卖双方分别缴纳
优先股交易	登记过户费：按照普通股下调 20%，即成交金额的 0.016‰，买卖双方分别缴纳
B 股	没有过户费，但收结算费，结算费的收取标准为： ①上交所的收费标准为成交金额的 0.5‰； ②深交所的收费标准为成交金额的 0.5‰，但最高不超过 500 **港元**
可交换债券换股	过户费：换股成交金额的 0.02‰
普通基金交易	不收取过户费
ETF 申购或赎回	过户费： ①上交所：综合证券过户面额的 0.5‰，但在各 ETF 成立后 3 **年内**按正常标准减半征收，仅对涉及沪市成分股的 ETF； ②深交所：证券过户面值的 0.25‰，不向债券 ETF 收取过户费

3. 印花税

印花税是指A股和B股成交后，国家税务机关对买卖双方投资者按照规定的税率分别征收的税金。目前，印花税是由证券经纪商代为扣收，然后集中结算给中国结算公司，最后由中国结算公司统一缴纳给征税机关。

自2008年9月开始，证券交易印花税只对**出让方**（卖方结算参与人）按1‰征收，对受让方不再征收。

（四）场内证券交易特别规定及事项（★★）

1. 大宗交易

大宗交易是指单笔数额较大（申报达到交易制度规定的一定数额）的证券买卖。证券交易所接受大宗交易的时间规定具体见表16－12。

表16－12 证券交易所接受大宗交易的时间规定

证券交易所	申报/确认	接受大宗交易的时间
上交所	申报	每个交易日的9：30—11：30，13：00—15：30
	确认	每个交易日的15：00—15：30
深交所	申报	每个交易日的9：15—11：30，13：00—15：30
	确认	综合协议交易平台分业务类型分别确认成交： ①权益类证券、债券（除公司债券外）大宗交易：15：00—15：30； ②公司债券的大宗交易、专项资金管理计划协议交易：9：15—11：30，13：00—15：30

2. 固定收益证券综合电子平台

交易商参加固定收益平台交易前，应注册可用于交易的证券账户。固定收益证券综合电子平台的相关规定，包括交易时间、买卖规定和交易要求，具体见表16－13。

表16－13 固定收益证券综合电子平台的规定

规定	具体内容
交易时间	9：30—11：30，13：00—14：00
买卖规定	①交易商**当日买入**的固定收益证券，当日可以卖出，即T+0交易； ②**当日被待交收处理**的固定收益证券，下一交易日可以卖出，即T+1交易
交易要求（现券交易）	①净价申报； ②申报价格变动单位：0.001**元**；申报数量：1**手**（1手为1 000元面值）； ③价格涨跌幅限制比例：前一交易日参考价格的10%

3. 回转交易

证券回转交易是指投资者买入的证券，在**确认成交后**、**交收完成前**全部或部分卖出，按照产品类型的不同回转的要求也不同，具体内容见表16－14。

表16－14 证券回转交易的规定

产品类型	回转交易规定
债券竞价交易和权证交易	**当日**回转交易

续表

产品类型	回转交易规定
B 股	**次交易日**起回转交易
深交所的转向资产管理计划收益权份额协议交易	**当日**回转交易

4. 开盘价和收盘价

开盘价和收盘价分别是交易日当天证券的**首**、**尾买卖价格**，具体的定义和产生方法见表 16－15。

表 16－15 开盘价和收盘价的定义和产生方法

类型	定义和产生方法
开盘价	**定义**：当日证券的第一笔成交价； **产生方法**：开盘价通过集合竞价方式产生→不能产生开盘价的，以连续竞价方式产生
收盘价	**上交所**：当日该证券最后一笔交易前 1 分钟所有交易的成交量加权平均价→当日无成交的，以前收盘价为当日收盘价； **深交所**：收盘价通过集合竞价方式产生→未进行收盘集合竞价或集合竞价不能产生收盘价的，以当日该证券最后一笔交易前 1 分钟所有交易的成交量加权平均价为收盘价→当日无成交的，以前收盘价为当日收盘价

例题 16.8（选择题）

下列关于场内证券交易规定的开盘价和收盘价的说法，错误的是（　　）。

A. 上海证券交易所证券交易当日无成交的，以前收盘价为当日收盘价

B. 上海证券交易所的收盘价为该证券当日最后一笔交易前 1 分钟所有交易的成交量加权平均价

C. 深圳证券交易所的收盘价通过集合竞价方式产生

D. 深圳证券交易所证券交易当日无成交的，以当日的开盘价作为收盘价

【答案】D

【解析】选项 D 描述错误，深圳证券交易所证券交易当日无成交的，以前收盘价为当日收盘价，而不是以当日的开盘价作为收盘价；选项 A 描述正确，上海证券交易所证券交易当日无成交的，以前收盘价为当日收盘价；选项 B 描述正确，上海证券交易所的收盘价为该证券当日最后一笔交易前 1 分钟所有交易的成交量加权平均价；选项 C 描述正确，深圳证券交易所的收盘价通过集合竞价方式产生。故答案是选项 D。

5. 除权与除息

股票**剔除行为**的产生原因：当上市公司实施送股、配股或派息时，每股股票所代表的企业实际价值可能会减少，因此在发生这些事实后，需要从股价中剔除这些因素。

按照上市公司行为的不同，剔除行为可以分为除权和除息两种情况，**除权**是指因送股或配股而形成的剔除行为，**除息**是指因派息而引起的剔除行为。

你已完成本任务的学习，快去小程序上做题吧！

任务17 银行间债券市场的交易与结算

考情分析

本任务内容在考试中的分值占比约为3%，整体难度较低，考试以定性题目为主。

通过本任务的学习，考生将对银行间债券市场的交易与结算的相关概念有所了解。其中，考生需要重点掌握银行间债券市场的交易制度、债券结算类型和债券结算方式。

任务框架图

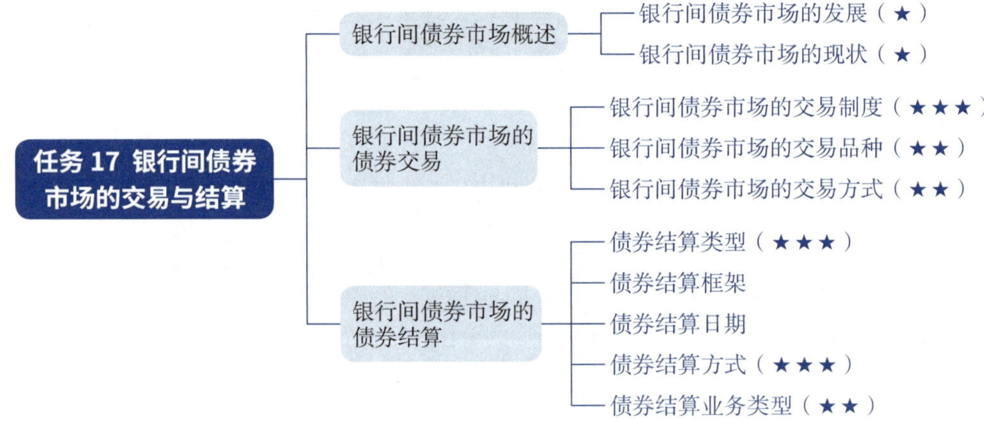

考点精讲

一、银行间债券市场概述

全国银行间债券市场是建立在现代远程计算机系统联网技术上的**场外债券市场**，是我国债券市场主要的组成部分，也是我国货币政策和财政政策实施的最重要的金融市场。

（一）银行间债券市场的发展（★）

我国自 1981 年恢复发行国债以来，债券市场已经历了 40 来年的发展，具体的发展历程见表17－1。

表 17－1 债券市场的发展历程

起初的债券市场	发展后的债券市场
单一的国债市场	有政策性金融债、中央银行票据、商业银行次级债、短期融资券、超短期融资券等多品种的市场
行政摊派的发行市场	基本市场化的发行、交易市场
银行柜台凭证式国债市场、交易所债券市场	以银行间债券市场为主体，包括交易所债券市场和银行柜台债券市场的多元化、分层级的债券市场体系

其中，1997 年建立的银行间债券市场已经发展成为具有**资本市场**和**货币市场**双重功能的**场外债券市场**，成为我国债券市场的主体。

（二）银行间债券市场的现状（★）

1. 银行间债券市场的特点

我国银行间债券市场经过 20 多年的发展，呈现出以下特点：

（1）交易工具日益丰富；

（2）投资主体迅速扩大；

（3）交易结算量成倍递增。

2. 银行间债券市场的组织体系

银行间债券市场中涉及的参与机构主要有市场主管部门、债券发行主体、债券投资主体和中介服务机构四类。

（1）市场主管部门。

银行间债券市场的市场主管部门主要指中国人民银行及其分支机构，各机构的具体职能见表 17－2。

表 17－2 银行间债券市场的市场主管部门的职能

市场主管部门	具体职能
中国人民银行	履行**监督管理**银行间债券市场的职能，具体包括： ①拟定债券市场发展规划； ②研究开发债券市场新业务品种； ③制定市场管理规定，对市场进行监督和管理； ④审核、批准金融机构在银行间债券市场的有关资格； ⑤就债券市场有关业务进行指导，授权中介机构发布市场有关信息

续表

市场主管部门	具体职能
中国人民银行分支机构	①交易管理：对辖区内**债券交易活动**进行监督和管理； ②市场管理：对**债券市场运行情况**进行监测、研究和分析，防范跨市场风险；定期向总行报告辖区内债券市场情况以及市场发展建议； ③防范业务风险：支持和引导辖区内**结算代理业务**的开展，对结算代理业务进行动态监督；为债券交易提供资金支付服务； ④组织培训：对参与者进行业务培训，组织问题探讨； ⑤向债券登记托管结算机构和全国银行间同业拆借中心了解辖区内市场参与者的债券交易和结算情况

（2）债券发行主体。

银行间债券市场的发行主体主要有财政部，中国人民银行，政策性银行，商业银行，被批准可以发行债券的金融类公司、工商企业等。

（3）债券投资主体。

银行间债券市场的投资主体涵盖了境内商业银行、城信社、农信社、保险公司等，可以分为金融机构和非法人产品两大类，具体内容见表17－3。

表17－3 银行间债券市场的投资主体

投资主体	具体内容
金融机构	①商业银行；②农村信用联社；③非银行金融机构；④香港和澳门地区人民币清算行；⑤境外央行；⑥境外其他金融机构
非法人产品	①证券投资基金；②企业年金基金；③全国社保基金组合；④保险产品；⑤信托产品；⑥基金公司特定客户资产管理计划；⑦证券公司资产管理计划；⑧商业银行理财产品；⑨保险资产管理公司资产管理产品；⑩RQFII产品；⑪QFII产品

（4）中介服务机构。

银行间债券市场的中介服务结构主要包含全国银行间同业拆借中心（简称同业中心）、中央国债登记结算有限责任公司（简称中央结算公司）和银行间市场清算所股份有限公司（简称上海清算所），其各自的职责具体见表17－4。

表17－4 中介服务机构的职责

中介服务机构	职责
同业中心	①为投资者提供报价平台； ②为投资者交易提供电子成交登记服务； ③监测交易系统开展的债券交易活动
中央结算公司	①为市场的发行人和投资人等提供国债、金融债券、企业债券和其他固定收益证券的发行、登记、托管、交易结算、信息发布等服务； ②维护中债综合业务平台的运行
上海清算所	①为银行间市场提供以中央对手净额清算为主的直接和间接的本外币清算服务； ②本外币清算服务类型：清算、结算、交割、保证金管理、抵押品管理、信息服务、咨询业务等

二、银行间债券市场的债券交易

（一）银行间债券市场的交易制度（★★★）

1. 公开市场一级交易商制度

公开市场一级交易商制度是指中国人民银行根据规定，从债券二级市场参与者中选取中国人民银行的对手方，与之进行债券交易，配合中国人民银行**货币政策目标**的实现。

例题 17.1（选择题）

（　　）是指（　　）根据规定，从债券二级市场参与者中选取对手方，与之进行债券交易，配合中国人民银行货币政策目标的实现。

A. 公开市场一级交易商制度；中国人民银行

B. 做市商制度；中央结算公司

C. 公开市场一级交易商制度；中央结算公司

D. 做市商制度；中国人民银行

【答案】A

【解析】公开市场一级交易商制度是指中国人民银行根据规定，从债券二级市场参与者中选取中国人民银行的对手方，与之进行债券交易，配合中国人民银行货币政策目标的实现。故答案是选项 A。

2. 做市商制度

做市商制度是指在债券市场上，由具有一定实力、信誉的市场参与者作为特许交易商并向投资者报出某些债券的买卖价格，双向报价并接受投资者的买卖要求，以其自有资金和债券与投资者进行交易的制度。

3. 结算代理制度

结算代理制度是指经中国人民银行批准可以开展结算代理业务的金融机构法人，受市场其他参与者委托，代理其办理债券结算业务的制度。

例题 17.2（组合型选择题）

下列制度中，属于银行间债券市场的交易制度的是（　　）。

Ⅰ. 公开市场一级交易商制度

Ⅱ. 做市商制度

Ⅲ. 共同对手方制度

Ⅳ. 结算代理制度

A. Ⅰ、Ⅱ、Ⅲ　　B. Ⅱ、Ⅲ、Ⅳ　　C. Ⅰ、Ⅱ、Ⅳ　　D. Ⅰ、Ⅲ、Ⅳ

【答案】C

【解析】描述Ⅲ错误，银行间债券市场的交易制度包括公开市场一级交易商制度、做市商制度和结算代理制度，描述Ⅰ、Ⅱ、Ⅳ正确。故答案是选项 C。

（二）银行间债券市场的交易品种（★★）

银行间债券市场的交易品种主要有债券、回购和远期交易。

1. 债券

债券的交易品种包括国债、央行票据、地方政府债、政策性银行债、企业债、短期融资券、中期票据、商业银行债、资产支持证券、非银行金融债、中小企业集合票据、国际机构债券、政府支持机构债券、超短期融资券、同业存单等。

2. 回购

回购交易的交易双方称为正回购方和逆回购方。回购交易分为**质押式回购**和**买断式回购**，具体含义见表17-5。

表17-5 回购的分类及具体含义

回购的分类	具体含义
质押式回购	正回购方将债券出质给逆回购方，逆回购方在首期结算日向正回购方支付首期资金结算额，双方约定在未来的到期结算日，正回购方向逆回购方支付到期资金结算额，同时逆回购方解除在债券上设定的质权
买断式回购	正回购方将债券出售给逆回购方，逆回购方在首期结算日向正回购方支付首期资金结算额的同时，双方约定在到期结算日，正回购方以约定价格从逆回购方回购债券

回购交易的交易金额，包括首期、到期资金结算额以及应计利息的计算具体见表17-6。

表17-6 回购交易交易金额的计算

回购的分类	交易金额的计算
质押式回购	①首期资金结算额=正回购方融入资金数额 ②到期资金结算额=首期资金结算额×$\left(1+回购利率\times\frac{实际占款天数}{365}\right)$
买断式回购	（1）首期资金结算额=(首期交易净价+首期结算日应计利息)×$\frac{回购债券数量}{100}$ （2）到期资金结算额=(到期交易净价+到期结算日应计利息)×$\frac{回购债券数量}{100}$ （3）应计利息： ①**首期结算日应计利息**：回购债券自上次付息日至首期结算日为止（不含首期结算日）累计的按百元面值计算的债券发行人应付的利息，单位为元/百元面值； ②**到期结算日应计利息**：回购债券自上次付息日至到期结算日为止（不含到期结算日）累计的按百元面值计算的债券发行人应付的利息，单位为元/百元面值

3. 远期交易

债券远期交易，简称远期交易，是指交易双方约定在**未来某一特定日期**以**约定价格和数量**买卖标的债券的行为。远期交易双方应于**成交日**或**次一工作日**将结算指令及辅助指令发送至**中央结算公司**，并在**到期**实际交割资金和债券。

远期交易的市场参与者、标的债券券种、期限等的具体规定见表17-7。

表17-7 远期交易的具体规定

方面	具体规定
市场参与者	进入全国银行间债券市场的**机构投资者**
标的债券券种	已在全国银行间债券市场进行现券交易的债券，包括：①中央政府债券；②中央银行债券；③金融债券；④经中国人民银行批准的其他债券券种

续表

方面	具体规定
期限	远期交易从成交日至结算日的期限（含成交日不含结算日）最长**不得超过 365 天**
交易及结算	远期交易**实行净价交易，全价结算**
买卖规定	①市场参与者或单只基金交易的单只债券的远期买入与卖出总余额不得超过该债券流通量的 20%； ②远期交易卖出总余额不得超过其可用自有债券总余额的 200%
净买入总余额	①一只基金的远期交易净买入总余额不得超过其基金资产净值的 100%； ②一家外资金融机构在中国境内的分支机构的远期交易净买入总余额不得超过其人民币营运资金的 100%； ③其他机构的远期交易净买入总余额不得超过其实收资本金或净资产的 100%

例题 17.3（组合型选择题）

银行间债券市场的交易品种有（　　）。

Ⅰ. 债券　Ⅱ. 回购　Ⅲ. 远期交易　Ⅳ. 股票

A. Ⅰ、Ⅱ、Ⅲ　　B. Ⅱ、Ⅲ、Ⅳ　　C. Ⅰ、Ⅱ、Ⅳ　　D. Ⅰ、Ⅱ、Ⅲ、Ⅳ

【答案】A

【解析】银行间债券市场的交易品种有债券、回购和远期交易，Ⅰ、Ⅱ、Ⅲ正确。故答案是选项 A。

（三）银行间债券市场的交易方式（★★）

银行间债券市场的交易**以询价方式进行，自主谈判、逐笔成交**。其他规定如下：

①债券交易应有书面形式（同业中心交易系统生成的成交单、电报、电传、传真、合同书和信件等）的合同，合同应包括交易日期、交易方向、债券品种、债券数量、交易价格或利率、账户与结算方式、交易金额和交割时间等要素。

②债券回购主协议和上述书面形式的回购合同构成回购交易的完整合同。

③参与者进行债券交易不得在合同约定的价款和利息之外收取未经批准的其他费用。

例题 17.4（选择题）

银行间债券市场的交易以（　　）方式进行，自主谈判、逐笔成交。

A. 谈判　　B. 询价　　C. 面谈　　D. 在线签订合同

【答案】B

【解析】根据要求，银行间债券市场的交易以询价方式进行，自主谈判、逐笔成交。故答案是选项 B。

三、银行间债券市场的债券结算

（一）债券结算类型（★★★）

1. 全额结算和净额结算

按照债券交易和结算的关系，债券结算可以分为**全额结算**和**净额结算**。全额结算和净额结算的对比具体见表 17－8。

表 17-8 全额结算和净额结算的对比

方面	全额结算	净额结算
定义	①也称逐笔结算，是最基本的结算方式； ②结算系统对每笔债券交易单独结算，当一方遇券或款不足时，系统不进行部分结算	结算系统在设定的时间段内，对市场参与者债券买卖的净差额和资金差额进行交收
适用场景	适用于高度自动化系统的单笔交易规模较大的市场	适用于交易频繁和活跃的市场，尤其是交易所撮合交易模式和做市商机制较发达的场外市场
优点	①买卖双方一一对应，每个市场参与者可以监控自己参与的每笔交易结算的进展，进而评估自身对不同交易对手的风险暴露； ②逐笔全额结算，有利于交易稳定和结算的及时	①在指定时间段内有一个结算净额，从而降低了对市场参与者流动性需求以及市场参与者的结算成本和相关风险； ②提高了市场参与者投资运用和市场运作的效率
缺点	对于频繁交易的做市商有较高的资金要求，其资金负担较大、结算成本较高	①净额结算实质上是一个交易链，要求指定时间段内所有结算都顺利进行，如果有某个参与者无法结算，则会影响其他参与者的结算，甚至带来市场的系统性风险； ②该结算模式需要结算系统与资金清算系统紧密合作

在全额结算与净额结算中，净额结算根据不同的方法有不同的分类，具体内容见表 17-9。

表 17-9 净额结算的分类

分类依据	具体分类
净额交收的标的	①券款都实行净额交收； ②券或款其中的一种实行净额交收
参与净额结算各方的关系	（1）双边净额结算。 （2）多边净额结算。按照结算机构在结算中是否担当中央对手方，多边净额结算又可以分为： ①中央对手方净额结算；②非中央对手方净额结算

例题 17.5（选择题）

下列关于银行间债券市场全额结算的表述，正确的是（　　）。

A. 全额结算中，结算系统在设定的时间段内，对市场参与者债券买卖的净差额和资金差额进行交收

B. 全额结算适用于交易频繁和活跃的市场，尤其是交易所撮合交易模式和做市商机制较发达的场外市场

C. 结算系统对每笔债券交易单独结算，当一方遇券或款不足时，系统不进行部分结算

D. 全额结算可以分为双边全额结算和多边全额结算

【答案】C

【解析】选项 A 错误，净额结算是指结算系统在设定的时间段内，对市场参与者债券买卖的净差额和资金差额进行交收；选项 B 错误，全额结算适用于高度自动化系统的单笔交易规模较大的市场；选项 D 错误，净额结算可以分为双边净额结算和多边净额结算。故答案是选项 C。

例题 17.6（组合型选择题）

下列关于净额结算的说法，正确的是（ ）。

Ⅰ. 净额结算降低了市场参与者的流动性的需求

Ⅱ. 净额结算降低了市场参与者的结算成本

Ⅲ. 净额结算降低了市场参与者的投资运用和市场效率

Ⅳ. 净额结算实际是一个交易链

A. Ⅰ、Ⅱ、Ⅲ　　B. Ⅱ、Ⅲ、Ⅳ　　C. Ⅰ、Ⅱ、Ⅳ　　D. Ⅰ、Ⅲ、Ⅳ

【答案】C

【解析】描述Ⅲ错误，净额结算提高了市场参与者的投资运用和市场效率；描述Ⅰ、Ⅱ正确，净额结算是指在指定时间段内有一个结算净额，从而降低了对市场参与者的流动性需求、结算成本和相关风险；描述Ⅳ正确，净额结算实质上是一个交易链，要求指定时间段内所有结算都顺利进行，如果有某个参与者无法结算，则会影响其他参与者的结算，甚至带来市场的系统性风险。故答案是选项C。

2. 实时处理交收和批量处理交收

根据结算指令的处理方式，债券结算可分为**实时处理交收**和**批量处理交收**，具体内容见表17-10。

表 17-10 实时处理交收和批量处理交收

分类	方面	具体内容
实时处理交收	含义	结算系统实时检查参与者券款的情况，只要满足结算条件，即可进行券款的交收
	优缺点	①优点：结算效率较高，结算本金风险较小； ②缺点：对参与者的流动性要求较高
	交收方式	全额结算
批量处理交收	含义	将某一时段内满足结算条件的结算，集中在一个特定的时间段内集中处理。其中，时间段的要求： ①一般按每个营业日进行； ②也可以按其他时间段进行
	交收方式	全额结算或净额结算都可以

（二）债券结算框架

1. 制度基础

银行间债券市场债券结算的基本制度包括《全国银行间债券市场债券交易管理办法》《全国银行间债券市场债券登记托管结算管理办法》和《全国银行间债券市场债券交易流通审核规则》。

2. 业务系统

目前，办理债券结算的业务系统包括中债综合业务平台、上海清算所客户终端系统，相关的业务系统包括中国外汇交易中心本币交易系统、中国现代化支付系统。

（三）债券结算日期

债券结算时涉及几个重要日期，包括交易流通起始日、结算日、交易流通终止日和截止过户日，每个日期的含义具体见表17－11。

表17－11 债券结算涉及的日期

债券结算日期	含义
交易流通起始日	某只债券在银行间债券市场开始交易流通的日期
结算日	也称交易交割日，是指债券交易双方达成交易后，实际债券交割和资金交收的日期
交易流通终止日	某只债券在银行间债券市场交易流通终止的日期
截止过户日	①债券登记托管结算机构为交易的债券在银行间债券市场的交易结算办理债券过户的最后日期； ②截止过户日日终后，不再办理该债券的交易结算业务

目前，银行间债券市场现券交易的结算日有T+0和T+1两种。其中，T为交易达成日；T+0结算为交易达成的当日办理债券结算；T+1结算为交易达成的次一营业日办理债券结算。

债券结算框架和债券结算的日期在考纲中没有涉及，但教材中对这两个知识点进行了介绍，为了保证知识点的连贯性和完整性，本书对此部分内容只作简要概述，并且未对这两个知识点标识星级。建议考生简单了解即可。

（四）债券结算方式（★★★）

债券结算方式是指在债券结算中，债券的所有权转移或权利质押与相应结算资金的交收这两者之间不同的制约形式，有纯券过户、见券付款、见款付券和券款对付4种结算方式，其具体要求见表17－12。

表17－12 各种债券结算方式的具体要求

结算方式	具体要求
纯券过户	①交易结算双方只要求债券登记托管结算机构办理债券交割，款项结算交易双方自行办理； ②资金清算风险由交易双方承担
见券付款	①在结算日收券方通过债券登记托管结算机构得知付券方有足额债券，即向对方划付款项并予以确认，然后通知债券登记托管结算机构办理债券交割； ②对收券方有利
见款付券	①付券方确定收到收券方应付款项后予以确认，要求债券登记托管结算机构办理债券交割； ②对付券方有利
券款对付	①在结算日，债券交割与资金支付同步进行并互为约束条件的一种结算方式； ②结算双方风险对等，是一种高效率、低风险的结算方式

目前，**银行间债券市场债券结算**主要采用**券款对付**方式。

例题 17.7（组合型选择题）

债券结算方式是指在债券结算中，债券的所有权转移或权利质押与相应结算资金的交收这两者之间不同的制约形式，包括（　　）。

Ⅰ. 纯券过户

Ⅱ. 见券付款

Ⅲ. 见款付券

Ⅳ. 券款对付

A. Ⅰ、Ⅱ、Ⅲ　　B. Ⅱ、Ⅲ、Ⅳ　　C. Ⅰ、Ⅱ、Ⅳ　　D. Ⅰ、Ⅱ、Ⅲ、Ⅳ

【答案】D

【解析】描述Ⅰ、Ⅱ、Ⅲ、Ⅳ正确，债券结算方式是指在债券结算中，债券的所有权转移或权利质押与相应结算资金的交收这两者之间不同的制约形式，有纯券过户、见券付款、见款付券和券款对付 4 种结算方式。故答案是选项 D。

例题 17.8（选择题）

债券结算方式是指在债券结算中，债券的所有权转移或权利质押与相应结算资金的交收这两者之间不同的制约形式，有纯券过户、见券付款、见款付券和券款对付 4 种结算方式，目前，银行间债券市场债券结算主要采用（　　）方式。

A. 纯券过户　　B. 见券付款　　C. 见款付券　　D. 券款对付

【答案】D

【解析】选项 A 错误，纯券过户指的是交易结算双方只要求债券登记托管结算机构办理债券交割，款项结算交易双方自行办理，资金清算风险由交易双方承担；选项 B 错误，见券付款指的是在结算日收券方通过债券登记托管结算机构得知付券方有足额债券，即向对方划付款项并予以确认，然后通知债券登记托管结算机构办理债券交割，这种方式对收券方有利；选项 C 错误，见款付券指的是付券方确定收到收券方应付款项后予以确认，要求债券登记托管结算机构办理债券交割，这种方式对付券方有利；券款对付指的是在结算日，债券交割与资金支付同步进行并互为约束条件的一种结算方式。目前，银行间债券市场债券结算主要采用券款对付方式。故答案是选项 D。

（五）债券结算业务类型（★★）

债券结算业务有分销、现券、质押式回购、买断式回购等几种业务类型，各种业务类型的具体内容见表 17－13。

表 17－13　债券结算不同业务类型的具体内容

业务类型	具体内容
分销	①定义：承销商在发行期内，将其承销的债券向其他结算成员（和分销认购人）进行承销额度的过户转让； ②分销业务根据**单一券种**进行，通过分销指令办理； ③在债券发行期内，债券承销商向分销认购人进行债券分销过户时可使用任意一种结算方式
现券	①现券业务即债券的即期交易，是指交易双方以约定的价格转让债券所有权的交易行为； ②现券交易的结算根据**单一券种**办理，结算日是 T+0 或 T+1，可以采用任意一种结算方式； ③全国银行间债券市场的现券交易采用净价交易形式

续表

业务类型	具体内容
质押式回购	①质押式回购是指交易双方以债券为权利质押进行的一种短期资金融通业务; ②在回购期内，出质的债券，回购双方均不得动用。在**质押冻结期间，债券的利息归出质方(资金融入方)所有**。我国债券市场的质押式回购中，期限1天和7天的回购是交易量最大、交易最为活跃的品种;根据中国人民银行的规定，质押式回购期限**最长为1年**，在1年之内，由投资者双方自行商定回购期限; ③可选择使用单一券种或多个券种进行质押; ④结算方式:首期结算应选择**见券付款**或**券款对付**;到期结算应选择**见款付券**或**券款对付**
买断式回购	①在买断式回购期间，资金的融出方不仅可获得回购期间融出资金的利息收入，也可获得回购期间债券的所有权和使用权;在回购期间，如果债券发生利息支付，则利息归债券持有人所有，故交易双方在进行买断式回购时应考虑债券付息问题; ②目前买断式回购的期限不得超过91天，具体期限由交易双方确定; ③**买断式回购是净价交易，全价结算，可选择的结算方式包含券款对付、见券付款和见款付券**; ④用于结算的债券及用于担保的债券均应为单一券种，可选择的债券券种范围与现券买卖相同; ⑤任何一家市场参与者在进行买断式回购交易时，单只券种的待返售债券余额应小于该只债券流通量的20%;任何一家市场参与者待返售债券总余额应小于其在债券登记托管结算机构托管的自营债券总量的200%; ⑥首先，市场参与者进行买断式回购前，需要签订买断式回购主协议;其次，市场参与者在进行每笔交易时，应订立书面形式的合同;最后，主协议和书面形式的合同组成一笔买断式回购的完整合同
债券远期	①债券远期是指交易双方约定在未来某一日期，以约定价格和数量买卖标的债券的行为; ②远期交易双方可根据对手的信用状况等，协商建立履约保障机制，提供保证金或保证券; ③债券远期交易从成交日至结算日的期限(含成交日不含结算日):2~365天; ④**远期交易采用净价交易，全价结算**; ⑤远期交易可使用的结算方式:券款对付、见款付券和见券付款
债券借贷	(1)债券借贷是债券融入方以一定数量的债券为质物，从债券融出方借入标的债券，同时约定在未来某一日期归还所借标的债券，并由债券融出方返还相应质物的债券融通行为。 (2)债券借贷的期限:借贷双方共同协商确定，最长不得超过**365天**。 (3)债券借贷期间，如果发生标的债券付息，债券融入方应及时向债券融出方返还标的债券利息。 (4)结算方式。 ①首期:券券对付; ②到期:券券对付、返券付费解券和券费对付中的任意一种。 (5)单个机构自债券借贷的融入余额超过其自有债券托管总量的30%(含)或单只债券融入余额超过该只债券发行量15%(含)起，每**增加5%**，该机构应同时向同业中心和中央结算公司书面报告并说明原因
利率互换	①人民币利率互换集中清算，是指债券清算机构对市场参与者达成的利率互换交易进行合约替代，承继交易双方的权利及义务，成为中央对手方，完成利息净额结算; ②强制集中清算的品种:浮动端参考利率为SHIBOR隔夜、SHIBOR 3个月和7天回购定盘利率3个品种，期限在5年以下的利率互换交易

例题17.9(组合型选择题)

下列选项中，属于债券结算业务类型的是(　　)。

Ⅰ.分销业务

Ⅱ.现券业务

Ⅲ. 质押式回购业务

Ⅳ. 债券远期交易

A. Ⅰ、Ⅱ、Ⅲ　　B. Ⅱ、Ⅲ、Ⅳ

C. Ⅰ、Ⅱ、Ⅳ　　D. Ⅰ、Ⅱ、Ⅲ、Ⅳ

【答案】D

【解析】债券结算业务包括分销业务、现券业务、质押式回购业务、买断式回购业务、债券远期交易、债券借贷业务和利率互换业务，Ⅰ、Ⅱ、Ⅲ、Ⅳ均属于债券结算业务。故答案是选项 D。

你已完成本任务的学习，快去小程序上做题吧！

任务 18 境外证券市场的交易与结算

考情分析

本任务内容在考试中的分值占比约为 1%，整体难度较低，考试以定性题目为主。

通过本任务的学习，考生将对境外证券市场的交易与结算有所了解。其中，考生需要重点掌握 QDII 开展境外投资业务的交易与结算。

任务框架图

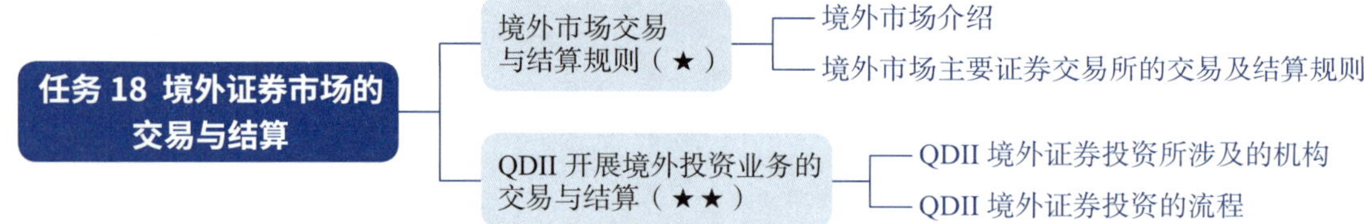

考点精讲

一、境外市场交易与结算规则（★）

（一）境外市场介绍

1. 欧洲主要交易市场

欧洲主要的交易市场包括伦敦证券交易所、法兰克福证券交易所和布鲁塞尔证券交易所—泛欧证券交易所，每个证券交易所的介绍具体见表 18－1。

表 18－1　欧洲主要的交易市场

交易市场	具体介绍
伦敦证券交易所	①世界**四大证券交易所之一**，欧洲**最大**的证券交易所； ②世界上国际化程度最高的金融中心，是欧洲债券及外汇交易领域的全球领先者，受理超过 2/3 的国际股票承销业务； ③其外国股票的交易**超过**其他所有证券交易所
法兰克福证券交易所	①世界**四大证券交易所之一**，是仅次于伦敦证券交易所的欧洲**第二**交易所，也是**德国最大**的证券交易所； ②其全部的证券交易业务都由德国政府商会管理
布鲁塞尔证券交易所—泛欧证券交易所	①2000 年，布鲁塞尔证券交易所与巴黎证券交易所、阿姆斯特丹证券交易所合并，**泛欧**证券交易所成立；2002 年初，泛欧证券交易所收购了葡萄牙里斯本证券交易所和伦敦国际金融期交所（LIFFE）；当前，欧洲呈现出**泛欧证券交易所**、**伦敦证券交易所**和**法兰克福证券交易所**三足鼎立的局面； ②2007 年，泛欧证券交易所与纽约证券交易所合并，纽约—泛欧证券交易所成立

2. 美洲主要交易市场

美洲主要的交易市场包括纽约证券交易所和纳斯达克证券交易所，每个交易所的介绍具体见表 18－2。

表 18－2　美洲主要的交易市场

交易市场	具体介绍
纽约证券交易所	①纽约证券交易所的总部位于美国纽约州纽约市； ②根据 2008 年和 2009 年数据，纽约证券交易所是上市公司总市值、IPO 数量及市值第一，交易量第二的证券交易所
纳斯达克证券交易所	①由全美证券交易商协会创立并负责管理，是全球**第一个**电子交易市场； ②是全美以及世界最大的股票电子交易市场，是世界上主要的股票市场中成长速度**最快**的市场

3. 亚洲主要交易市场

亚洲主要的交易市场包括香港交易所、东京证券交易所和新加坡交易所，每个交易所的介绍具体见表 18－3。

表 18－3 亚洲主要的交易市场

交易市场	具体介绍
香港交易所	①简称港交所，是**全球**主要交易所之一，也是一家在**香港上市**的控股公司； ②香港结算所、期权结算公司及期货结算公司这3个结算所分别负责办理香港交易所内多种产品的结算及交收程序；其中，在**联交所主板**及**创业板**进行交易的符合资格证券的结算及交收由香港结算所负责； ③实行持续净额交收制度
东京证券交易所	①简称东证，是仅次于纽约证券交易所的世界**第二大**证券市场，但却不是一个大的国际融资中心，在东证上市的海外企业较少； ②**东证**与**大阪证券交易所、名古屋证券交易所**并列为日本三大证券交易所
新加坡交易所	简称新交所，目前有2个主要的交易板，即第一股市及自动报价股市

（二）境外市场主要证券交易所的交易及结算规则

境外市场主要证券交易所的结算周期有所不同，主要证券交易所的交易及结算规则的具体要求见表18－4。

表 18－4 境外市场主要证券交易所的交易和结算规则

国家/地区	主要交易所	交易币种	主要结算周期
美国	纽约证券交易所 纳斯达克证券交易所	美元	T+3
中国香港	香港交易所	港元	T+2
英国	伦敦证券交易所	英镑	T+2
德国	法兰克福证券交易所	欧元	T+2
印度	孟买国家证券交易所	印度卢比	T+2
韩国	韩国证券交易所 科斯达克证券交易所	韩元	T+2

二、QDII开展境外投资业务的交易与结算（★★）

合格境内机构投资者（QDII）开展境外投资业务的交易与结算的相关规定，可以通过对QDII开展境外投资业务所涉及的机构介绍与开展此业务需要的外部申请流程和内部操作流程来展开。

（一）QDII境外证券投资所涉及的机构

QDII进行境外投资时，涉及的外部机构有**监管机构**、**资产托管机构**、**境外投资顾问**等，这些机构的具体职责和相关规定见表18－5。

表 18－5 QDII境外投资涉及的机构及其职责

机构	机构职责	具体规定
中国证监会、国家外汇管理局	监管	依照各自职能对境内机构投资者的境外证券投资和交易实施监督管理

续表

机构	机构职责	具体规定
资产托管机构	负责资产托管业务	托管人可以委托满足下列条件的境外资产托管人负责境外资产的托管： ①在境外的国家或地区设立，受当地相关监管机构的监管； ②最近一个会计年度实收资本不少于 10 **亿美元**或等值货币，或托管资产规模不少于 1 000 **亿美元**或等值货币； ③有足够的熟悉境外托管业务的专职人员； ④具备安全保管资产的条件； ⑤具备安全、高效的清算和交割能力； ⑥最近 3 **年**没有受到监管机构的重大处罚，没有重大事项正在接受相关机构的立案调查
境外投资顾问	提供买卖建议或投资组合管理等服务并取得收入的境外金融机构	境内机构投资者可以委托符合下列条件的投资顾问进行境外证券投资： ①在境外设立，经所在国家或地区监管机构批准，可以从事投资管理业务； ②所在国家或地区证券监管机构已与中国证监会签订双边监管合作谅解备忘录，并保持着有效的监管合作关系； ③经营投资管理业务达 **5 年以上**，最近一个会计年度管理的证券资产不少于 100 **亿美元**或等值货币； ④有健全的治理结构和完善的内控制度，经营行为规范，**最近 5 年**没有受到所在国家或地区监管机构的重大处罚，没有重大事项正在接受相关机构的立案调查

例题 18.1（组合型选择题）

境内机构投资者开展境外证券投资业务时，应当由符合有关规定的托管人负责资产托管，托管人可以委托满足下列条件的境外资产托管人负责境外资产的托管，这些条件包括（　　）。

Ⅰ. 在境外的国家或地区设立，受当地相关监管机构的监管

Ⅱ. 最近一个会计年度实收资本不少于 5 亿美元或等值货币，或托管资产规模不少于 100 亿美元或等值货币

Ⅲ. 具备安全保管资产的条件

Ⅳ. 最近 3 年没有受到监管机构的重大处罚，没有重大事项正在接受相关机构的立案调查

A. Ⅰ、Ⅱ、Ⅲ　　B. Ⅰ、Ⅲ、Ⅳ　　C. Ⅱ、Ⅲ、Ⅳ　　D. Ⅰ、Ⅱ、Ⅳ

【答案】B

【解析】描述Ⅱ错误，境内机构投资者开展境外证券投资业务时，托管人可以委托满足一定条件的境外资产托管人负责境外资产的托管，条件之一是最近一个会计年度实收资本不少于 10 亿美元或等值货币，或者托管资产规模不少于 1 000 亿美元或等值货币。描述Ⅰ、Ⅲ、Ⅳ正确，故答案是选项 B。

（二）QDII 境外证券投资的流程

QDII 进行境外证券投资的总体流程可以分为外部申请流程和内部操作流程。其中，外部申请流程包括 QDII 申请相关境外证券投资许可和额度，寻找合适的资产托管机构；内部操作流程指的是 QDII 获得相关境外证券投资资质和许可后，开始进行境外投资的内部操作流程。

1. QDII 境外证券投资的外部申请流程

QDII 进行境外证券投资前，应先到相关的机构（如中国证监会等）办理相应的申请手续，外部申请流程中涉及的机构以及其对应办理的具体业务见表 18－6。

表18－6　QDII境外证券投资的外部申请流程

流程	办理机构	办理的业务
(1)	中国证监会	获取境外证券投资业务许可文件
(2)	国家外汇管理局	申请境外证券投资额度；申请经国家外汇管理局核准后： ①QDII应在核准的境外证券投资额度内投资； ②QDII应**定期**向国家外汇管理局报告其额度使用及资金汇出、汇入情况
(3)	托管人	开立托管账户，用于托管基金、集合计划的全部资产

其中，对于托管人和托管账户的规定包括：

①托管人应当为基金和集合计划开立结算账户和证券托管账户，用于与证券登记结算等机构之间的资金结算和证券托管业务。

②托管账户、结算账户和证券托管账户的收入、支出范围需要符合相关规定，账户内的资金不得向他人贷款或提供担保。

2. QDII境外证券投资的内部操作流程

QDII经过上述外部申请流程后取得了境外证券投资资格，开始进行境外证券投资交易，具体的内部操作流程见表18－7。

表18－7　QDII境外证券投资的内部操作流程

流程	具体内容
(1)	基金会计在各投资市场**开市前**将头寸余额告知基金经理
(2)	基金经理或交易员通过交易系统下单给具体券商
(3)	券商在收到基金经理的指令后处理交易
(4)	交易部与券商通过系统对每一笔交易进行**实时**比对，若发现差异直接与券商沟通，重新下达交易指令
(5)	在各交易市场收市后，券商按事先约定的时间将成交回报分别以**电子**和**书面**形式发送给管理公司
(6)	基金会计接收券商发送的成交回报
(7)	将券商发送的成交回报和彭博系统中导出的交易数据先同时导入金手指系统进行各项字段明细的校验，无误后可用作估值数据
(8)	成交回报复核无误后，将交易的结算指令通过与托管行约定的方式发给境内托管行
(9)	境内托管行收到结算指令后，将结算指令发给境外托管行
(10)	境外托管行在收到境内托管行的指令后，和券商做结算准备
(11)	境外托管行和券商**同时**将结算结果反馈给管理人
(12)	境外托管行将结算结果放在网银平台上，供境内托管人和管理人自行查询

你已完成本任务的学习，快去小程序上做题吧！

Day 20

任务19

基金估值、费用与会计核算

Day 21

任务20

基金的利润与税收

任务21

基金国际化的发展

任务19 基金估值、费用与会计核算

考情分析

本任务内容在考试中的分值占比约为4%，整体难度较低，考试以定性题目为主，会有少量定量题目。

通过本任务的学习，考生将对基金估值、费用与会计核算有所了解。其中，考生需要重点掌握基金资产估值的概念和应用，基金资产估值的法律依据、重要性和需要考虑的因素，基金资产估值的责任主体，基金资产估值的程序及基本原则，基金管理费、托管费及销售服务费的计提标准及计提方式，基金会计核算的特点，基金会计核算的主要内容，基金财务会计报告分析的主要内容。

任务框架图

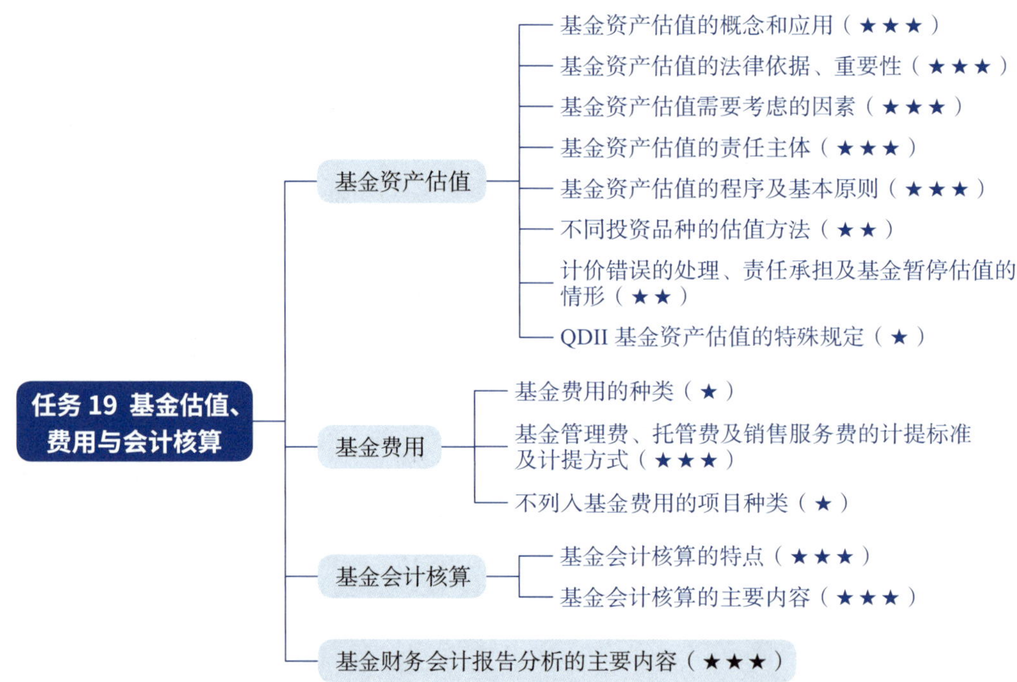

考点精讲

一、基金资产估值

（一）基金资产估值的概念和应用（★★★）

基金资产估值是指通过对基金所拥有的全部资产及全部负债按一定的原则和方法进行估算，进而确定基金资产**公允价值**的过程。在基金资产估值中常用的指标是基金资产总值和基金资产净值，总值是指全部基金资产的价值总和，净值是指基金资产扣除基金所有负债后的价值。**基金份额净值**是投资者**申购基金份额、赎回资金金额**的计算基础和**评价基金投资业绩**的基础标准之一。**基金资产净值和基金份额净值**的计算公式见式（19.1）和式（19.2）：

$$基金资产净值=基金资产-基金负债 \quad (19.1)$$

$$基金份额净值=\frac{基金资产净值}{基金总份额} \quad (19.2)$$

例题 19.1（选择题）

假设某基金上一交易日的基金份额净值为 1.2 元，基金持有 A 公司股票 200 万股，B 公司股票 100 万股，当日收盘后 A 公司股票的价格上涨 5 元，B 公司股票下跌 3 元，基金的总份额为 10 000 万份，在不考虑其他因素影响下，当天交易收盘后，该基金份额净值为（　　）元。

A. 1.201　　B. 1.207　　C. 1.270　　D. 1.204

【答案】C

【解析】基金资产变动后的净值是基金变动前净值加上基金持有股票上涨价值减去持有股票下跌价值。根据式（19.2），基金份额净值 $=\frac{基金资产净值}{基金总份额}=\frac{1.2\times 10\ 000+5\times 200-3\times 100}{10\ 000}=1.27$（元）。故答案是选项 C。

例题 19.2（选择题）

下列关于基金份额分拆与合并的表述，错误的是（　　）。

A. 当基金的净值过高时，通过基金份额的合并可以降低其净值

B. 当基金份额的净值过低时，通过基金份额的合并可以提高其净值，这种行为被称为逆向分拆

C. 基金份额的分拆可以降低投资者对价格的敏感性，有利于基金持续营销

D. 基金份额分拆通过直接调整基金份额数量达到降低基金份额净值的目的，并不影响已实现收益、未实现利得

【答案】A

【解析】选项 A 错误，基金分拆行为是相对的，当基金的净值过高时，通过基金份额的分拆可以降低其净值；当基金的净值过低时，通过基金份额的合并可以提高其净值，这种行为称为逆向分拆。故答案是选项 A。

（二）基金资产估值的法律和文件依据、重要性（★★★）

1. 基金资产估值的法律和文件依据

基金资产估值主体在现有基金法律体系中是完备的，基金资产估值中涉及的**法律和文件依据**见

表19－1。

表19－1 基金资产估值的法律和文件依据

涉及法律和文件	内容
《证券投资基金法》	①**基金管理人是基金估值的第一责任主体**； ②根据第十九条和第三十六条规定，基金管理公司应履行**计算并公告**基金资产净值的责任，确定基金份额申购和赎回价格；托管人应履行**复核**和**审查**基金管理公司计算的基金资产净值、基金份额申购和赎回价格的责任
《基金合同的内容与格式》	基金合同应**列明**基金资产估值事项，包括估值日、估值方法、估值对象、估值程序、估值错误的处理、暂停估值的情形、基金净值的确认和特殊情况的处理
《中国证监会关于证券投资基金估值业务的指导意见》	根据2017年9月5日公布并实施的要求： ①基金管理人应制定基金估值和份额净值计价的业务管理制度，明确基金估值的**程序和技术**； ②建立估值委员会，健全估值**决策体系**； ③使用可靠的估值**业务系统**，确保估值人员熟悉各类投资品种的估值原则及具体**估值程序**； ④完善相关**风险监测、控制和报告机制**

2. 基金资产估值的重要性

基金份额净值是计算开放式基金申购份额和赎回金额的基础，其计算结果将直接影响基金投资者的利益。由于基金申购者、现有持有人和赎回者对基金份额净值的期望不同，因此基金份额净值的计算必须是**公允**的，一般采用资产**最新价格**。

例题19.3（选择题）

《基金合同的内容与格式》中，有关基金合同应列明的对象不包括（　　）。

A. 估值错误的处理　　B. 估值对象

C. 基金份额净值　　D. 估值日

【答案】C

【解析】在《基金合同的内容与格式》中，基金合同应该列明基金资产估值事项，包括估值日、估值方法、估值对象、估值程序、估值错误的处理、暂停估值的情形、基金净值的确认和特殊情况的处理。选项C错误，基金份额净值是需要由基金管理公司准确计算并公告，而合同中不会提前列明。故答案是选项C。

例题19.4（选择题）

下列关于基金估值法律和文件依据的描述，正确的是（　　）。

A. 《证券投资基金法》规定基金估值的第一责任人是基金托管人

B. 《基金合同的内容与格式》包括基金净值的确认和特殊情况的处理

C. 《证券投资基金法》规定基金管理公司应制定基金估值和份额净值计价的业务管理制度，明确基金估值的程序和技术

D. 《中国证监会关于证券投资基金估值业务的指导意见》规定基金管理人是基金估值的第一责任主体

【答案】B

【解析】选项A错误，《证券投资基金法》规定基金估值的第一责任人是基金管理人而非基金托管人；选项C错误，《中国证监会关于证券投资基金估值业务的指导意见》规定基金管理公司应制定基金估值和份额净值计价的业务管理制度，明确基金估值的程序和技术，而不是《证券投资基金法》；

选项 D 错误,《证券投资基金法》规定基金管理人是基金估值的第一责任主体。故答案是选项 B。

(三) 基金资产估值需要考虑的因素 (★★★)

基金资产估值需考虑**估值频率、交易价格及其公允性、估值方法一致性及公开性** 3 个因素,这 3 个因素的具体内容见表 19-2、表 19-3 和表 19-4。

表 19-2 基金资产估值因素——估值频率

因素	方面	内容
估值频率	含义	指基金按照**固定的时间间隔**对基金资产进行估值,其频率由基金的组织形式、投资对象的特点等因素决定,并在法律条文中做出明确列示
	现状	①在我国,**开放式**基金**每个交易日**估值,**次日**公告基金份额净值;**封闭式**基金**每周**披露一次基金份额净值,但每个交易日也会进行估值; ②**海外**基金可能采用**每日、每周、每半月或每月**估值一次的频率进行

表 19-3 基金资产估值因素——交易价格及其公允性

因素	投资标的	内容
交易价格及其公允性	交易活跃的证券	用**市场交易价格**直接对基金资产估值。其特点是价格**可接受**并且**可信,估值较容易**
	交易不活跃的证券	估值需更谨慎,且重点考虑证券资产的**流动性**因素
	估值技术	基金托管人应重点审查**科学性、合理性、合法性**等,以保证估值结果的公允

表 19-4 基金资产估值因素——估值方法一致性及公开性

因素	特点	内容
估值方法一致性及公开性	一致性	①同一基金管理人对管理的不同基金持有的具有**相同特征的同一投资品种**的估值原则、程序及技术应当保持程序和技术的一致性; ②当改变估值技术导致基金资产净值的变化在 0.25% 以上时,基金管理人应咨询**会计师事务所**就相关估值技术、假设及输入值的适当性等获取**专业意见**; ③一致性的目的是确保**估值程序和技术**能在后期持续适用
	公开性	①基金管理人应履行与基金估值相关的**披露义务**; ②半年报和年报中需要披露**估值程序、估值技术及重大变化、假设、输入值、对基金资产净值及当期损益的影响**等重大信息; ③在基金管理人改变**估值技术**时,应及时进行**临时公告**; ④会计师事务所在出具**审计**报告时,应对基金的估值技术及其重大变化发表意见,包括**估值的适当性、采用外部信息进行估值的客观性和可靠性程序,以及披露的充分性和及时性**等

例题 19.5 (组合型选择题)

某基金管理人计划发行一只开放式基金产品,在确定基金估值相关条款时,以下表述正确的是( )。

Ⅰ. 根据监管要求,开放式基金必须每个自然日估值

Ⅱ. 该基金管理人可根据投资品种特性，选择有别于其他基金产品的估值原则和方法

Ⅲ. 该管理人应建立定期复核和审阅估值程序和技术的机制

Ⅳ. 在投资品涉及不适合公开的商业机密时，管理人可不披露基金的估值程序和估值技术

A. Ⅰ、Ⅱ、Ⅲ、Ⅳ　　B. Ⅱ、Ⅳ

C. Ⅲ　　D. Ⅰ、Ⅱ、Ⅲ

【答案】C

【解析】描述Ⅰ错误，在我国，开放式基金于每个交易日估值；描述Ⅱ错误，同一基金管理人对管理的不同基金持有的具有相同特征的同一投资品种的估值原则、程序及技术应当保持程序和技术的一致性；描述Ⅳ错误，在半年报和年报中需要披露估值程序、估值技术及重大变化、假设、输入值、对基金资产净值及当期损益的影响等重大信息。描述Ⅲ正确。故答案是选项C。

例题19.6（组合型选择题）

基金资产估值时需要考虑的因素有（　　）。

Ⅰ. 估值频率

Ⅱ. 交易价值及其公允性

Ⅲ. 估值方法一致性

Ⅳ. 估值方法公开性

A. Ⅰ、Ⅱ、Ⅲ、Ⅳ　　B. Ⅱ、Ⅳ

C. Ⅲ　　D. Ⅰ、Ⅱ、Ⅲ

【答案】A

【解析】基金资产估值时需要考虑的因素有估值频率、交易价值及其公允性、估值方法一致性及公开性。Ⅰ、Ⅱ、Ⅲ、Ⅳ均属于基金资产估值时需要考虑的因素。故答案是选项A。

（四）基金资产估值的责任主体（★★★）

基金管理人是我国基金资产估值的责任人，基金托管人对基金管理人的估值结果进行复核。

基金管理人的具体职责包括：

（1）制定基金估值和份额净值计价的业务管理制度，明确基金估值的程序和技术。

（2）建立估值委员会，健全估值决策体系。

（3）使用可靠的估值业务系统。

（4）确保估值人员熟悉各类投资品种的估值原则及具体估值程序。

（5）完善相关风险检测、控制和报告机制。

（6）建立定期复核和审阅机制，以确保相关程序和技术不存在重大缺陷。

（7）充分理解相关估值原则及技术，与托管人充分协商，谨慎确定公允价值。

基金托管人在复核、审查基金资产净值和基金份额申购、赎回价格之前，应认真审阅基金管理公司采用的估值原则和技术，当存在异议时，应该要求基金管理人做出合理解释，并积极商讨达成一致意见。

中国证券投资基金业协会的具体职责是建立基金估值工作机制，在充分征求行业意见并向中国证监会报备后，对不活跃的市场或在活跃市场不存在相同特征的资产或负债报价的投资品种提出估值指引，并定期对估值指引进行评估和修订。

基金管理人和托管人在进行估值、计算基金份额净值及相关复核工作时，可参考估值指引，但

并不能免除相关责任。

例题 19.7（选择题）

我国基金资产估值的责任人是（ ）。

A. 基金管理人　　B. 基金托管人　　C. 基金业协会　　D. 基金持有人

【答案】A

【解析】选项 B 错误，基金托管人对基金管理人的估值结果进行复核；选项 C 错误，中国证券投资基金业协会的具体职责是建立基金估值工作机制，在充分征求行业意见并向中国证监会报备后，对不活跃的市场或在活跃市场不存在相同特征的资产或负债报价的投资品种提出估值指引，并定期对估值指引进行评估和修订；选项 D 错误，基金持有人是基金的出资人、基金资产的所有者和基金投资回报的受益人。故答案是选项 A。

例题 19.8（选择题）

对基金资产估值的结果有复核责任的是（ ）。

A. 基金管理公司　　B. 基金托管人　　C. 基金业协会　　D. 基金持有人

【答案】B

【解析】选项 A 错误，基金管理公司是指依据有关法律法规设立的对基金的募集、基金份额的申购和赎回、基金财产的投资、收益分配等基金运作活动进行管理的公司；选项 C 错误，中国证券投资基金业协会的具体职责是建立基金估值工作机制，在充分征求行业意见并向中国证监会报备后，对不活跃的市场或在活跃市场不存在相同特征的资产或负债报价的投资品种提出估值指引，并定期对估值指引进行评估和修订；选项 D 错误，基金持有人是基金的出资人、基金资产的所有者和基金投资回报的受益人。故答案是选项 B。

（五）基金资产估值的程序及基本原则（★★★）

1. 估值的程序

基金资产**估值的程序**如下：

（1）基金管理人进行基金日常估值（基金份额净值等于基金资产净值除以当日基金份额的余额）；

（2）基金托管人对基金管理人的计算结果进行复核；

（3）基金管理人对外公布结果，基金注册登记机构计算申购和赎回份额；

（4）基金注册登记机构在月末、年中和年末估值复核与基金会计账目的核对。

2. 估值的基本原则

基金资产估值的**基本原则**是指基金管理人在确定相关金融资产和负债的公允价值时，需要根据企业会计准则的规定，采用在当前情况下适用且有足够可利用数据和其他信息支持的估值技术。以下是基于 3 种情况进行分析：

（1）对于有活跃市场且能够获取报价的投资品种，采用**公允价值**计量；

（2）对于没有活跃市场的投资品种，采用估值技术时进行估值时，优先使用**可观察输入值**进行公允定价；

（3）如发生影响证券价格的重大事件，对基金资产净值的影响在 0.25%以上的，要进行调整并确定公允价值。

估值的基本原则与前文中表19-3基金资产估值因素——交易价格及其公允性的内容基本一致，考生可以两边同时学习。

例题19.9（选择题）

下列关于基金资产估值程序的说法，错误的是（　　）。

A. 基金日常估值由基金托管人进行

B. 基金托管人按基金合同规定的估值方法、时间、程序进行复核

C. 基金份额净值是按照每个开放日闭市后，基金资产净值除以当日基金份额的余额数量计算

D. 基金管理人每个交易日对基金资产估值后，将基金份额净值结果发给基金托管人

【答案】A

【解析】选项A错误，基金日常估值由基金管理人进行，基金托管人需要对结果进行复核。故答案是选项A。

例题19.10（选择题）

下列关于基金资产估值基本原则的说法，错误的是（　　）。

A. 对于存在活跃市场且能够获取相同资产或负债报价的投资品种，在估值日有报价的，按公允价值计量

B. 经济环境发生重大变化或证券发行人发生影响证券价格的重大事件，使潜在估值调整对前一估值日的基金资产净值的影响在0.5%以上的，应对估值进行调整并确定公允价值

C. 对不存在活跃市场的投资品种，应采用在当前情况下适用并且有足够可利用数据和其他信息支持的估值技术确定公允价值

D. 采用估值技术确定公允价值时，应优先使用可观察输入值，只有在无法取得相关资产或负债可观察输入值或取得不切实可行的情况下，才可以使用不可观察输入值

【答案】B

【解析】选项B描述错误，经济环境发生重大变化或证券发行人发生影响证券价格的重大事件，使潜在估值调整对前一估值日的基金资产净值的影响在0.25%以上的，应对估值进行调整并确定公允价值。故答案是选项B。

（六）不同投资品种的估值方法（★★）

1. 交易所发行未上市品种

交易所发行**未上市品种**的估值方法见表19-5。

表19-5　交易所发行未上市品种的估值方法

品种	估值方法
股票和权证	①采用**估值技术**确定公允价值； ②在估值技术不够可靠的情况下，用**成本**计量
送股、转增股、配股和公开增发新股	按交易所上市的**同一股票的市场价格**估值

续表

品种	估值方法
未上市或未挂牌转让的债券	①有**活跃**市场时，采用未经调整的报价作为**公允**价值； ②活跃市场报价**不能**代表公允价值时，采用**调整**后的市场报价作为公允价值； ③**没有**活跃市场时，采用**估值技术**确定其公允价值

在基金估值时，公允价值的公允性原则是最重要的。而无论是在对哪一类的基金进行估值，其思路是一致的。活跃市场直接使用公允价值；活跃但不能代表公允价值时，需要调整市场报价；没有活跃市场时采用估值技术。在整个基金估值中可以始终记住这个逻辑。

2. 交易所上市交易的非流通受限品种

交易所上市交易的**非流通受限品种**的估值方法见表 19－6。

表 19－6　交易所上市交易的非流通受限品种的估值方法

品种	估值方法
受限股票和权证	以**挂牌价**进行估值
不含权固定收益	按照第三方估值机构提供的相应品种当日的估值净价估值
含权固定收益	①按照第三方估值机构提供的相应品种当日的唯一估值净价或推荐估值净价估值； ②第三方估值机构提供的估值价格与交易所收盘价存在**差异**的，若基金管理人认定交易所收盘价更能体现公允价值，应采用**收盘价**
可转换债券	按当日**收盘价**作为估值全价
股指期货合约	以估值当日**结算价**进行估值
不存在活跃市场的有价证券	采用**估值技术**确定公允价值
资产支持证券品种和私募债券	按**成本**估值

3. 交易所上市交易的流通受限品种

类似于非公开发行的股票、首次公开发行股票时公司股东公开发售的股份和通过大宗交易取得的带限售期的股票等，需要按照估值指引进行估值。

（1）**流通受限股票**估值的计算公式如式（19.3）所示：

$$FV=S\times(1-LoMD) \tag{19.3}$$

式（19.3）中，FV 代表估值日该流通受限股票的价值；S 代表估值日在证券交易所上市交易的同一股票的公允价值；$LoMD$ 代表该流通受限股票剩余限售期对应的流动性折扣。

（2）**引入看跌期权**计算该流通受限股票对应的流动性折扣的计算公式如式（19.4）所示：

$$LoMD=\frac{P}{S} \tag{19.4}$$

式（19.4）中，P 代表估值日看跌期权的价值。

（3）**证券投资基金**持有的流通受限股票在估值日按**平均价格亚式期权模型**（AAP 模型）确定估值日看跌期权的价值，AAP 模型计算如式（19.5）和式（19.6）所示：

$$P=Se^{-qT}\left[N\left(\frac{v\sqrt{T}}{2}\right)-N\left(-\frac{v\sqrt{T}}{2}\right)\right] \quad (19.5)$$

$$v\sqrt{T}=\sqrt{\sigma^2T+ln\left[2\left(e^{\sigma^2T}-\sigma^2T-1\right)\right]-2ln\left(e^{\sigma^2T}-1\right)} \quad (19.6)$$

式（19.5）和式（19.6）中，S代表估值日在证券交易所上市交易的同一股票的公允价值；q代表股价预期年化股利收益率；T代表剩余限售期，以年为单位表示；σ代表股票在剩余限售期内的股价的预期年化波动率；N代表标准正态分布的累积概率函数。

名师说

考生注意：类似式（19.5）和式（19.6）这类复杂公式，考试中并不会考查其具体计算，考生更多的是需要了解其定性概念、应用场景和字母含义。

4. 交易所停止交易等非流通品种

交易所停止交易等非流通品种的估值方法见表19－7。

表19－7 交易所停止交易等非流通品种的估值方法

品种	估值方法
持有股票而享有的配股权	从配股除权日起到配股确认日： ①若收盘价**高于**配股价，则按两者的**差额**估值； ②若收盘价**等于或低于**配股价，则估值为0
停止交易但未行权的权证	一般采用**估值技术**确定公允价值
因重大特殊事项而长期停牌的股票	**判断**是否采用**估值技术**，包括指数收益法、可比公司法、市场价格模型法和估值模型法等

5. 全国银行间债券市场交易的固定收益品种

全国银行间债券市场交易的**固定收益品种**的估值方法见表19－8。

表19－8 全国银行间债券市场交易的固定收益品种的估值方法

品种	估值方法
不含权债券	以**第三方**估值机构提供的相应品种当日的估值净价进行估值
含权债券	①以**第三方**估值机构提供的相应品种当日的唯一估值净价或**推荐**估值净价进行估值； ②包括**可回售债券**，回售截止日（含当日）后未行使回售权的按照**长代偿期**所对应的价格进行估值
银行间市场未上市，且第三方估值机构未提供估值价格的债券	在发行利率与二级市场利率不存在明显差异、未上市期间市场利率没有发生重大变化的情况下，按成本估值

6. 基金中基金投资的证券投资基金

基金中基金投资的**证券投资基金**的估值方法见表19－9。

表19－9 基金中基金投资的证券投资基金的估值方法

品种	估值方法
境内非货币市场基金	按估值日的**份额净值**估值

续表

品种	估值方法
境内货币市场基金	按**前一估值日至估值日期间（含节假日）**的万份收益计提估值日基金收益
ETF 基金	按 ETF 基金估值日的**收盘价**估值
ETF 联接基金投资的 ETF 基金	按 ETF 基金估值日的**份额净值**估值
境内上市非开放式基金（LOF）	按基金估值日的**份额净值**估值
境内上市定期开放式基金、封闭式基金	按基金估值日的**收盘价**估值
境内上市交易型货币市场基金	按所投资基金估值日的**份额净值**估值
基金披露万份（百份）收益	按**前一估值日至估值日期间（含节假日）**的万份（百份）收益计提估值日基金收益

境内非货币市场基金、ETF 联接基金投资的 ETF 基金、LOF 和境内上市交易型货币市场基金都是按份额净值估值；ETF 基金和境内上市定期开放式基金、封闭式基金都是按收盘价估值；境内货币市场基金和披露万份收益的基金都是按前一估值日至估值日期间（含节假日）的万份收益计提估值日基金收益。

对于**不公布基金份额净值、进行折算或拆分、估值日无交易** 3 种特殊情况下的估值方法见表 19－10。

表 19－10　特殊情况下的估值方法

特殊情况	估值方法
不公布基金份额净值	按最近公布的基金份额净值为基础估值
进行折算或拆分	按基金份额净值或收盘价、单位基金份额分红金额、折算或拆分比例、持仓份额等因素合理确定公允价值
估值日无交易	①最近交易日后市场**未发生重大变化**，按收盘价估值； ②最近交易日后市场**发生重大变化**，以最新基金份额净值为基础或参考类似投资者品种的现行市价及重大变化因素调整最近交易市价

7. 其他投资品种

其他投资品种的估值方法见表 19－11。

表 19－11　其他投资品种的估值方法

投资品种	估值方法
黄金 ETF 投资的黄金现货实盘合约	①按估值日金交所的当日**收盘价**估值； ②若估值日无交易的，则以最近**收盘价**估值
黄金 ETF 投资的黄金现货延期交收合约	①按估值日金交所**结算价**估值； ②若估值日无交易的，则以最近**结算价**估值
港股通投资的股票	①按估值日的港交所**收盘价**估值； ②若估值日无交易的，则以最近交易日的**收盘价**估值

续表

投资品种	估值方法
港股通投资持有外币证券资产	①参考当日中国人民银行或其授权机构公布的人民币汇率**中间价**，或其他反映公允价值的汇率估值； ②基金合同对汇率有明确约定的，按照**基金合同**的约定执行

对于其他投资品种无论当日是否有交易，都是使用当日或最近交易日的价值进行估值，考生需要注意是收盘价还是结算价，这两个价格不一样。

对于黄金 ETF 投资，在全现金替代申赎方式下，基金管理人和基金托管人应按照基金法律文件确定的估值方法对黄金 ETF 的可退申购退补款和可退赎回代卖款进行估值。

例题 19.11（选择题）

关于交易所上市交易品种的估值，下列说法错误的是（　　）。

A. 交易所上市的私募债券，按成本进行估值

B. 交易所上市交易的非流通受限股票和权证以其估值日在证券交易所挂牌的市价进行估值

C. 交易所上市不存在活跃市场的有价证券，采用估值技术确定公允价值

D. 在交易所上市交易的可转换债券按当日开盘价作为估值全价

【答案】D

【解析】选项 D 描述错误，在交易所上市交易的可转换债券按当日收盘价作为估值全价，而非当日开盘价。故答案是选项 D。

（七）计价错误的处理、责任承担及基金暂停估值的情形（★★）

1. 计价错误的处理及责任承担

（1）若发生估值或资产净值计价错误，基金管理人应**立即纠正**，采取合理措施。当错误达到或超过基金资产净值的 0.25%时，应向**中国证监会**报告。

（2）因未遵循相关法律法规规定或基金合同约定，给基金财产或基金份额持有人造成损害的，基金管理公司和托管人应分别对**各自行为**依法承担**赔偿责任**。因共同行为给基金财产或基金份额持有人造成损害时，应承担**连带赔偿责任**。

2. 暂停估值的情形

当基金有以下情形时，可以暂停估值：

（1）基金投资所涉及的证券交易所遇**法定节假日**或因其他原因暂停营业时；

（2）因**不可抗力**或其他情形致使基金管理人、基金托管人无法准确评估基金资产价值时；

（3）占基金相当比例的投资品种的估值出现**重大转变**，基金管理人为保障投资人的利益已决定延迟估值；

（4）如出现基金管理人认为属于**紧急事故**的任何情况，会导致基金管理人不能出售或评估基金资产的；

（5）中国证监会和基金合同认定的其他情形。

例题 19.12（选择题）

基金托管人在进行基金估值、计算或复核中，未能遵守有关法律法规或基金约定而给基金份额持有人造成损失的，一般应由（　　）承担。

A. 基金托管人　　B. 会计师事务所　　C. 基金份额持有人　　D. 中国证监会

【答案】A

【解析】选项 B 错误，会计师事务所负责审计并提出意见；选项 C 错误，题干中表明基金托管人未能遵守有关法律法规而导致的损失，基金份额持有人不承担损失；中国证监会是国务院直属正部级事业单位，其依照法律法规和国务院授权，统一监督管理全国证券期货市场，维护证券期货市场秩序，保障其合法运行。故答案是选项 A。

（八）QDII 基金资产估值的特殊规定（★）

1. 估值责任人

基金管理公司是 QDII 基金的会计核算和资产估值的责任主体，基金托管人对基金管理公司的估值结果进行复核。

2. QDII 基金份额净值的计算及披露

在《关于实施〈合格境内机构投资者境外证券投资管理试行办法〉有关问题的通知》（证监发〔2007〕81 号）中，对 QDII 基金的净值计算及披露做了以下明确规定：

（1）基金份额净值应当**至少每周**计算并披露一次，若为基金投资**衍生品**，应在**每个工作日**计算并披露；

（2）基金份额净值应当在估值日后 2 个工作日内披露；

（3）基金份额净值应当以**人民币或美元**等主要外汇货币**单独或同时**计算并披露；

（4）基金资产的每一笔**买入**、**卖出**交易应当在最近份额净值的计算中得到反映；

（5）**流动性受限**的证券估值可以参照**国际会计准则**进行；

（6）**衍生品**的估值可以参照**国际会计准则**进行；

（7）境内机构投资者应当合理确定开放式基金资产价格的选取时间，并在**招募说明书**和**基金合同**中载明；

（8）开放式基金净值及申购、赎回价格的具体计算方法应当在基金、集合计划**合同**和**招募说明书**中载明，并**明确小数点后的位数**。

二、基金费用

（一）基金费用的种类（★）

在基金运作中产生的费用一部分由**基金投资者**承担，另外一部分会体现在**基金资产**中，其分类见表 19－12。

表 19－12　基金费用承担方的内容

费用承担方	内容
基金投资者	①包括申购费、赎回费及基金转换费； ②以上费用**不参与基金的会计核算**

续表

费用承担方	内容
基金资产	①包括基金管理费、基金托管费、持有人大会费用、销售服务费、基金合同生效后的信息披露费用、基金合同生效后的会计师费和律师费、基金的证券交易费用等； ②以上费用**直接从基金资产中列支**

一些基金可能通过不收取申购费（认购费）、赎回费的方式吸引客户，因此基金管理人可以依照相关规定从**销售服务费中计提一定比例**专门用于本基金的销售和对基金持有人的服务。

本节所述**基金费用**仅指直接从基金资产中列支的费用，即由**基金资产**承担的部分。

（二）基金管理费、托管费及销售服务费的计提标准及计提方式（★★★）

1. 基金管理费、基金托管费和基金销售服务费

基金管理费、**基金托管费**和**基金销售服务费**的含义见表19－13。

表19－13　基金管理费、基金托管费和基金销售服务费

费用	含义
基金管理费	基金管理人管理基金资产而向基金收取的报酬
基金托管费	基金托管人因向基金提供托管服务而向基金收取的报酬
基金销售服务费	基金资产中扣减的用于支付销售机构佣金以及基金管理人的基金营销广告费、促销活动费和持有人服务费等方面的费用

我国的基金管理费、基金托管费及基金销售服务费都按**前一日基金资产净值**的一定比例逐日计提，按月支付。基金费用的计算公式见式（19.7）：

$$H=\frac{E\cdot R}{\text{当年实际天数}} \tag{19.7}$$

式（19.7）中，H代表每日计提的费用；E代表前一日的基金资产净值；R代表年费率。

2. 基金交易费

基金交易费是指基金在进行证券买卖交易时所发生的相关交易费用，具体内容见表19－14。

表19－14　基金交易费的内容

费用	征收主体
交易佣金	证券公司按成交金额的**一定比例**向基金收取
印花税、过户费、经手费、证管费	登记公司或交易所按**有关规定**收取
银行间账户服务费	中央国债登记结算有限责任公司或银行间市场清算所股份有限公司收取
交易手续费	全国银行间同业拆借中心

3. 基金运作费

基金运作费是指由基金承担的，为保证基金正常运作而发生的费用，包括审计费、律师费、上

市年费、分红手续费、持有人大会费、开户费和银行汇划手续费等。

下列与基金有关的费用可以从**基金财产中列支**：①基金管理人的管理费；②基金托管人的托管费；③销售服务费；④基金合同生效后的信息披露费用；⑤基金合同生效后的会计师费和律师费；⑥基金份额持有人大会费用；⑦基金的证券交易费用；⑧按照国家有关规定和基金合同约定，可以在基金财产中列支的其他费用。

例题 19.13（选择题）

假设某封闭式基金 3 月 10 日的基金净资产为 55 000 万元人民币，3 月 11 日的基金净资产为 55 157 万元人民币，该股票基金的托管费率为 0.2%，该年实际天数为 366 天，则 3 月 11 日应计提的托管费为（　　）。

A. 0.3005 万元　　B. 0.3013 万元　　C. 0.3022 万元　　D. 0.3014 万元

【答案】A

【解析】根据式（19.7），计提费用（H）$=\dfrac{E \cdot R}{\text{当年实际天数}}=\dfrac{55\ 000\times 0.2\%}{366}=0.300\ 5$（万元），故答案是选项 A。

例题 19.14（选择题）

下列费用中，不列入基金费用的有（　　）。

A. 销售服务费

B. 基金管理人的管理费

C. 基金管理人和基金托管人因未履行或未完全履行义务导致的费用支出或基金财产的损失

D. 基金份额持有人大会费用

【答案】C

【解析】选项 C 错误，下列费用不列入基金费用：①基金管理人和基金托管人因未履行义务或未完全履行义务导致的费用支出或基金财产的损失；②基金管理人和基金托管人处理与基金运作无关的事项发生的费用；③基金合同生效前的相关费用，包括但不限于验资费、会计师和律师费、信息披露费用等。选项 ABD 都需要列入基金费用中，需要列入基金费用的包括：①基金管理人的管理费；②基金托管人的托管费；③销售服务费；④基金合同生效后的信息披露费用；⑤基金合同生效后的会计师费和律师费；⑥基金份额持有人大会费用；⑦基金的证券交易费用；⑧按照国家有关规定和基金合同约定，可以在基金财产中列支的其他费用。故答案是选项 C。

（三）不列入基金费用的项目种类（★）

下列费用**不列入基金费用**：

（1）基金管理人和基金托管人因未履行或未完全履行义务导致的费用支出或基金财产的损失。

（2）基金管理人和基金托管人处理与基金运作无关的事项发生的费用。

（3）基金合同生效前的相关费用，包括但不限于验资费、会计师和律师费、信息披露费用等。

三、基金会计核算

基金会计核算是指收集、整理、加工有关基金投资运作的会计信息，准确记录基金资产变化情况，及时向相关各方提供财务数据以及会计报表的过程。

我国基金的会计年度为**公历每年1月1日至12月31日**。基金核算以**人民币**为记账本位币，以**人民币元**为记账单位。

（一）基金会计核算的特点（★★★）

1. 基金会计主体

企业会计核算是以**企业**为会计核算主体。

基金会计是以**证券投资基金**为会计核算主体，其责任主体是对基金进行会计核算的基金管理公司和基金托管人。其中**基金管理公司**承担主会计责任。

界定会计主体的意义在于：①区分基金管理公司的经营活动与投资管理活动；②区分不同基金之间的投资管理活动。

2. 基金会计分期

基金会计期间以周甚至是日为核算披露期间，**我国**的基金会计核算均已**细化到日**。例如开放式基金的申购、赎回逐日进行，逐日计算债券利息、银行存款利息等，逐日预提或待摊销影响到基金份额净值小数点后第4位的费用，逐日对基金资产进行估值确认，货币市场基金一般每日结转损益，等等。

3. 基金资产会计分类

根据《企业会计准则第22号——金融工具确认和计量》，**金融资产**和**金融负债**的初始确认的分类见表19－15。

表19－15 金融资产和金融负债的分类

金融工具	分类
金融资产	①以公允价值计量且其变动计入当期损益的金融资产； ②持有至到期投资； ③贷款和应收款项； ④可供出售的金融资产
金融负债	①以公允价值计量且其变动计入当期损益的金融负债； ②其他金融负债

例题19.15（选择题）

关于基金会计核算的特点，下列表述错误的是（ ）。

A. 我国基金会计核算的会计区间细化到日

B. 基金管理公司对所管理的基金应当以每只基金为会计核算主体，独立建账、独立核算

C. 基金会计核算主体为证券投资基金

D. 为了提高效率，同一基金管理公司管理的所有基金可以合并建账、统一核算

【答案】D

【解析】基金管理公司是证券投资基金会计核算的责任主体，对所管理的基金应当以每只基金为会计核算主体，独立建账、独立核算，保证不同基金在名册登记、账户设置、资金划拨、账簿记录等方面相互独立，基金管理公司的经营活动和证券投资基金的投资管理活动应独立建账、独立核算。选项D错误，同一基金管理公司管理的所有基金不能合并建账、统一结算，而是需要独立建账、独立核算。故答案是选项D。

例题 19.16（选择题）

我国基金会计核算以（　　）为记账单位。

A. 人民币元　　B. 美元　　C. 英镑　　D. 港币

【答案】A

【解析】选项 BCD 错误，美元、英镑和港币这三种货币不能用于我国的会计核算记账单位，我国基金会计核算以人民币为记账本位币，以人民币元为记账单位，故答案是选项 A。

（二）基金会计核算的主要内容（★★★）

根据《证券投资基金会计核算业务指引》，基金的会计**核算对象**包括资产类、负债类、资产负债共同类、所有者权益类和损益类的核算。

基金会计核算的业务包含**证券和衍生工具交易核算、权益核算、利息和溢价核算、费用核算、基金申购与赎回核算、估值核算、利润核算、基金财务会计报告、基金会计核算的复核**这 9 类业务，其具体内容见表 19－16。

表 19－16　基金会计核算的业务内容

业务	具体内容
证券和衍生工具交易核算	包括股票、债券、资产支持证券、权证等有价证券和衍生金融工具的买卖及回购交易等
权益核算	包括发行新股、发放股息和红利以及配股等公司行为的核算
利息和溢价核算	包括债券的利息、银行存款利息、清算备付金利息、回购利息等。各类资产利息均应**按日计提**，并于当日确认为利息收入
费用核算	包括计提基金管理费、托管费、预提费用、摊销费用、交易费用等，一般**按日计提**，于当日确认费用
基金申购与赎回核算	开放式基金还需对基金份额的申购与赎回情况、转入与转出情况以及基金份额拆分进行会计核算
估值核算	基金逐日对其资产按规定进行估值，并于当日将投资估值增（减）值确认为公允价值变动损益
利润核算	会计期末结转基金损益，并按照规定对基金分红、除权、红利再投资等进行核算
基金财务会计报告	包括资产负债表、利润表及净值变动表等报表
基金会计核算的复核	①基金管理人与基金托管人按照有关规定，分别**独立**进行账簿设置、账套管理、账务处理及基金净值计算； ②基金托管人按照规定对基金管理人的会计核算进行复核并出具**复核**意见

例题 19.17（选择题）

某基金管理公司旗下有一只债券型基金和一只按固定价格 1.00 元报价的货币市场基金。关于这两只基金的会计核算处理，以下表述正确的是（　　）。

A. 货币市场基金按季度计提债券、银行存款、清算备付金、回购等各类资产的利息，并确认利息收入

B. 债券型基金对持仓资产进行估值，并与当日将投资估值增（减）值确认为投资损益

C. 债券型基金在开放日对基金份额的申购与赎回情况、转入与转出情况以及基金份额拆分进行会计核算

D. 货币市场基金在月末结转当期损益

【答案】C

【解析】选项AD错误，货币市场基金一般每日结转损益，而非按季度或月末结转；选项B错误，基金逐日对其资产按规定进行估值，并与当日将投资估值增（减）值确认为公允价值变动损益，不是确认为投资损益。故答案是选项C。

例题19.18（选择题）

（　　）不包含在持有证券的上市公司行为核算中。

A. 发放股息　　B. 配股　　C. 发行新股　　D. 基金

【答案】D

【解析】选项D描述错误，持有证券的上市公司属于权益核算的内容，权益核算是指与基金持有证券的上市公司有关的、所有涉及该证券权益变动并进而影响基金权益变动的事项，包括发行新股、发放股息和红利、配股等公司行为的核算。故答案是选项D。

四、基金财务会计报告分析的主要内容（★★★）

基金财务会计报告是指基金对外提供的反映基金某一特定日期的财务状况和某一会计期间的经营成果、现金流量等会计信息的文件。

基金财务会计报告分析可以达到以下**目的**：

（1）评价基金过去的经营业绩及投资管理能力。

（2）通过分析基金现时的资产配置及投资组合状况，进而了解基金的投资状况。

（3）预测基金未来的发展趋势，为基金投资者的投资决策提供依据。

通常，对股票型基金及混合型基金的财务会计报告的分析包括以下6个方面。

1. 基金持仓结构分析

持仓结构是指**股票投资**、**债券投资**和**银行存款**等现金类资产分别占基金资产净值的比例等指标，在基金定期报告的投资组合报告中披露，其计算公式见式（19.8）、式（19.9）和式（19.10）：

$$股票投资占基金资产净值的比例=\frac{股票投资}{基金资产净值} \tag{19.8}$$

$$债券投资占基金资产净值的比例=\frac{债券投资}{基金资产净值} \tag{19.9}$$

$$银行存款等现金类资产占基金资产净值的比例=\frac{现金类资产合计}{基金资产净值} \tag{19.10}$$

在定期报告中还会披露各行业分布，可以参考**某行业投资占股票投资的比例**，见式（19.11）：

$$某行业投资占股票投资的比例=\frac{该行业股票投资市值}{股票投资总额} \tag{19.11}$$

在分析基金的持仓结构时，需要注意基金净值的小幅度调整并不意味着基金经理的增仓或减仓行为，而可能是市场波动导致的计算结果的变化。

名师说

考试中式（19.8）、式（19.9）、式（19.10）和式（19.11）可能以定量计算的方式考查，考生需要记住。

2. 基金盈利能力和分红能力分析

基金的**盈利能力**和**分红能力**可通过披露的以下指标来分析：①本期利润；②本期已实现收益；③加权平均基金份额本期利润；④本期加权平均净值利润率；⑤本期基金份额净值增长率；⑥期末可供分配利润；⑦期末可供分配基金份额利润；⑧期末基金资产净值；⑨期末基金份额净值；等等。

3. 基金收入情况分析

基金收入包括利息收入、投资收益、公允价值变动损益和其他收入。其中**利息收入**有：①存款利息收入；②债券利息收入；③资产支持证券利息收入；④买入返售金融资产收入。而**投资收益**有：①股票投资收益；②债券投资收益；③资产支持证券投资收益；④衍生工具收益；⑤股利收益。

对于大多数投资者而言，可能更关心基金净值的变化，但实际可以通过对基金收入来源结构进行分析，更深入地了解该基金的具体投资状况。

4. 基金费用情况分析

基金费用一般包括管理人报酬、托管费、销售服务费、交易费用、利息支出和其他费用。通常情况下，大部分**股票基金投资者**对基金费用**不太敏感**，但**货币市场基金**及**债券基金**投资者对基金费用的高低**较敏感**。

5. 基金份额变动分析

通过对**基金份额变动情况**和**持有人结构**的比较分析，可以判断投资者对基金的**认可程度**。通常来说，份额变动越大，对基金管理人的投资不利。一般来说，若基金中**个人投资者较多**，其规模更**稳定**；若基金中**机构投资者较多**，表明机构非常**认可该基金**的投资。

6. 基金投资风格分析

不同的基金有不同的投资风格，常见的包括**持仓集中度分析**、**基金持仓股本规模分析**和**基金持仓成长性分析**，这三种分析的具体内容见表 19－17。

表 19－17　基金投资风格分析

投资风格	内容
持仓集中度分析	分析基金持仓的前 10 只股票占基金净值的比例，了解基金的**集中投资倾向**
基金持仓股本规模分析	分析持有股票的股本规模，了解基金对上市公司股票的**投资规模偏好**
基金持仓成长性分析	分析持有股票的成长性指标，可以用于了解基金投资对上市公司**成长性的偏好**

例题 19.19（选择题）

公募基金财务会计报告中，基金持仓结构分析股票投资占比的计算方式正确的是（　　）。

A. 股票投资总市值/基金资产净值

B. 股票投资总成本/基金资产净值

C. 股票投资总成本/基金的投资总额

D. 股票投资总市值/基金的投资总额

【答案】A

【解析】公募基金财务会计报告中，基金持仓结构分析股票投资占比的计算方式是股票投资总市值/基金资产净值。故答案是选项 A。

例题 19.20（选择题）

一般来说，对股票型基金及混合型基金的财务会计报告的分析不包括（　　）。

A. 信息搜集分析　　B. 基金份额变动分析

C. 基金持仓结构分析　　D. 基金盈利能力和分红能力分析

【答案】A

【解析】一般来说，对股票型基金及混合型基金的财务会计报告的分析包括以下方面：①基金持仓结构分析；②基金盈利能力和分红能力分析；③基金费用情况分析；④基金份额变动分析；⑤基金投资风格分析；⑥基金收入情况分析。选项A错误，信息搜集分析不包括在对股票型基金及混合型基金的财务会计报告中。故答案是选项A。

你已完成本任务的学习，快去小程序上做题吧！

Day 20

任务19

基金估值、费用与会计核算

Day 21

任务20

基金的利润与税收

任务21

基金国际化的发展

任务 20 基金的利润与税收

任务导学

考情分析

本任务内容在考试中的分值占比约为6%，整体难度较低，考试以定性题目为主。

通过本任务的学习，考生将对我国基金的利润与税收有一个概念和框架性的了解。其中，考生需要重点掌握基金利润来源、基金利润的相关财务指标、基金利润分配对基金份额净值的影响、基金分红的不同方式、货币市场基金利润分配的特殊规定、基金投资活动中涉及的税收项目以及投资者投资基金涉及的税收项目。

任务框架图

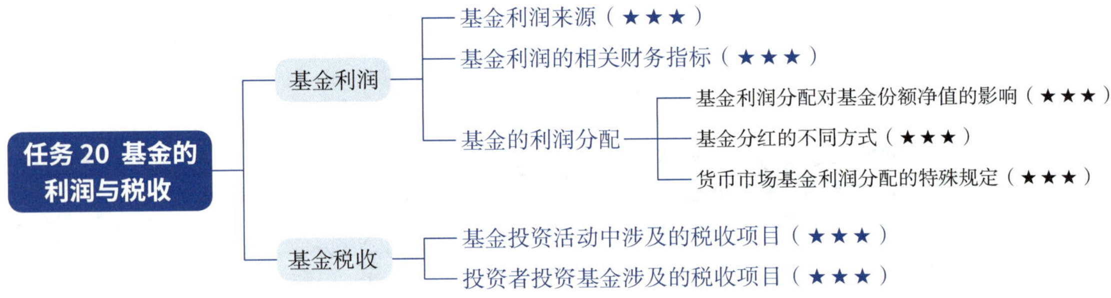

完成本任务的学习后，记得登录小程序做题。

考点精讲

一、基金利润

（一）基金利润来源（★★★）

基金利润是指在一定会计期间，基金公司运行基金的**经营成果**。基金利润**主要**来源于**收入减去费用之后的收入净额**、**直接计入利润的当期损益**等。

基金收入是在运作基金资产的过程中所产生的各种**收入**。基金收入来源**主要**包含**利息收入**、**投资收益**以及**其他收入**，同时，基金资产估值导致的资产价值变动作为公允价值变动损益直接计入当期损益。基金利润来源详见表 20－1。

表 20－1　基金利润来源

利润来源	方面	具体内容
利息收入	定义	投资债券、资产支持证券、银行存款、结算备付金、存出保证金以及按收入返售协议融出资金等而获得的**利息收入**
	分类	①债券利息收入；②资产支持证券利息收入；③存款利息收入；④买入返售金融资产收入；等等
投资收益	定义	①**买卖**股票、债券、资产支持证券和基金的**差价**； ②投资股票、基金等获得的**股利收益**； ③投资衍生工具所获得的**相关损益**
	分类	①股票投资收益；②债券投资收益；③资产支持证券投资收益；④基金投资收益；⑤衍生工具收益；⑥股利收益；等等
其他收入	定义	①除了利息收入和投资收益以外的其他各项收入； ②这些收入一般以**实际发生的金额**进行确认
	分类	①赎回费扣除手续费后的余额；②手续费返还；③ETF 替代损益；④基金管理人等机构为了弥补基金财产损失而赔偿的款项；等等
公允价值变动损益	定义	①概念：对于基金持有的**以公允价值计量**的**交易性金融资产**和**交易性金融负债**等投资，因为**公允价值变动**而形成的**应计入当期损益**的**利得**和**损失**； ②估值时间：在估值日，对基金资产按公允价值估值时进行确认

例题 20.1（选择题）

以下不属于基金的主要收入来源的是（　　）。

A. 投资收益　　B. 利息收入　　C. 公允价值变动损益　D. 其他收入

【答案】C

【解析】选项 C 错误，公允价值变动损益是基金利润的来源之一，但并不是主要的收入来源。故答案是选项 C。

例题 20.2（选择题）

投资收益是指基金经营活动中因（　　）等而实现的损益。

A. 买卖债券　　B. 结算备付金　　C. 存出保证金　　D. 利息收入

【答案】A

【解析】选项B错误，投资结算备付金获得的收入是利息收入。选项C错误，投资存出保证金获得的收入是利息收入。选项D错误，投资收益是指：①买卖股票、债券、资产支持证券和基金产生的差价；②投资股票、基金等获得的股利收益；③投资衍生工具所获得的相关损益。利息收入是投资债券、资产支持证券、银行存款、结算备付金、存出保证金和按收入返售协议融出资金等而获得的利息收入。投资收益和利息收入不是一种收入。故答案是选项A。

（二）基金利润的相关财务指标（★★★）

目前用于衡量基金利润的财务指标主要有4个，详见表20-2。

表20-2 衡量基金利润的财务指标

财务指标	方面	具体内容
本期利润	定义	基金在一段时间内的**全部**损益。本期利润是一个能够**全面**反映基金在一段时间内的经营成果的指标
	组成	①**已经实现**的损益；②**未实现**的损益。因此，记入当期损益的公允价值变动损益也包含在本期利润内
本期已实现收益	定义	本期利润扣除公允价值变动损益后的余额，表明基金本期**已实现**的损益
	组成	①利息收入；②投资收益；③其他收入扣除相关费用之后的收入净额
期末可供分配利润	定义	期末可供基金进行利润分配的数额，是未分配利润和未分配利润中已实现部分的**较低值**
	分类	因为基金本期利润为已实现部分和未实现部分之和，所以： ①当期末未分配利润中的**未实现部分**为**负**，期末可供分配利润的金额=期末未分配利润=已实现部分-未实现部分； ②当期末未分配利润中**未实现部分**为**正**，期末可供分配利润=未分配利润中的已实现部分
未分配利润	定义	基金进行利润分配后的剩余利润
	利润分配时间	转入下期进行分配

例题20.3（组合型选择题）

期末可供分配利润是与基金利润有关的财务指标，下列说法正确的是（　　）。

Ⅰ. 如果期末未分配利润的未实现部分为正数，则期末可供分配利润的金额为期末未分配利润的已实现部分

Ⅱ. 该指标为期末资产负债表表中未分配利润与未分配利润中已实现部分的孰低数

Ⅲ. 如果期末未分配利润的未实现部分为正数，则期末可供分配利润的金额为期末未分配利润的未实现部分

Ⅳ. 如果期末未分配利润的未实现部分为负数，则期末可供分配利润的金额为期末未分配利润

A. Ⅰ、Ⅱ　　B. Ⅰ、Ⅱ、Ⅲ　　C. Ⅱ、Ⅲ　　D. Ⅰ、Ⅱ、Ⅳ

【答案】D

【解析】描述Ⅰ正确，描述Ⅲ错误，当期末未分配利润中的未实现部分为正，期末可供分配利润

的金额=期末未分配利润中的已实现部分，而非未实现部分；描述Ⅱ正确，期末可供分配利润是期末可供基金进行利润分配的数额，是未分配利润和未分配利润中已实现部分的较低值；描述Ⅳ正确，当期末未分配利润中未实现部分为负，期末可供分配利润=期末未分配利润。因此，正确的描述有Ⅰ、Ⅱ、Ⅳ。故答案是选项 D。

例题 20.4（选择题）

与基金利润无关的财务指标是（　　）。

A. 本期利润　　　　B. 期末可供分配利润

C. 基金获得的利息收入　　　　D. 未分配利润

【答案】C

【解析】选项 C 错误。目前用于衡量基金利润的财务指标主要有 4 个：本期利润、期末可供分配利润、未分配利润、本期已实现收益。基金获得的利息收入是基金收入的一种，不是用于衡量基金利润的财务指标。故答案是选项 C。

（三）基金的利润分配

1. 基金利润分配对基金份额净值的影响（★★★）

表面上，基金利润分配会导致**基金份额净值下降**。但实际上，基金利润分配对**投资者的利益没有实际影响**。

名师说

基金利润分配后的基金份额净值的计算公式为：

利润分配后的基金份额净值=基金利润分配前份额净值−每份基金分配利润

例题 20.5（选择题）

关于基金利润分配，以下说法正确的是（　　）。

A. 会导致基金份额净值和投资者利益的下降

B. 对基金份额净值和投资者利益没有实际影响

C. 会导致基金份额净值的下降，但对投资者利益没有实际影响

D. 对基金份额净值没有实际影响，但会导致投资者利益下降

【答案】C

【解析】选项 A 错误，基金利润分配对投资者利益没有实际影响；选项 B 错误，基金利润分配会导致基金份额净值下降；选项 D 错误，基金利润分配会导致基金份额净值下降，但是对投资者利益没有实际影响。故答案是选项 C。

例题 20.6（选择题）

某基金在利润分配前的份额净值是 1.72 元，假设每份基金分配 0.05 元，进行利润分配后基金份额净值会下降到（　　）元。

A. 1.63　　B. 1.65　　C. 1.67　　D. 1.69

【答案】C

【解析】利润分配后的基金份额净值=基金利润分配前份额净值−每份基金分配利润=1.72−0.05=1.67（元）。故答案是选项 C。

2. 基金分红的不同方式（★★★）

（1）不同基金的利润分配方式。

封闭式基金和开放式基金的利润分配方式不同，详见表20-3。

表20-3 封闭式基金和开放式基金的利润分配

基金类型	具体内容	
封闭式基金	分配频率	每年**不少于一次**
	分配金额	①**年度**收益分配比例需要大于或者等于基金年度可供分配利润的90%； ②利润分配后的基金净值**不得低于**面值
	分配方式	**只能**采用现金分红
开放式基金	分配依据	基金管理人根据基金利润状况，根据投资者持有的基金的份额数量进行利润分配
	分配频率	需要事先在基金合同中约定好一年**最大**基金利润**分配次数**
	分配金额	①需要事先在基金合同中约定好基金利润分配的**最低比例**； ②利润分配后的基金净值，即基金收益分配基准日的基金份额净值减去每单位基金份额收益分配金额，**不得低于**面值
	特殊规定	每一份基金份额享有**同等**利润分配权
	分配方式	①现金分红（默认分红方式）：基金管理人根据投资者投资的基金份额将利润分配给投资者，这是**最普遍**的分红方式； ②分红再投资转换为基金份额：基金管理人将应分配的利润按照除息后的基金净值折算成新的基金份额分配给投资者，如果投资者想要份额分红，需要**事先选择**

（2）基金份额的分拆、合并。

①基金分拆和合并的定义。

基金分拆是指保证投资者**资产总额不变**的情况下，将一份基金拆成若干份，并且基金的**单位净值**也相应按同比例**降低**。基金分拆是对基金的资产进行重新计算的一种方式。基金份额的分拆本质上类似于分红再投资的模式。

基金的分拆是相对的，当基金的净值过高时，基金的分拆会降低其净值；当基金的净值过低时，基金份额的合并（逆向分拆）会提高其净值。通常，当分拆比例**大于1**时，就是基金份额的**分拆**；而当分拆比例**小于1**时，就是基金份额的**合并**。

②基金分拆的作用。

A. 可以直接通过调整基金份额数量**降低基金份额净值**，同时并**不影响**基金的**已实现收益**和**未实现利得**等；

B. 可以降低投资者对价格的敏感性；

C. 有利于基金持续营销；

D. 有利于改善基金份额持有人结构；

E. 有利于基金经理更为有效地运作资金；

F. 有效解决“被迫分红”的问题；

G. 有效降低交易成本；

H. 减少频繁买卖对证券市场的冲击。

（3）基金分拆与分红。

①基金分拆与基金分红中红利再投资模式类似，它可以降低基金单位净值。但是对于基金**分红**，投资者可以**自行选择**分红方式；对于基金**分拆**，投资者并**没有**这样的权利。

②基金分拆和现金分红差别很大，详见表 20－4。

表 20－4　基金分拆与现金分红的不同点

不同点	基金分拆	现金分红
对基金份额的影响	**会影响**投资者的基金份额	分红后，基金份额也**不发生改变**
对基金的资产规模的影响	**不会影响**基金的资产规模	现金分红会引起大量的现金流出，导致基金的资产规模**发生改变**
对选择时机的要求	基金分拆不需要卖出基金资产，只是对基金原有的结构进行调整，因此相对于基金分红，对时机的要求**没有那么严格**	由于现金分红会导致大量的现金流出，所以现金分红**必须选择一个恰当的时间**。例如，基金所持有的股票处于价格的持续上升期，进行基金分红会需要基金管理者卖出价格持续上涨的部分股票，这将会影响基金未来收益的提高或者基金收益的持续性增长

例题 20.7（选择题）

下列关于开放式基金的利润分配的说法，不正确的是（　　）。

A. 我国开放式基金按规定需在基金合同中约定每年基金利润分配的最多次数和基金利润分配的最低比例

B. 基金收益分配后基金份额净值不能低于面值

C. 开放式基金有现金分红和分红再投资转换为基金份额两种分红方式

D. 分红再投资转换为基金份额方式是开放式基金分配的最普遍形式

【答案】D

【解析】选项 D 错误，现金分红方式是开放式基金分配的最普遍形式。故答案是选项 D。

例题 20.8（组合型选择题）

基金分拆和现金分红有相似之处，但也有不同之处，下列关于基金分拆和现金分红的区别的说法，正确的是（　　）

Ⅰ. 选择现金分红方式的投资者在获得现金分红的同时，其所拥有的基金份额并不发生变化

Ⅱ. 现金分红必须选择一个恰当的时机

Ⅲ. 选择现金分红方式的投资者在获得现金分红的同时，有大量的现金流出，基金的资产规模会发生改变

Ⅳ. 现金分红对时机的要求没有那么严格

A. Ⅰ、Ⅱ　　B. Ⅰ、Ⅱ、Ⅳ　　C. Ⅱ、Ⅲ、Ⅳ　　D. Ⅰ、Ⅱ、Ⅲ

【答案】D

【解析】描述Ⅰ正确，选择现金分红方式的投资者在获得现金分红的同时，其所拥有的基金份额并不发生改变；描述Ⅱ正确，由于现金分红会导致大量的现金流出，因此现金分红必须选择一个恰当的时机；描述Ⅲ正确，现金分红会引起大量的现金流出，导致基金的资产规模发生改变；描述Ⅳ错误，由于现金分红会导致大量的现金流出，所以现金分红必须选择一个恰当的时间。因此，正确的描述有Ⅰ、Ⅱ、Ⅲ。故答案是选项 D。

3. 货币市场基金利润分配的特殊规定（★★★）

（1）利润分配的频次。

对于每日按照面值进行报价的货币市场基金，应当每日进行收益分配。

（2）分配方式。

对于每日按照面值进行报价的货币市场基金，基金合同中可以约定以分红再投资转换为基金份额的方式进行分红。

（3）利润计算。

当日申购的货币基金从**下个交易日起享有**基金的分配权益，**当日赎回**的货币基金从**下个交易日起不再享有**基金的分配权益。货币市场基金具体的利润计算方式，详见表20－5。

表20－5　货币市场基金利润计算方式

操作时间	具体操作	利润计算方式	利润分配方式
工作日	当天申购或转入基金份额	从**下个交易日**起**享有**基金的分配权益	每周一至周四进行利润分配时，仅对**当日利润**进行分配
	当天赎回或者转出基金份额	从**下个交易日**起**不再享有**基金的分配权益	
每周五	申购或转入基金份额	**不享有周五、周六和周日**的利润，从下个交易日开始享受利润	每周五进行分配时，将同时分配周六和周日的利润
	赎回或者转出基金份额	**享有周五、周六和周日**的利润，从下个交易日开始不享受利润	
法定节假日前的最后一个开放日	申购或转入基金份额	**不享有该日**和**整个节假日**期间的利润，从下个交易日开始享有利润	法定节假日前最后一个开放日的利润和整个节假日期间的利润会在法定节假日最后一日合并分配
	赎回或转出基金份额	**享有该日**和**整个节假日**期间的利润，从下个交易日开始不享有利润	

名师说

基金的拆分类似于整钞换零钞。换零钱不改变投资者总共拥有的钱的金额，只改变持有的人民币的张数。同样，基金份额的拆分不改变投资者总的投资额度，只改变投资者拥有的基金份额。同样，分红再投资，也不改变市场上该基金总的价值，只改变基金的份额。

例题20.9（选择题）

货币市场基金每周五进行分配时，将同时分配（　　）的利润。对于普通的货币市场基金品种，投资者于周五申购或转换转入的基金份额不享有（　　）的利润。

A. 周五和周六；周五和周六、周日

B. 周六和周日；周五和周六、周日

C. 周六和周日；周五和周六

D. 周五和周六；周五和周六

【答案】B

【解析】对于货币基金，当日申购的货币基金从下个交易日起享有基金的分配权益，当日赎回的货币基金从下个交易日起不再享有基金的分配权益。也就是说，周五申购或者转换转入基金份额，不享有周五、周六和周日的利润。周五赎回或者转换转出基金份额，享有周五、周六和周日的利润。每周五进行分配时，将同时分配周六和周日的利润。故答案是选项 B。

例题 20.10（组合型选择题）

关于《货币市场基金监督管理办法》的规定，下列说法正确的是（　　）。

Ⅰ. 对于每日按照面值进行报价的货币市场基金，可以在基金合同中将收益分配的方式约定为红利再投资，并应当每周进行收益分配

Ⅱ. 对于每日按照面值进行报价的货币市场基金，可以在基金合同中将收益分配的方式约定为红利再投资，并应当每日进行收益分配

Ⅲ. 当日申购的基金份额自下一个自然日起享有基金的分配权益

Ⅳ. 当日申购的基金份额自下一个交易日起享有基金的分配权益

A. Ⅰ、Ⅲ　　B. Ⅱ、Ⅲ　　C. Ⅰ、Ⅳ　　D. Ⅱ、Ⅳ

【答案】D

【解析】描述Ⅰ错误，描述Ⅱ正确，对于每日按照面值进行报价的货币市场基金，应当每日进行收益分配；描述Ⅲ错误，描述Ⅳ正确，当日申购的货币基金从下个交易日起享有基金的分配权益。因此，正确的描述有Ⅱ、Ⅳ。故答案是选项 D。

二、基金税收

（一）基金投资活动中涉及的税收项目（★★★）

基金投资活动主要涉及 3 种税收，见表 20-6。

表 20-6 基金投资活动涉及的税收

税收类型	具体内容	
增值税	定义	①增值税是以商品（含应税劳务）在流转过程（商品生产、流通和劳务服务等多个环节）中产生的**增值额**或者商品的**附加值**作为计税依据而征收的一种**流转税**； ②是价外税，由**消费者**负担； ③有增值就征收，无增值不征收
	开始实行的时间	①**2016 年 5 月 1 日**：营业税改征增值税（简称营改增）试点在全国范围内全面推开，金融业也被纳入试点范围，由缴纳营业税改为缴纳增值税，税率为 6%； ②**2016 年 12 月**：财政部、国家税务总局发布《关于明确金融、房地产开发、教育辅助服务等增值税政策的通知》，其中说明“资管产品运营过程中发生的增值税应税行为，以**资管产品管理人**为增值税纳税人”

续表

税收类型	具体内容	
增值税	免税情形	①**存款利息**不征收增值税； ②**香港市场投资者**（包括单位和个人）通过基金互认买卖内地基金份额； ③证券投资基金（封闭式证券投资基金、开放式证券投资基金）管理人运用**基金买卖股票、债券**； ④证券投资基金开展**质押式买入返售**取得的金融同业往来**利息收入**
印花税	特点	单边征收，基金在卖出股票时按1‰的税率缴纳印花税，在买入时不征收
	开始实行的时间	印花税的缴纳始于**2008年9月19日**
所得税	免税情形	对于证券投资基金从**证券市场**取得的收入，比如买卖股票和债券的价差、股息红利收入、债券的利息收入及其他收入，暂不缴纳企业所得税
	征税情形	对于基金取得的**股利、债券的利息收入**和**储蓄存款利息收入**，由**上市公司、发行债券的企业**和**银行**在向基金支付上述收入时**代扣缴**20%的个人所得税
	税率	根据财政部、国家税务总局和中国证监会于2015年9月联合发布的《关于上市公司股息红利差别化个人所得税政策有关问题的通知》，自**2015年9月8日**起，对于个人从公开发行和转让市场取得的上市公司股票： ①持股期限在**1个月以内**（含1个月）的，其股息红利所得**全额**计入应纳税所得额； ②持股期限在**1个月以上至1年（含1年）**的，**暂减按**50%计入应纳税所得额； ③持股期限**超过1年**的，股息红利所得**暂免征收**个人所得税； ④税率是20%

例题 20.11（选择题）

按照现行的股息红利差别化个人所得税政策，投资者持有期限在1个月以上至1年（含1年）的股票取得的股息红利，适用的个人所得税税率为（　　）。

A. 50%　　B. 20%　　C. 25%　　D. 40%

【答案】B

【解析】对于持股期限在1个月以上至1年（含1年）的，暂减按50%计入应纳税所得额，但是税率仍为20%。故答案是选项B。

例题 20.12（组合型选择题）

下列关于基金自身投资活动产生的税收的说法，正确的是（　　）。

Ⅰ. 资管产品运营过程中发生的增值税应税行为以资管产品管理人为增值税纳税人

Ⅱ. 对买入交易不再征收印花税，即对印花税实行单向征收

Ⅲ. 存款利息不征收增值税

Ⅳ. 对证券投资基金从证券市场取得的收入征收企业所得税

A. Ⅰ、Ⅱ　　B. Ⅰ、Ⅱ、Ⅲ　　C. Ⅱ、Ⅲ、Ⅳ　　D. Ⅰ、Ⅱ、Ⅲ、Ⅳ

【答案】B

【解析】描述Ⅰ正确，资管产品运营过程中发生的增值税应税行为，以资管产品管理人为增值税纳税人；描述Ⅱ正确，印花税采取单边征收的方法，在买入时不征收；描述Ⅲ正确，存款利息不征

收增值税；描述Ⅳ错误，对于证券投资基金从证券市场取得的收入免征企业所得税。因此，正确的描述有Ⅰ、Ⅱ、Ⅲ。故答案是选项 B。

（二）投资者投资基金涉及的税收项目（★★★）

1. 机构投资者买卖基金的税收

对于机构投资者，买卖基金的税收主要见表 20－7。

表 20－7 机构投资者买卖基金的税收

税收类型	是否征税	具体内容
增值税	征收	①**买卖基金份额**属于金融商品转让，按照卖价扣除买价后的净额作为计税依据进行征收； ②对于机构投资者购入的**持有至到期**的各类**资产管理产品**，如基金、信托和理财产品等，不属于金融商品转让
	不征收	①合格境外投资者（QFII）委托境内公司在我国从事证券买卖业务； ②香港市场投资者通过基金互认买卖内地基金份额取得的收入免征增值税
印花税	不征收	机构投资者**买卖基金份额**暂时**不征收**印花税
所得税	征收	①在境内**买卖基金份额**获得的**价差收入**，应并入企业的应纳税所得额，征收企业所得税； ②内地企业投资者通过**基金互认**买卖**香港**基金份额取得的**转让差价所得**，计入收入总额，征收企业所得税； ③内地企业投资者通过**基金互认**从**香港基金分配**取得的收益，计入收入总额，征收企业所得税
	不征收	从**基金分配**中获得的收入

2. 个人投资者投资基金的税收

对于个人投资者，投资基金的税收主要见表 20－8。

表 20－8 个人投资者投资基金的税收

税收类型	是否征税	具体内容
增值税	不征收	对于个人投资者，**买卖基金份额**不征收增值税
印花税	不征收	①个人投资者**买卖基金份额**不征收印花税； ②对**香港**市场**投资者**通过**基金互认**买卖、继承或赠予**内地基金份额**，按照**内地**现行**税制**规定，暂不征收印花税
	征收	对**内地投资者**通过基金互认买卖、继承、赠予**香港基金份额**，按照**香港**特别行政区现行**印花税税法规定**执行

续表

税收类型	是否征税	具体内容
所得税	征收	①从基金份额获得的股票的股利收入、企业债券的利息收入由上市公司、发行债券的企业和银行在向基金支付上述收入时**代扣**20%的个人所得税； ②**封闭式**基金分配的**企业债券差价收入**，征收个人所得税； ③**内地个人投资者**通过基金互认从**香港基金分配**取得的收益，由该香港基金在内地的代理人按照20%的税率代扣代缴个人所得税
	不征收	①个人投资者**买卖基金份额**获得的差价收入； ②个人投资者从**基金分配**中获得的**国债利息**、**买卖股票差价收入**； ③个人投资者**申购**和**赎回基金份额**取得的**差价收入**，在对个人买卖股票的差价收入未恢复征收个人所得税以前，暂不征收个人所得税； ④个人投资者从**基金分配**中取得的收入，暂不征收个人所得税； ⑤**内地个人投资者**通过基金互认买卖**香港基金份额**取得的**转让差价所得**，自**2015年12月18日**起至**2018年12月17日**，三年内暂免征收个人所得税

3. 基金管理人和基金托管人的税收

对于基金管理人和基金托管人在基金管理活动和基金托管活动中取得的收入，依照税法征收**增值税**和**企业所得税**。

名师说

对于机构投资者购入的持有至到期的各类资产管理产品，是否要缴纳增值税，要看产品的性质。对于产品合同中明确承诺到期本金可全部收回的投资收益，那么持有期间取得的收益属于保本收益，要按照贷款服务缴纳增值税。如果产品持有期间取得的收益属于非保本收益，不属于利息或利息性质的收入，不征收增值税，对于利息和利息性质的收入要按照贷款服务缴纳增值税。

例题20.13（选择题）

关于个人投资者投资基金的所得税的征收，下列表述错误的是（　　）。

A. 从基金分配中获得的国债利息、买卖股票差价收入，暂不征收所得税

B. 个人投资者申购和赎回基金份额取得的差价收入，在对个人买卖股票的差价收入未恢复征收个人所得税以前，暂不征收个人所得税

C. 从封闭式基金分配中获得的企业债券差价收入，暂不征收个人所得税

D. 个人投资者从基金分配中获得的股票的股利收入，由上市公司在向基金支付上述收入时，代扣代缴20%的个人所得税

【答案】C

【解析】选项C错误，对于封闭式基金分配的企业债券差价收入，需要征收个人所得税。故答案是选项C。

例题20.14（选择题）

下列关于机构投资者买卖基金产生的税收的表述，正确的是（　　）。

A. 机构投资者买卖基金份额免征增值税

B. 机构投资者买卖基金份额征收印花税

C. 对内地企业投资者通过基金互认买卖香港基金份额取得的转让差价所得，暂不征收企业所得税

D. 机构投资者在境内买卖基金份额获得的差价收入，应并入企业的应纳税所得额，征收企业所得税

【答案】D

【解析】选项 A 错误，对于机构投资者，买卖基金份额属于金融商品转让，需要征收增值税；选项 B 错误，机构投资者买卖基金份额免征印花税；选项 C 错误，对于内地企业投资者通过基金互认买卖香港基金份额取得的转让差价所得，计入收入总额，征收企业所得税。故答案是选项 D。

你已完成本任务的学习，快去小程序上做题吧！

任务21 基金国际化的发展

任务导学

考情分析

本任务内容在考试中的分值占比约为2%，整体难度较低，考试以定性题目为主。

通过本任务的学习，考生将对基金国际化发展的概况有所了解。其中，考生需要重点掌握QFII、RQFII、QDII的概念、规则和发展概况。

任务框架图

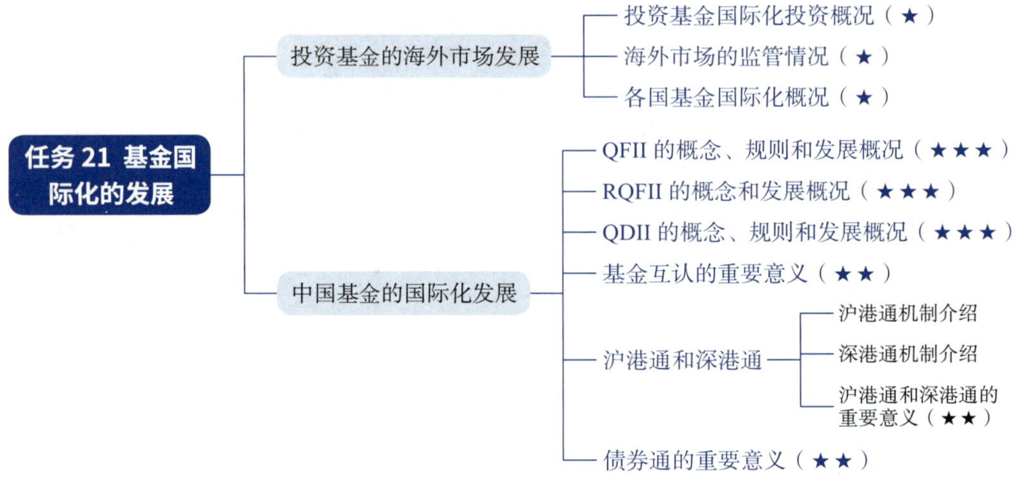

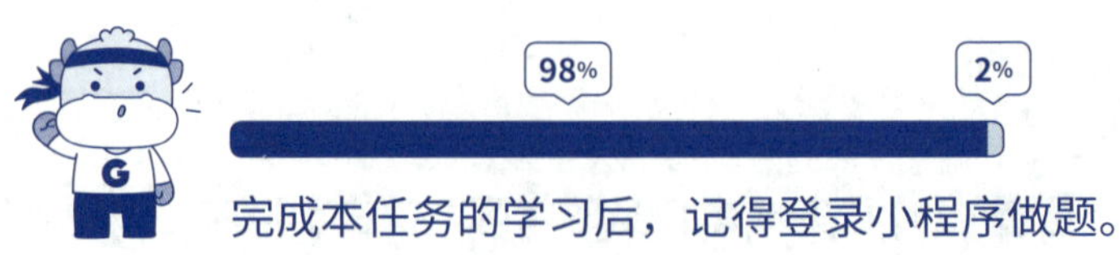

考点精讲

一、投资基金的海外市场发展

（一）投资基金国际化投资概况（★）

投资基金国际化是指投资基金进行跨境投资、销售或管理。国际化基金通常以美国、日本、欧洲等发达国家与新兴市场国家和地区为主要的投资区域，其投资目的是把握各国证券价格上升的潜力，同时在一定程度上分散投资风险。

投资基金国际化的意义可以从投资角度、风险分散角度和投资对象国角度几个方面展开，具体见表 21－1。

表 21－1　投资基金国际化的意义

方面	具体内容
投资角度	①本国基金投资国际证券市场，可以使自身**自由地选择投资区域和投资标的**，把握不同区域的投资机会，最大化基金投资者的利益； ②国际化投资使得基金的**资产规模**扩大，基金管理公司可以较低的单位成本获取较大的规模效益
风险分散角度	①通过在全球不同的证券市场上进行资产配置，国际化基金可以较大幅度地减少非系统性风险，甚至可以对冲一些系统性风险； ②近年，发达国家与发展中国家呈现不同步的经济周期状态。当发达国家处于经济低谷，但是发展中国家处于高速发展时期，在发展中国家和发达国家进行资产分配，可以一定程度上缓解发达国家证券投资收益下降的冲击
投资对象国角度	对于投资对象国而言，国外基金在本国证券市场上投资，购买本国证券市场上的投资产品，是一种较好的融资方式

（二）海外市场的监管情况（★）

1. 国际证监会组织投资基金监管的基本制度

国际证监会组织（international organization of securities commissions，IOSCO）成立于 **1983 年**，现有近 200 个成员机构，总部设在**西班牙马德里**，是目前证券投资基金监管领域**最重要**的国际组织。中国证监会现已加入该组织。

国际证监会组织关于投资基金监管的基本制度分为监管原则、基金管理人的监管制度、保护投资者权益的制度等，具体见表 21－2。

表 21－2　国际证监会组织关于投资基金监管的基本制度

基本制度	具体规定
关于证券投资基金的监管原则	①监管机构应建立发牌并监管的标准； ②监管机构应建立证券投资基金的法定模式、构成以及分离和保护客户资产的法规； ③监管机构应要求证券投资基金进行信息披露； ④监管机构应确立基金资产评估、基金单位定价和赎回依据等相关的制度和监管标准
关于基金管理人的监管制度	各国**立法**应明确规定证券投资基金管理人的**资格标准**，需考虑的因素有： ①管理人的诚信程度；②资本充足程度；③是否有特定的权利、职责；④是否有内部管理程序和健全的内控机制

续表

基本制度	具体规定
关于保护投资者权益的制度	**监管机构**应采取下列措施确保投资者的合法权益： ①确保证券投资基金及其管理人向投资者充分披露有关信息； ②建立保全客户资产，使其免于承担基金公司无法清偿风险的有效机制； ③确保基金的所有资产都公平、准确地定价，投资者通过有关资产价值和定价的信息能评估基金的业绩表现； ④确保投资者能根据基金章程的规定，进行基金份额的赎回
关于基金跨境活动的监管合作与协调制度	(1) 跨境活动涉及的双方主管机构必须相互提供信息。 (2) 一方主管机构未经他方主管机构的请求，就其所取得的与他方主管机构有关的信息，主动提供给他方主管机构。 (3) 对东道国主管机构境内的证券投资基金管理人进行实地检查。有以下几种模式： ①母国主管机构进行检查模式；②双方主管机构联合检查模式；③东道国主管机构进行检查模式
关于证券投资基金监管机构职能的制度	①各国证券投资基金监管机构的责任应由法律明确规定； ②监管机构应确保自身的**独立性**，拥有独立的经费来源、人力及其他资源以确保独立行使其职权； ③确保程序的合法性、公平性和公正性
关于自律监管的制度	①基金业自律组织的监管，是对政府监管的**补充**； ②除遵循政府法规之外，自律组织要求其管理对象还要遵循一定的道德规范

2. 欧盟投资基金监管的基本制度

欧盟金融市场投资基金的大致分类情况以及其对应的监管制度见表21－3。

表21－3 欧盟金融市场投资基金的分类及其对应的监管制度

分类	具体内容	监管制度
证券投资基金	从事可转让证券集合投资计划业务的投资基金	《可转让证券集合投资计划指令》(UCITS指令)
另类投资基金	活跃在欧盟市场的对冲基金、不动产基金、私募股权和风险投资基金、商品基金、基础设施基金以及投资于这些基金的基金等各类型投资基金的合称	《另类投资基金管理人指令》(AIFMD)

其中，《可转让证券集合投资计划指令》目前已经发展到UCITS **五号**指令，并且六号指令的改革已经提上日程。

3. 经合组织投资基金监管规定

经济合作与发展组织简称经合组织（organization for economic cooperation and development, OECD)，是由30多个市场经济国家组成的政府间国际经济组织，旨在共同应对全球化带来的经济、社会和政府治理等方面的挑战，并把握全球化带来的机遇。

在经合组织内部，投资基金又称为“集合投资计划”。该组织于2005年发布的《集合投资计划治理白皮书》，一共包括了6个部分：法律法规框架；投资者权利；基金行业经营者的角色；市场纪律与市场体系；透明度与信息公开；投资基金的内部治理。

（三）各国基金国际化概况（★）

英国、美国、卢森堡和爱尔兰各国基金国际化的概况见表21－4。

表 21－4　各国基金国际化概况

国家	国际化概况
英国	①1997 年，英国投资基金国际化发生了具有里程碑意义的事件； ②英国是**欧洲最大的资产管理中心**，是全球范围内除了美国之外最大的资产管理市场； ③公司型开放式基金是英国基金业的主流组织模式之一
美国	①美国首只国际投资基金出现于 1955 年； ②是全球最大的资产管理市场； ③美国的基金国际化投资进程是伴随着其他国家的证券市场开放程度加深而不断推进的； ④美国基金国际化的表现之一是基金海外发售募集资金，通常与东道国国内的基金进行合作来进行国际化的发售
卢森堡	①**全球第二大基金资产管理市场、另类投资基金的中心**； ②欧洲第一个推行 UCITS 指令的国家，是目前全球最大的 UCITS 基金注册地； ③欧洲最大的投资基金管理中心、**全球第一的基金分销中心**； ④卢森堡的优势在于投资基金管理业务：一方面它能为投资者提供有利于投资的基础条件；另一方面它有独特的基金税收环境
爱尔兰	①欧洲最主要的基金注册地之一、欧洲第二大 UCITS 基金注册国； ②爱尔兰的优势在于一方面它在国际合作、国内监管和税收等方面具有显著优势；另一方面，它拥有完善的基金注册法规和制度，监管体系比较健全

二、中国基金的国际化发展

（一）QFII 的概念、规则和发展概况（★★★）

1. QFII 的概念

合格境外机构投资者（qualified foreign institutional investors，QFII）是指我国通过制度安排允许**符合条件的境外机构投资者**汇入一定额度的**外汇资金**，并转换为我国货币，通过境内专门机构**严格监管的账户**投资**境内证券市场**，其在境内的资本利得、股息红利等经相关机构**审核后方能汇出境外**的制度。

QFII 的**目的**是利用外资，同时，通过外汇管制和宏观调控的手段避免外资对国内证券市场的冲击。

2. QFII 的规则

我国对 QFII 在主体资格认定、投资额度、投资范围、持股比例、资金管制和托管人资格等方面做了相关的规定。

（1）主体资格的认定。

申请合格境外机构投资者资格，应具备的条件见表 21－5。

表 21－5　QFII 主体资格的认定

方面	具体条件
财务、资信、资产规模等	①**资产管理机构**（基金管理公司）：经营资产管理业务在 **2 年**以上，最近一个会计年度管理的证券资产**不少于 5 亿美元**； ②**保险公司**：成立 **2 年**以上，最近一个会计年度持有的证券资产**不少于 5 亿美元**； ③**证券公司**：经营证券业务 **5 年**以上，净资产**不少于 5 亿美元**，最近一个会计年度管理的证券资产**不少于 50 亿美元**； ④**商业银行**：经营银行业务 **10 年**以上，一级资本**不少于 3 亿美元**，最近一个会计年度管理的证券资产**不少于 50 亿美元**； ⑤**其他机构投资者**（养老基金、慈善基金会、捐赠基金、信托公司、政府投资管理公司等）：成立 **2 年**以上，最近一个会计年度管理或持有的证券资产**不少于 5 亿美元**

续表

方面	具体条件
从业人员	申请人的从业人员符合所在国家或地区的有关从业资格的要求
内部治理	申请人有健全的治理结构、完善的内控制度，经营行为规范，**近3年**未受到监管机构的重大处罚
所在国家或地区	所在国家或者地区有完善的法律和监管制度，其证券监管机构已与中国证监会签订监管合作谅解备忘录，并保持有效的监管合作关系
其他	中国证监会根据审慎监管原则规定的其他条件

例题 21.1（组合型选择题）

下列关于QFII主体资格的认定的说法，正确的是（　　）。

Ⅰ. 申请人的财务稳健，资信良好，达到中国证监会规定的资产规模等条件

Ⅱ. 申请人的从业人员符合所在国家或地区的有关从业资格的要求

Ⅲ. 申请人有健全的治理结构和完善的内控制度，经营行为规范，近1年未受到监管机构的重大处罚

Ⅳ. 申请人所在国家或地区有完善的法律和监管制度，其证券监管机构已与中国证监会签订监管合作谅解备忘录，并保持有效的监管合作关系

A. Ⅰ、Ⅱ、Ⅲ　　B. Ⅱ、Ⅲ、Ⅳ

C. Ⅰ、Ⅲ、Ⅳ　　D. Ⅰ、Ⅱ、Ⅳ

【答案】D

【解析】描述Ⅲ错误，申请合格境外机构投资者资格，应具备的条件：①申请人的财务稳健，资信良好，达到中国证监会规定的资产规模等条件；②申请人的从业人员符合所在国家或地区的有关从业资格的要求；③申请人有健全的治理结构、完善的内控制度，经营行为规范，近3年未受到监管机构的重大处罚；④所在国家或者地区有完善的法律和监管制度，其证券监管机构已与中国证监会签订监管合作谅解备忘录，并保持有效的监管合作关系；⑤中国证监会根据审慎监管原则规定的其他条件。正确的描述有Ⅰ、Ⅱ、Ⅳ。故答案是选项D。

（2）投资额度的规定。

国家外汇管理局对单家合格投资者投资额度实行**备案**和**审批管理**。具体规定如下：

①合格投资者取得证监会资格许可后，通过备案的形式，获取不超过其资产规模或管理的证券资产规模一定比例（简称基础额度）的投资额度；

②超过基础额度的投资额度申请需经国家外汇管理局批准；

③**境外主权基金**、**央行**及**货币当局等机构**的投资额度**不受资产规模比例限制**，可根据其投资境内证券市场的需要获取相应的投资额度。

（3）投资范围、持股比例的规定。

合格境外机构投资者在经批准的投资额度内，投资范围（可以投资的金融工具）和持股比例的规定见表21-6。

表 21 - 6　QFII 的投资范围和持股比例

方面	具体规定
投资范围	合格境外机构投资者在其投资额度内，可投资的人民币金融工具： ①证券交易所交易或转让的股票、债券和权证； ②银行间债券市场交易的固定收益产品； ③证券投资基金； ④股指期货和其他中国证监会允许的金融工具； ⑤新股发行、可转换债券发行、股票增发和配股的申购
持股比例	境外投资者的境内证券投资应遵循的持股比例： ①单个境外投资者通过合格投资者持有一家上市公司股票的，持股比例不得超过该公司股份总数的 10%； ②所有境外投资者对单个上市公司 A 股的持股比例总和，不超过该上市公司股份总数的 30%； ③根据《外国投资者对上市公司战略投资管理办法》对上市公司战略投资的，其战略投资的持股不受上述比例限制

例题 21.2（选择题）

QFII 的投资范围不包括（　　）。

A. 证券交易所交易或转让的股票、债券和权证

B. 银行间债券市场交易的固定收益产品

C. 证券投资基金

D. 所有股票

【答案】D

【解析】合格境外机构投资者在其投资额度内，可投资的人民币金融工具：①证券交易所交易或转让的股票、债券和权证；②银行间债券市场交易的固定收益产品；③证券投资基金；④股指期货和其他中国证监会允许的金融工具；⑤新股发行、可转换债券发行、股票增发和配股的申购。不包括所有的股票。故答案是选项 D。

（4）资金管制的规定。

合格境外机构投资者的投资**本金锁定期**（禁止合格境外机构投资者将投资本金汇出境外的期限）**为 3 个月**，自合格境外机构投资者累计汇入投资本金达到等值 2 000 万美元之日起计算。

（5）托管人资格的规定。

QFII 托管人资格和托管人职责的具体内容见表 21 - 7。

表 21 - 7　QFII 托管人应当具备的条件和托管人职责

方面	具体规定
托管人应当具备的条件	**每个合格投资者只能委托 1 个托管人，且可以更换托管人。**托管人应具备下列条件： ①设专门的资产托管部； ②实收资本不少于 80 **亿元**人民币； ③有足够的熟悉托管业务的专职人员； ④具备安全保管合格投资者资产的条件； ⑤具备安全、高效的清算和交割能力； ⑥具备外汇指定银行资格和经营人民币业务资格； ⑦最近 3 **年**没有重大违反外汇管理规定的记录； ⑧外资商业银行境内分行在境内持续经营 3 **年以上**的，可申请成为托管人，其实收资本数额条件按其境外总行的计算

续表

方面	具体规定
托管人职责	①保管合格境外投资者托管的全部资产； ②办理有关结汇、售汇、收汇、付汇和人民币资金结算业务； ③监督投资者投资运作等

例题 21.3（选择题）

关于QFII基金托管人资格的规定，下列说法错误的是（　　）。

A. 需设立专门的资产托管部

B. 实收资本不少于100亿元人民币

C. 有足够的熟悉托管业务的专职人员

D. 最近3年没有重大违反外汇管理规定的记录

【答案】B

【解析】选项B错误，QFII基金托管人应具备的条件有：①设专门的资产托管部；②实收资本不少于80亿元人民币；③有足够的熟悉托管业务的专职人员；④具备安全保管合格投资者资产的条件；⑤具备安全、高效的清算、交割能力；⑥具备外汇指定银行资格和经营人民币业务资格；⑦最近3年没有重大违反外汇管理规定的记录；⑧外资商业银行境内分行在境内持续经营3年以上的，可申请成为托管人，其实收资本数额条件按其境外总行的计算。故答案是选项B。

3. QFII发展概况

（1）我国QFII的发展历程。

2002年，QFII制度在我国正式进入实施阶段，之后该制度不断地被修正和完善。2003年，**瑞士银行**和**野村证券**株式会社成为我国第一批获准入境的境外机构投资者。

在QFII制度开始实施的前两年，最先获取QFII资格的国外机构以证券公司和商业银行为主，2005年开始，以共同基金为代表的资产管理公司很快成为QFII的**主要**类别。2011年以来，主权财富基金、中央银行、养老基金、保险公司等长期资金被引入。自此，从构成来看，我国QFII的资格主体有资产管理公司、商业银行、证券公司、主权财富基金和中央银行。

（2）QFII机制的特点。

QFII机制的特点见表21－8。

表21－8　我国QFII机制的特点

特点	具体内容
QFII引入时跳跃式发展	①一般情况下，资本市场的开放往往要经历两个阶段，在第一阶段先设立“海外基金”或者“开放型国际信托基金”； ②而我国绕过第一阶段，QFII的资格主体直接包括常见的各种境外机构投资者，一步到位
QFII准入的主体范围扩大、要求提高	①我国对QFII主体范围的认定比较宽泛，赋予了境外投资者更多的自主权； ②我国对注册资金数额、财务状况、经营期限等指标的要求有进一步的提高
QFII制度设计局部调整	我国针对各类**养老基金**、**慈善基金**、**保险基金**等做了政策上的倾斜，通过降低资格标准、加强资金流动性等方式吸引这类机构投资者

（3）QFII机制的意义。

QFII机制的实施吸引了境外符合条件的机构投资者来中国市场投资，具有重大意义：

①加速中国封闭的资本市场向开放的市场转变；

②促进中国证券市场投资主体多元化以及上市公司行为规范化；

③促进国内投资者的投资理念理性化发展；

④加快我国证券市场金融创新步伐，促使我国证券市场运行规则与国际惯例接轨。

（4）QFII 投资 A 股市场的模式及投资风格。

目前，QFII 在 A 股市场上的投资模式有自营模式、基金模式和客户资金管理模式，具体见表 21－9。

表 21－9　QFII 在 A 股市场上的投资模式

投资模式	具体内容
自营模式	①采用自营资金进行投资； ②该模式满足很多境外养老基金、捐赠基金等机构自主投资的需求，成为其全球投资组合的一部分
基金模式	机构投资者在境外直接面向海外投资者发行单纯 A 股基金或者含有 A 股投资的基金
客户资金管理模式	发行私募或专户产品管理客户资金投资 A 股市场

（二）RQFII 的概念和发展概况（★★★）

1. RQFII 的概念

2013 年，根据中国证监会规定，我国明确境内基金管理公司、证券公司、商业银行、保险公司等的**香港子公司**或注册地以及主要经营地在**香港地区**的金融机构可参与**人民币合格境外机构投资者**（RMB qualified foreign institutional investors，RQFII）试点。

为进一步推动人民币离岸市场发展、扩大资本市场对外开放，中国证监会、中国人民银行及国家外汇管理局决定将 RQFII 试点在新加坡、伦敦等地进一步拓展。

QFII 和 RQFII 的区别：QFII 是合格境外机构投资者，RQFII 是人民币合格境外机构投资者。这两者主要是运作方式不同，QFII 是将外币在我国净额兑换人民币投资额度进行证券投资，而 RQFII 则是通过符合一定资格条件的基金管理公司、证券公司、商业银行、保险公司等的香港子公司等试点机构，将境外人民币资金在境内进行证券投资。

例题 21.4（选择题）

2013 年，我国明确规定境内基金管理公司、商业银行、证券公司、保险公司等的香港子公司或注册地以及主要经营地在香港地区的金融机构可参与 RQFII 的试点。RQFII 指的是（　　）。

A. 合格境内机构投资者　　B. 合格境外机构投资者

C. 人民币合格境外机构投资者　　D. 合格机构投资者

【答案】C

【解析】2013 年，我国明确境内基金管理公司、证券公司、商业银行、保险公司等的香港子公司或注册地以及主要经营地在香港地区的金融机构可参与人民币合格境外机构投资者（RQFII）试点。故答案是选项 C。

2. RQFII 发展概况

在 2011 年底推出人民币合格境外机构投资者试点的基础上，2013 年，中国证监会发布了《人民币合格境外机构投资者境内证券投资试点办法》和《关于实施〈人民币合格境外机构投资者境内证券投资试点办法〉的规定》，明确了RQFII的试点机构，并放宽了对RQFII的资产配置限制，允许机构根据市场情况自行决定产品类型。

在各类RQFII机构中，主力是基金系RQFII机构。随着RQFII政策的放宽，RQFII机构的投资地域进一步扩大，陆续开始拓展欧美市场。

（三）QDII的概念、规则和发展概况（★★★）

1. QDII的概念

2007年，中国证监会颁布的《合格境内机构投资者境外证券投资管理试行办法》规定，合格境内机构投资者（qualified domestic institutional investors，QDII）是指符合条件的**境内基金管理公司**和**证券公司**，经中国证监会批准，可在境内募集资金进行境外证券投资管理。

目前，除了基金管理公司和证券公司外，**商业银行等其他金融机构**也可发行代客境外理财产品。

在人民币无法自由兑换、资本项目尚未开放时，QDII机制是有限地允许境内投资者在境外市场上投资的一个过渡性的制度安排。

记忆小窍门

QFII和QDII的记忆方法：两者的区别在于第二个字母，QFII中的F是指foreign（外国），QDII中的D是指domestic（国内）。

例题21.5（选择题）

合格境内机构投资者（QDII）是指符合条件的境内基金管理公司和证券公司，经中国证监会批准，可在（　　）募集资金进行（　　）证券投资管理。

A. 境内；境内　　B. 境内；境外　　C. 境外；境外　　D. 境外；境内

【答案】B

【解析】合格境内机构投资者（QDII）是指符合条件的境内基金管理公司和证券公司，经中国证监会批准，可在境内募集资金进行境外证券投资管理。故答案是选项B。

2. QDII的规则

（1）QDII主体资格的认定。

合格境内机构投资者的申请人应具备的条件见表21-10。

表21-10　QDII主体资格的认定

方面	具体条件
财务、资信、资产规模等	①**基金管理公司**：净资产不少于**2亿元**人民币，经营证券投资基金管理业务达**2年**以上，在最近一个季度末资产管理规模不少于**200亿元**人民币或等值外汇资产； ②**证券公司**：各项风险控制指标符合规定标准，净资本不低于**8亿元**人民币，净资本与净资产比例不低于70%，经营集合资产管理计划业务达**1年**以上，在最近一个季度末资产管理规模不少于**20亿元**人民币或等值外汇资产
从业人员	①拥有符合规定的具有境外投资管理相关经验的人员； ②具有**5年**以上境外证券市场投资管理经验和相关专业资质的**中级**以上管理人员不少于**1名**，具有**3年**以上境外证券市场投资管理相关经验的人员不少于**3名**

续表

方面	具体条件
内部治理	①有健全的治理结构、完善的内控制度和完备的经营行为规范； ②**最近 3 年**没有受到监管机构的重大处罚，没有重大事项正在接受司法部门、监管机构的立案调查
其他	中国证监会根据审慎监管原则规定的其他条件

（2）QDII 基金的投资范围及禁止行为。

根据有关规定，QDII 基金可以投资的范围有货币市场工具、债权类、股票类等，具体内容见表 21－11。

表 21－11　QDII 基金的投资范围

投资范围	具体产品
货币市场工具	银行存款、可转让存单、银行承兑汇票、银行票据、商业票据、回购协议和短期政府债券等
债券类	政府债券、公司债券、可转换债券、住房按揭支持证券和资产支持证券等
股票类	与中国证监会签署双边监管合作谅解备忘录的国家或地区证券市场挂牌的普通股、优先股、全球存托凭证和美国存托凭证、房地产信托凭证
基金类	与中国证监会签署双边监管合作谅解备忘录的国家或地区的证券监管机构登记注册的**公募基金**
结构性产品	与固定收益、股权、信用、商品指数和基金等标的挂钩的结构性投资产品
金融衍生品	远期合约、互换及中国证监会认可的境外交易所上市的权证、期权和期货等

除中国证监会另有规定外，QDII 基金**不得有以下行为**：

①购买不动产；

②购买房地产抵押按揭；

③购买贵重金属或代表贵重金属的凭证；

④购买实物商品；

⑤除应付赎回、交易清算等临时用途以外，借入现金（这些允许的临时用途借入现金的比例不得超过基金、集合计划资产净值的 10%）；

⑥利用融资购买证券，但投资金融衍生品除外；

⑦参与未持有基础资产的卖空交易；

⑧从事证券承销业务；

⑨中国证监会禁止的其他行为。

例题 21.6（组合型选择题）

QDII 不得从事的行为有（　　）。

Ⅰ．购买不动产

Ⅱ．购买房地产抵押按揭

Ⅲ．参与未持有基础资产的卖空交易

A. Ⅰ、Ⅱ　　B. Ⅱ、Ⅲ　　C. Ⅰ、Ⅲ　　D. Ⅰ、Ⅱ、Ⅲ

【答案】D

【解析】除中国证监会另有规定外，QDII 基金不得有以下行为：①购买不动产；②购买房地产抵押按揭；③购买贵重金属或代表贵重金属的凭证；④购买实物商品；⑤除应付赎回、交易清算等临时用途以外，借入现金（这些允许的临时用途借入现金的比例不得超过基金、集合计划资产净值的10%）；⑥利用融资购买证券，但投资金融衍生品除外；⑦参与未持有基础资产的卖空交易；⑧从事证券承销业务；⑨中国证监会禁止的其他行为。Ⅰ、Ⅱ、Ⅲ均属于QDII不得从事的行为。故答案是选项D。

（3）境外投资顾问的规定。

QDII进行境外证券投资时，可以委托**境外投资顾问**为其提供交易建议等服务。境外投资顾问应当满足下列条件：

①在境外设立，经所在国家或地区的监管机构批准可以从事投资管理业务；

②所在国家或地区证券监管机构已与中国证监会签订双边监管合作谅解备忘录，并保持监管合作关系；

③经营投资管理业务达**5年**以上，最近一个会计年度管理的证券资产不少于**100亿美元**或等值货币；

④有健全的治理结构和完善的内控制度，经营行为规范，最近**5年**没有受到所在国家或地区监管机构的重大处罚，没有重大事项正在接受立案调查。

（4）托管人资格的规定。

QDII开展境外证券投资业务时，可以委托有资格的银行（以下简称托管人）负责其境外资产的托管，托管人应符合的条件见表21－12。

表21－12　QDII托管人应满足的条件

方面	具体内容
监管要求	在境外的国家或地区设立，受当地监管机构的监管
资本和托管资产规模要求	最近一个会计年度实收资本**不少于10亿美元**或等值货币，或托管资产规模**不少于1 000亿美元**或等值货币
从业人员	有足够的熟悉境外托管业务的专职人员
资产管理、清算交割	①具备安全保管资产的条件； ②具备相关清算、交割能力
监管处罚	最近**3年**没有受到监管机构的重大处罚，没有重大事项正在接受司法部门、监管机构的立案调查

3. QDII发展概况

（1）我国QDII的发展历程。

2006年，我国第一只试点QDII基金发行。目前，我国QDII基金有四类：股票型基金、债券型基金、混合型基金和另类投资基金。

在产品类型上，我国QDII基金以股票型基金为主，有相当部分集中于我国港台地区的股票和美国股票。

（2）QDII基金产品的特点。

自2008年金融危机之后，我国QDII基金逐渐建立起自己的操作风格，QDII基金产品的特点包括：

①基金的投资范围很广泛，包括了几乎所有发达国家和绝大部分新兴市场的股票和非对冲基金。

②基金的投资组合很丰富，有交易型开放式指数基金（exchange traded funds，ETF）、基金中的基金（fund of funds，FOF）、权证、期权、股指期货等衍生品。

③投资专业性强，更为积极主动。

④基金产品的门槛较低，适合更为广泛的投资者参与。

（3）QDII 机制的意义。

QDII 机制的实施有利于我国金融市场的发展，具有以下重大意义：

①为境内金融资产提供风险分散渠道，有助于分流储蓄，化解金融风险。

②通过引导境内居民通过正常渠道参与境外证券投资，可以减轻资本非法外逃的压力；有利于支持香港特区的经济发展。

③有利于增强国内对国际金融法律、法规和惯例等规则的关注，长期来看，能够促进我国金融制度与世界金融制度接轨。

（4）QDII 基金的投资模式。

QDII 基金本质上是一个跨国投资组合，投资工具为股票、基金、债券、金融衍生品等，QDII 整体的投资模式可以从其投资风格、投资类型等方面展开分析，具体见表 21－13。

表 21－13　我国 QDII 基金的投资模式

方面	具体内容
投资风格	①**增值型**：着眼于资本快速增长，由此带来资本增值，风险高、收益也高； ②**积极成长型**：目标是获取最大资本利得，投资标的以具有较大发展潜力、目前股利不多或并无股利分派的新兴产业或新设立公司的普通股为主； ③**稳健成长型**：投资于具有发展潜力的股票，但是较为保守； ④**指数型**：完全复制某一指数的组合，如以纳斯达克 100 指数或者 H 股指数为参照组合
投资类型	多为股票型，资产配置和交易方式多样
行业配置	较多投资于金融和能源行业，投资组合的权重股偏重于香港上市的红筹股
投资地域	香港市场和欧美市场为主，同时搭配新兴国家和地区市场

（四）基金互认的重要意义（★★）

基金互认是**基金跨市场销售**的一种制度安排，即在一国或地区监管体系下注册的基金，不需要在另一个国家或地区也注册，履行一定的简便程序后，可以在另一个国家或地区直接销售。例如，UCITS 基金就是一种基金互认安排。

2015 年 5 月 22 日，中国证监会与香港证监会就内地与香港基金互认签署备忘录，内地与香港基金互认工作启动。新加坡金融管理局、马来西亚证券监督委员会和泰国证券交易所委员会建立东盟集体投资计划并达成协议，三国的零售和非零售投资者将可以进行**自由跨境交易**。澳大利亚、韩国、新西兰、新加坡、菲律宾和泰国拟推行亚洲地区**基金护照计划**，一些有关基金互认的要求已经比较明确。如互认基金的管理人应有 5 年以上管理历史，最低资产管理规模大于 5 亿美元，互认基金在其本土市场应当是持续的开放式产品，货币基金及上市交易基金互认需遵循两地规则，等等。

例题 21.7（选择题）

互认基金的要求目前已经越来越具体化，如互认基金的管理人应有（　　）以上管理历史，最低资产管理规模大于（　　）美元。

A. 5 年；10 亿　　B. 10 年；10 亿　　C. 5 年；5 亿　　D. 10 年；5 亿

【答案】C

【解析】互认基金的要求目前已经越来越具体化，如互认基金的管理人应有 5 年以上管理历史，最低资产管理规模大于 5 亿美元。故答案是选项 C。

（五）沪港通和深港通

1. 沪港通机制介绍

沪港通是**沪港股票市场交易互联互通机制**的简称。**2014年4月10日**，中国证监会正式批复上海证券交易所和香港联合交易所开展沪港股票市场交易互联互通机制试点。**2014年11月17日**，沪港通下的股票正式开始交易。沪港通可以分为沪股通和港股通两类，具体见表21-14。

表21-14 沪港通的分类

分类	具体内容
沪股通	投资者委托香港经纪商，经由香港联合交易所设立的证券交易服务公司，向上海证券交易所进行申报（即买卖盘传递），买卖规定范围内的上海证券交易所上市的股票
港股通	投资者委托内地证券服务公司，经由上海证券交易所设立的证券交易服务公司，向香港联合交易所进行申报（即买卖盘传递），买卖规定范围内的香港联合交易所上市的股票

其中，沪港通下的港股通标的股票有恒生综合大型股指数成分股、恒生综合中性股指数成分股以及同时在上海证券交易所和香港联合交易所上市的A+H股公司股票。

2. 深港通机制介绍

深港通是**深港股票市场交易互联互通机制**的简称。**2016年8月16日**，中国证监会和香港证监会共同签署了深港通联合公告，批复了深港通试点。**2016年12月5日**，深港通下的股票正式开始交易。深港通主要制度安排参照沪港通，分为深股通和港股通，具体见表21-15。

表21-15 深港通的分类

分类	具体内容
深股通	投资者委托香港经纪商，经由香港联合交易所设立的证券交易服务公司，向深圳证券交易所进行申报（即买卖盘传递），买卖规定范围内的深圳证券交易所上市的股票
港股通	投资者委托内地证券服务公司，经由深圳证券交易所设立的证券交易服务公司，向香港联合交易所进行申报（即买卖盘传递），买卖规定范围内的香港联合交易所上市的股票

其中，深港通下的港股通股票，在现行沪港通下港股通标的股票的基础上，新增了恒生综合小型股指数的成分股和同时在香港联合交易所、深圳证券交易所上市的A+H股公司股票。

3. 沪港通和深港通的重要意义（★★）

沪港通和深港通的开通极大地活跃了人民币资本市场，其意义见表21-16。

表21-16 沪港通和深港通开通的意义

意义	具体内容
刺激人民币资产需求，加大人民币交投量	与QFII、QDII不同，沪港通和深港通的双向交易都是以人民币作为结算单位，为人民币国际化打下基础
推动人民币跨境资本流动	允许境外投资者通过香港经纪商购买在上海证券交易所和深圳证券交易所上市的股票，增加了境外人民币资本的投资品种，扩展了投资渠道
构建良好的人民币回流机制	港股通为内地人民币资金提供了收益更高的投资品种；沪股通和深股通也为人民币创造了回流渠道
完善国内资本市场	沪港通和深港通的构建，倒逼内地资本市场制度改革，形成更加完善的监管、交易制度

例题 21.8（选择题）

（　　）和（　　）的构建，倒逼内地资本市场制度改革，形成更加完善的监管、交易制度。

A. QDII；QFII

B. 债券通；基金互认

C. 沪港通；深港通

D. QFII；RQFII

【答案】C

【解析】选项 ABD 错误，沪港通和深港通的构建，倒逼内地资本市场制度改革，形成更加完善的监管、交易制度。故答案是选项 C。

（六）债券通的重要意义（★★）

债券通是指 2017 年 5 月 16 日，中国人民银行和香港金融管理局发布联合公告，宣布开展**香港与内地债券市场互联互通合作**。

与南北同时开通的沪港通、深港通不同，债券通采取“先北后南”的策略逐步开放，即首先开放中国香港与其他国家和地区的境外投资者购买中国内地债券的“北向通”，再由两地监管当局扩展允许内地投资者投资香港债券市场的“南向通”。

债券通的开通与沪港通和深港通一样，是人民币国际化的重要进展，也是中国扩大金融市场特别是开放银行间债券市场的重大举措。

考生需掌握基金互认、沪港通和深港通、债券通的几个关键时间点，关于这些时间点的总结见表 21－17。

表 21－17　基金互认、沪港通、深港通和债券通的重要时间点

制度安排或机制成立	时间点
中国证监会批复沪港通机制试点	2014 年 4 月 10 日
内地与香港基金互认	2015 年 5 月 22 日
中国证监会批复深港通机制试点	2016 年 8 月 16 日
中国人民银行和香港金融管理局联合公告，开展债券通	2017 年 5 月 16 日

例题 21.9（组合型选择题）

以下关于债券通的说法，正确的是（　　）。

Ⅰ. 债券通的开通与沪港通和深港通一样，是人民币国际化的重要进展，也是中国扩大金融市场特别是开放银行间债券市场的重大举措

Ⅱ. 债券通是指 2017 年 5 月 16 日，中国人民银行和香港金融管理局发布联合公告，宣布开展香港与内地债券市场互联互通合作

Ⅲ. 债券通和沪港通、深港通一样，南北同时开通，即同时开通香港投资者购买内地债券的“北向通”和内地投资者投资香港债券市场的“南向通”

A. Ⅰ、Ⅱ　　B. Ⅰ、Ⅲ　　C. Ⅱ、Ⅲ　　D. Ⅰ、Ⅱ、Ⅲ

【答案】A

【解析】描述Ⅲ错误，与南北同时开通的沪港通、深港通不同，债券通采取“先北后南”的策略逐步开放，即首先开放中国香港与其他国家和地区的境外投资者购买中国内地债券的“北向通”，再由两地监管当局扩展允许内地投资者投资香港债券市场的“南向通”。正确的描述有Ⅰ、Ⅱ。故答案是选项A。

你已完成本任务的学习，快去小程序上做题吧！